U0579989

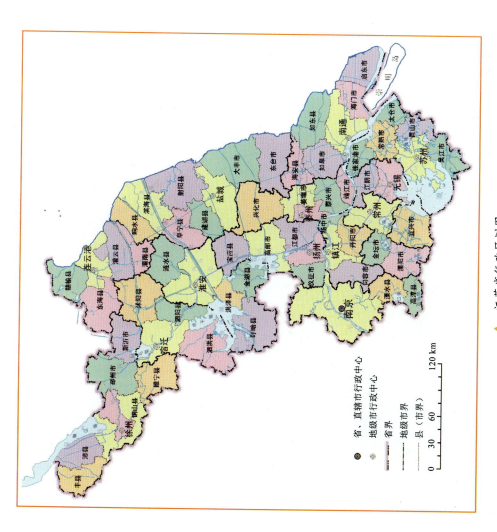

▲ 江苏省行政区划图

▲ 江苏省卫星影像图

▲ 秦淮河是南京古老文明的摇篮。自东吴以来，秦淮河两岸就是南京的商业中心，并逐渐成为江南文化中心之一。秦淮河自东水关至西水关段已被开发为著名的秦淮风光带

▲ 连云港港是新亚欧大陆桥东桥头堡，以腹地内集装箱运输为主，并承担亚欧大陆间国际集装箱水陆联运，是集商贸、仓储、保税、信息等服务于一体的综合性大型沿海商港。图为云台山下的连云港港区

▲ "江南园林甲天下，苏州园林甲江南"。小小的一个院子撷取大自然的精华，蕴含了四季的风景，亭台轩榭的布局、假山池沼的配合、花草树木的映衬——独具匠心的艺术手法在有限的空间内移步换景，构成了一幅幅完美图景。1997年，苏州古典园林被列入世界文化遗产。图为苏州网师园

▲ 淤泥质海岸由淤泥或杂以粉沙的淤泥组成，多分布在输入细颗粒泥沙的大河入海口沿岸。盐城淤泥质海岸上生长着大量的芦苇、盐蒿和大米草，每年丹顶鹤等鸟类飞临此地越冬。图为盐城国家级珍禽自然保护区，其辟有丹顶鹤、麋鹿保护区，保持着巨大的滩涂湿地原生态面貌

▲ 淮河和京杭大运河在江苏省淮安市楚州区相交。图为淮安水上立交，上层是京杭大运河通航槽，下层是淮河入海水道，其对淮河流域下游防洪减灾以及京杭大运河的运输保障有着巨大的作用

▲ 太湖是我国第二大淡水湖。太湖平原气候温和湿润，水网稠密，土壤肥沃，素有"鱼米之乡"之称；湖光山色，相映生辉，又有"太湖天下秀"之美誉

▲ 江苏过江通道建设成绩显著，南京长江大桥、润扬长江大桥、江阴长江大桥、大胜关铁路桥等十余座桥梁的建设均创造了辉煌的业绩。其中苏通长江大桥创造了最大主跨、最深基础、最高桥塔和最长拉索等 4 项斜拉桥世界纪录。图为苏通长江大桥

▲ 沿海辐射沙洲是江苏省风能资源最丰富的地区。开发沿海风能，促进风电产业的规模化发展，对满足江苏经济和社会发展的能源需求、保护环境、实现可持续发展，具有重要的经济效益、社会效益和环境效益。图为南通如东风电场

"十二五"国家重点图书出版规划项目

中·国·省·市·区·地·理

丛书主编 ◎ 王静爱

江苏地理

JIANGSU DILI

主　编：赵　媛

副主编：管卫华　　顾筱莉

编写者（以汉语拼音为序）：

陈洪全	董　平	顾　婵	顾筱莉	管　华
管卫华	郝丽莎	嵇昊威	凌　申	沙　润
王　娟	杨足膺	赵　媛	诸　嘉	

北京师范大学出版集团

BEIJING NORMAL UNIVERSITY PUBLISHING GROUP

北京师范大学出版社

图书在版编目（CIP）数据

江苏地理 / 赵媛主编. —北京：北京师范大学出版社，
2011.9（2018.8 重印）

（中国省市区地理丛书/王静爱主编）

ISBN 978-7-303-13168-6

Ⅰ．①江… Ⅱ．①赵… Ⅲ．①地理—江苏省
Ⅳ．①K925.3

中国版本图书馆 CIP 数据核字（2011）第 149648 号

营 销 中 心 电 话　010-58805072　58807651
北师大出版社高等教育与学术著作分社　http://xueda.bnup.com

JIANGSU DILI

出版发行：北京师范大学出版社　www.bnup.com
　　　　　北京市海淀区新街口外大街 19 号
　　　　　邮政编码：100875
印　　刷：天津中印联印务有限公司
经　　销：全国新华书店
开　　本：730 mm × 980 mm　1/16
印　　张：21.75
字　　数：398 千字
版　　次：2011 年 9 月第 1 版
印　　次：2018 年 8 月第 3 次印刷
定　　价：68.00 元
审 图 号：JS(2011)002 号
审 图 号：GS(2016)1022 号（封底图）

策划编辑：胡廷兰　　　　责任编辑：胡廷兰
美术编辑：毛　佳　　　　装帧设计：毛　佳
责任校对：李　菡　　　　责任印制：马　洁

中国省市区地理丛书
编辑委员会

总　序

地理的区域性始终是地理学者关注和探讨的重要论题。编纂一套中国省市区的地理丛书，对认识中国地理的区域规律和区域发展战略有重要的学术价值，对加深理解中国国情也有着极为重要的现实意义。

中国地域辽阔，南北跨越约 5 500 km，东西跨越约 5 200 km，陆地面积约 960×10^4 km²，海域面积超过 470×10^4 km²。由于中国地域差异大，自然地理呈现出极为丰富的多样性特征；由于中国历史悠久，人文地理也呈现出一派绚丽多姿的景象。自然地理与人文地理在一个行政区内叠加，构成一部丰富多彩的省市区地理，即组成了环境、资源、人口与发展的区域格局。"中国省市区地理丛书"正是从综合集成的角度，系统地梳理了中国 23 个省、4 个直辖市、5 个少数民族自治区、2 个特别行政区的环境、资源、人口与发展特征，并从全国的角度，阐述了其区域时空变化规律。

中国国情特色鲜明，人口众多、地区发展不平衡、环境分布地带性明显、资源保障不平衡等因素较为突出。"中国省市区地理丛书"正是从历史透视的角度，分析了省、直辖市、少数民族自治区、特别行政区地理过程的形成与发展规律，特别是经济与社会的发展格局。在这个意义上说，丛书是对已完成的《中国地理》《中国自然地理》《中国经济地理》等重要著作的补充。

"中国省市区地理丛书"的主要功能：一是中国地理课程和乡土地理课程的教学用书和教学参考书，完善高校师生和中学教师的区域地理教学的教材支撑体系；二是降尺度认识区域地理的科学著作，为区域研究者提供参考；三是从地理视角对中国国情、省情、县情的系统总结，为国民尤其是各级管理人员提供地理信息和国情教育参考。

"中国省市区地理丛书"的编纂，对深化辖区主体功能区的规划，加快缩小区域差异，特别是城乡差异，探求可持续发展的区域模式，加强生态文明建设等有着极为重要的意义。科学发展模式的确立，需要客观把握国情、省情、县情，也需要认识辖区的地理规律。经过改革开放和经济发展，中国各省市区的地理格局也发生了重大变化，对于任何一个省市区来说，今天的发展都离不开与相邻的省市区甚至国家和地区的密切合作。了解邻接省市区的地理格局，对构建相互合作的区域模式和网络有着重要的实践价值。特别是处在同一个大江大河流域，或处在受风沙影响的同一个沙源区，或处在共同受益的一个高速交通线或空港枢纽区的省市区，更需要相互间的了解和理解、合作与协同，以追求共同发展，实现双赢或多赢的目标。

"中国省市区地理丛书"可以使读者更全面地认识中国的地理时空格局，加深对中国国情方方面面的理解；也能在省市区的尺度上，对中国地理进行系统而综合的深化研究，并能帮助决策者从省市区对比的角度，更客观地审视和厘定本辖区的发展模式。

"中国省市区地理丛书"由35本组成，包括1本中国地理纲要和23个省、5个少数民族自治区、4个直辖市和2个特别行政区的34本分册。每一本省级辖区地理图书都突出其辖区的地理区位，区域环境、资源、人口与发展的总体特征，区域地理的时空分异规律，区域生态文明建设与可持续发展的对策和建议等。此外，对省级区域地理，在突出辖区整体性特征的同时，更要重视辖区的区域差异，特别是城乡差异；对直辖市的区域地理，在突出其城市化的区域差异的基础上，高度关注城市可持续发展遇到的突出的地理问题；对少数民族自治区的区域地理，在高度关注其自然环境多样性的同时，突出其民族自治区域的特色，特别是语言、文化等文化遗产的区域特征；对特别行政区地理，更加关注其特殊发展历程及国际化进程的地理特色和人口高度密集区域的可持续发展模式等。

大部分分册具有统一的体例和结构框架，包括总论、分论和专论三个部分。

总论，是各分册的地理基础，是丛书分册之间可比较的部分，主要阐述各省市区的地理区位、地理特征和地理区划。地理区位是区域地理的出发点，强调从自然生态、文化和经济等多个视角，理解地理区位的特点和优势，结合行政区划与历史沿革，凸显各省市区的国内地位与区际联系。地理特征是区域地理的基础和重点内容，也是传统地理描述的精华，强调以自然地理和人文/经济地理要素为基础，以人口、资源、环境与发展（PRED）为综合的地理概括，结合专题地图和成因分析，凸显区域人地关系地域系统特征。地理区划是承上（总论）启下（分论）的重要部分，也是区域地理的理论体现，强调从自然生态、文化与经济的地域差异分析入手，梳理前人对区域划分的认识，凸显自然与人文的综合，最终提出地理分区的方案。

分论，是各分册辨识省市区内地域差异的主体，属乡土地理范畴，具有浓郁的乡土意蕴。依据地理分区方案，各地理区单独成章。每个地理区主要阐述：区域概况、资源与环境特征、产业发展与规划、人地关系与可持续发展、最突出或最重要的地理现象等。

专论，是各分册彰显区域综合分析和深入研究的部分，主要阐述省市区有特色的地理问题。这些特色问题大多是与区域发展联系密切的，在全国范围内具有重要地理意义或地位，有多地理要素相互作用、相互影响产生的区域综合问题，也有自然地理与人文地理相结合的综合命题。这部分内容具有特色性、综合性、研究性，同时展现了具有一定权威性的研究新进展。

组织编纂"中国省市区地理丛书"，需要多方面的合作和投入。北京师范大学"区域地理国家级教学团队"、全国高校中国地理教学研究会、北京师范大学区域地理研究实验室，承担了这项编撰任务的组织工作。2005年开始筹备，2006年由北京师范大学出版社立项资助，后组织包括全国30多所师范大学和综合性大学的地理相关专业院系的教师参编本丛书。共分四个组织层次：一是编辑委员会，由王静爱教授担任编委会主任，由各分册主编和北京师范大学"区域地理国家级教学团队"中的教师共同担任编委会成员；二是审稿专家群，丛书邀请各省市区的区域地理专家，全国高校中国地理教学研究会部分教授，北京师范大学"区域地理国家级教学团队"中的教授和民俗文化、历史方面的专家担任审稿人，分别审阅丛书部分书稿；三是编务工作组，由苏筠教授担任负责人，由北京师范大学区域地理实验室师生组成工作团队；四是出版编辑部，北京师范大学出版社高度重视本丛书，将其列为社内重大选题，先后指派王松浦、胡廷兰、关雪菁、尹卫霞负责协调全套书的编辑出版工作。全套丛书已被评为"'十二五'国家重点图书出版规划项目"。

"中国省市区地理丛书"在由北京师范大学出版社资助的基础上，得到了北京师范大学区域地理国家级教学团队、教育部"211 工程"和"985 工程"项目经费的支持，还得到了北京师范大学地理科学学部、地表过程与资源生态国家重点实验室、环境演变与自然灾害教育部重点实验室和国家自然科学基金委员会创新研究群体科学基金项目(41321001)在人力和物力方面的支持。当"中国省市区地理丛书"呈现在读者面前时，我要感谢全体编著者的辛勤工作与团结合作；感谢各分册的审稿人，他们是(以汉语拼音为序)：蔡运龙教授、崔海亭教授、董玉祥教授、樊杰教授、方修琦教授、葛岳静教授、江源教授、康慕谊教授、梁进社教授、刘宝元教授、刘连友教授、刘明光教授、刘学敏教授、马礼教授、史培军教授、宋金平教授、孙金铸教授、王恩涌教授、王卫教授、王玉海教授、王岳平教授、吴殿廷教授、武建军教授、伍永秋教授、许学工教授、杨胜天教授、袁书琪教授、曾刚教授、张科利教授、张兰生教授、张文新教授、张小雷教授、赵济教授、周涛教授、邹学勇教授等。他们认真、严谨的审稿工作是丛书科学性和知识性的保障。特别感谢赵济教授和史培军教授在丛书编纂、审稿和诸多区域地理科学认识方面的重要贡献和指导；特别感谢编务工作组的青年教师苏筠教授，她为丛书庞大而复杂的编纂工作得以有序进行付出了巨大的精力；特别感谢董晓萍教授和晁福林教授对丛书区域民俗文化和历史相关部分的审阅和提出的宝贵意见。在此我谨向上述各位专家、学者对"中国省市区地理丛书"的指导与支持表示深深的谢意；在全体编著者和审稿专家工作的基础上，"中国省市区地理丛书"还得到了各分册主编所在单位及其他许多单位和专家的大力支持和帮助，特此一并郑重致谢！

　　"中国省市区地理丛书"的编纂工作十分庞杂和艰巨，编著者虽然尽了最大的努力，但由于研究内容涉及面广，经济社会发展变化迅速，加上经验与水平不足，会存在诸多不足和遗憾，尚祈广大读者批评指正。

2017 年 5 月

前　言

　　乡土地理是地理学科必不可少的组成部分，是区域地理的核心课程之一。1980 年和 1986 年，南京师范大学地理系单树模教授等编著的《江苏地理》和《江苏省地理》，成为江苏乡土地理教学的主要教材，产生过很大影响。1987 年国家教委召开"全国乡土教材工作会议"以后，全国各地纷纷开始编写乡土地理教材。2003 年制定的《全日制普通高中地理课程标准》（实验稿），更是提倡把乡土地理作为综合性学习的载体，进行以环境与发展问题为中心的探究性实践活动，乡土地理教育成为地理教育改革的一个热点和突破口。在新课程改革的助推下，目前乡土地理教学在高等师范院校及中学普遍开展。乡土地理教学结合地理教学具有较强实践性的特点，充分利用乡土地理知识，让学生到大自然中去实地观察，积累感性材料，不仅可以激发学生学习地理的兴趣，而且也是培养学生观察能力的一条有效途径。

　　乡土地理教材具有实践性、时代性和实用性，具有其他教材无法取代的意义和作用。目前，乡土地理教学日益得到重视，但乡土地理教材建设还比较薄弱。单树模教授等编著的教材虽然具有广泛影响，但出版已经 20 多年了，这 20 多年来江苏省各个方面都发生了巨大的变化。目前江苏省各师范院校"江苏地理"课程基本都使用自编讲义，亟须编写一本能系统全面反映江苏社会经济发展、资料翔实、有一定研究深度、适合高校本科生使用的教材。在此背景下，南京师范大学地理科学学院再次组织编写《江苏地理》教材。

　　《江苏地理》是"中国省市区地理"丛书中的一本。教材编写的基本思路和原则是"传承与发展相结合，指向区域经济社会需求"。一方面，传承区域地理综合研究特点，将自然与人文紧密结合，强调区域综合研究；另一方面，吸收新区域地理学的研究观点，以人地关系为主线，首先强调区域个性与特性，其次更加关注"人"，关注区域经济社会发展对自然环境的影响，对自然地理要素的分析落脚点也在探究自然地理环境对人类经济社会发展的影响；同时，指向区域经济建设与社会发展的需求，紧紧围绕江苏省经济社会发展的特点以及遇到的问题进行分析。

　　编写体系上，打破以往区域地理教材的传统体系，即"地理区位—自然地理—人文地理—主要区域介绍"，构建了"总论—分论—专论"的体系结构（图 1）。总论部分是地区发展的背景与基础，最大特点是打破区域地理教材将自然地理、人文地理割裂开来的传统写作模式，不仅每一章都是自然地理与人文地理相结合，而且每一部分也是本着"人地和谐"的思想，突出人地关系，在分析自然地理要素的同时阐述自然环境对经济社会发展的积极和消极影响，分析如何合理利用自然资源和环境。分论部分主要写省区内部的区域差异，每个区域又分别从人地关系、地理特征、开发规划与可持续发展等方面，选择区域发展最突出的特色与问题进行论述。专论部分是省区在全国范围内具有重大意义或经济社会发展中面临的重大问题，是区域特性的深化和区域开发的重点。编写时突出研究性，按照"提出问题—研究问题—解决问题"的思路，引导学生在学习中进行思考。

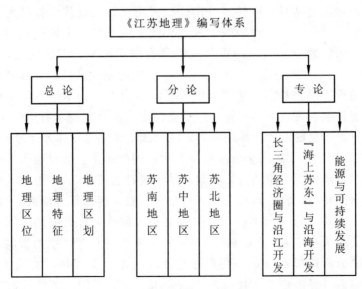

图 1 《江苏地理》编写体系

本书是集体智慧的成果。全书由赵媛拟定编写思路、提出框架体系。第一章由南京师范大学赵媛、王娟、诸嘉执笔；第二章第一节、第二节、第五节由南京晓庄学院顾筱莉、南京师范大学沙润执笔；第二章第三节、第四节由南京师范大学赵媛、顾婵、嵇昊威执笔；第三章由盐城师范学院凌申、南京师范大学郝丽莎执笔；第四章由南京师范大学董平执笔；第五章由南京晓庄学院顾筱莉执笔；第六章由徐州师范大学管华执笔；第七章由南京师范大学管卫华、董平执笔；第八章由盐城师范学院陈洪全执笔；第九章由南京师范大学赵媛执笔。插图由研究生杨足膺、嵇昊威绘制、修改。全书最后由赵媛统稿，管卫华、郝丽莎参加了部分章节的修改工作。

　　本书力求尽可能多地将各学者对江苏地理的研究成果提供给学生，以帮助学生更好地了解相关研究前沿和研究动态，参考了大量的公开发表的研究成果，主要参考文献在书后列出，其中难免有遗漏的，在此谨向所有参考资料的作者表示衷心的感谢！

　　本书中送审插图出处：

　　(1) 国家地图的出处"国家基础地理信息系统网站"（http：//nfgis. nsdi. gov. cn/）。

　　(2) 江苏地图的出处：江苏省国土资源厅、江苏省测绘局《江苏沿海开发影像地图册 2010》江苏省政区 1：2 000 000"（审查号：苏 S（2010）008 号）。

　　限于编者的学识和经验，书中难免有遗漏、不当甚至错误之处，敬请专家和读者朋友指正。

赵　媛

2010 年 10 月于南京

目　录

第一篇　总　论

第一章　地理区位

章前语

江苏省位于中纬度欧亚大陆东岸、太平洋西岸、跨江临海，又处于我国经济"T"形总体布局交叉结合部、长三角核心地区以及北方文化与南方文化的过渡带，优越的地理区位为其经济社会发展奠定了良好基础。江苏现行行政地域历经上古时期到清朝的行政区域版图雏形的形成、辛亥革命至新中国成立前的近代行政区划变革、新中国成立初期的行政区划调整和改革开放以后的行政区划变革等时期，目前全省共有 13 个地级市、55 个市辖区、26 个县级市及 25 个县，实行"省—市—县—乡"四级行政区划体制，正逐步向"省—市、省—县"二级体制转变。

关键词

跨江临海；长三角核心地区；行政区划沿革；"省—市—县—乡"四级行政区划体制

第一节　地理概况

江苏省简称苏，位于中国东部沿海区域的中部，东濒黄海；地处长江、淮河下游，地理区位优越（图 1-1）。江苏陆地轮廓略呈斜四边形，南起北纬 30°45′（苏州吴江市），北抵北纬 35°20′（连云港赣榆县），南北跨纬度 4°35′，南北最大直线距离达 460 km；西起东经 116°18′（徐州丰县），东达东经 121°57′（南通启东市），东西间经度差为 5°39′，东西最大直线距离约为 320 km。

江苏省总面积为 10.26×10^4 km²，占全国总面积的 1.06%，与浙江省面积大致相当。在全国各省、自治区、直辖市中，面积仅大于浙江省、海南省、台湾省、北京市、天津市、上海市、重庆市、宁夏回族自治区、香港特别行政区和澳门特别行政区，是面积较小的省份。全省辖 13 个地级市、55 个市辖区、26 个县级市及 25 个县，省会南京市，其他省辖市分别是苏州、无锡、常

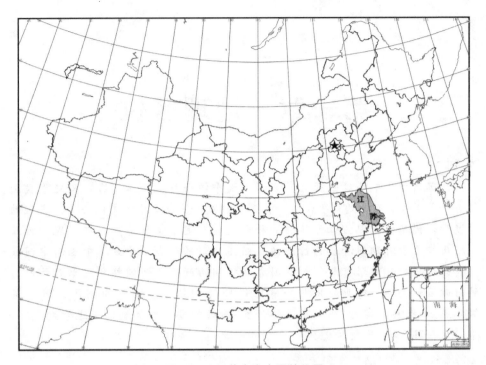

图 1-1 江苏省在全国的位置

州、镇江、扬州、南通、盐城、连云港、徐州、淮安、泰州和宿迁。

江苏地形以平原为主，主要有苏南平原、江淮平原、黄淮平原和东部滨海平原等，平原面积约 7.06×10^4 km²，占总面积的 68.81%。江苏是全国地势最低的一个省，绝大部分地区在海拔 50 m 以下。低山丘陵集中在西南部和北部，约 1.47×10^4 km²，占全省总面积的 14.33%，主要有老山山脉、宁镇山脉、茅山山脉、宜溧山地、云台山脉。连云港云台山玉女峰海拔 624.4 m，为全省最高峰。全省有大小河道 2 900 多条、湖泊 290 多个、水库 900 多座，全国五大淡水湖，江苏得其二，太湖和洪泽湖像两面明镜，分别镶嵌在江南水乡和苏北平原。江苏水面面积达 1.73×10^4 km²，占全省总面积的 16.8%，比例之高居全国首位，素以"鱼米之乡"著称。

2007 年年末全省常住人口 7 624.5 万人，占全国总人口的 5.77%，人口密度达 743 人/km²，居全国各省、区之首，也是世界上人口分布最密集的地区之一。江苏省以汉族为主，同时也有少数民族共居。据 2000 年第 5 次人口普查统计，江苏 55 个少数民族齐全，人口 25.99 万，占全省总人口的 0.36%。在众多少数民族中，回族人口 13.26 万人，占少数民族人口的一半；

其次为苗族、土家族、蒙古族、满族，人数均在万人以上；其他壮族、侗族等 50 个少数民族，总计约 6 万人。少数民族人口大多散居在江苏各地，没有形成类似中西部地区相对集中、规模较大的民族聚居区。全省拥有少数民族人口数前 3 位的地级市，分别是南京市、扬州市和徐州市。各少数民族丰富了江苏的经济和文化。

江苏属经济发达省份，其综合经济实力一直处于全国前列。2007 年，江苏实现地区生产总值 25 741.15 亿元，排在广东、山东之后，列全国第三。人均地区生产总值 33 928 元，按当年汇率折算达 4 461 美元，排在上海、北京、天津和浙江之后，列全国第五。在经济发展的同时，江苏省经济结构也不断调整优化。2007 年，全省三次产业增加值比例为 7.0：55.6：37.4；全年实现高新技术产业产值 14 689.96 亿元，占规模以上工业的 27.6%；服务业实现增加值 9 618.51 亿元，占地区生产总值的比重为 37.4%。在历年的全国百强县评比中，江苏所占比例都在 20% 左右，特别是在 2008 年第七届全国县域经济基本竞争力百强县（市）排名中，江苏占据 24 席，其中前 10 名（13 个）有 7 个属江苏（江阴、昆山、张家港、常熟 4 市并列第一）。江苏县域经济发达，这为全省城市群建设、区域统筹和区域一体化奠定了基础。同时，江苏省内区域经济发展水平差异显著，全省由高到低可以划分为苏南、苏中、苏北三大经济区块。

第二节　地理位置

江苏省在自然位置、经济位置和文化位置上都有独特的优势，这为其经济社会的发展提供了良好的基础。

一、自然地理位置

（一）中纬度欧亚大陆东岸

江苏位于中纬度地区，全省居亚热带和暖温带，是我国南方热带、亚热带向北方暖温带、温带气候的过渡地带，拥有丰富的光能资源和热量资源，十分有利于全省经济社会的发展。

江苏位于世界最大的大陆——亚欧大陆的东岸，面向世界第一大洋——太平洋，受海陆热力性质差异的影响，全省属典型的季风气候，降水充沛，具有寒暑变化显著、四季分明的特征。夏季高温多雨，冬季低温少雨。适宜的气候条件，为江苏经济发展奠定了良好的基础。

江苏面向太平洋、东濒黄海，这不但给江苏带来了丰沛的降水，还给予了江苏较长的海岸和众多的海港。江苏海岸线长 954 km，列全国第 8 位，沿海拥有 5 100 km² 的潮间带滩涂和 2.44×10⁴ km² 的水深 15 m 以内的浅海，沿海岸线大小港口众多。

(二)大江奔流入海之地

江苏地处中国大陆沿海中部，众多河流在此奔流入海。长江横穿东西 400 多千米汇入东海，京杭大运河纵贯南北 718 km，淮河也在本省汇入洪泽湖后分道入海。江苏西南部有秦淮河，北部有苏北灌溉总渠、新沭河、通扬运河等重要河流。全省大小河流有 2 900 多条，滋润着江苏这块富饶的土地。历史上黄河曾夺淮入海，特别是从 1194 年黄河在阳武（今河南原阳县）决口开始，有长达 700 多年的夺淮历史。江苏这一肥沃的土地，主要由长江、淮河等大江大河及其支流冲积而成，可以说没有长江、淮河等河流在此入海，就没有江苏广泛分布的平原。

(三)华北板块和扬子板块交会地

我国东部在古老的地质时期曾经有三个板块：最北部的西伯利亚板块（在内蒙古—辽宁以北）、中部的华北板块和南部的扬子板块，三个板块在地壳运动中碰撞、缝合，最后结合为一个大型板块。从地质构造上看，江苏属于华北板块和扬子板块的交会地带。华北板块与扬子板块的边界，西段在东秦岭—大别山一线，东段郯庐断裂带则斜贯江苏西北部，大体位置从宿迁到山东郯城一带。因此，从地质构造位置来看，江苏绝大部分地区属扬子板块内部，相对较为稳定，但苏北断裂带周边地区，是受到地震威胁的地区。

二、经济地理位置

(一)太平洋西岸

江苏地处太平洋西岸，与日本、韩国及东南亚国家隔海相望。在世界经济一体化发展的今天，濒海位置和港口对于地区发展极其重要。特别是随着东亚的发展以及世界经济重心逐渐向东亚转移，亚太地区正成为世界经济中心。位于太平洋西岸的江苏，区位优势明显，有着全方位的对外交流通道，这便于其参与国际经济循环和发展外向型经济、成为我国经济对外开放的前沿阵地。

(二)我国经济"T"形布局交叉结合部

20 世纪 80 年代中期，我国提出建设由沿海和沿长江地带组成的"T"形国家级产业发展轴的战略（图 1-2）。沿海地区是我国对外开放的窗口，是我国区域经济发展的重心和主轴地区；沿江地区是沟通我国东、西、南、北经济联系的纽带和桥梁，具有广阔的腹地和国内市场。"T"形产业发展轴战略旨在通过沿江开发，延伸拓展沿海的对外开放，实现东西结合、优势互补，促进内陆开发和全国经济增长。江苏是长江的入海口，恰好处在"T"形总体布局的交叉结合部，兼有沿江和沿海的双重地缘优势，优越的经济位置是江苏经济腾飞、引领全国的重要基础。

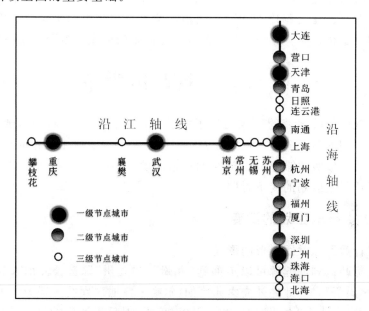

图1-2 中国经济"T"形布局

(三)长江三角洲核心地区

长江三角洲以"上海为龙头，苏浙为两翼"，是我国经济发展速度最快、经济规模最大、最具有发展潜力的地区，是全国最大的经济中心。江苏处于长三角的核心地区，与上海、浙江等省市有着密切联系，共同推进长三角区域经济一体化，构筑整体竞争力强大的长三角经济板块，是各省市的共同任务，更是各省市的共同利益。

三、文化地理位置

(一)北方文化与南方文化的过渡带

在我国区域文化区系划分中，江苏一般归属于两个文化副区：长江以北地区划归淮河流域文化副区；长江以南地区划归吴越文化副区，全省处在北方文化与南方文化的过渡带。淮河流域文化体现出北方文化刚毅强悍、尊礼重义、质朴正统、尚武大气的文化特征；吴越文化体现出南方文化柔刚并济、商农并重、崇教尚文、开放兼容的文化特征。

(二)长江文化和楚汉文化的发祥地

江苏是长江文化的发祥地之一。南京汤山直立人化石将这块富饶土地的文明史追溯到距今 35 万年前的远古时期。吴文化源于 1.2 万年前左右的太湖三山岛旧石器文化，以 3 200 年前左右的泰伯南迁建吴为形成标志。徐州则是楚汉文化发祥、发展和传播的源头之地，楚汉文化是由徐国文化、大彭氏国文化等本土文化，融合黄河、长江两大文化体系而形成的多元文化综合体。

第三节　行政区沿革

江苏现行行政地域的形成历经了漫长的历史。1949 年新中国成立以前，江苏行政区划的历史演变，大致分为两大阶段，第一阶段由上古时期到清朝，为江苏行政区域版图雏形的形成时期；第二阶段由辛亥革命至新中国成立以前，为近代行政区划的变革时期。

一、历史上行政区划的演变

(一)行政区域版图雏形的形成

中国行政区划的起源可以追溯到"九州"。"九州"源自公元前 4 世纪成书的《尚书·禹贡》，除此之外先秦典籍如《尔雅·释地》《周礼·职方》和《吕氏春秋·有始览》中皆有"九州"的记载，但以《禹贡》对后世的影响最大。相传大禹治洪水，画野分州，分全国为冀、兖、青、徐、扬、荆、豫、梁、雍，共九州(图 1-3)。现今江苏的地域分属"九州"中的徐州和扬州，二州以淮河为界。《禹贡》载："海、岱及淮惟徐州"，即徐州东以海滨为界，北以泰山为界，南以淮水为界。《禹贡》载："淮、海惟扬州"，即扬州之北界在淮水，南界(当包括东界)至海滨。其实在春秋以前，国家还没有形成，统一的中央集权制还没有建立，所以也就没有行政区划而言。"九州"实际是一种自然区域，是根据自然地理现象划分的自然地理分区，《禹贡》对各区的自然和社会经济状况作了概括性描述。但"九州"的划分标准对后来的行政区划有着很深远的影响，尤其在古代行政区划中，"山川形便"(以天然的山脉、河川作为行政区划的边界线。"州郡有时而更，山川千古不易"，表明山川对于政区的重要标志作用)是划分的重要依据，淮河和长江等自然地物多次被作为行政区域的界线，这种情况一直延续到宋代。

从元开始采用"行省"制到清朝，今天江苏的行政区域版图基本形成，正式命名"江苏省"。元首次使用"行省"制，分全国为 11 个行中书省，简称行省，这是我国"省"级行政区划的由来。此时依然以长江为界，今江苏省长江

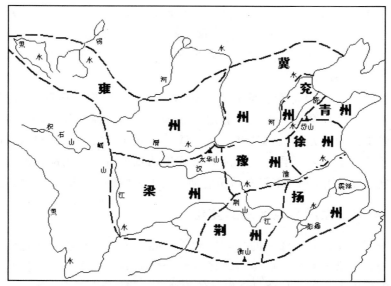

图1-3 禹贡九州示意图①

以南主属江浙等处的行中书省；长江以北几乎全属河南江北等处的行中书省。明基本沿袭元代行省制，只是将"行中书省"改为"布政使司"（俗称行省），到明宣德三年全国被分为京师（今北京）和南京以及其他13个布政使司，习惯上称15省。这里的"南京"比今天南京市的行政范围大得多，其辖区囊括了大致今江苏、安徽二省和上海市，又称"南直隶"。至此，今江苏的南北两部分被统一在了一个行政区中。清仍沿用明制，实行行省制，清初改明代"南京"为江南省，清康熙六年江南省分为江苏和安徽两省。"江苏"二字来源于当时的江宁府和苏州府的首字，此时江苏省还包括上海市。到清乾隆三十二年，江苏省总共包含8府、3直隶州和海门1厅，共辖65县、州和厅。

（二）近代行政区划的变革

辛亥革命结束了中国两千多年的封建君王专制制度。辛亥革命后我国及江苏的行政区划改革都进入新的时期。大致分为两个阶段。

第一阶段：辛亥革命至抗日战争前夕。辛亥革命后简化了清代的行政区划，废府、州、厅制，保留县级区划。这一时期江苏共分为60县，以江宁县为省会。1914～1927年置金陵、苏常、沪海、淮扬、徐海5道统辖各县。1927年，国民政府定都南京，次年南京、上海两市被改为特别市，后改称直辖市。而江苏省省会也在1929年迁至丹徒县，改名镇江县，那时江苏省共分

① 资料来源：唐晓峰.九州（第三辑）.商务印书馆，2000。

61县。1934年3月至1936年3月，陆续设置无锡、松江、南通、淮阴、盐城、东海、铜山、江宁8个行政督察区管辖各县行政，若加上因1937年抗日战争爆发没来得及建立的溧阳、江都2个行政督察区在内，抗日战争前江苏共设10个行政督察区。

第二阶段：抗日战争至新中国成立前夕。这一时期行政区划很不稳定。抗日战争爆发后，全省境内大部分地区沦陷，苏南、苏北各地区先后建立了一系列游击区和地方政权，除以盐城、阜宁和苏北沿海各地为根据地的盐阜区外，还建立了很多新县，但都随游击战争的发展废置、增减、离合，很不稳定。直到抗日战争后期和解放战争时期，其中一部分县境和县名才稳定下来。

二、新中国成立后行政区划的变化

新中国成立以后，江苏的行政区划受自然、人口、经济、文化等多种因素的影响，有诸多变化。虽然行政区划与经济区并不完全重合，但其变化进程在一定程度上体现了社会经济发展的需要。

（一）新中国成立初期行政区划调整

新中国成立初期，江苏行政区域边界范围有过数次变动，都集中在北部和西部边界地区。首次变动在1949年，江苏省以长江为界分为苏北、苏南2个行署区。但当时原属于江苏的北部部分县市，如徐州市、新海连市和丰县、沛县、华山县、铜北县、邳县、东海县、赣榆县等划归山东省管辖，同时把西部边界的萧县、砀山、江浦3县划归皖南行署区。第二次变动在1952年，撤销了苏南和苏北2个行署区，合并设立江苏省，并把新中国成立时那些划出去的县市又都重新划归江苏省。1953年1月1日，江苏省人民政府正式成立，下辖8个专区，即：镇江专区、苏州专区、松江专区、扬州专区、淮阴专区、南通专区、盐城专区、徐州专区；6个省辖市，即：南京市、无锡市、苏州市、常州市、南通市、徐州市；6个专区辖市：镇江市、扬州市、新海连市、清江市、常熟市、泰州市；71个县。第三次变动在1955年，西部边界的萧县、砀山两县被划归安徽省，原属安徽省的泗洪、盱眙两县被划入江苏省，原松江专区全部及南通专区的崇明县被划入上海市。新中国成立初期江苏省在省级行政单位下设置有地级市和专区，到1970年各专区全部更名为地区。全省共辖南京、徐州、连云港、南通、常州、无锡、苏州7个地级市和徐州、淮阴、盐城、南通、扬州、六合、镇江、苏州8个地区以及68个县、市。

（二）改革开放以后行政区划变革

1. 20世纪80年代、90年代"市管县"体制和"县改市"的推行

改革开放以后，随着经济社会的发展，全国县以上行政区划调整明显增

多，江苏尤为突出。

20世纪80年代，江苏开始实行"市管县"体制和"县改市"。1982年年底，江苏在全国率先试点市管县体制的行政区划改革，并率先撤销了地区。当年全省7个地区和若干个地级市重新调整为11个地级市。"市管县"的实行扩大了城市经济、行政管理权限，有助于发挥中心城市对县域发展的辐射作用，用城市这个区域经济的"发动机"来推进乡村城市化，加快实现现代化，这一体制在一定时期对江苏经济发展发挥了重要作用。在江苏试点的基础上，全国各省市的省、地级市、县级市或县的格局逐步形成。

1982年，"县改市"在江苏也同时开始进行。一方面，"县改市"的实行是对"切块设市"模式的突破。由于20世纪80年代以前，我国的城市设置主要采取传统的"切块设市"模式，即把原来隶属某个县的一部分（往往是经济最发达的部分，如县城或经济发展重镇）单独切出设市，这种模式的弊端很快开始凸显。首先，如苏州市与吴县、无锡市与无锡县、常州市与武进县等，因为切下的一块是县城，建市后，市和县往往同驻一地，造成"市县同城"现象，市县矛盾突出；其次，由于切下的一块往往是县城内经济和社会最发达或最具发展潜力的部分，切得大了，影响剩下的县域经济发展，切得小了，市的发展又没有足够的腹地。"县改市"可以克服"切块设市"模式产生的城乡分割矛盾，保证新市有相对较大的发展腹地，有利于地方经济发展和城镇建设。另一方面，改革开放以后江苏县域经济的长足发展对相对滞后的城市化水平提出挑战，尤其是南部部分县的发展迅速，亟须提升其行政等级，以推进县域经济发展。江苏最早实行县改市的有：盐城县，设立盐城市（地级）；常熟县，设立常熟市（县级）。这些改为市的县同时实行"市管县"体制，周围的部分县被划归其管理。随后十几年间陆续有30多个县改市。

1996年江苏行政区划又进行了重大调整。其一，将当时的淮阴市（今淮安市）划分为淮阴市和宿迁市。宿迁原是淮阴市的一个县，1987年成为县级市，1996年从淮阴市独立出来成为地级市，辖泗阳、沭阳、泗洪、宿豫4县。其二，撤销县级泰州市，设立地级泰州市，原由扬州市管辖的泰兴、姜堰、靖江、兴化4个县级市被划归泰州市管辖。江苏省由11个地级市上升为13个，沿用至今。

2.21世纪初的"撤县（市）改区"

随着江苏城市化步伐的加快，大中型城市规模的扩大成为更加紧迫的现实需要。2000年江苏历史上又一次大规模的行政区划调整方案出台——大中型城市实行"撤县（市）改区"。

全国"撤县改区"的尝试始于1990年，首先进行实践的是上海，此后"撤县改区"逐渐在全国其他特大型城市开展。江苏"切块设市"出现的市县同城局面，在20世纪80年代的"县改市"时并没得到解决，有的县城虽然从市区搬迁出去，但市区只有一小块，仍然被广阔的县域封闭或半封闭地包围着，如吴县市包围着苏州市、武进市包围着常州市、锡山市包围着无锡市、江宁县包围着南京市等，这些城市的进一步发展受到行政区划体制的严重制约。国家"十五"《城镇化发展重点专项规划》中，对大中城市市区行政区划提出了明确而具体的要求，即"理顺城市中心区和城市边缘区行政区划体制。对市县同驻一地的要调整行政区划"。在这样的契机下，南京市的六合县、江浦县、江宁县，宿迁市的宿豫县，淮安市的淮安市（县级）、淮阴县，盐城市的盐都县，扬州市的邗江县，镇江市的丹徒县，常州市的武进市（县级），无锡市的锡山市（县级）和苏州市的吴县市（县级）等，纷纷撤县（市）改区。2000～2004年，江苏市辖区数由44个增加到54个，2004年县级市27个，比2000年减少了4个。"撤县（市）改区"使城市行政地域面积迅速扩大、人口规模有了较大增长，有力地推动江苏城市发展和城乡现代化步伐。

三、现行行政区划的主要特点

目前江苏全省共有13个地级市、55个市辖区、26个县级市及25个县，省会为南京（表1-1、图1-4）。

表 1-1　江苏省县级以上行政区划（截至 2009 年）

市名	县		县级市		市辖区	
	数量	名称	数量	名称	数量	名称
全省	25		26		55	
南京市	2	溧水县、高淳县			11	玄武区、鼓楼区、建邺区、白下区、秦淮区、下关区、雨花台区、浦口区、栖霞区、江宁区、六合区
无锡市			2	江阴市、宜兴市	6	崇安区、北塘区、南长区、锡山区、惠山区、滨湖区
徐州市	4	铜山县、睢宁县、沛县、丰县	2	邳州市、新沂市	5	云龙区、鼓楼区、九里区、贾汪区、泉山区

续表

市名	县		县级市		市辖区	
	数量	名称	数量	名称	数量	名称
常州市			2	金坛市、溧阳市	5	钟楼区、天宁区、戚墅堰区、新北区、武进区
苏州市			5	常熟市、张家港市、太仓市、昆山市、吴江市	6	金阊区、沧浪区、平江区、虎丘区、吴中区、相城区
南通市	2	海安县、如东县	3	如皋市、海门市、启东市	3	崇川区、港闸区、通州区
连云港市	4	赣榆县、东海县、灌南县、灌云县			3	新浦区、连云区、海州区
淮安市	4	涟水县、洪泽县、金湖县、盱眙县			4	清河区、清浦区、楚州区、淮阴区
盐城市	5	建湖县、响水县、阜宁县、射阳县、滨海县	2	东台市、大丰市	2	亭湖区、盐都区
扬州市	1	宝应县	3	高邮市、江都市、仪征市	3	维扬区、广陵区、邗江区
镇江市			3	丹阳市、扬中市、句容市	3	京口区、润州区、丹徒区
泰州市			4	泰兴市、姜堰市、靖江市、兴化市	2	海陵区、高港区
宿迁市	3	沭阳县、泗阳县、泗洪县			2	宿城区、宿豫区

资料来源：根据江苏行政区划方案整理。

江苏省现行行政区划是经历多次调整改革后形成的,深深打上了历史和时代的烙印,具有以下特点。

(1)行政区划考虑了历史沿革、地域特点和经济发展需要。现行的行政区划基本上延续了1953年1月1日江苏省人民政府成立时的区划,同时在区划调整中,一般县市的地域范围都是连续的,没有出现"飞地"现象。

(2)县级市、市辖区占多数,普遍实行"市管市"。在全省106个县级单位中,县级市和市辖区有81个,占总数的76.4%。"县改市"是江苏近年来行政区划调整的一大特点。改革开放30年的发展江苏涌现出一批经济强县。2008年全国百强县江苏占25个,其中前10名中,江苏占7席,即江阴市、昆山市、张家港市、常熟市、吴江市、太仓市和宜兴市,将部分综合实力强的县升格为市,是县域经济发展的客观要求和必然结果。目前苏南地区所有的县都已改为市,实行普遍的"市管市"。

(3)实行"省—市—县—乡"四级行政区划体制,正逐步向"省—市、省—县"二级体制转变。目前江苏实行的是"省—市—县—乡"四级体制,但随着我国基础设施、通信技术等条件的改善,地级市这一层级的问题逐渐显现,增

图1-4 江苏省现行行政区划

加了管理层次，提高了管理成本，降低了行政效率。为此江苏已着手开始"省管县"改革，并在苏北的沭阳、苏中的靖江、苏南的昆山先行试验。2007年开始，江苏省委、省政府决定实行省直管县财政管理体制，使"省—市、省—县"二级体制又向前推进一步。实行省直管县财政管理体制，有利于进一步扩大县级经济管理权限，强化县级政府责任，增强县域经济发展活力，加快推进城乡、区域协调发展。

第二章 地理特征

章前语

　　江苏省自然环境以南北二分的地质构造、平原为主的地貌类型、四季分明的气候状况、沿江海滨河湖的水文条件和逐渐递变的土壤植被类型为基本特征。江苏资源类型丰富，但基础性资源数量匮乏，矿产资源，尤其是常规能源资源匮乏，优良的土地资源和水资源供应日趋紧张，资源开发利用程度较高，资源不当利用对环境造成的压力大；但江苏旅游资源数量多、级别高，人文旅游资源优势突出。江苏省生态环境质量总体良好，但高强度的社会经济活动也给生态环境带来了巨大压力，经济发展与生态环境矛盾突出。江苏自然灾害类型多样，既有台风、风暴潮、洪涝等频发性灾害，又有地面沉降、干旱等在较长时间中逐渐呈现的渐变性灾害。新中国成立以后，特别是改革开放以来，江苏经济社会发生了巨大变化，经济结构不断优化，机械、电子、石化、汽车为全省四大支柱产业。第三产业发展迅速，交通运输、仓储及邮电通信业、社会服务业的比重上升相对较快。江苏省人口稠密、文化发达，人口密度居全国首位，文化以"水文化"为典型特征。

关键词

　　自然特征；资源特征；生态与环境特征；经济特征；人口与文化特征

第一节 自然特征

　　江苏省自然环境特征是在地质、地貌、气候、水文、土壤和生物等多种要素相互联系、相互制约下，在地带性分异规律和非地带性因素的共同作用下形成的。

一、南北二分的地质构造

　　从中国大地构造角度看，江苏省分属于华北古陆与扬子古陆两大单元。

一般以盱眙—响水深断裂带为界，划分为南、北二区（图 2-1）。

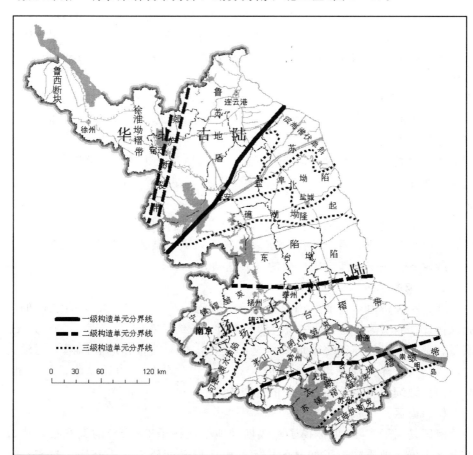

图 2-1 江苏省地质构造①

（一）北区

北区同我国华北广大地区的地质构造和岩层基本一致，形成于太古代，构造比较稳定，是华北古陆（也称华北地台或中朝准地台）的东南边缘部分，自太古代成陆以来，以隆升为主。北区的基底岩层主要是中度变质到深度变质的各类结晶片岩、片麻岩，也有一些中性和基性侵入岩。郯庐断裂带（山东郯城到安徽庐江间的深大断裂带）的形成，又明显地把北区划分为鲁苏地盾、徐淮坳褶带、鲁西断块和郯庐断裂带等单元。

---

① 资料来源：单树模，王庭槐，金其铭. 江苏省地理. 江苏教育出版社，1986。

1. 鲁苏地盾

位于郯庐断裂带的东侧。在太古界基底岩层之上，少见有后期岩层覆盖，一般认为是以隆升为主。但地盾南部广大地区在新第三纪末至第四纪，随着苏北断坳的范围扩大开始沉陷，沉陷幅度约为 50～350 m，广泛分布有第四纪沉积盖层。

2. 徐淮坳褶带

位于郯庐断裂带西侧。出露的岩层主要是震旦系浅海碳酸盐岩和寒武奥陶系海相碳酸盐岩。在燕山运动影响下，形成一系列北东到北东东向褶皱带，背斜轴部由震旦系和寒武系构成，在低山丘陵区广泛出露。向斜轴部由石炭、二叠系含煤地层构成，多被第四系覆盖，出露零星。

3. 鲁西断块

位于徐淮坳褶带西侧、江苏最西部的丰县和沛县境内。以太古代地层为核心，向西北、西、西南依次为寒武、奥陶系碳酸盐岩和石炭、二叠系含煤地层所构成，是丰、沛煤田形成的地质基础。

4. 郯庐断裂带

郯庐断裂带由东北而西南贯穿山东、江苏、安徽三省，江苏省北部的新沂、宿迁、泗洪等县处于这一断裂带的中段，长约 180 km，宽度为 10～15 m。该断裂带制约着江苏省北区地质构造的发育，东侧的鲁苏地盾以隆升运动为主，西侧则沉降为徐淮坳褶。郯庐断裂带在中生代的燕山运动时活动强烈，至今仍在继续活动，是我国主要的地震带之一。

(二)南区

南区是扬子古陆(也称扬子—钱塘准地槽或扬子准地台)的最东端，形成于上元古代，地质构造不如北区稳定。南区以轻变质岩系为基底，自震旦纪到中生代三叠纪一直处于沉降状态，沉降幅度较大，是我国从震旦纪至三叠纪各期地层发育最完整的地区。受海安—江都断裂和崇明—无锡—宜兴断裂(也称江南断裂)的控制，南区又分为三个次一级的构造单元：两断裂之间是下扬子台褶带，海安—江都断裂以北为苏北坳陷带，崇明—无锡—宜兴断裂以南为太湖—钱塘褶皱带。

1. 苏北坳陷

苏北坳陷是在震旦系到中生界三叠系海相、陆相交替沉积的基础上，发生于燕山运动的断坳，一直延续到现代。在漫长的地质时期里，坳陷从西向东缓慢发展，直达南黄海，沉陷幅度自西向东逐步加大。由于各地沉陷幅度大小不一，形成了一系列凹陷和隆起，其中以东台坳陷沉陷最深，面积最大，是苏北坳陷主要含油气的地区。

2. 下扬子台褶带

台褶带顾名思义是地台内的褶皱带，是地台内部的一种次一级地质构造单元。台褶带早期接受了巨厚的沉积，后期发生过比较强烈的构造变形，形成过渡性的褶皱。下扬子台褶带以元古代浅变质岩系为基底，沉积了一整套从震旦系到三叠系海、陆相交替沉积层，中生代全区出现强烈的褶皱和断裂活动，并伴生较强烈的岩浆活动，形成茅山、宁镇等现代山地的轮廓。是江苏最重要的金属矿藏成矿带。

3. 太湖—钱塘褶皱带

太湖—钱塘褶皱带经褶皱隆起和断裂发生，太湖以西形成宜溧山地和向斜盆地，太湖一带则为沉降地区。由于崇明—东山间存在一个断裂带，其北侧燕山运动时发生褶皱，是太湖中的东洞庭山、西洞庭山、马迹山以及无锡、苏州、常熟一带低山丘陵的基础。其南侧发生沉陷，几乎全部被第四纪沉积层掩覆，只有少数孤丘分布，在构造上多为天目山的余脉。

二、平原为主的地貌类型

岩性和地质构造制约着江苏地貌形态的发育，特别是第四纪以来的新构造运动最终奠定了江苏地貌以平原为主的格局，流水作用和海水波浪等外力作用对江苏地貌形成也起着重要作用。

(一)主要地貌类型

1. 平原

江苏地势平坦，平原广袤。徐淮平原、滨海平原、长江三角洲等大平原构成江苏地貌的主体(图 2－2)。江苏大部分平原属于堆积平原，其形成历史都很短暂。中生代以来，长江三角洲、滨海平原的大部分地区长期以沉降运动为主，到第四纪最后一次海浸时，黄海和东海的海水曾浸淹到江苏东北部、北部和西南部低山丘陵的山前。当时，淮河和长江分别在今淮安、镇江以东不远处入海，都形成宽阔的喇叭口。介于这两条江河之间的江淮湖洼平原大部以及淮河以北沂沭河洪积冲积平原和延伸于长江两岸的广大三角洲平原都是一片汪洋的浅水海湾。在这之后，由于受到长江、淮河以及 1194 年以后的黄河携带着大量泥沙(其中一部分经过海流再搬运)逐渐填积，形成今日所见的几乎纵贯江苏南北的平原主体格局。

2. 低山丘陵和岗地

低山丘陵和岗地主要集中在省境的东北部和西南部，由于地质过程和构造运动不同，不论是岩性和地貌形态，都有显著差异。

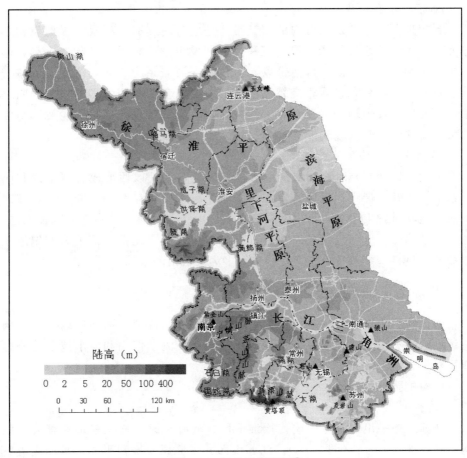

图 2-2　江苏省地形图①

　　东北部的低山丘陵是鲁南山地向江苏南延的部分，其中云台山主峰玉女峰海拔 624.4 m，为江苏省最高点。低山丘陵大都由古老的变质岩系构成山岭，山前延伸的岗地大都基岩出露或覆盖着薄层的风化物质，属于石质岗地。

　　西南部低山丘陵由北而南依次有盱眙、仪征、六合等地的方山丘陵和老山山脉、宁镇山脉、茅山山脉、宜溧山地等，组成物质以变质岩、石英砂岩、砂页岩、石灰岩及火成岩为主，岩性复杂，岭谷相连，海拔大都在 100～400 m，绵延数十千米乃至一百多千米。山前坡麓处表面都覆盖着厚层下蜀系黄土堆积，属于黄土岗地。

　　此外，在太湖中及其东岸尚有一系列低山丘陵，如太湖中的东洞庭山、

———————

　　①　资料来源：单树模，王庭槐，金其铭．江苏省地理．江苏教育出版社，1986。

西洞庭山，太湖沿岸的马迹山、锡惠山、渔洋山、光福诸山、穹窿山、灵岩山、天平山、南阳山等。

3. 海岛

江苏沿海共有大小海岛 16 个，岛屿岸线长约 68 km，面积约 68 km²，分属于黄海水域和东海水域，分为基岩海岛和沙积海岛两种类型。基岩海岛一般都在黄海水域，共有 12 个，普遍面积较小(表 2-1)。其中连云港的东西连岛是江苏最大的基岩海岛，东西长 5.88 km，南北宽约 1 km，其间有约 2 km 宽的鹰游门海峡，为连云港的天然屏障。长江口的永隆沙和兴隆沙海岛系现代长江泥沙堆积而成，现因涨淤和人工筑坝已经与崇明岛连通。

表 2-1　江苏沿海基岩岛屿概况

岛屿	别名	隶属	海拔/m	面积/km²	距陆地距离/km
平岛	平山岛	连云港市	47	0.148	41.7
达山岛	达埝山岛、褡裢山岛	连云港市	48.7	0.115	47.8
车牛山岛		连云港市			
海鸥岛	牛尾岛	连云港市	67.9	0.058	45.2
大白鹭岛	牛背岛	连云港市			
小白鹭岛	牛角岛	连云港市			
东西连岛	鹰游山	连云港市	357.8	7.57	5
竹岛		连云港市	55.1	0.14	2.5
鸽岛		连云港市	29.8	0.025	0.5
羊山岛		连云港市	60.4	0.18	—
秦山岛		赣榆县	50	0.19	10
开山岛		灌云县	50	0.014	9.5

资料来源：连云港年鉴(1999、2000)。

(二)地貌分区

根据地貌成因和区域特征，江苏全省可分为六大地貌区(图 2-3)。

1. 沂沭低山丘陵平原区

位于江苏东北部，包括沂河以东，六塘河、灌河一线以北的地区。自北而南，由低山丘陵逐步低落为平原低地。东海、赣榆与山东省交界处一列的低山丘陵久经侵蚀，山势浑圆，在向海低落的过程中，有规律地排列着山前

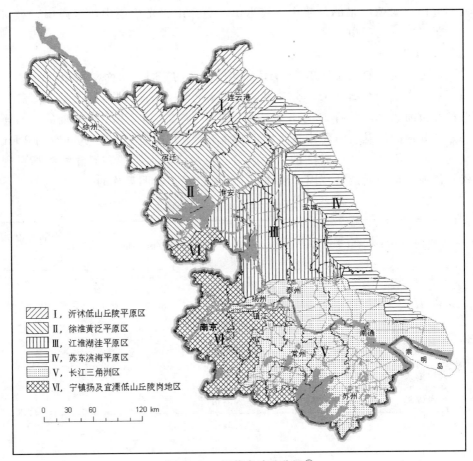

图 2-3　江苏省地貌分区①

侵蚀剥蚀岗地、洪积冲积平原和滨海平原。另一列突起在连云港市郊的低山丘陵统称云台山系，因西北坡陡往往呈台阶状，故名"云台"。

　　本区南部是沂沭河洪积冲积平原，以沭阳、宿迁一线为界分为与两部分：线以北，以洪积作用为主，地面呈波状起伏，高程一般在 20 m 左右，错落分布有白垩系红色砂砾岩组成的残丘；沭阳以南、以东，原属古硕项湖和桑墟湖所在，在沂沭河冲积物和黄河泥沙填积下，形成一片低平原。黄河南侵后，淤积速度加快，到清康熙二十四年（1685 年），硕项湖渐次淤平，开始兴屯。平原地面高程在 2～3 m，比四周地势低洼，当地居民称为荡地。

---

　　①　资料来源：单树模，王庭槐，金其铭. 江苏省地理. 江苏教育出版社，1986。

2. 徐淮黄泛平原区

位于江苏西北部，沂沭低山丘陵平原区以西、以南，洪泽湖、苏北灌溉总渠以北，为黄河、淮河及其支流泗水合力冲积而成。西与华北平原连成一体，东接滨海平原，实则为华北平原的最东组成部分。

徐淮黄泛平原上除徐州郊县少数低矮的蚀余残丘外，整个平面形态是延伸于废黄河（或称黄河故道）两侧、向东伸展的广阔平原。西起徐州以西丰沛平原南缘，经铜山、萧县二县界上，过徐州市，折向东南，再经铜山县东境和睢宁县、宿迁县、泗阳县而达于淮安。淮安以下即进入黄淮三角洲范围，过淮安、涟水、阜宁、响水到滨海县为止。沿线地面高程由丰沛平原的42～35 m，逐渐低落为徐州市区的30 m左右，宿迁、泗阳间，再降为25 m左右，到淮安已在10 m左右，三角洲部分都在0～5 m，其入海口处只有2 m左右。

黄泛平原原为淮河及泗水的低洼平原，有独立的水道系统。南宋建炎二年（1128年），黄河在河南省阳武县决口后，黄水大规模夺汴、泗、涡、颍等河入淮，于今响水县套子口入海。在黄河泥沙的填积下，黄河沿线地面不断被淤高，三角洲也迅速向海外推进。清咸丰五年（1855年），黄河又在河南铜瓦厢决口，河道北迁由山东大清河入海。本区东部形成南抵射阳河、北止云台山麓、东达黄海之滨的规模宏大的黄淮三角洲。连同淮安以西的地势略见高仰的黄泛平原在内，共同组成一个完整的徐淮黄泛平原。

黄河泛滥的700多年间，输送来的大量泥沙差异沉积，彻底改变了原有地形地貌。在整个黄泛平原之上，形成许多决口冲积的扇形地和各种形态的浅洼地等次一级地貌分区。

（1）黄河古河床

黄河古河床是过去黄河常年行水的河道，在黄河故道中地势最低，但一般仍高于堤外平原面。它与堤内滩地间有2～3 m或者更高一些的陡坎，这是过去河水冲刷形成的。河床内的沉积物以轻沙土为主，颗粒较细，随风迁徙。

（2）堤内滩地与河堤

指废黄河大堤内的河漫滩和废弃的人工围堤，其两侧地面向外倾斜。由于地势为本区最高，一般可高出堤外平地2～5 m，因此成为江苏淮河水系与沂沭河的分水地带。

（3）决口冲积扇形平原

伸展于废黄河大堤外侧、由大堤溃决在决口外围冲积形成的扇形地。其顶部地势最高，是黄泛决口附近的泥沙堆积，随着距决口距离的增大，地形逐渐降低，沉积颗粒变细。江苏境内共有大型决口冲积扇形平原11个，以泗阳、淮安、涟水境内的三个为最大，它们相互连续、叠置、向北延伸，其扇缘与沂沭河中下游洪积平原连成一体。其次是位于丰沛县境内的两个决口冲积扇形平原，由县西南境向东北延伸，过沛县直达微山湖畔，是丰沛平原形成的基础。

（4）堤侧倾斜平原

堤侧倾斜平原分布于废黄河两侧非扇形地的地区，为黄水漫溢大堤的泛滥堆积，地势略低于决口冲积扇形平原，坡度平缓，排水不畅，易受涝灾。

（5）扇缘低洼平原

位于决口冲积扇形平原的外侧，是河流泛滥平原上呈浅碟形的一种负地形，是泥沙沉积没有到达或到达较少的地区。其中尤以铜山、邳县北部的不老河与房亭河之间的洼地范围最大，这里地面往往极为平坦，故而排水能力差，汛期易积水内涝。

（6）废黄河三角洲

延伸于淮安市以东的黄泛冲积平原，经黄河决溢泛滥及其入海泥沙冲积而成。1128 年古淮河三角洲前缘在云梯关。黄河夺淮入海后，三角洲范围日益扩大，并迅速向海外推进，先后导致硕项湖和桑墟湖等被淤平为低平原，前云台山、中云台山、后云台山陆续与三角洲相连。黄河北徙后，泥沙来源大为减少，甚至完全断绝，黄淮三角洲的前缘开始受海流冲刷而后退。新中国成立后，人们在废黄河口一带进行了大规模护岸工程，三角洲前缘后退速度已明显减低(图 2-4)。

（7）洪泽湖盆地

位于徐淮黄泛平原西侧的洪泽湖盆地与黄泛平原相似，原来也是一片侵蚀平原，上覆薄层黄土物质，地面高程大都在 10～30 m，地势从西北向东南倾斜。洪泽湖水域所在地，原为淮河沿岸一些互相连通的小型湖洼盆地，黄河夺淮以后，泥沙淤积使淮安市以下淮河河道逐渐淤高，淮河干流来水下泄不畅而在这里积水，造成原来的一些小型湖泊逐渐扩大，相互连通成为洪泽湖。今洪泽湖湖底高程为 11 m 左右，高出洪泽湖大堤东南侧的平原 4～8 m 不等，湖水全凭大堤防护，形成悬湖。

3. 江淮湖洼平原区

本区介于苏北灌溉总渠、串场河、新通扬运河以及盱眙—仪征—六合低山丘陵之间。整个平原地势周高中低，且西北高、东北低。平原以里运河为界，又分为西部上河区和东部里下河地区两部分。

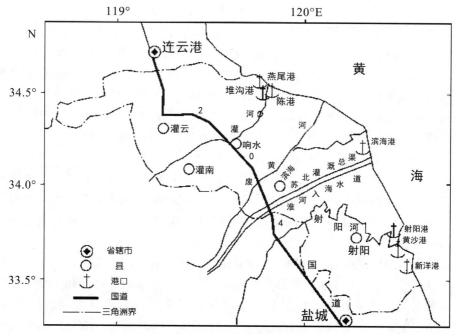

图 2-4 废黄河三角洲地理位置①

（1）上河区

上河区地势相对稍高，洪泽湖东侧海拔 10～11 m，为盱眙—仪征—六合丘陵低山之尾端，向高宝诸湖倾斜降至 6 m 左右，沿运河一带地势复又高起，同时以运堤为界与里下河平原构成一微阶梯。本区于第四纪时期受西侧低山丘陵区和缓隆升的影响，逐渐出露海面形成陆地，东部一些洼地积水成湖，形成现在的白马、宝应、高邮、邵伯诸湖，统称上河湖区。此处地表径流以白马、宝应、高邮、邵伯诸湖为尾闾，这些湖泊的湖底高程一般 3～5 m，洪水期湖面高程可达 9 m，对滨湖平原和里运河以东的地区常构成威胁。

（2）里下河地区

里下河区地势更低，在地质历史时期长期沉陷，由泥沙搬运堆积在原先的浅水海湾处形成岸外沙堤，封闭而成潟湖，又继续接受长江、淮河和泛滥的黄河携带的大量泥沙沉积，逐渐形成现今周高内低的低洼平原。低平原的形成也与人类活动密不可分。例如，唐宋时期在东沙堤上修建用以防御海水侵袭的捍海堰就加速了潟湖的淡化过程、河湖的沉积过程以及土壤的脱盐过程，便利了农业围垦。宋代以后陆续在里运河两侧修筑人工堤岸，控制了上

---

① 资料来源：陈洪全．废黄河三角洲区域可持续发展的战略选择．海洋科学，2006，（2）。

河区来水侵袭里下河，也有助于里下河平原的形成和发展。

里下河平原的底部为射阳湖、大纵湖及其周边的湖滩地，地面真高不足 2 m，射阳湖底最低处仅 1.1 m。兴化洼地、建湖洼地、溱潼洼地海拔在 1.5～2.5 m，俗称"锅底洼"，每逢汛期易遭内涝。大约在宋、元以后，平原中部的民众为避免洪涝灾害，选择湖滩地或湖荡周边的局部高地，就地取土，逐年培高，形成四周环水的小型人工高田，这种人工地貌称为垛田，一般高出四周水面 3～5 m，面积大小不一，是旱涝保收的高产稳产田。

4. 苏东滨海平原区

滨海平原延伸于串场河以东，北至黄淮三角洲南缘的射阳河畔，南达长江三角洲北缘的东串场河滨，是一片狭长广阔的海积平原。苏东滨海平原与里下河低平原同在第四纪最后一次海浸时浸淹成为浅海，直到里下河平原东侧的岸外沙堤形成后，方才渐次成陆。这片 2 000～3 000 年前刚刚形成的年轻平原直至今日还在不断向海上扩展其范围，这主要表现在东台、大丰一带海岸继续向东推进，并在东台市弶港以东海面形成一个规模巨大的辐射沙洲群。

苏东滨海平原地面高程在 1.5～4.5 m，从东南向西北缓缓倾斜。海安、如皋市丁堰、如东一线是长江北岸沙咀与滨海平原衔接处，地势最高，由此向北，地势逐渐低落，至射阳河畔已下降为 1 m 左右，这里是江苏全境地势最低洼处。

苏东滨海平原东部海岸线平直，岸上有广阔的滩涂地带，岸外有许多尚未出露的沙堆和辐射沙洲群，海滩缓倾，属典型的淤泥质海岸。由于地势低平，所有入海河流受海潮顶托，水流平缓，曲流发育，尤以射阳河、新洋港、斗龙港等大河的曲流地貌发育非常典型。

5. 长江三角洲区

长江过南京东流，沿途逐渐摆脱山体束缚，地势自西向东微微倾斜，江流平缓，所携大量泥沙逐渐沉积下来，在镇江、扬州以东形成巨大的长江三角洲平原，范围大致北起新通扬运河和东串场河，南抵杭州湾，西以 10 m 等高线与宁镇山脉、茅山山脉和宜溧山地为界，东至海滨，海拔一般在 2～7 m，总面积约 4×10^4 km²，其中江苏境内为主体，约 2.5×10^4 km²。

距今约 7 000 年前，长江在扬州以东入海，当时沿江平原绝大部分尚未成陆。随着长江大量泥沙在河口堆积，海岸线逐渐东移，长江三角洲不断向东延伸而形成目前的三角洲平原。在发育过程中，泥沙在江口形成近东西向长条状的河口沙坝和沙洲，导致江流分为南北两股汊流，在地球自转偏向力的影响下，主江流不断右偏，南股汊流不断加深增宽，北股汊流则逐渐淤浅最终与北岸地面相连，邗江、江都南部以及泰兴、靖江、如皋、南通、海门、启东等地先后依次成陆。现今位于江口附近的崇明、长兴、横沙等沙岛以及已部分出露于江口水面的几段沙等,亦将按此规律并入北岸。在南股汊流变为主江流后,新的沙坝、沙洲又在江口形成,并再度使江流分汊。如此循环,江口三角洲就不断向海延伸。

除此之外,还有一些散布在长江中的沙洲,从南京到江口近 70 个,江苏境内较大的有南京的江心洲、八卦洲,镇江的世业洲、和畅洲、顺江洲以及扬中的太平洲。这些沙洲地面高程在 3 m 左右,易受汛期洪水浸淹,主要靠江堤和圩堤防护。

长江三角洲平原上还散布着许多孤丘,多数由泥盆纪石英砂岩构成,久经侵蚀后具有峰顶浑圆、坡度平缓的特征,海拔大都在 100~200 m。这些孤丘虽然海拔都不高,不过与江、湖水相映,改变了平原单调的景观,加上保留了许多历史遗迹,成为我国著名的风景旅游胜地。

本区的太湖平原水网稠密,湖荡众多,素有"水乡泽国"之称。太湖平原地面高程均在海拔 10 m 以下。其西部高亢平原地势最高,包括洮、滆湖之间,武进西部,丹阳一带及丘岗前缘,一般海拔在 5~9 m。北部沿江平原地势,大致在盐铁塘以北,海拔在 2~4 m,而江阴至张家港南部地带,地势可高至 5~6 m。中部以太湖为中心的地区,大致以常熟—苏州—湖州一线为界,其西侧在苏州西部、无锡、宜兴一带,地势平坦,地面海拔一般在 3~4 m,略高于当地洪水位;东侧在阳澄湖、澄湖、淀山湖、菱湖等大量湖荡周围的平原,地势最低,地面海拔一般仅 2 m 上下,东部最低处可至 0 m 附近。大部分地区的高程均在当地洪水位之下,故地面均需筑堤围圩以防洪水侵袭。

6. 宁镇扬及宜溧低山丘陵岗地区

本区北起淮河南岸的盱眙,南抵宜溧山地,东接里下河平原和长江三角洲,西、南方向与皖、浙边境的丘陵山地连成一片。构造上,除最南端的宜溧山地属太湖—钱塘褶皱带外,主体属下扬子台褶带。自元古代震旦纪到中生代三叠纪,下扬子台褶带一直处于沉陷状态,沉积了一整套地层,以宁镇山脉保存得最完整。印支运动和燕山运动使沉积地层普遍褶皱隆起,并伴有强烈的断裂作用和岩浆活动,奠定了现代地貌轮廓和主要山脉的分布。中生代构造运动之后,全区经历了一次准平原化过程,著名的雨花台砾石层就是在这一过程中形成的。而第三纪末以来的新构造运动中,全区普遍发生了间歇性隆升和玄武岩溢流,形成了由低山、丘陵、岗地、盆地和平原交错分布的复杂地貌形态。玄武岩溢流主要分布在茅山南段和六合、仪征、盱眙一带,南京市、江宁区亦有分布,成为熔岩高地。后经流水切割、侵蚀残留为许多孤立的小型平顶山,称为方山。继玄武岩溢流之后,全区还经历了一次下蜀黄土堆积过程。以宁镇山脉北麓长江沿岸的堆积最普遍，高可达 30～40 m，是现今长江两岸黄土岗地的主要组成物质。

以丘陵岗地为基本骨架，本区可进一步划分为仪（征）六（合）盱（眙）丘陵岗地、老山山脉、宁镇山脉、茅山山脉和宜溧低山丘陵等。宜溧低山丘陵分布于苏、浙、皖三省界上，又称界岭山地。海拔一般在 300 m 以上，主峰黄塔顶海拔 611 m，为江苏第二高峰。燕山运动以来，宜溧低山丘陵一直处于隆升过程中，断裂构造活动频繁，造成山地、盆地在此相间排列。构造盆地以宜兴湖㳇盆地、张渚盆地、溧阳山丫盆地、横涧盆地规模较大，盆地中分布有因奇特的喀斯特地貌而闻名全国的宜兴善卷洞、张公洞、玉女潭、灵谷洞和慕蠡洞。

老山山脉、宁镇山脉、茅山山脉和宜溧山地间还有一系列河谷平原和湖盆分布。河谷平原以长江沿岸平原及秦淮河谷地、滁河谷地、荆溪谷地最典型。湖盆以高淳县石臼—固城湖盆地面积最大。

(三)地貌对区域发展的影响

江苏地势平坦，跨江滨海，有广阔的地理空间和便利的用水条件，这种地理要素的组合为人类经济活动的开展提供了优越条件。江苏农业高产、工业发达、交通运输四通八达、南北文化交融很大程度上皆得益于此。

广阔而肥沃的平原是江苏一大地理优势，但不同特征的平原区又对当地区域发展赋予了不同的先天秉性。徐淮黄泛平原以黄泛平原为主，少量分布有丘陵岗地及波状、倾斜平原，由于水源不足，低产土壤面积较大，优质果品、食草畜禽及加工业是因地制宜的发展方向。里下河低平原以水网圩田平原为主，耕地面积大但土壤长期受浸渍，湖荡水面资源充裕，是稻、麦、棉、油和水产、水禽、水生蔬菜的商品生产基地。苏东滨海平原成陆较晚，土壤质地偏砂，肥力一般，有利于棉花生产，海水养殖业较突出。长江两岸以高亢平原、高沙平原、新三角洲与江心洲为主，光热资源条件较好，土层深厚，土壤肥沃，产出能力最强。宁镇扬及宜溧低山丘陵区内地形高低起伏，地貌类型较复杂，动植物资源相对丰富，是粮、油、棉、竹、茶、应时鲜果、畜禽等的重要生产基地。环太湖平原以圩田平原为主，土壤自然肥力较高，以水田为主，有利于山、水、田立体利用，集约经营。

江苏地貌在优越的大背景中也存在一些不利因素。仅就穿省而过的长江来说，江宽水深的长江在历史上一直被视做阻碍南北沟通的天堑，自南京长江大桥建成后，长江两岸已架设起南京二桥、南京三桥、江阴、润扬、苏通等长江大桥，以减轻对南北过江交通的瓶颈制约作用；长江拦门沙的存在，使得长江航道等级一直不高，沿江岸线上密布的多为低等级工业港，且需要多次疏浚；一些滩漕位置不稳定，弯道崩岸坍江时有发生，需要固岸护岸。

三、四季分明的气候特征

(一)影响气候的主要因素

江苏地处亚欧大陆东部沿海，面向太平洋，季风环流的影响在江苏十分显著。冬季，盛行源自蒙古—西伯利亚冷高压吹来的寒冷干燥的偏北风，寒冷少雨；夏季，盛行来自西太平洋副热带高压和印度低压控制下的太平洋和印度洋偏南暖湿气流，炎热多雨。

黄海沿岸流紧贴江苏海岸南下，是造成江苏沿海春温较低、春季开始较迟的重要因素。每年冬春季节，在冬季风的影响下，黄海沿岸流势力有所加强，特别是当北黄海的小型冷气流辐散中心形成后，这一冷气流掠过黄海沿岸流吹向江苏沿海时，就延缓了江苏各地，特别是沿海春季温度回升的速度，以致造成春夏之交，北方省份的温度反而高于江苏的现象。

江苏地居中纬度的滨海位置，一年四季太阳高度角的变动及昼夜长短的变化都比较适中，是我国南方热带、亚热带向北方暖温带、温带的过渡地带，形成了冬寒夏暑、四季分明的气候特征。江苏东滨黄海，拥有近 1 000 km 长的海岸线，全省各地距黄海不超过 350 km，海洋对气候的影响比较明显，与同纬度的内陆各地相比，江苏各地大都冬夏气温变化和缓，年较差相对较小，年降水量比较丰富。

平原在江苏境内从北到南连成一体，尽管有少数低山丘陵，但不影响冬季干冷空气的南侵和夏季暖湿气流北上。因此，全省各地间的气候差异，主要受纬度位置和海陆位置的制约，从南到北、自沿海到内陆呈有规律地递变。

(二)气候基本特征

在太阳辐射、大气环流与自身地理位置和地貌特征的综合作用下，江苏气候的总特点是：季风显著、过渡明显、四季分明。

1. 季风显著

江苏全省受季风影响显著，盛行风向随季节有明显的变化。冬季盛行来自北方干冷的偏北风，夏季盛行从海洋吹来湿热的东南到南风。在过渡季节中，春季多东南风，秋季多东北风。由于盛行风各有不同的源地，气团性质有根本不同，致使江苏冬季寒冷少雨，夏季炎热多雨，季节差异十分明显。全省多年平均降水量998 mm，自西北向东南递增，年内降水50%～60%集中在汛期6～9月。季风的不稳定性特点使得全省各地降水年变率较大，气温年际变化的不稳定性也比较突出(丰水的1991年达1 459 mm，枯水的1978年仅549 mm)，常有多种类型的灾害性天气出现。

2. 过渡明显

江苏地处亚热带与暖温带间的过渡地带,我国气候的南北重要分界线——秦岭淮河一线横跨本省,气候的过渡性特征明显,兼有南方和北方的特征。全省自北向南依次跨越三个温度带:淮北属暖温带,淮南属北亚热带,位于省境南端的宜溧丘陵山区与东西洞庭山丘则具有中亚热带的气候特征。降水分布特征是南部多于北部,沿海多于内陆。大致以泰州、泰兴、武进、金坛并沿茅山东麓至溧阳与高淳二县分界处为界,其线以东属湿润季风气候,以西则为次湿润季风气候。

江苏气候温和,雨量适中,年平均气温介于13~16℃。沿江和苏南各地都在15℃以上,徐淮地区,除洪泽湖沿岸因受湖水影响略高于14℃外,其余均在13~14℃(图2-5)。年降水量在800~1 200 mm。1 000 mm等降水量线延伸于淮河和苏北灌溉总渠南北,略与1月份平均气温0℃等温线的走向相一致(图2-6)。

图2-5　江苏省气温分布[①]

---

① 资料来源:单树模,王庭槐,金其铭. 江苏省地理. 江苏教育出版社,1986。改绘。

图 2-6　江苏省降水量分布①

3. 四季分明

江苏气候四季分明。就全省而言，冬季最长，其次是夏季，秋季和春季长度很相近，秋季略短。

春季(3月下旬~6月初)。由于冬夏季风转换进退，频繁的锋面和气旋活动使天气过程变化无常，气温不稳定，时有10℃左右的陡升骤降。在气温整体回升过程中，由于受北黄海一小型冷气流辐散影响，江苏增温较同纬度其他地区缓慢，尤其是沿海各地春温回升迟滞。北部徐淮地区还由于春季比较干燥，潜热作用小，春温上升快于江淮和苏南，晚春气温不仅相对较高，也使淮北多有春旱。而江南和江淮地区的春季降水逐渐增多，尤其江南地区常有连阴雨，气温较秋季低，常有春寒感。

夏季(6月初~9月中旬)。气温高，降水丰富。一般而言，受冷暖气流势力的强弱和消长影响，各地先后受两种不同的天气系统控制，即初夏的梅雨天气和盛夏的伏旱天气。江苏的梅雨以淮河以南最为典型，通常始于6月中

---

① 资料来源：单树模，王庭槐，金其铭．江苏省地理．江苏教育出版社，1986。改绘。

旬，止于 7 月上旬，持续 20 d 以上，但实际上梅雨的起止日期和持续时间历年变化较大，既出现过早黄梅和迟黄梅，也有过旱黄梅和涝黄梅。梅雨期间云量多，日照少，气压低，相对湿度大，频现连续性降水或暴雨。梅雨结束后全省即处在副热带高压控制下而进入盛夏，云量少，日照强，气压迅速增高，相对湿度小，偶有阵性降水。此时往往出现 20～30 d 的高温干旱期，因正值三伏时期而被称为伏旱。历年最高气温大都出现在伏旱期间。

秋季（9 月中旬～11 月中旬）。比春季略短，天气也较稳定。一般风力小，云量少，秋高气爽，甚至出现秋旱。也有一些年份，夏季风势力较强，撤退较迟，与南下的冷气流交锋，再受台风影响，会出现秋风秋雨连阴雨天气。

冬季（11 月中旬～次年 3 月下旬）。气温总体偏低，自南向北递减，沿海稍高于内陆。1 月平均气温在 −1.5～3.5℃，0℃等温线大致在苏北灌溉总渠一线。冬季受频繁而有规律的冷空气入侵形成冷暖交替的天气变化过程，大约每隔 7～10 d 就有一次冷空气活动，整个冬季约有 3～4 次达到寒潮标准的冷空气南下。

根据 1961 年起至今江苏省内 59 站气象资料的统计，江苏省各地区各季节的长度和起止时间都发生了明显的变化，特别是进入 21 世纪以来，这种变化速度明显加快，最主要的变化特点是：春季发生的时段前移了近 10 d；夏季明显变长，开始时间提前，结束时间推后；秋季的发生时段整体后移；冬季明显缩短，特别是结束时间提前（表 2-2）。

表 2-2 江苏省四季开始时间变化

	开始时间	淮北	江淮	苏南	全省
春 季	1961～1970	4 月 5 日	4 月 5 日	3 月 31 日	4 月 3 日
	1971～1980	4 月 3 日	4 月 2 日	3 月 29 日	4 月 1 日
	1981～1990	4 月 1 日	4 月 2 日	3 月 27 日	3 月 31 日
	1991～2000	3 月 30 日	3 月 31 日	3 月 29 日	3 月 31 日
	2001～2006	3 月 22 日	3 月 22 日	3 月 18 日	3 月 21 日
	春季持续时间 （1971～2006）	66 d	70 d	70 d	69 d
夏 季	1961～1970	6 月 2 日	6 月 8 日	6 月 5 日	6 月 5 日
	1971～1980	6 月 4 日	6 月 8 日	6 月 5 日	6 月 6 日
	1981～1990	6 月 6 日	6 月 12 日	6 月 6 日	6 月 8 日
	1991～2000	6 月 3 日	6 月 9 日	6 月 4 日	6 月 6 日
	2001～2006	5 月 28 日	5 月 31 日	5 月 28 日	5 月 29 日

续表

	夏季持续时间 （1971～2006）	108 d	110 d	120 d	112 d
秋 季	1961～1970	9 月 14 日	9 月 19 日	9 月 21 日	9 月 18 日
	1971～1980	9 月 14 日	9 月 18 日	9 月 22 日	9 月 18 日
	1981～1990	9 月 14 日	9 月 18 日	9 月 24 日	9 月 18 日
	1991～2000	9 月 18 日	9 月 21 日	9 月 24 日	9 月 20 日
	2001～2006	9 月 19 日	9 月 26 日	10 月 4 日	9 月 26 日
	秋季持续时间 （1971～2006）	58 d	62 d	60 d	60 d
冬 季	1961～1970	11 月 17 日	11 月 21 日	11 月 24 日	11 月 20 日
	1971～1980	11 月 13 日	11 月 19 日	11 月 22 日	11 月 18 日
	1981～1990	11 月 13 日	11 月 18 日	11 月 23 日	11 月 18 日
	1991～2000	11 月 14 日	11 月 22 日	11 月 26 日	11 月 21 日
	2001～2006	11 月 15 日	11 月 28 日	12 月 1 日	11 月 25 日
	冬季持续时间 （1971～2006）	133 d	124 d	116 d	124 d

资料来源：张静，吕军，项瑛，等．江苏省四季变化的分析．气象科学，2008，(5)。有修改。

（三）气候对区域发展的影响

江苏水、热丰裕，而且雨热同期，为全省经济社会发展及良好的生态形成提供了有利的气候条件。

1. 光能资源充足，热量丰富

据全省气象台（站）长期观察资料，全省年日照时数为 1 981～2 640 h，日照百分率为 45％～59％。北部多于南部，最高值出现在赣榆，最低值在宜兴（图 2-7）。从季节分配看，夏季较多，占全年的 29％～33％；冬季较少，占 20％～21％，苏北地区春季多于秋季，而苏南秋季多于春季。年平均太阳总辐射量苏北地区为 5 020～5 860 MJ/m²，苏南为 4 180～5 020 MJ/m²，北部赣榆一带最大，其次是连云港、徐州、丰县一带，太湖地区最少。太阳辐射季节差异明显，春季占年总量的 27％～30％，夏季占 33％左右，秋季占 22％左右，冬季占 16％左右。

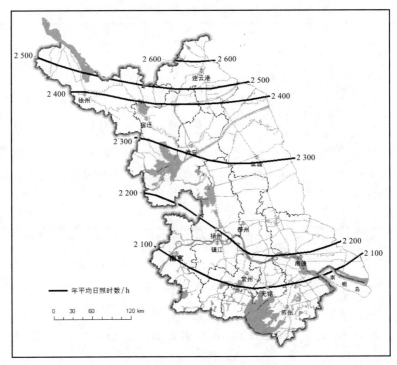

图 2-7　江苏省年平均日照时数 [①]

全省热量资源较丰富，无霜冻日数都在 210 d 以上，淮北 210～220 d，江淮之间 220～230 d，沿江和苏南 230～250 d。全省各地日平均温度≥0℃积温除赣榆县外，都超过 5 000℃。日平均温度≥10℃积温一般达 4 500～5 000 ℃，苏南优于苏北；春夏秋三季热量较充足，冬季较欠缺。较充足的光能资源为农业的发展和太阳能利用提供了有利条件。

2. 降水丰沛，但降水变率大

全省各地降水都比较多，又以南部多于北部，沿海多于内陆。太湖地区南部、宜溧山地和长江口附近最多，达 1 050～1 200 mm，江淮之间 1 000～1 050 mm，淮北约 800～1 000 mm，西北部的丰县最少，不足 800 mm，降水总量各地基本上可以满足农作物的水分需求。

降水季节分配不均，夏季降水集中，占全年总量的 30%～60%，且越向北集中程度越高。夏雨与高温相配合，利于农作物生长。但夏季易涝，原因是降水较集中，又常遇上游客水压境、东部受海潮顶托、排泄不畅，对工农

---

① 资料来源：龙斯玉. 江苏省农业气候资源生产潜力及区划的研究. 地理科学，1985，（3）。

业生产影响较大。冬季降水量仅占全年总量的 $5\%\sim15\%$，越向北比例越小，淮北冬旱现象比较普遍。淮北春季少雨，常形成春旱，对春播和农作物生长不利。降水的年变率在 $14\%\sim26\%$，一般自南向北、自沿海向内陆逐渐增加，且东西差异明显，以徐淮地区西部年变率为最大。因此，加强水利建设，完善蓄泄、排灌工程，对于保证江苏农业的稳产高产和国民经济的持续发展具有极其重要的作用。

3. 风能资源较丰富

江苏位于我国大陆东部，季风气候明显，是我国风能资源比较丰富的地区。据各地气象台(站)长期观测资料，全省年平均风速为 3.5 m/s，年有效风速($V\geqslant3$ m/s)时数 3 900 h，年有效风速频率 44.6%，年风能密度 122.7 W/m²，年有效风能 495 kW·h/m²。除淮河以北、沭阳以西地区外，江苏广大地区均属风能可利用区、风能较丰富区或风能丰富区(详见第九章)。

江苏处于中纬度地带、海陆相过渡带和气候过渡带，是典型的气象灾害频发区。主要气象灾害有台风、洪涝、干旱、寒潮、雪灾、冰雹和霜冻等，防灾减灾任务繁重。

四、沿江海滨河湖的水文条件

江苏地处大江之尾、黄海之滨，多名川巨泽，有中国五大淡水湖中的太湖、洪泽湖，以及长江、淮河两著名大河和 2 900 多条交织成网的中小河流，130 多个大小湖泊(面积在 0.5 km² 以上)(图 2-8)。

(一)河流湖泊

全省河流湖泊分属长江、淮河两大流域下游。长江流域又分为长江和太湖两个水系，通扬运河及仪六丘陵山区以南属长江水系，总面积 3.73×10^4 km²；长江南岸沿江高地以南、茅山山脉以东、宜溧山地以北为太湖水系，面积 1.92×10^4 km²。淮河流域按习惯分为淮河下游和泗沂沭两个水系，通扬运河及仪六丘陵山区以北，属淮河下游水系，面积 6.53×10^4 km²；废黄河以北属沂沭泗水系，面积 2.56×10^4 km²。全省大部分河道水系互相沟通，其中京杭大运河自北而南纵贯全省，沟通了微山湖、骆马湖、洪泽湖、高宝湖、邵伯湖和太湖 6 大湖泊，成为全省跨流域调水的骨干河道。

1. 长江和太湖水系

该水系包括长江、太湖以及固城湖、石臼湖、滁河、秦淮河等河湖，是航运、灌溉、引水和养殖的重要基地。

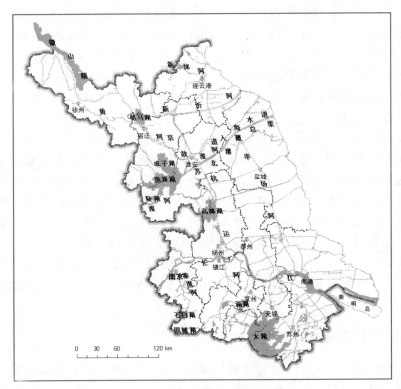

图 2-8　江苏省水系分布①

　　长江在江苏境内河长约 418 km，具有江面宽、水量大、比降小、沙洲多、受海潮影响大、江岸不稳定等特点。海潮上溯经南京达安徽大通附近，南京多年平均潮差 0.66 m(吴淞零点，下同)，江阴 1.63 m，河口多在 3 m 以上。沿江主要港口有南京、镇江、张家港和南通，均建有万吨级码头多座，其中南京港为全国最大内河港口。江中岛屿沙洲多，较大的有扬中、八卦洲、江心洲、世业洲等。

　　苏、皖界上的和尚港到江宁三江口为长江南京段，长 80 km，宽 1.1～3.0 km。三江口到江阴黄山为镇澄段，长 154 km，江宽 3 km 左右，南岸受宁镇山脉余支和江阴黄山限制，岸线稳定；北岸为古江心沙洲并岸形成的平原，河床游移不定。仪征、邗江江段古称扬子江，因扬州以南滨江的古扬子津、扬子县而得名。镇江一带江面古名京江，因镇江古名京口得名。京杭运河在此过江，南岸以镇江谏壁港为入口，北岸以邗江六圩港为出口。淮河在

---

　　① 资料来源：江苏省基础地理信息中心．江苏省地图集．中国地图出版社，2004。编绘。

北岸三江营入江，江水北调（东线）工程以此为引江口。

江阴黄山以下为河口段，长 184 km，南通以下江面宽至 10 km 左右，江口宽达 80～90 km，形成极为开阔的喇叭形三角江。南岸有太湖下游诸河道，北岸有通扬、通吕运河分别在此汇入。江流受崇明岛、横沙岛和九段沙阻滞，分成四支水道。崇明与海门、启东间称北支水道，现因泥沙沉积而淤浅；崇明岛与长兴岛间称北港水道，长兴岛与南汇间原称南港水道，因九段沙发育壮大，现又分南港水道为北槽和南槽二水道。黄浦江由吴淞口汇入，为江海船舶出入上海港所必经。

滁河、秦淮河是长江甫入江苏境内时的两条重要支流。滁河源出安徽肥东，自江浦县入江苏境后在六合大河口、划子口分汊入江。秦淮河上游有两源：北源出句容县宝华山，称句容河；南源出溧水县东芦山，称溧水河。二源北流在江宁区的方山埭交汇，过东山镇、上坊门入南京市区，至通济门外分为内、外二支，内秦淮由东水关入南京城，经城南夫子庙一带出西水关；外秦淮由通济门经中华门绕行城外。内、外秦淮在西水关外复合，过草场门、定淮门、循石头城北流至三汊河入长江。全长约 110 km，流域面积为 2 630 km²，其中 80% 为丘陵山区，20% 为平原圩区。1981 年又人工开通全长 18 km 的秦淮新河，于入江处兴建水利枢纽，大大提高了秦淮河泄洪抗旱能力，对促进农业生产、保障城市建设发挥了巨大作用。

太湖水系是长江下游的主要支流，主要水源分别来自宜溧山地的荆溪和浙江省天目山的苕溪。太湖出水由北、东两面 70 多条大小河港下泄长江，湖水出沙墩口，经望虞河到常熟市花庄入长江；出胥口以娄江为孔道，到浏河口入长江；出瓜泾口以吴淞江为孔道入上海市黄浦江；出南库口和太浦口均以黄浦江为孔道，至吴淞口入长江。汛期时，黄浦江泄水量常占太湖总泄水量的 80%。

吴淞江又称苏州河，源出太湖瓜泾口，穿过江南运河，流经吴江、苏州、昆山、嘉定、青浦，在上海市区外白渡桥附近入黄浦江。全长 125 km，省境内 53.5 km，流量平均仅 10 m³/s，旱季则接近于 0，是上海通往江苏南部的主要水上交通线。

娄江出太湖，穿苏州娄门而东，经跨塘、唯亭入昆山，由太仓浏河（古名刘家港）入海，长约 34 km。太仓上溯至太湖胥口为娄江，自太仓以下又称浏河，浏河口即郑和七下西洋的首发地——刘家港。经过截直河道、拓宽河床的治理，现在的娄江北通阳澄湖，南通吴淞江，是阳澄、淀泖诸湖区的主要排灌河道，水上运输繁忙。

江南运河为京杭运河最南段，北起镇江市谏壁口，经丹阳、常州、无锡、苏州、吴江等市，南止浙江省杭州市。其中从谏壁口到吴江市东南境的江苏段长 210 km，沿途穿越宁镇山脉，与九曲河、香草河、丹金溧漕河、新孟河、德胜河、武宜运河、武进港、锡澄运河、梁溪、胥江、望虞河、浏河、吴淞江、太浦河等河流相连接，并绕行于太湖东侧，整个河段纵横连贯，为太湖下游主要排灌河道和苏南航道主干。大部分底宽 20 m，水深 2 m，一般可通航 40～100 t 级船舶。

太湖古称震泽，居太湖水系中部，为江苏省第一大湖，全国第三大淡水湖，因长江、钱塘江下游泥沙封淤古海湾而成。西南部湖岸平滑呈圆弧形、东北部湖岸曲折多湖湾、岬角。在多年平均水位 2.99 m 时的面积为 2 426 km²，除去 48 个岛屿面积 90 km² 外，实际水面积 2 338 km²。平均水深 1.9 m，一般洪枯变幅在 1～1.5 m，历年最高水位为 5.08 m，历年最低水位 1.89 m。一般每年 4 月雨季开始水位上涨，7 月中下旬达到高峰，到 11 月进入枯水期，2～3 月水位最低。湖区东邻苏州市、吴江市，北连无锡市、锡山市、常州市和武进市，西接宜兴市，南界浙江省湖州市和长兴县。湖中原有泥盆系砂岩和二叠系灰岩构成的岛屿与沿湖山峰，俗称"太湖七十二峰"，山水相依，层次丰富。因泥沙淤积和人工围垦，一些岛屿分别与东、西洞庭山连体，东洞庭山等近岸岛屿则与湖岸相连成半岛，现尚存大小岛屿 48 座，以西洞庭山面积最大，为 79.8 km²。

太湖周围尚有众多湖泊分布。除太湖外，水面面积在 0.5 km² 以上的湖泊共 188 个，湖泊面积大于 10 km² 的湖泊有 8 个，即滆湖、阳澄湖、淀山湖、洮湖（也称长荡湖）、澄湖、昆承湖、元荡和独墅湖。

2. 淮河下游水系

淮河下游水系包括洪泽湖、里运河、串场河等诸多河湖，大多为人工河流，并相互贯通，构成一个完整的水路系统，有着调水、引水、排洪排涝和灌溉等多种用途（图 2-9）。

淮河自安徽进入江苏，原来是一条独流入海的天然河道。1128 年黄河夺淮，淮河下游河道受黄河泥沙沉积而淤高，逐渐失去入海通道，其上、中游来水就在盱眙以东的一些小型湖泊中潴水，使湖面逐渐相互连通，扩大为洪泽湖。洪泽湖形成后，淮河上中游来水在这里流速顿时慢下来，输沙能力更弱，大量泥沙沉于湖底，使湖底日益升高，湖周居民只得不断加高、加固大堤以防洪水。现今洪泽湖的大堤已经加高到 16 m 的高度，而湖底高度也在海拔 10.5 m 左右，超过了湖周围东部平均海拔小于 9 m 的里下河平原，成为"悬湖"。

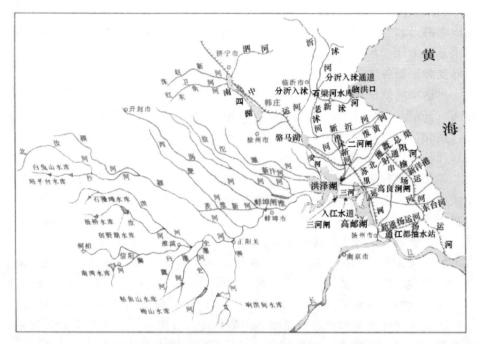

图 2-9　淮河流域水系及水利工程分布示意图[①]

　　环湖为洪泽、淮安、泗阳、泗洪和盱眙五县，湖面主要属洪泽县。湖区总面积 2 069 km²，一般情况下平均水深 1.9 m，最大水深 5.5 m。淮河上、中游来水量占入湖总水量的 75%，其余 25% 来自废黄河西侧的成河、安河和安徽省的漴潼河、新汴河、新濉河等。洪泽湖水的出路有三条：一条是出三河闸，由三河东南流经入江水道，穿高邮湖、邵伯湖出六闸，再经运盐河、金湾河、太平河、凤凰河和新河等水道，汇入芒稻河至三江营注入长江。这条淮河入江水道全长约 158 km，最大泄洪量 12 000 m³/s，是淮河下游主要泄洪河道。第二条出路是出高良涧闸，顺苏北灌溉总渠，经洪泽、淮安、阜宁、滨海、射阳等县，由扁担港入海，全长 168 km，主要用来引湖水灌溉里下河地区，必要时兼作排洪之用。第三条出路是出二河闸，顺淮沭河，到淮安杨庄水利枢纽分为二支，一支由中山河出套子口入海，一支由淮沭新河入临洪河归海。

　　淮河下游的湖泊群除洪泽湖外，还有白马湖、宝应湖、高邮湖、邵伯湖、射阳湖、大纵湖等，均富有灌溉、蓄洪、航运以及水产、旅游之利。

---

　　① 编绘自：中国水利百科全书编辑委员会. 中国水利百科全书. 北京：水利电力出版社，1991。

属于淮河下游水系的河流还有里运河、通扬运河、新通扬运河、串场河、通榆运河等。其水源主要来自洪泽湖经由高良涧闸和三河闸输送出来的水；其次是经由江都水利枢纽抽引来的长江水，通过这些河道输往里下河平原和东部滨海平原各地。

里运河属京杭运河江苏河段的中段，位于里下河地区西侧，沟通长江与淮河。其前身最早可追溯到春秋时期开凿的邗沟，后屡经改建整治，扩大规模，现北端自淮安水利枢纽起，南下经淮安、宝应、高邮、邵伯、扬州等地，由邗江县六圩入长江，长 169 km。

苏北灌溉总渠于 1951 年开挖，次年建成，西起洪泽湖高良涧镇，东经淮安城南穿京杭运河，下经阜宁、滨海等县，由扁担港入黄海。总长 168 km，河宽 170～260 m，是里下河、渠北、白马湖等地区引淮灌溉的主要输水渠，在泄洪、灌溉、航运上发挥了重要作用。

射阳河亦称射阳港，以源出宝应县东北射阳湖得名，由西向东经建湖、阜宁、滨海、射阳等县注入黄海，河长 198 km，宽 100～450 m。两岸支河众多，地势低平，河曲发育，泄水不畅，易因海潮倒灌成内涝。1950 年起全面整治，先后在北侧建苏北灌溉总渠，南侧拓浚入海河道，1956 年建射阳河闸，1986 年闸以下裁弯取直，以畅泄水，是里下河地区重要的入海河道和航道。

串场河位于里下河低平原和苏东滨海平原之间，北端贯通射阳河阜宁段，沿范公堤南下经盐城、东台到海安与通扬运河相会，长 130 km，以其贯通淮南诸盐场而得名。1958 年后曾沿串场河东侧新挖（南）通（赣）榆运河与之平行，兼作输水和航运之用，是里下河地区排水入海调节河道和东部滨海平原农产品南运航道。

通扬运河东西向贯穿于南通和扬州之间，西段在扬州湾头镇与里运河相通，东经江都、泰州、姜堰、海安与串场河相会，再折向东南，经如皋市至南通市入长江，长约 150 km。1958 年后，江都、海安间，沿通扬运河北侧，又开辟新通扬运河 90 km，可引江都水利枢纽的江水东调，亦可抽排里下河涝水，并兼作航道。

3. 泗沂沭水系

泗沂沭水系位于废黄河以北，河源都在山东沂蒙山区，主要河流有泗河、沂河与沭河。历史上黄河南徙夺徐州以下泗水河道和淮安以下淮河干流入海，而后又北徙于本地留下淤高的废黄河故道，使泗、沂、沭诸河失去入淮的流路。泗水逐渐潴积为今日的南四湖，并以中运河为泄水尾闾。沂水除潴水为骆马湖外，还经常泛滥于废黄河以北、骆马湖以东的广大地区。沭河受阻后河道紊乱，主要分两支：北支东经沭阳县城北，东北注入青伊湖，下流称蔷薇河，由临洪河入海州湾；南支经沭阳县城南，又分数路，一路折东与盐河汇合，一路称武障河，东北流并与其他数路汇合，经今响水县境内汇入灌河而后入海。每到汛期由于排泄不畅，常引起洪水泛滥。

现在，通过诸多水利工程的不断实施，泗水由南四湖流路进入江苏后，经韩庄运河、中运河、骆马湖、新沂河于灌河口燕尾港入海。沂河、沭河自沂蒙山区平行南下，沂河在江苏邳州入骆马湖，由新沂河入海。沂河在刘家道口和江风口还有"分沂入沭"和邳苍分洪道，分别分沂河洪水入沭河和中运河。沭河在山东临沂市大官庄分新、老沭河二路后入江苏省，老沭河南流至新沂县入新沂河，新沭河东流经石梁河水库，然后沿东海县、赣榆县界上的沙河故道，至连云港市的临洪口入海州湾。

著名的京杭大运河的中段在本区称中运河，自山东台儿庄向南穿过淮河至淮安水利枢纽，全长约 190 km，几乎全在江苏境内。中运河经过不断整治，堤防加高培厚，两岸排灌配套，是江苏北部排洪、除涝、灌溉和通航的重要河道。1958 年，中运河增辟微山湖西航道，从沛县大沙河口引微山湖水，在蔺家坝入不牢河至邳县大王庙汇注中运河，大王庙至淮安段仍循原来河道南下。徐州以下河段经近年分段拓宽，航道一般底宽 45～60 m，水深 3 m 以上，已可通航 500～700 t 级以上拖带船队，为徐州煤炭南运的主要线路。

此外，在废黄河以北，还有许多地区性小型河流，如盐河、灌河等，或与泗、沂、沭诸河息息相通，或与它们关系密切。丰、沛二县境内以及中运河以西的河道大多向东注入昭阳湖、微山湖和中运河。中运河以东广大地区的地区性河流，有的独流入海，有的汇合后经临洪口、埒子口、灌河口等入海。

盐河是沟通淮安和连云港的人工河道，因转运淮北盐而得名，又名运盐河。该河西起淮安水利枢纽，东北行，贯通六塘河、新沂河、柴米河、沂南河、蔷薇河、烧香河、车轴河、新沂河、古泊、善后河等，达于连云港市新浦，汇于临洪河入黄海，是淮安、连云港二市排涝、灌溉和航运的主要河道。

灌河在灌南、响水两县交界处。黄河夺淮后大量泥沙沉积，海岸东移，上承南北六塘河、盐河、柴米河、沂南河等来水。自灌南县东三岔起，至响水镇南有一帆河、唐响河、甸响河和坎响河来汇，至陈港南潮河汇入，在灌云县燕尾港入黄海。长 60 km，河宽 200～500 m，流域面积 8 000 km²，是新沂河以南地区重要排水河道和通海航道，也是苏北地区最大的入海潮汐河流。

泗沂沭水系的洪水主要调蓄的湖库有南四湖、骆马湖和石梁河水库。其中，骆马湖跨宿迁、新沂两市县，南北长约 27 km，东西最大宽度 20 km，面积 235 km²。湖盆原为郯庐断裂带中的凹陷洼地，黄河夺淮后成为沂河、中运河季节性蓄洪区，湖水经新沂河、中运河、六塘河流出。年平均水位 21.53 m，历年最高水位 25.47 m，历年最低水位 17.61 m。

(二)地下水

江苏以平原为主，地下水主要赋存在第四系松散层中，按赋存空隙划分，松散岩类孔隙水、基岩裂隙水、碳酸盐岩类裂隙岩溶水均有所分布，但以孔隙地下水为主。全省地下水的可开采量为 149.70×10^8 m³/a，其中埋藏较浅的浅层地下水占93%。

1. 浅层地下水

浅层地下水是指埋藏于地下 30～60 m 第四系松散沉积物中的重力水。江苏大面积地区为平原区，浅层地下水广泛分布，平原区河网密布，降水丰沛，这些均为浅层地下水的补给提供了良好的基础。同时因浅部松散沉积环境条件的差异，在沿海平原地区普遍受到海相沉积环境和海浸的影响，其水质明显变差，矿化度大于 1～10 g/L，为微咸水—半咸水—咸水，而其他地区一般为矿化度小于 1 g/L 的淡水。浅层地下水因其近地表浅部分布发育，可直接接受大气降水的入渗补给，同时也接受地表水体的侧向补给和农业灌溉水的下渗补给，水位动态随降水丰枯程度呈季节性变化。

2. 深层地下水

据地下水赋存的介质条件和水力性质，江苏平原地区孔隙承压水可划分为四个主要含水层，即第Ⅰ、第Ⅱ、第Ⅲ、第Ⅳ承压含水层组，相当于第四系晚更新统、中更新统、下更新统、上第三系地层中的一套河流相、河湖相、滨海相的砂层沉积。在承压含水层中的地下水均具有一定的水头压力，其中第Ⅲ、第Ⅳ承压水水质良好；第Ⅰ承压水在苏南的张家港至太仓沿江地区，湖东的吴江和昆山地区较大面积分布有微咸水；苏北沿海地区及三泰地区第Ⅰ、第Ⅱ承压水为微咸水—半咸水—咸水。

构成江苏低山丘陵山体的地层岩性较为复杂。在徐州地区主要分布有碳酸盐岩；宁镇山脉和宜溧地区则局部分布有碳酸盐岩，大部分为碎屑岩；变质岩和火成岩主要分布在连云港，南京的江宁、高淳、溧水地区。碎屑岩和火成岩的富水性主要受断裂构造所控制，一般情况下富水性较差；碳酸盐岩因岩溶裂隙较发育，富水性较好，如分布有一定面积往往会形成地下水水源地。经多年的调查、勘察评价，江苏典型的地下水水源地主要有三处：徐州市岩溶地下水水源地、南京仙鹤门岩溶水源地、常州利港孔隙地下水水源地。

21 世纪初，江苏全省深层地下水资源核定结果为：总可采资源量 $176\,006 \times 10^4$ m³/a，深层孔隙承压水可采资源量 $139\,222 \times 10^4$ m³/a，占总资源量的79.1%，岩溶裂隙水 $36\,784 \times 10^4$ m³/a，约占全部资源量的20.9%。碎屑岩类构造裂隙水和火成岩类风化裂隙水的资源量占有极少的比例。

(三)水利建设

江苏地势低平,78%的面积在洪水位以下,水利建设首先从治洪御潮入手,洪涝旱渍兼治。全省大规模的治水活动开始于20世纪50年代,以治淮为重点。60年代以后,在连续不断治理洪涝、提高防洪排涝能力的同时,进行跨流域调水,兴办了淮水北调、江水北调、江水东引、引江济太等工程,提高水资源供应能力。进入21世纪,水利在传统的为农业服务的基础上,大力加强了城市水利和水环境治理。

1. 泗沂沭水系导沂整沭工程

沂沭河上游河道坡降大,洪水来得快而猛,峰高量大,预见期短。导沂整沭工程首先是开辟新沂河和新沭河两条入海河道,迫使从山东南部南下的洪水归槽下泄。此后,逐年加高加固堤防,提高泄洪标准:兴建骆马湖大堤和石梁河水库,增加拦蓄洪水的能力;修建和扩建宿迁、嶂山、六塘河等节制闸和嶂山切岭工程,以便对骆马湖和新沂河泄洪量进行有效控制;开辟邳苍分洪道,辅助沂河洪水的分洪;增辟分沂入沭水道和不断扩大新沭河流量,增加沂、沭二水东调水量,减轻新沂河排洪压力。

2. 淮河下游防洪工程

淮河下游襟江临海,河道坡度平缓,洪水宣泄时间长,常发生上中游洪水与当地降雨相遭遇、下受海潮顶托的险恶水情,被称为"中国最难治理的河流"。淮河治理被列入全国水利建设的重点,江苏境内洪泽湖以下为淮河下游,经过连续50年的治理,兴建了大量蓄洪、泄洪、滞洪、挡潮工程,使淮河洪水得到初步控制。

(1)蓄洪工程体系——洪泽湖和水库

淮河上中游来水汇集于洪泽湖,由于洪泽湖湖底高出东部里下河地区4～8 m,所以东岸的洪泽湖大堤就成了苏北里下河地区极为重要的防洪屏障。洪泽湖大堤属1级水工建筑,保护人口2 800多万人、耕地3 000多万亩[1],历来为治淮重点项目。根据大堤所处的重要地位,国务院明确在任何情况下都要确保洪泽湖大堤的绝对安全。洪泽湖大堤上的主要建筑物有:目前江苏省最大的水闸——三河闸,位于淮河入江水道进口上,主要作用为排洪、蓄水、发电,将淮河上游洪水安全泄入长江;二河闸系淮河下游洪水泄入新沂河及渠北分洪的进洪口门;高良涧闸为苏北灌溉总渠渠首,主要作用为防洪、灌溉。另外,盱眙市周边尚有十多个中小型水库,以防洪、灌溉、供水为主,

---

[1] 1亩＝666.67 m²,下同。

重点区域治理工程等，这些进一步提升了全省的防洪减灾能力、水资源的调蓄能力与水环境的承载能力。

五、逐渐递变的土壤植被类型

影响江苏省土壤和植被类型的各种自然因素，首推气候，其次为地貌、成土母质和局部环境条件等。江苏气候南北过渡的特征显著，低山丘陵并未成为自然地理要素的分布界线，因此，自然环境是逐渐过渡的，表现在植被和土壤的地带性分布上，也具有相应的逐渐递变规律。

(一)主要土壤植被类型

江苏省地带性植被大致以苏北灌溉总渠和高淳—涓湖—太湖北岸—崇明岛南两条线为界，分为三个植被带，即暖温带落叶阔叶林带，北亚热带常绿、落叶阔叶混交林带和中亚热带常绿阔叶林带。地带性土壤由北而南依次为棕壤和淋溶褐土、黄棕壤、红黄壤，另外还有因局部环境条件影响而形成的非地带性土壤植被类型。

1. 落叶阔叶林—棕壤和落叶阔叶林—淋溶褐土

在苏北灌溉总渠以北的广大暖温带内，大致以中运河为界，东部为与暖温带湿润季风气候相适应的落叶阔叶林—棕壤类型，西部为与暖温带半湿润季风气候相适应的落叶阔叶林—淋溶褐土类型。棕壤的母质以变质岩系的风化残积物、坡积物为主，土壤的矿物质风化和有机质分解强烈，淋溶作用较为显著，呈中性到微酸性，pH 在 5.5～6.2。淋溶褐土是褐土的一个亚类，发育于暖温带半湿润气候条件下，自然植被较稀疏。成土母质为石灰岩岩系的风化残积物、坡积物以及黄泛沉积物质，淋溶作用仍比较明显，石灰质全部被淋失，其底部有石灰积累，常形成石灰结核，俗称砂礓。pH 在 6.5 左右，呈中性反应。在淋溶褐土区还穿插分布有花碱土。花碱土以河流冲积物为成土母质，发育于相对低洼的洼地中，因排水不良，蒸发旺盛，地下水中的盐分通过毛细管作用上升，使土壤含有盐分。

2. 常绿、落叶阔叶混交林—黄棕壤

形成于北亚热带湿润季风气候条件下，分布于宜溧山地以北至淮河，苏北灌溉总渠一线以南的地区。植被有较多的常绿阔叶树与落叶阔叶树形成混交林。人为影响下，马尾松与栎类混交林分布较广，而杉类树种亦分布较广。

黄棕壤是棕壤和红黄壤之间的过渡类型。肥力较高，有机质含量高，酸性较弱。江苏境内的黄棕壤的成土母质有两种，一是砂岩、花岗岩等酸性岩石的风化残积物与坡积物，二是石灰岩系风化残积物与坡积物和下蜀黄土物质。发育在前一种成土母质上的黄棕壤，表土层厚度 15～20 cm，有机质含量在 2‰~2.5‰，心土呈黄棕色至红棕色，质地黏重，呈酸性反应，pH 在 5.0~6.0 之间。而分布于低山丘陵区的黄棕壤，水土流失严重，土层较薄，质地较粗，多砂砾和石屑，称粗骨黄棕壤，主要分布在太湖沿岸低山丘陵和湖中岛屿上，宁镇山脉、茅山山脉的坡麓地带亦有分布。发育在后一种成土母质上的黄棕壤，表土层厚度 18~28 cm，有机质含量在 2.5~3.7，心土呈黄褐色，呈微酸性反应，pH 在 5.5~6.5，土壤肥力较高。主要分布在宁镇山脉、茅山山脉的坡麓和山前黄土岗地上。

3. 常绿阔叶林—黄壤、红黄壤

这一植被土壤类型形成于中亚热带湿润季风气候条件下，主要分布于本省南部的宜溧山地。这里气温较高，降水较多，地貌形态有利于阻滞冬季寒潮的侵袭，自然带常绿阔叶林保存比较好，本区毛竹、杉木分布较广。本区典型土壤是黄壤—红黄壤，成土母质主要是石英砂岩风化物，土体呈棕黄色，pH 为 5.0~6.0，肥力中等，剖面上淋溶作用和淀积作用表现较为明显。

4. 滨海盐土—盐土植被

由于局部环境条件影响而形成的土壤非地带性分布在江苏各地均有表现。如在东部滨海地区，成陆时间只有 200~500 a，由于海洋潮汐、波浪的浸渍，形成了自北而南的滨海盐土带，其成土母质为海相沉积物或河流冲积物，土壤含盐量 1‰~4‰。土壤在雨水淋洗下逐步脱盐，起初土壤属生盐土生长盐蒿、羊角菜群落，脱盐成中盐土时，植被演替为白茅草、獐毛草群落，继续脱盐为轻盐土时，植被就被白茅草、芦苇群落代替。盐土脱盐成中盐土时就可种庄稼，起初可种棉花，以后则可种油菜、蚕豆、豌豆和麦类等。

滨海盐土有规模的垦殖起始于 20 世纪初，传统的"围垦—养垦—开垦"开发模式一般要经历 7~10 a 时间，单一的植棉体系是昔日土地利用的主要方式。新中国成立后兴建的大型水利工程为滨海盐土的改良利用奠定了良好的基础，广泛建立的农田排水网减少了地表的积盐量，绿肥与粮棉轮、间、套作进一步提高了土壤肥力，彻底改变了滨海平原昔日的荒凉景象。

(二)耕作土壤培育

江苏农业开发历史悠久，自然土壤经过人们世代的垦殖后演变成为耕作土壤，使江苏的土壤类型趋于多样。其中水稻土与潮土占有绝对优势，分别占全省国土面积的 1/3 强(图 2-10)。

1. 水稻土

水稻土是江苏最重要的耕作土壤，面积约占全省总土壤面积的 36%，土壤肥力一般较好。经长期栽种水稻和一系列的改造熟化过程而形成。水稻土的主要特征是：土壤剖面呈排列有序的发生层次，即耕作层、犁底层、淀积

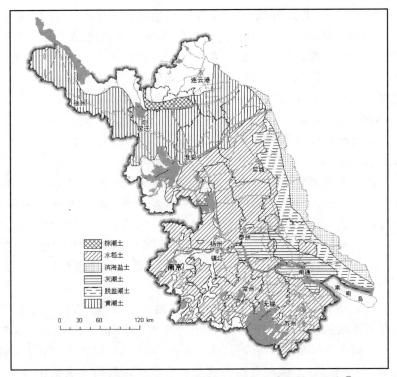

图 2 - 10 江苏省水稻土、主要潮土亚类及滨海盐土分布[①]

层和潜育层；耕作层深厚，养分含量丰富，质地适中，耕性良好，通气透水性能良好。在地带性土壤基础上发育的水稻土肥力较高，分布在低山丘陵坡麓一带，通常是稻、麦、油菜轮作的农田。沼泽土上发育的水稻土，由于有腐泥层而潜在肥力较高，但要加强排水，改善土壤的氧化与还原状况。由滨海平原盐土上发育的水稻土，熟化过程中的主要问题是防止次生盐渍化或返盐现象，要加强排水洗盐，增施有机肥。起源于冲积平原草甸土上的水稻土，广泛分布于太湖平原和沿江平原等地，水分条件好，肥力高，只要注意耕作施肥就可以发育成为水旱两宜的高产水稻土。

　　2. 潮土

　　潮土是江苏省面积最大的土壤，占全省土壤总面积的 40% 左右，是近代河流冲积、沉积物发育、经过长期旱耕熟化而形成的土壤。江苏省的潮土作为一个独立的土类，共分 6 个亚类，即黄潮土、棕潮土、灰潮土、盐化潮土、碱化潮土和脱盐潮土。黄潮土系指黄河泛滥物质形成的潮土，棕潮土系指棕

---

　　① 资料来源：江苏省地方志编纂委员会 . 江苏省土壤志 . 江苏古籍出版社，2001。

壤地区冲积物形成的潮土,灰潮土是长江冲积物形成的潮土。盐化潮土和碱化潮土一般由黄潮土在排水不良和耕作粗放的情况下演变而来,脱盐潮土多由滨海盐土演变而来(表2-3)。

表2-3　潮土类不同亚类特点的比较

亚类	分布地区	占本土类面积/%	成土母质	土壤温度状况	沉积层理特征	pH	石灰性	返盐性	农业生产水平
黄潮土	黄泛平原	46.2	黄泛沉积物	温性	甚明显	8～9	甚强	易返	中、高产
棕潮土	沂沭河冲积平原	6.2	沂沭河冲积物	温性	较明显	6.5～7.5	甚弱	不易返	中、高产
灰潮土	长江冲积平原	26.4	长江冲积物	热性	较明显	7～8	较强	不易返	中、高产
盐化潮土	黄泛平原	6.1	黄泛沉积物	温性	甚明显	8.5～9.5	甚强	返盐	低产
碱化潮土	黄泛平原	0.6	黄泛沉积物	温性	甚明显	9～10	甚强	返碱	低产
脱盐潮土	近海平原	14.5	海积物	温性	甚明显	8～9	甚强	一般不返盐	中、高产

资料来源:江苏省地方志编纂委员会.江苏省土壤志.江苏古籍出版社,2001。

潮土形成的特点有二:土壤氧化还原特点和旱耕熟化特点。它是平原地区的重要旱耕地,盛产麦、豆、玉米、棉花等,但其利用管理因亚类不同而有较大差异。一般来说,盐化潮土和碱化潮土需要重点加以改良;黄潮土要防止次生盐渍化;脱盐潮土需进一步改良,防止土壤返盐;棕潮土和灰潮土主要是进一步改善排水和灌溉条件,合理耕作施肥。

第二节　资源特征

本节所述的江苏资源,是江苏境内众多自然与社会经济资源的综合,以自然资源为主,包括矿产资源、土地资源、气候资源、水资源、海洋资源、生物资源和旅游资源等,是本省国土资源的主体。其中气候资源在前节已有涉及,海洋资源在第八章"海上苏东"战略与沿海开发中论述,本节仅就矿产资源、土地资源、水资源、生物资源和旅游资源分述。

一、资源总体特征

(一)资源类型丰富，但基础性资源数量匮乏

江苏气候温和，雨量充沛，日照充足，气候条件较好；地势平坦，土壤肥沃，土地资源数量虽少，但质量较高；河流纵横，湖泊密布，水资源较丰富；海岸线绵长，拥有丰富的海洋资源；若干种生物资源和矿产资源在全国具有一定的地位；旅游资源丰富，分布面广，在全国甚为突出；人口众多，劳动力资源充裕。优越的自然条件和丰富的国土资源为国民经济的发展提供了良好的条件。

然而，江苏矿产资源储量却十分有限，尤其是常规能源资源匮乏。长期以来，能源与重要矿产资源自给率低，供需矛盾突出，对外依存度不断攀升。目前，全省95%以上的能源、98%以上的有色金属资源，都需要依靠省外和国外市场供给。

经济的长期快速增长，使得江苏可用土地资源已经越来越少。目前，苏南部分地区已几乎无地可供，苏北地区土地资源虽然相对丰富，但土地集约利用程度不高，可用土地也越来越少。江苏虽然水资源总量丰富，但径流年内分配不均且年际变化大，地势平坦导致蓄水能力弱，而且绝大部分水体已经受到不同程度的污染，加剧了供水与用水的矛盾。可见，江苏较快增长的经济规模与矿产、土地、水等基础性资源之间的矛盾十分突出，在今后相当长的一段时期内，资源不足是本省经济增长的瓶颈，直接制约着经济可持续发展的能力。

(二)资源的开发利用程度相对较高

江苏历史悠久，人口众多，资源开发利用程度较高，特别是对土地资源的开发利用更为突出。全省除黄河故道、丘陵山区及沿海老海堤以内的荒地和沿海滩涂外，其余土地基本上都已开发利用，垦殖指数和耕地的复种指数都远远高于全国的平均水平。由于人口众多，工农业生产发达，对水资源的开发利用程度也比较高。已开发利用的矿产资源占全省矿产地的60%以上，高于全国平均40%的水平。旅游资源的开发利用在全国也很突出。

(三)资源分布与生产力水平不匹配

江苏苏南地区人口稠密，经济发达，用地长期紧张；苏北地区国土资源相对丰富，但开发利用不够。即使在苏南，这种不平衡性也存在，偏于省境西南部分的高淳、溧水、句容等地的经济发展水平和城镇化水平远低于苏锡常地区。江苏本地的能源矿产以煤为主，主要集中在西北部的徐州地区，江

南的煤田分布零散，煤层薄，储量小，开采价值不高；宁镇地区的铁矿多为贫矿，仅徐州地区铁矿稍丰。江苏的海洋资源虽然丰富，可是沿海地区的经济发展水平并不高。总之，江苏省境对经济发展具有重要意义的能源、金属矿产和土地资源不仅严重缺乏，而且很多资源的省内分布也与现有经济水平、产业布局存在较大的不协调。

（四）资源不当利用对环境造成的压力大

江苏正处于工业发展加快推进的阶段，能源消耗大、污染物排放大的特征难以逾越。江苏自身又是环境容量较小、生态调节能力较弱的省份，对资源较为粗放的利用使环境压力难以减缓，对经济社会发展的硬约束趋于强化。

江苏的能源消费以煤为主，大量燃用煤炭造成严重的环境问题。据统计，二氧化硫排放总量的90%左右是由燃煤造成的，有1/3的土地面积受到酸雨污染。随着工业化进程的推进和大量能源的消耗，大气、水、土壤的污染程度逐步加深。自1995年起，江苏在太湖污染治理上已经投入了80多亿元，但太湖水质环境仍未能得到根本的改善。由于污染治理往往需要相当长的过程，预计江苏环境质量在未来一段时间内很可能仍将处于"局部有改善、整体在恶化"的状态。

二、非金属矿为主的矿产资源

（一）矿产资源基本特征

1. 矿产资源赋存"三多三少"

（1）矿产种类多，人均占有少

江苏矿产资源种类较多。至2007年年底，已发现的133种各类矿产中，查明资源储量的有65种，已发现的矿种数和已探明储量的矿种数分别为全国的78%和41%。34种单矿储量列全国前10位，方解石、泥灰石、凹凸棒石黏土、保温材料黏土、水泥用辉绿岩、水泥混合材料用闪长玢岩6种矿产保有储量居全国第1位。但江苏资源储量的人均占有量较少。人多、资源紧，既是江苏矿产资源家底的现状，也是基本省情。

（2）小型矿床多，大型矿床少

全省596处矿产地以中、小型规模为主，占矿产地总数的86%，特别是煤炭、铁矿、铜矿等对国民经济具有重要意义的能源和金属矿产地中，大型的很少（表2-4）。

表 2－4　江苏省矿产地数、矿床规模和矿产勘查程度（截至 2007 年年底）

矿产种类	矿产地数	矿床规模			勘查程度		
		大型	中型	小型	勘探	详查	普查
能源矿产（煤）	128	5	17	106	86	11	31
黑色金属矿产	41	6	8	27	19	14	8
有色金属矿产	64		9	55	33	19	12
贵金属矿产	21	1	5	15	7	12	2
稀有分散元素矿产	11	1		10	8	2	1
冶金辅助原料矿产	25	6	3	16	9	3	13
化工原料非金属矿产	80	14	31	35	48	18	14
建材非金属矿产	226	48	61	117	85	76	65
全省合计	596	81	134	381	295	155	146
所占百分比/%		14	22	64	49	26	25

资料来源：江苏省国土资源厅．江苏省 2007 年度矿产资源概况．2008-05-06．http：//www.jsmlr.gov.cn/gb/jsmlr/gtzy/zwgk/zyzk/kczycldjtjzl/userobjectlai20168.html。

（3）非金属矿多，支柱性矿少

建材类、膏盐类、特种非金属类矿产是江苏矿产资源的特色和优势。6 种保有储量列全国第一位的矿产都为建材类，但重要的工业原料矿产明显不足。煤品种单一，储量欠丰，只能满足江苏实际消耗量的 1/4～1/3；油田规模小，石油产量不足本省消耗量的 1/5。非金属矿中，部分经济价值高的急缺矿产，如金刚石、硼、自然硫、石墨、高档宝石、玉石等矿产基本没有。

2．矿产资源分布的地域性特征明显

江苏的矿产资源分布主要集中在陇海铁路沿线和宁镇、苏南地区，1/4 的地区缺少矿产。苏北以煤、铁、钛（金红石）、磷、岩盐、芒硝及建筑材料矿产为主；苏中以石油、天然气、二氧化碳气及凹凸棒石黏土矿产为主；苏南则以冶金辅助原料及建筑材料非金属、铁、铅锌银、岩盐矿产为主（图 2－11）。主要矿产地大都分布在中心城市及城镇周边，临近交通线，社会经济基础较好。

3．矿产资源开采难度较大

从开采条件看，以煤、铁为代表的相当部分矿产品位低、埋深大、露采条件差。例如徐州地区煤田规模较大，但松散层厚，煤层埋藏普遍较深，浅的和开采条件好的都已开发，老矿井也已转入深部开采，目前存在着许多建设和生产技术上的难题，要进一步扩大生产规模比较困难。

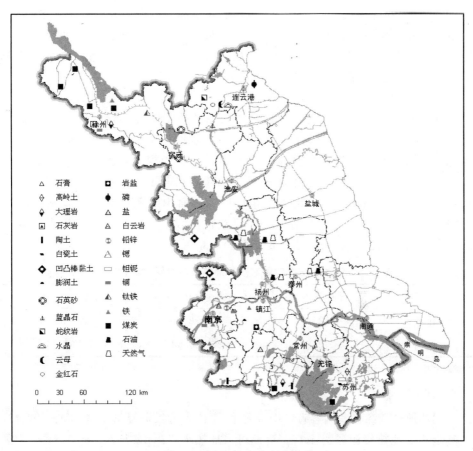

图 2-11 江苏省矿产分布①

(二)主要矿产资源及其分布

1. 能源资源

江苏是常规能源资源贫乏的省份,一次能源资源 95% 以上是煤炭,另有少量石油和天然气。

(1)煤炭

煤炭虽然是江苏最主要的能源资源,但资源也十分有限。2007 年,煤炭基础储量为 $17.58×10^8$ t,仅占全国的 0.54%(表 2-5)。煤炭主要分布在西北部的徐州市及丰县、沛县、铜山县境内,占全省储量的 93%,以中灰低硫气煤和低灰高硫肥煤为主。按目前年生产能力 $2\,500×10^4$ t 计算,可服务年限

为 30 年。徐州煤炭已开挖了 2/3，现有矿井中部分生产矿井已处于衰老阶段，今后煤炭年产量仅能维持目前水平，已经接近极限。苏中尚无探明储量，苏南曾有少量探明储量，但煤质较差，煤层分布零星，有"鸡窝煤"之称，开采成本较高，现已无煤炭生产量。

（2）石油与天然气

江苏石油资源比较缺乏。2007 年，石油基础储量为 $2\,521\times10^4$ t，占全国的 0.89%（表 2-5）。主要分布在苏北地区。苏北盐城地区有少量天然气资源，其他地区尚未发现含气地质储量。随着地质勘探的深入，苏北盆地的勘探潜力仍然较大。除了新生代陆相油田外，江苏正在向古生代海相领域找油，勘探目标主要在苏南、苏中下扬子沉积地槽区，面积约 7×10^4 km²，估计油气资源量可达 20×10^8 t。在句容盆地，已获得油气显示。今后油气勘探将进入南黄海及沿岸滩涂，这是江苏的重要资源远景区。

表 2-5　江苏省主要能源矿产基础储量与全国对比（2007 年）

	石油/(10^4 t)	天然气/(10^8 m³)	煤炭/(10^8 t)
江苏	2 521.00	22.85	17.58
全国	283 253.77	32 123.63	3 261.26

资料来源：中国统计年鉴（2008）。

（3）地热水

江苏地热资源在我国各省市中排名第 11 位，远景资源可采量 259×10^{12} kJ，尤其是浅层地热资源较为丰富。近期可采地热水资源 $12\,757.5\times10^4$ m³/a，含热量 20.576×10^{12} kJ。江苏地热资源条件较好的地区面积达 3.9×10^4 km²，占全省总面积的 38%。集中分布于江浦汤泉、江宁汤山、丹徒韦岗、东海汤庙以及盐城、大丰、东台、海安、启东、泰州、江都及苏锡常地区，泉眼口或井口水温介于 25~72.5℃，均属中低温地热水资源。

2. 金属矿产

江苏省的金属矿产有铁、锰、铜、铅、锌、银、锶、金等，主要集中在省境北部和西南部的低山丘陵区，虽然品种多、分布广，但储量较少。

（1）铁矿

江苏省铁矿基础储量为 1.87×10^8 t，占全国的 0.84%（表 2-6）。南京和镇江地区铁矿产地多，以梅山、吉山、凤凰山以及六合北部的冶山铁矿，镇江韦岗铁矿为代表，是我国长江下游重要的铁矿资源之一。徐州地区以利国铁矿为代表，开发历史悠久，铁矿石品位较高。

（2）铜矿

省内铜矿矿点不少，但均属中小型矿床，资源数量有限，主要分布在南京地区，如江宁的安基山铜矿、伏牛山铜矿、谷里铜矿，以及溧水的东岗—石坝、高淳、句容等地，这些矿产地还往往伴生铁、钼、金、钴及其他硫化物。

（3）铅锌矿

江苏铅锌矿资源比较丰富，储量较大，矿石质量也较高，是省内储量比较丰富的有色金属矿产，一般分布在宁镇山脉和太湖东岸苏州、无锡一带丘陵之中。其中南京栖霞山铅锌银矿规模较大，总储量达百万吨以上。苏州光福地区储量达 20×10^4 t，并伴有较高品位的银。

表 2-6　江苏省主要金属矿产基础储量与全国对比(2007 年)

地区	铁矿 （矿石，10^8 t）	铜矿 （铜，10^4 t）	铅矿 （铅，10^4 t）	锌矿 （锌，10^4 t）	磷矿 （矿石，10^8 t）
江苏	1.87	8.42	19.41	33.91	0.25
全国	223.64	2 932.11	1 345.88	4 250.26	36.73

资料来源：中国统计年鉴(2008)。

（4）锶矿

锶矿俗名"天青石"，主要成分为硫酸锶，属稀有矿山资源。我国是世界上锶矿探明储量最大的国家，南京溧水县爱景山的锶矿保有储量为 210×10^4 t，跻身中国锶矿大矿区前列。

（5）其他金属矿

其他稀有元素矿产中，铌、钽矿产于苏州，锗矿分布于江浦万寿山。镓、铟、镉等元素矿产普遍伴生于硫化物矿床中。徐州贾汪和睢宁为特大型高品位镁矿，连云港东海有特大型含钛矿——金红石矿。

3. 非金属矿产

江苏的非金属矿产资源不仅储量大，矿种多，质量好，而且层位稳定，厚度大，有利于开采，是江苏的特色和优势资源。

（1）石灰岩和白云岩

江苏省石灰岩资源丰富，主要分布于苏北的徐州附近和宁镇山脉、茅山山脉，宜兴市及太湖西山等地，尤以石炭二叠系的黄龙—船山—栖霞组最为重要，所产石灰岩矿质优，厚度大，分布稳定，资源潜力大。

白云岩矿在江苏的空间分布与石灰岩基本一致，苏南、苏北均有分布，矿石质量优良,资源较丰富。苏南的白云岩矿储量丰富,南京幕府山、丹徒青龙山的白云岩矿都很著名。

（2）磷矿

2007年,江苏磷矿矿石基础储量为 0.25×10^8 t,占全国的 0.68%（表2-6）。东北部连云港—泗洪一带存在一条东北向展布的大型磷矿带,属沉积变质磷矿（海州式）,经多年勘查已发现一批以中小型为主的矿床。海州锦屏磷矿是驰名全国的磷矿资源,其他的陶湾、新浦、大浦等磷矿均可为化工业提供原料。

（3）陶土和高岭土

宜兴的丁山、蜀山为著名的陶土产地,质佳量丰,有白、紫、青三种颜色,驰名中外的宜兴陶器就是以这种陶土烧制而成。另外,宜兴东南部、高淳秀山也有储量较大的陶土矿分布。高岭土主要产地在苏州阳山和观山一带,不仅储量大,而且白度理想,质地上乘,素称"苏州瓷土",是同类高岭土中的佼佼者。

（4）凹凸棒黏土矿

凹凸棒黏土矿是一种重要的稀缺性非金属矿产资源,在农牧业、建材、石油、冶金、食品等领域中有着广泛应用。世界上只有美国、澳大利亚、中国等少数几个国家拥有这一资源。该矿产在江苏境内分布于盱眙、六合二县,现已查明资源储量近 4×10^8 t,且具有质量优、分布广、开采易（可露天开采）、物化性能好的特点,主要用于石油、化工等部门,经济价值很高。

（5）大理岩和花岗岩

江苏的大理岩分布广,厚度大,品种繁杂,色彩多样。宜兴张渚盆地、苏州西洞庭山、邳州、铜山、赣榆等地为主要产地。江苏省的花岗岩以苏州西南郊金山和华山所产钾长花岗岩质地最好,具有质地坚硬、色彩斑斓、光泽明丽等优点,是上好的建筑材料,已有悠久的开采历史。

（6）石膏和岩盐

江苏石膏矿储量丰富,主要分布在邳州四户、江宁周冲村、武进郑陆桥等地。而淮安地区的盐矿储量大,埋藏较浅,便于开采,是我国特大盐矿之一,具有重要的工业价值。在丰县、金坛、大丰等地也有可利用的盐矿资源。

其他正在开采利用的非金属矿产主要有熔剂用蛇纹石、硅石（石英砂岩、石英岩、脉石英等）,以及蓝晶石、硫铁矿、云母、水晶等,都有一定的储量和较高的经济价值。此外,泰兴的黄桥二氧化碳气田储藏量居全国首位,有着较高的开发利用价值和广阔的发展前景。

(三)矿产资源开发利用

江苏省在矿产资源勘查、开发和利用保护等方面做了大量工作,是古代矿业开发历史悠久、近代地质矿产调查工作开展较早、现代地质矿产勘查和矿产资源开发利用较快的地区。

1. 加大能源和重要矿产资源勘查力度

随着江苏大规模普查、勘探的开展,江苏省的浅部常见矿产已基本查明,目前已转向开辟寻找半隐伏或隐伏矿床,在已知矿区深部和外围进行普查、勘探,以期扩大矿床规模,为现有矿山提供更多的矿产资源及后备基地。重视苏中、苏北,特别是金(湖)高(邮)泰(兴)盐(城)地区和沿海地域的油气能源矿产勘查;推进苏中盆地(尤其是建湖隆起)、沿江及苏南地区地热资源的勘查开发;加强宁镇、宁芜、苏州、徐州、连云港等地紧缺金属矿产(铁、铜、铅、锌、金等)的勘查,加强地下水资源调查评价与监测。

2. 矿产资源开发与区域布局

江苏矿产资源稀缺,但其开发利用强度较高,已形成以建材、能源、冶金辅助原料、化工原料以及其他非金属为主的矿产资源特色和优势,从地区分布来看,徐州、南京、淮安矿业产值分居全省前三位。至 2007 年,已利用矿产地 362 处,占矿产地总数的 66%;开采矿石总量居全国第 13 位。年产量居于前列的矿种有砖瓦用黏土、水泥用灰岩、建筑石料用灰岩、煤和建筑用花岗岩等。近年来,虽然全省各类矿山企业开发利用矿产种类、矿山企业数和从业人员数不断减少,但矿石生产总量和产值却稳步上升(表 2-7)。

表 2-7　江苏省矿产资源开发情况

年份	开发利用矿产/种	矿山企业/个	从业人员/(万人)	生产矿石总量/(10^8 t)	工业总产值/(亿元)
2004	58	2 954	29.83	2.03	180.85
2005	57	2 946	29.43	2.21	195.31
2006	56	2 943	28.61	2.21	232.44
2007	49	2 714	25.50	2.34	249.19

资料来源:根据江苏省国土资源厅的《江苏省 2007 年国土资源综合统计分析报告》《江苏省 2006 年国土资源综合统计分析报告》《江苏省 2005 年国土资源综合统计分析报告》《江苏省 2004 年国土资源综合统计分析报告》等整理。

从矿山企业行业结构上看,建材及其他非金属矿山数、从业人数和年产矿石量所占比重最大,煤矿企业从业人数和销售收入的比重较大,石油矿山企业虽然从业人员所占比重不大，产量甚小，但其矿产品的附加值较高，销售收入及利润比重很大，是江苏矿山企业中最具发展潜力的行业。

本着"互利互惠、利益均沾、优势互补、共同发展"的原则，苏南、苏中、苏北的矿产开发布局因地制宜，发挥比较优势，尽力满足地区经济发展对矿业的要求。

苏南地区着重加快推进生态矿业建设。压缩露采矿山数量，控制开采规模，制止分散零星开采，新建和延续开采的开山采石矿山规模必须达到中型以上。培育矿业基地和矿业下游产业群体，发展现代化矿业和矿业市场。提升矿产品加工业，新兴矿山环保产业，建设矿产品交易市场，发展矿产品物流业。以大型水泥生产企业为核心，建立水泥灰岩等水泥原料矿产开发开采基地。配合国家西气东输储气库项目，建设金坛岩盐开发基地。推进高岭土、膨润土等矿产的高效开发，形成深加工基地。

苏中地区发挥石油、天然气、地热、二氧化碳气（含氦气）等资源的比较优势，接受苏南和上海的产业、市场、技术、资金的辐射，促进矿业经济发展。

苏北地区则加强优势矿产资源的合理开发和深度加工，将资源优势转化为经济优势，促进地区经济发展。发展淮安盐化工基地、东海硅资源加工基地、徐州以煤为主的能源基地、盱眙凹凸棒石黏土深加工基地和新型建材基地。整顿、关停小煤矿、小铁矿、小砖瓦窑、分散零星开采的小采石场。

3. 矿产资源利用与保护

在资源整合、环保优先的思想指导下，江苏全省启动了生态矿业工程，实行矿产资源开发利用分区管理，划分禁采区、限采区、鼓励开采区和特殊保护矿区等四区，矿山环境治理取得明显成果。已将铁路、高速公路、国道、省道等重要交通干线和重要旅游线路至两侧直观可视范围，以及上述线路两侧路堤坡脚外侧直线距离各 1 000 m 范围全部纳入禁采范围。实施的矿山恢复治理工程，使全省矿山生态地质环境恶化的趋势得到控制。重点建设了以徐州大屯地区为代表的煤矿循环经济示范矿山、以南京梅山地区为代表的金属矿循环经济示范矿山、以镇江京阳地区为代表的非金属矿循环经济示范矿山。正在建设东海硅工业、苏州优质高岭土、盱眙凹凸棒石、金坛盐矿等非金属矿产深加工基地。未来，江苏在加强本省能源与资源的勘探、开发的同时，将提高开采回采率、选矿回收率、共伴生资源综合利用率、废弃物回收利用率，恢复治理矿山生态环境，合理利用矿产资源，开发综合利用潜力。

4. 扩大矿产资源版图

由于江苏矿产资源相对贫瘠，目前一次性能源的 80%、一次性原材料的

87%来自省外和境外。因此，突破省内资源的约束、寻找矿业合作、扩大江苏资源版图以弥补本省资源供给的不足，是今后矿业工作的重点之一。其手段包括鼓励投资者主动到省外和境外开发矿产资源，鼓励通过国际贸易从国际矿产品市场获取石油、铜精矿、富铁矿、钾盐等多种矿产品。

三、富饶的土地资源

（一）土地资源基本特征

1. 土地面积较小，总量不足

与全国其他省份相比，江苏省域面积较小，土地总面积 10.26×10^4 km²，只占全国国土面积（陆地）的1.1%。其中耕地 4.37×10^4 km²，约占全省总面积的42.59%（2007年），人均耕地不足1亩，为全国人均耕地的66%。

2. 自然属性好，产出率高

江苏平原辽阔，光照热量充裕，水资源丰富，光热水土气等自然条件结合较好，土地自然属性优越，对经济社会发展都很有利。据全国土地资源评价结果，江苏宜农一等耕地面积占全省土地总面积的35.7%，远高于其他省份。由于精耕细作的集约化经营，江苏土地生产力很高，农业亩产平均值居全国前列。

3. 多宜性突出

江苏土地平坦肥沃，适宜多种用途，在长期的生产实践中形成了多种土地利用方式。土地资源的多宜性突出，表现在它对发展工业、农业、交通建设都很有利，为建设以农业为基础、工业发达、科技先进的省级经济提供了良好条件。

（二）土地资源结构及其分布

根据江苏省国土资源综合统计分析报告，总体而言，江苏省土地资源的现状结构以农用地中的耕地占主导地位，体现江苏土地利用率高、垦殖率高的特点；建设用地中以居民点及独立工矿用地为主体，体现了江苏城乡建设快、工业规模大的特点；未利用地虽保持一定数量，但大部分为河湖水面，后备土地资源不足（图2-12）。

农用地是指直接用于农业生产的土地，包括耕地、园地、林地、牧草地及其他农用地。江苏省农用地占全部土地面积的63%左右，其中又以耕地比例最大，占农用地总面积的大半，其次是其他农用地、林地和园地，牧草地只有少量分布，仅占0.01%左右。从空间分布来看，农用地在省内分布很不均匀，徐州、宿迁、连云港、淮安、盐城等苏北地区农用地分布较广，盐城和徐州是13个省辖市中耕地资源最多的两个大市；扬州、泰州、南通等苏中

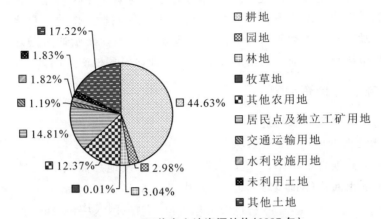

图 2-12　江苏省土地资源结构(2007 年)
（根据江苏省国土资源综合统计分析报告编绘）

地区次之，苏州、无锡、常州、南京、镇江等苏南的分布相对较少，耕地资源最紧张的是无锡市，耕地面积只占辖区面积的 28.85%。

园地在江苏的分布差异较大。果园占全省园地面积的 38.31%，其中 72.10% 分布在苏北黄河故道沿线地区，以温带落叶果树常见，盛产苹果、梨、油桃、山楂等喜温作物；5.00% 分布于苏中地区，主要种植银杏、枇杷等；22.90% 分布于苏南太湖中的东、西洞庭山和沿岸丘陵，以及宜溧山地北麓，以亚热带常绿果树为主，主要品种有水蜜桃、葡萄、柑橘、枇杷、杨梅、板栗等。桑园占园地面积的 44.53%，在全省各省辖市均有分布。新中国成立初期，全省桑园主要集中分布在太湖平原，20 世纪 60 年代后桑园不断向苏北发展，尤以南通、淮安、盐城等通扬运河沿线和徐淮黄河故道桑园为主。茶园占园地面积的 7.02%，主要分布于南京、无锡、常州、镇江的宁镇丘陵和宜溧山地，环太湖低山丘陵也有部分分布。其他园地占园地总面积的 10.14%，主要分布于无锡、徐州、常州、苏州、镇江等地，以各类花卉、药材种植为主。

江苏林地的比重相对较少，在全省的分布差异较大。用材林和新造林主要分布在宜溧山地、茅山山地、宁镇山地、仪六浦盱丘陵岗地和沂沭丘陵地带，其中以宜溧山地林区面积最大，此外，盐城市沿海地区及沿江、沿河有防护林分布。从类型分布来看，全省林地组合类型齐全，有林地占绝对优势，苗圃和未成林造林地占一定比例，结构基本符合自然地理以及林业生产特征。

江苏省建设用地中以居民点及独立工矿用地所占比例最大，达 82.90%；

其次为水利设施用地和交通运输用地，分别占建设用地的 10.39% 和 6.71%。从空间分布米看，建设用地占辖区面积比例由高到低依次为：南京市、无锡市、连云港市、常州市、镇江市、苏州市、徐州市、扬州市、泰州市、南通市、宿迁市、淮安市和盐城市。总体上，建设用地的空间分布与非农经济和城市发展布局基本一致，但也有个别特殊情况，如连云港市建设用地占辖区面积的比例排名全省第三，这主要与其"东方桥头堡"的经济地理位置有关；苏北地区的徐州市建设用地比例较苏中地区高，主要与其以采矿为主的经济结构以及"五省通衢"的经济地理位置有关。

未利用地是最主要的耕地后备资源，是补充耕地的主要来源。在类型分布上，全省未利用地中未利用土地比例较小，仅占未利用地的 9.90%，其他土地(主要指盐碱地、沙地、裸岩石砾地等难利用的土地)则占到 90.10%，是未利用地的主要组成部分。从数量分布和空间分布来看，沿海地区高于内陆地区，苏北地区高于苏中、苏南地区，除岛屿滩地外各市未利用地比例由高到低依次为：盐城市、苏州市、南通市、淮安市、宿迁市、扬州市、无锡市、泰州市、徐州市、连云港市、南京市、常州市和镇江市。

(三)土地资源开发利用

江苏省拥有悠久的历史、发达的经济、密集的人口，这意味着与相邻省份和全国平均水平相比，土地资源的开发利用程度较高，呈现高投入、高产出、高负载的特征。

1. 土地开发利用的特点

(1)土地利用程度高，综合生产能力强

土地开发利用程度主要体现在土地利用率、土地垦殖率、复种指数、建设用地率和水面利用率等指标上。2006 年江苏土地利用率为 80.68%，高于全国平均水平(72.4%)。土地利用率较高，同时也预示着江苏省土地后备资源不足。同年，江苏省土地垦殖率为 44.68%，耕地复种指数为 159.56%，建设用地率为 17.51%。江苏以占全国 1.06% 的国土面积、3.85% 的耕地，产出了全国 6% 的粮食、8% 的棉花和 7.8% 的油料，养育了占全国 5.74% 的人口，创造了全国 10% 以上的 GDP 总量和 10% 的财政收入。

(2)土地利用集约度较高，产出效益较好

集约化程度是指在单位土地上或单位产品上投入大量劳动、资金或技术的数量。江苏省在全国各省区中属于沿海较发达地区，其农业主要是资金或技术密集型，现代化程度较高(表 2-8)。

表 2-8 江苏省农业机械化及农田水利化、化肥施用情况(2007 年)

类 别	数量	占总耕地的比率
机耕面积/km²	38 795.30	82.01%
机播面积/km²	27 392.20	57.91%
机械植保面积/km²	50 036.80	105.78%
机械收获面积/km²	49 574.70	104.80%
有效灌溉面积/km²	38 269.50	80.90%
机电灌溉面积/km²	34 700.80	73.36%
农村用电量/(10⁸ kW·h)	1 159.03	
化肥施用量/(10⁴ t)	342.03	

数据来源：江苏统计年鉴(2008)。

随着江苏省社会经济的迅速发展，土地开发利用也逐渐向高效开发、集约利用、规模经营的方向发展，土地开发利用效益较高，土地资源的经济价值得到较好的发挥。2007 年江苏省地均地区生产总值 2 394.58 万元/km²，全国平均水平为 256.89 万元/km²；同期，全国单位土地面积固定资产投资为 142.96 万元/km²，江苏省为 1 149.56 万元/km²；则江苏省投入产出率为 208%，而全国为 180%。可见江苏省土地利用的产出效益在全国是比较好的。

(3)土地利用结构变化较大

近年来，江苏省土地利用结构发生了较大变化，主要表现为耕地等农用地持续减少，城镇工矿用地等非农用地快速增加。

①耕地面积持续减少

统计数据显示，1949 年年底江苏拥有耕地 5.52×10⁴ km²，人均耕地 2.36 亩；2008 年年底减少 1/5 以上，人均耕地仅 0.92 亩，是新中国成立初期人均耕地的 40%。以 1955 年为界，整个耕地数量的变化经历了先增后减两个阶段：新中国成立初期由于土改、垦荒运动的推进，江苏耕地面积增加较快，随后城乡建设占用和因灾废弃大量耕地造成耕地面积下滑，虽从 1966 年后有所恢复，但总的趋势是耕地减少，且减少的数量和速度十分惊人。近年来，导致耕地数量减少的直接因素是农业结构调整、非农建设占用、自然灾害损毁和生态退耕等。由于国家耕地保护政策的实施，耕地减少幅度已经逐渐趋缓。

②建设用地不断增加，工业用地比例偏高

在新中国成立后至 1957 年期间，随着国家建设事业的发展，江苏征用土地逐步增多；之后到 1978 年，由于受到"文化大革命"以及户籍制度的管理限

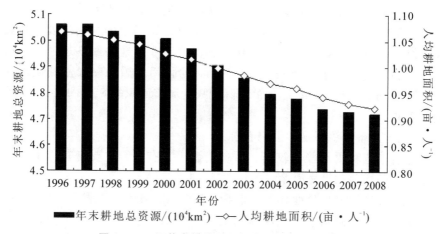

图 2-13　江苏省耕地面积与人均耕地面积变化

（数据来源：江苏统计年鉴（2009））

制，建设用地的增长出现波动倒退；改革开放后，与江苏经济发展的大背景相一致，也受到人口增长、城市化加速的刺激，江苏省建设用地规模先后经历恢复性增长、平稳发展的阶段，并从 1996 年以来一直处于快速发展的状况。建设用地占全省土地面积的比例从 1996 年的 14.85% 上升到 2006 年的17.50%，10 年间增加了 2.65%；建设用地总面积从 1996 年的 1.58×10^4 km^2 扩张到 2006 年年末的 1.86×10^4 km^2，10 年期间平均年增长率为 1.79%。特别是2001 年以来，建设用地平均年增长率达到了 2.09%。

在建设用地结构内部，居民点及独立工矿用地增加面积最为可观，是江苏省建设用地增加量的主要部分，交通运输用地增长速度最快，水利设施用地有所减少（这是由于 2002 年 1 月 1 日试行土地分类，对原有土地利用现状分类体系作出了调整，调整后水利设施用地是指水库水面、水工建筑用地，而沟渠等不纳入水利设施用地）（表 2-9）。

表 2-9　江苏省建设用地结构变化

建设用地内部 二级分类	1996～2006 年 增减面积/km^2	1996～2006 年 年均变化率/%	增减面积占总建设用地 净增加面积的比例/%
居民点及独立工矿用地	2 500	1.95	88.65
交通运输用地	500	7.34	18.66
水利设施用地	−13	−0.069	−7.31

数据来源：李如海、黄贤金、吕亚生．江苏省土地利用战略研究．东南大学出版社，2008。

然而，多年来建设用地以外延扩展为主，实际利用不充分，工矿等建设用地的建筑密度大大低于发达国家水平。不仅建设用地的利用强度低，其内部比例结构也不尽合理。工业用地比例偏高，工业用地一般不超过城市面积的 15%，而江苏的工业用地占到 27.20%；居住用地国外一般占到城市面积的 45%，江苏是 29.41%；绿地的国际规划为城市面积的 8%~15%，江苏刚达到其下限。

(4) 土地后备资源不足，但仍有潜力

江苏省土地利用率普遍较高，后备资源极其有限，主要有三大类型：内陆滩地、丘陵岗地和沿海滩涂。

就其开发利用容易程度和效益来看，首当内陆滩地。全省 1 040 km² 内陆滩地集中在里下河湖荡周边、洪泽湖沿岸和沿江地带。内陆滩地中以里下河地区的兴化、宝应、高邮三市(县)居多，共有 396.7 km²，同处于里下河的盐城市有 61.3 km²；淮安市洪泽湖周边滩地有 220 km²；沿江滩地有 184 km²。三者合计 862 km²，可以形成三个不同的开发片，在解决洪水出路和兴修水利设施以后，就可进行综合规划、农林牧副渔全面开发。

第二类是丘陵岗地。徐州市的铜山、邳州、新沂丘陵林业用地 413.3 km²，连云港市的东海、赣榆二县 206.7 km²，有待进一步合理布局，向农、牧、果、林综合利用发展。中西部丘陵岗地集中分布在盱眙，面积最大，约 1 028.9 km²。沿江江南、宁镇扬和宜溧低山丘陵岗地 6 724.7 km²，尚可开发的土地约 786.7 km²。

第三类是沿海滩涂资源，这是全省最大的一块土地后备资源。据查，全省零米线以上的沿海滩涂面积(包括已围待垦)共有 4 092.2 km²，是省内非常宝贵而又可供开发利用的耕地后备资源。

除了以上集中分布的三类后备土地资源以外，分布于各市县的零星十边隙地("十边隙地"是一个名词，指零星边角地块)、废弃地 1 333.3 km² 可供复垦开发。

同时，江苏耕地中尚有低产土地约 651.1 km²，其产量一般比高产地低 20%~40%，多数广种薄收，已成为全省农作物增产的一个障碍，但也是江苏农业增长的潜力所在。

(5) 水旱灾害对土地利用的威胁较大，抵御灾害的能力仍然不强

由于地处江淮下游，再加上季风进退迟早和强度变化不一，江苏降水年际差异明显，水旱不均，大水年份三面高水压境，海潮顶托，洪水、台风同来，缺水年份往往造成旱灾。此外连阴雨、低温、霜冻、高温、干热风、冰雹等各种气候灾害对土地利用都有相当威胁。

2. 土地资源利用的区域差异

根据土地资源的自然和经济特点、土地利用现状及结构、土地合理利用的方向与趋势等，考虑土地利用方向和经济条件的相对一致性，全省可分苏锡常、宁镇扬、通盐泰和徐淮宿连四个土地利用区域。

（1）苏锡常土地利用区

包括苏州、无锡、常州三市及所辖县（市、区），土地面积 1.8×10^4 km²，占全省土地总面积的 17.3%。本区地貌以平原为主，自然条件优越，区位优势突出，是我国重要的工业基地，也是我国农业集约经营较早的地区。江苏省粮食的高产地区。本区社会经济较发达，经济发展已进入工业化中期，城镇化水平较高，城镇密度达每千平方千米 18 个，城市化水平 38%。本区人口密集，人均耕地仅 0.77 亩，粮食生产已不能自给，虽土地利用集约度较高，但人地矛盾十分突出。土地利用现状中，农村建设分散，城镇用地规模扩展过快，占用了大片高产稳产良田和菜地；环境压力较大，环境污染严重，洪涝水害的威胁尚未解除。

本区未来的土地利用目标是力争实现耕地总量动态平衡；高效利用土地资源，充分发挥土地利用效益。在土地利用方向和措施上，必须深化土地整理，切实保护耕地，推进乡村建设的内涵发展与集中布局，最大限度地节约土地；突出长江沿线的交通通道和枢纽地位，保障区域性骨干基础设施建设的用地；挖掘现有存量建设用地潜力，提高土地利用率和产出率。

（2）宁镇扬土地利用区

包括南京、镇江、扬州三市及所辖县（市、区），土地面积 1.71×10^4 km²，占全省土地总面积的 16.45%。本区地貌类型多样，水陆交通便利，以南京为中心，辐射范围涉及皖南和皖东地区，是我国重要的工业基地之一、江苏省矿产资源主要分布区。本区经济实力略次于苏锡常区，城市化水平达 27%，城镇密度为每千平方千米 10 个。本区土地类型多样，森林覆盖率在全省最高。本区人均耕地为 0.99 亩，人地矛盾较为突出；丘陵山区生态条件较差，农业生产水平偏低，中低产耕地比重大。

本区应在实现耕地总量动态平衡的基础上，实现耕地总量略有增加；充分挖潜城镇内部土地利用潜力，切实提高土地利用率。为此，土地利用方向和措施有：保护好现有的耕地，积极改造中低产田；大力开发非耕地资源，尤其是因地制宜地高效开发和整治丘陵山区资源；引导乡镇工业和集镇建设适当集中，成组布局；发挥旅游优势，建设旅游基地。

（3）通盐泰土地利用区

包括南通、盐城、泰州三市及所辖县（市、区），土地总面积 3.14×10^4 km²，占全省土地总面积的 30.2%。本区地貌由广阔的海积、河流冲积平原组成，海洋优势明显，是江苏省重要的产棉区，我国重点发展的沿海经济带的重要组成部分，区内城镇化水平较低，基础设施不够完善。本区有较丰富的土地资源，尤其是滩涂后备资源极其丰富，占全省的 90%，目前这些资源利用程度较低，中低产田面积较大。

本区未来的土地利用方向和措施包括：综合开发利用滩涂资源，建设"海上苏东"，提高资源利用率和产出率；重点改造中低产田，提高耕地质量；合理利用里下河湖荡资源，发展水产业；加强基础设施建设；适度发展中心城镇。

(4)徐淮宿连土地利用区

包括徐州、淮安、宿迁、连云港四市及所辖县（市、区），土地总面积 3.76×10^4 km²，占全省土地总面积的 36%。本区地貌类型多样，平原与丘陵相兼，是连贯我国东西的重要通道和出海口；矿产资源丰富，拥有在全省乃至华东地区具有重要意义的煤炭资源；经济综合水平不高，中小城市和城镇少而小，城镇密度为每千平方千米 5 个，城市化水平仅为 10%，中心城市之间缺乏有机的联系。本区土地资源相对丰富，是全省耕地面积总量和人均耕地量最多的区域，是全省重要的综合性农业商品基地；全区耕地后备资源较为丰富，具有沿海滩涂、煤炭塌陷地、黄河故道等多种类型的后备资源。土地质量较差，中低产田分布广泛，约占本区耕地面积的 2/3；土地利用程度较低，水资源污染严重，北部地区水资源不足，影响到土地资源的合理利用和后备资源的开发。

本区未来土地利用方向和措施：加快黄淮海中低产田的改造，以及沿海滩涂、黄河故道滩地、煤炭塌陷地的开发利用，巩固和提高农业基础地位；合理调整农业生产布局，建立拥有地区优势的农业商品生产基地；提高已利用土地效益；加强基础设施建设，完善区域交通网络；进一步开发优势矿产资源。

四、独具特色的水资源

(一)水资源基本特征

江苏滨江临海，境内水网密布、河湖众多，加之地处南北气候过渡地带，季风影响显著，降雨时空分布不均，特殊的地理位置和气候条件，决定了江苏水资源有其明显特点。

1. 水资源总量与人均占有量欠丰

全省水资源总量（本地）多年平均为 334.57×10^8 m³，其中淮河流域

196.02×10^8 m³，长江流域 138.55×10^8 m³（太湖流域 76.47×10^8 m³）。水资源总量位居全国第 20 位，占全国的 1%，人均占有量仅相当于全国平均水平的 1/6。

2. 本地水资源不足，过境水资源丰沛

由于江苏地处长江、淮河、泗沂沭水系下游，要承受上中游 200×10^4 km² 汇水面积的来水，既受洪水之害，也得水资源之利。多年平均入境水量达到 $9\,377 \times 10^8$ m³，其中长江流域 $8\,980 \times 10^8$ m³，占总量的 95.8%，淮河流域 397×10^8 m³，占 4.2%。丰富的过境水资源为开发利用提供了得天独厚的条件，使江苏总体上成为水利条件比较优越的省份。

3. 降水量大，产水率低

江苏多年平均降水量 999.8 mm，折合水量 $1\,020.6 \times 10^8$ m³。由于水域占国土面积的比例很大，多年平均蒸发量达 $600 \sim 800$ mm，再加上植物水分蒸腾，年降水总量中的约 75% 消耗于此，实际降水所产径流仅为降水量的 1/4，低于全国，也低于长江和淮河流域平均的产水模数。

4. 降水时空分布不均，水的利用效率不高

江苏汛期降水集中了全年 60%～70% 的降水量，流域上中游来水也主要集中在汛期，大部分排泄入江入海、形成弃水而不能利用。加之南北降雨差异较大，南部地区年降雨量 1 200 mm 左右，北部地区仅 700 mm 左右，由于地势平坦，调蓄水能力较低，在淮北地区经常出现旱涝灾害交替发生的情况。

5. 水体污染严重，水资源质量堪忧

从 20 世纪 70 年代中后期开始，江苏河湖水质污染日趋严重。虽然近几年来加大了治理力度，但目前污染仍未得到根本遏制。2007 年全年期超地表水Ⅲ类的河长占评价河长的 65.7%，4 类重点水功能区水质达标率平均只有 50% 左右。并且江苏是水网密集地区，一个单位排污会影响到一片河网水域，水体污染不易消除。

(二)水资源结构及其分布

1. 水资源(本地)总量及其分布

江苏省多年平均水资源总量为 334.57×10^8 m³，但分布不均。淮河流域、长江下游干流区、太湖区的总水资源量分别占全省总水资源量的 58.6%、18.6%、22.9%（表 2 - 10）。

表 2-10　江苏省多年平均分区的水资源总量

分区	面积 /km²	年均降雨 /mm	地表水资源 /(10⁸ m³)	地下水资源 /(10⁸ m³)	重复计算量 /(10⁸ m³)	总水资源 /(10⁸ m³)
淮河流域	63 168	949.0	144.50	75.02	23.50	196.02
长江下游干流区	19 059	1 047.9	47.72	22.34	7.98	62.08
太湖区	19 848	1 115.5	64.03	22.88	10.44	76.47
全省合计	102 075	999.8	256.25	120.24	41.92	334.57

资料来源：江苏省水利厅. 江苏省水资源公报(2000~2008)。

2. 地表水资源及其分布

江苏省多年平均地表径流量(1956~2006 年)为 256.25×10^8 m³。地面径流南部大于北部，丘陵山区大于平原，沿海大于内陆。省内各地多年平均地表径流深为 150~400 mm。东北部赣榆山丘区和南部宜溧山地是全省径流高值区，年径流深约 300~400 mm；西北部丰县和沛县地区是全省径流低值区，年径流深不足 150 mm；其余广大平原水网地区，年径流深约为 250 mm(图 2-14)。

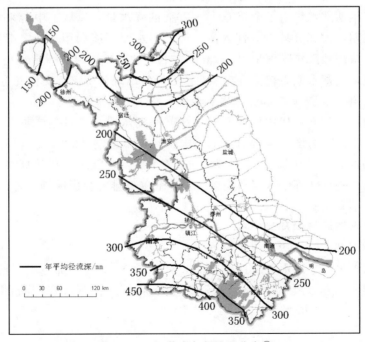

图 2-14　江苏省年径流深分布[①]

---

① 资料来源：江苏省地方志编纂委员会. 江苏省土壤志. 江苏古籍出版社, 2001。

受季风活动的影响，地表径流年际及年内分配都不均匀。多年平均连续四个月径流占全年径流的比例自北向南由 85% 逐步递减到约 50%。从全省看，特丰水年(1991 年)降水总量为 1 432.9×10^8 m^3，相当于降水深 1 403.8 mm，径流量为 619.34×10^8 m^3。最枯水年(1978 年)降水总量为 567.2×10^8 m^3，相当于降水深 555.7 mm，径流量为 −3.476×10^8 m^3，特丰水年与最枯水年降雨量的比为 2.5，径流量特丰水年比最枯水年多 622×10^8 m^3。

3. 地下水资源及其分布

江苏省是地下水资源蕴藏量丰富的省份。经计算，全省多年平均地下水总补给量为 151.77×10^8 m^3，其中矿化度小于 2 g/L 的地下水淡水水资源量全省为 120.24×10^8 m^3。地下水主要消耗于潜水蒸发，约占 73%，开采量仅占 6% 左右。地下水可开采量是地下水资源的一个重要评价指标。全省淡水的可开采量为 78.83×10^8 m^3，其中淮河流域 48.38×10^8 m^3、长江下游干流区 15.97×10^8 m^3、太湖流域 14.49×10^8 m^3。

4. 外来水资源

江苏省多年平均外来水量达 9 377×10^8 m^3(1956～2000 年)，约是本地水资源量的 30 倍。而其中的 95.0% 集中在长江干流，水量也较稳定。淮、泗、沂、沭诸河流域来水不稳定，时有断流发生。总体而言，外来水量的年内、年际变化与当地径流基本上是同步的：丰水年月上游来水亦丰，枯水年月上游来水亦枯，造成省内相当地区洪水期间水量过大，无处蓄存，加重了防洪负担，抗旱期间外来水太少，无水可用。

在外来水资源中，长江的意义非同一般。江苏省 1980～2000 年多年平均引江水量为 145.05×10^8 m^3，其中苏南、苏北分别占 23.9%、76.1%。年内引江水量大的季节为 5～10 月，期间苏南引江水量为 24.91×10^8 m^3，占苏南年引江水量的 72.0%；苏北引江水量为 75.70×10^8 m^3，占苏北总引江水量的 68.5%。

(三)水资源开发利用

1. 水资源开发利用概况

目前，全省已基本建成了水利工程"三大体系"。

一是防洪减灾体系。根据"蓄泄兼筹，以泄为主"的方针，中小洪水基本得到控制，利用防抢措施，基本可以抗御新中国成立以来流域最大洪水。其中淮河下游骨干防洪工程防洪标准接近 100 年一遇；泗沂沭水系能基本抗御 20 年一遇洪水；太湖流域达到防御 1954 年型的 50 年一遇流域洪水标准；长江干堤和重点段海堤达到 50 年一遇防洪防潮标准；重点区域、城市防洪工程建设也形成了较高标准。

二是水资源供给体系。江苏在确保区域防洪安全的同时，也逐步加大对引水调水工程的建设力度，初步形成了跨流域、跨区域的水资源调度体系。从 20 世纪 60 年代开始，就以长江为源头，持续推进以江都水利枢纽为龙头、大运河为主要输水干线、9 个梯级 16 座大型泵站为主要内容的"江水北调"工程体系建设。20 世纪 90 年代以来，在完善江水北调工程体系的同时，又先后建成了以高港枢纽为龙头，以泰州引江河、新通扬运河、泰东河和通榆河为主要输水干线的"江水东引"工程体系；以常熟水利枢纽为龙头，以望虞河为主要输水干线的"引江济太"工程体系。近年来，又通过实施南水北调、通榆河北延等工程，进一步完善调水工程体系，实现了长江与太湖、长江与淮河、洪泽湖与骆马湖等流域及区域水资源的互济互调，年均跨流域调水规模达 $100 \times 10^8 \ m^3$ 以上，最高年份达 $300 \times 10^8 \ m^3$。几大跨流域调水工程，以长江为源，通过闸、站、泵的联动，将苏南、苏北地区的沟、河、湖、库串联一起，实现了水资源空间分布的均衡，使得淮北地区、里下河地区以及太湖流域地区的水源供给和水环境安全得到了保障。

三是水环境保护体系。改革开放以来，江苏水利建设坚持从可持续发展角度出发，治水和保土、调水和防污并重，将"生态优先"的治水理念渗透到水利工程的每个细节。在全省水利工程建设中，入海水道可谓是水利工程和生态工程结合的典范。在工程设计上，采用了与苏北灌溉总渠呈"两泓三堤"之势布局，利用入海水道开挖南北两泓，将渠北地区排水区分为运西高片、运东高片、运东低片，三个排水系统分别排水，实现"灌排结合、清污分流、低水低排、高水高排"的综合效能，彻底解决了苏北灌溉总渠沿线上百万人的饮水安全问题。为了改善工程沿线的生态环境，从洪泽湖畔到黄海之滨，还在几百里河堤上打造出一条绿色生态带，极大地改善了渠北地区的生态环境。

2. 水资源利用中存在的问题

(1)洪涝灾害和局部水资源短缺矛盾仍然存在

虽然江苏的水利工程已经具有一定的防灾减灾能力，但是洪涝旱灾的威胁还没有完全消除。特别是随着流域上游治水力度的加大，今后大水年份流域上游下泄江苏的洪水将会来得更猛、威胁更大，在干旱年份流域上游的来水也会越来越少，近年淮河干流断流的情况也明显增多。尽管江苏跨流域调水已经达到一定规模，但是在淮北地区、沿海地区和丘陵山区，资源型缺水的矛盾仍然比较突出。经测算，江苏省遇中等干旱年份，缺水 $24.69 \times 10^8 \ m^3$；遇到特殊干旱年份，缺水 $102.7 \times 10^8 \ m^3$。

(2)水生态环境持续恶化

全省多年平均社会用水总量达 $509 \times 10^8 \ m^3$，按照每消耗 $1 \ m^3$ 清洁水源产

生 $0.7\sim0.8~m^3$ 废污水计算，每年排放的工业废水达 $48.3\times10^8~m^3$，大量废污水直接或间接排放，并沉淀积累形成严重的内源污染，已经大大超出了水生态环境的承载能力，严重破坏了水资源良性循环的生态条件，这是导致水资源、水环境问题日益突出的主要原因。

（3）用水效率普遍不高

近年来，全省万元 GDP 耗水量约为 $330~m^3$，远高于发达国家 $50~m^3$ 的水平，与上海、北京、天津、浙江等地区相比也有明显差距。水资源的大量消耗，带来废水和污水的大量排放，大大削弱了水资源和水环境的承载能力。从资源占用成本和社会经济效益角度分析，低效率的水资源占用也导致用水成本居高不下。例如，淮北地区每年都要依靠庞大的江水北调工程系统来缓解水资源严重不足的矛盾，最大年抽引水量达到 $70\times10^8~m^3$，多年平均达 $40\times10^8~m^3$。据测算，从长江抽引水送到徐州、连云港等地，每吨水资源综合成本高达 0.30 元，如果用这样的水资源种植水稻，每亩供水成本将高达 300 元。

（4）水资源相对衰竭，开发潜力下降

由于一段时期过度地开发利用河湖资源，围湖造田、填河开发、网箱养殖导致不少湖泊水域面积锐减，沼泽化趋势明显，开发潜力下降（表 2-11）。

表 2-11 部分湖泊水域面积变化 （单位：km^2）

湖泊水域面积	新中国成立初期	2000 年	面积差
太湖	2 500	2 338	162
宝应湖	192	81	111
洪泽湖	2 684	2 465	219
隔湖	254	146	108
骆马湖	637	340	297
里下河湖区	1 073	59	1 014

资料来源：吕振霖. 江苏水资源管理与保护的对策思考. 水资源保护，2008，（4）。

五、多样的生物资源

（一）生物资源基本特征

1. 野生动物资源较少，多为湿地或水域栖息种类

江苏省野生动物资源较少。截至 2006 年，全省约有鱼类 600 多种、鸟类 448 种、哺乳类 69 种，两栖类 21 种，爬行类 68 种（其中蛇类 29 种）。脊椎动物种类（除鱼类）606 种，约占全国的 24.4%（表 2-12）。

表 2-12　江苏省脊椎动物(除鱼类)种类数

类别	全国种数	江苏种数	江苏占全国比例/%
鸟类	1 244	448	36.0
哺乳类	581	69	11.9
两栖类	284	21	7.4
爬行类	376	68	18.1
合　计	2 485	606	24.4

资料来源:根据江苏省环境保护厅的《江苏省自然保护区发展规划(2006～2015 年)》和江苏省林业局统计数据整理。

江苏有淡水鱼类 140 余种,而且有不少种类资源量大,成为我国淡水水生生物资源十分丰富的重点省份之一。全省近海鱼类 150 余种,虾类 35 种,蟹类 44 种,潮间带动物 198 种(包括软体动物 87 种,环节动物 53 种,甲壳类动物 42 种,其他门类动物 16 种)。鱼资源总生物量约 15×10^4 t,可捕量 9×10^4 t,滩涂软体动物总生物量达 17×10^4 t,其中文蛤等具经济优势的种类有 14×10^4 t 之多,年可捕量 6.6×10^4 t。

江苏有不少国家重点保护野生动物(表 2-13)。其中分布在 10 个县(市、区)以上的有白鹳、鸳鸯、丹顶鹤和中华鲟,分布在 5～9 个县(市、区)的有江豚、穿山甲、水獭、白鳍豚、河麂、黄嘴白鹭、黑鹳、大天鹅、小天鹅、中华秋沙鸭、红隼、灰鹤、大鸨、白腹黑啄木鸟和虎纹蛙。它们大部分属栖息于湿地或水域的种类。

表 2-13　江苏省国家重点保护野生动物种类统计

类别	一级保护种类	二级保护种类	合计
哺乳类	5	7	12
鸟类	14	63	77
爬行类	4	5	9
两栖类		2	2
鱼类	2	2	4
昆虫类	0	1	1
合计	25	80	105

资料来源:江苏省环境保护厅. 江苏省自然保护区发展规划(2006～2015 年)[R]。

2. 植物资源种类较丰富，但国家重点保护植物种类较少

江苏位于暖温带季风气候向亚热带季风气候的过渡地带，气候温暖湿润，既有利于自然植物的繁殖和演替，又有利于自然植物南方种属与北方种属的交流；另外，在新生代中，植物界的演化历史又未因第四纪冰川作用的影响而中断。因此，江苏的植物种类丰富多样，既有许多温带、暖温带的种属，也有不少亚热带的种属。据统计，全省共有植物资源 850 多种，仅按一物一用计算，有纤维类 69 种、脂肪类 89 种、芒香油类 29 类、淀粉糖类 6 种、鞣料类 24 种、药用类 500 多种、饲料绿肥类 82 种。全省维管束植物 198 科 2 400 多种，其中蕨类植物 32 科 64 属 129 种、裸子植物 9 科 30 属 87 种、被子植物 157 科 2 200 种。可开发利用的野生植物 600 多种。

江苏所属华东植物区系，处于中国植物区系中核心地区的东缘，至今保留有银杏、金钱松等中生代古老的孑遗植物，还有秤锤树、红豆树、宝华玉兰等中国特有植物。但由于开发历史悠久，人口众多，长期的人为活动加上生境条件相对单一，致使江苏自然分布的国家重点保护植物种类较少。全省自然分布的列入《国家重点保护野生植物名录（第一批）》（国务院 1999 年 8 月批准）的植物共有 15 种。天然分布的珍稀濒危或国家重点保护植物有宝华玉兰、银缕梅、香果树等 20 种，其中我国特有种 13 种。

3. 原生植被贫乏，多人工植被，宜林地空间有限

长期的人类活动致使原生植被贫乏。江苏森林面积由新中国成立初期的 0.085×10^4 km^2 增加到 1.372×10^4 km^2，森林覆盖率由 1.3％提高到 16.9％，但多为人工植被，而且宜林地空间有限，未来大幅度提高森林覆盖率的工作难度非常大。

4. 植被分布过渡性明显

江苏植被分布具有明显的过渡性和混杂性。北部为暖温带落叶阔叶林，但含有枫香、黄连木、黄檀、盐肤木等多种亚热带植物区系成分，常绿、半常绿的灌木、藤本均时有发现；北亚热带落叶、常绿阔叶混交林是江苏过渡性植被类型，它在省内分布面积最大，向北可渗透至落叶阔叶林，向南已深入到常绿阔叶林分布区；太湖沿岸和宜溧山地是中亚热带常绿阔叶林，但是林内含有多种落叶阔叶树种，如槲栎、大叶朴、旱柳已分布到茅山、溧阳、高淳等地。

（二）生物资源结构及其分布

1. 植物资源结构及其分布

江苏省境内的低山丘陵是现存野生植物分布的主要基地，存在着一系列纬度地带性植被类型，同时受漫长的海岸线与众多的河湖影响，在一些特殊

的生境条件下还形成了诸如滨海盐土植被、砂生植被、沼泽植被和水生植被等非地带性即隐域植被类型(表2-14)。

表2-14 江苏省植被类型区划

植被类型区	分布地区	植被状况
徐州丘陵平原刺槐林、侧柏林区	徐州市、丰县、沛县、铜山、睢宁、新沂西部	几无自然分布的成片落叶阔叶林,只在局部残存有黄檀、山槐、黄连木、臭椿和豆梨等阔叶树种。人工营造的刺槐林较多且生长良好。林内灌木树种有酸枣、野山楂和茅莓等 人工侧柏林分布普遍。乔木层内主要混生黄檀、山槐和黄连木等。灌木层主要有酸枣、牡荆等。草本层主要有白茅、茅叶苔草和朝阳青茅等 在土壤干燥瘠薄的丘陵上,狗尾草占优势;在原始的飞沙土地区,几乎只疏生白茅和少量节节草,马唐出现后,跃居仅次于白茅的地位
东海低山丘陵平原落叶栎林、赤松林区	东临东海,北连胶东丘陵,南以新沂河为界	植被呈孤岛状分布,种类组成复杂,出现较多亚热带植物成分及多种省内其他地区未见分布的植物种类 云台山区有落叶栎类为建群种的麻栎林和枹皮栎林,乔木层除建群种外还有红枝柴、化香、黄檀和黄连木等。灌木层有美丽胡枝子、算盘珠和扁担杆子等。草本层有黄背草、野菊和桔梗等。另有以落叶栎类为建群种之一的落叶阔叶林,是落叶栎林遭破坏后出现的次生林 暖温带地带性植被赤松林分布极普遍,占云台山森林覆盖面积的85%以上,垂直分布可达海拔600 m以上的山顶。赤松林的乔木层除赤松外,还有山槐、黄檀、短柄枹树、化香和黄连木等。灌木层有算盘珠、牡荆和茅莓等。草本层有黄背草、蕨和桔草等
淮北平原西伯利亚蓼、海乳草碱性土植物群落区	苏北灌溉总渠以北,由黄河、淮河及泗沂沭诸河合力建成的广大平原	为平原农田地区,无天然森林,碱性重的花碱土上有花碱土植被,植物种类简单,西伯利亚蓼、海乳草及白茅常占优势,常见伴生种有拟漆姑、狗牙根、芦苇等
江北丘陵平原含常绿灌木的落叶栎林、马尾松林	北亚热带落叶常绿阔叶混交林带的西北部边缘。盱六丘陵和江浦老山地区	代表性植被类型为以栎类为主的落叶阔叶林。其组成种类中有较多亚热带植物成分,如枫香、化香、黄檀、椴榆和山胡椒等。林内有小叶女贞、胡颓子、竹叶椒等常绿灌木。无自然分布的常绿乔本树种,但有栽培的常绿乔木如女贞、樟及石楠等,棕榈露地栽培能正常越冬。丘陵一带尚有残存的次生林,或呈灌木林状分布 沿江六合、江浦丘陵低山,马尾松林普遍分布,盱眙丘陵的山玡林场也有成片分布的马尾松林。此地处于北亚热带边缘,是本省马尾松分布的北缘

续表

植被类型区	分布地区	植被状况
里下河低地芦苇、眼子菜等沼生水生就植物群落区	里下河低地，东南部包括通扬运河至长江间的三角洲部分，东场河或通榆运河与滨海平原植被区分界，西边大体以10 m等高线与江北丘陵含常绿灌木的落叶栎林、马尾松林区分野	无天然森林植被，沼生、水生植被大面积分布。常见的沼生植被有以芦苇、菰，其次莲、蒲分别为优势种的挺水植物群落。水生植被有以芡实、野菱、荇菜、水鳖分别为优势种的浮水水生植物群落，以浮萍、紫萍、满江红与槐叶萍分别为优势种的漂浮水生植物群落，以孤尾藻、黑藻、金鱼藻、竹叶眼子菜、菹草、苦草、茨藻等为优势种的沉水水生植物群落
滨海平原盐蒿、獐毛盐土植物群落区	苏北灌溉总渠以南，串场河以东的滨海地区	无森林植被，除沿海狭长地带的盐土植被外，概为农田植被。盐土植被是盐渍土上特有的植被类型，有陆生、沼生及水生三大类。陆生盐土植被包括由盐蒿、大穗结缕草、獐毛、碱蒿、茵陈蒿及白茅分别为优势种组成的盐土植被群落；沼生盐土植被有大米草、糙叶苔、扁秆藨草及芦苇分别为优势种组成的沼生盐土植物群落；盐水生植被有川蔓藻、狐尾藻分别为优势种组成的盐水生植物群落
宁镇茅山丘陵低山平原栎类混交林、马尾松林区	宁镇茅山丘陵低山平原	无典型落叶常绿阔叶混交林，多为残存的次生性混交林，落叶阔叶树种通常占优势地位，主要有麻栎、白栎、短柄枹树、槲栎、小叶栎等。常绿阔叶乔木树种有苦槠、冬青、青冈栎和紫楠等 各地山丘，马尾松林分布普遍，与长江以北丘陵低山的马尾松林相比，灌木层与草本层的种类显著增多，且有勾骨、乌饭等常绿灌木
长江三角洲丘陵平原栎类典型混交林、马尾松林区	长江三角洲江南部分，西以10 m等高线与江苏省西南部丘陵低山为界	地带性植被为典型落叶常绿阔叶混交林，乔木层常见常绿阔叶树种有苦槠、青冈栎、冬青、石楠和杨梅等，落叶树种主要有栓皮栎、短柄枹树、白栎、枫香和黄檀等。灌木层常绿树种主要有勾骨、乌饭、格药柃和榀木等，落叶灌木主要有白檀、算盘珠、山胡椒和绿叶胡枝子等。草本层主要有麦冬、马兰和一枝黄花等 马尾松林普遍分布，林内混生的落叶与常绿树种，以及草本植物，都比宁镇茅山丘陵低山区的马尾松林多。乔木层混生的常绿树种有苦槠、冬青、杨梅和樟等，落叶树种有白栎、茅栗、短柄枹树和栓皮栎等。灌木层常绿灌木有乌饭、四川山矾和格药柃等，落叶灌木有山胡椒、白檀和满山红等。草本层有疏花野青茅、黄背草和金茅等

植被类型区	分布地区	植被状况
太湖东岸丘陵平原木荷林、马尾松林区	本省南缘东段，包括太湖大部、苏州市部分	有木荷、苦槠、石栎分别为建群种的常绿阔叶林。木荷林是本区常绿阔叶林的代表类型，见于光福镇附近的铜井山、卧龙山一带，面积较大。乔木层除木荷外，还有杨梅、冬青等常绿树种，短柄枹树、白栎、栓皮栎等落叶树种，此外还有马尾松等。东西洞庭山有成片栽培的柑橘、枇杷、杨梅人工常绿阔叶林。马尾松林在丘陵普遍分布
宜兴溧阳低山丘陵常绿栎林、杉木林区	本省南部边缘，太湖以西的宜溧低山丘陵段	是全省植物区系最复杂、常绿阔叶树种最丰富的地区。很多常绿阔叶树种以本区为其分布北界，如小红栲、岩青冈、青栲、薄叶润楠、豺皮樟、新木姜子、崖花海桐、莽草、刺樱、毛铁冬青、朱砂根、山矾、薄叶山矾、虎刺、宁波木樨、山木通和鹰爪枫等 现存的常绿阔叶林有三个群落类型：青冈栎占优势的常绿阔叶林，小红栲、石栎占优势的常绿阔叶林，紫楠林。针叶林有马尾松林和杉木林，其间混生的阔叶树种类和数量较多

资料来源：江苏省地方志编纂委员会．江苏省志·生物志·植物篇．凤凰出版社，2005。

(1)森林资源

江苏是平原省份，森林资源相对匮乏。2007年全省林业用地面积、森林覆盖率和活立木总蓄积见表2-15，在全国分别排在第29位、第27位和第26位。不过，自2003年"绿色江苏"建设实施以来，全省的森林覆盖率每年增长1%，林业产值也迅速增加。

表2-15　江苏省森林资源概况

年份	林业用地面积 /km²	森林覆盖率 /%	活立木蓄积量 /(10⁴ m³)	年总生长量 /(10⁴ m³)
2000	9 988	10.56	4 073.18	604.3
2007	13 722	16.9	6 030	1 002

资料来源：第六次全国森林资源清查(1999～2003)。

全省的森林类型(非经济林)可分为针叶林、阔叶林和竹林三类。针叶林中，侧柏林和赤松林属温性针叶林。侧柏林主要分布于徐州石灰岩丘陵地区，赤松林分布于云台山地，是我国赤松林分布的南缘。马尾松和杉木林属暖性针叶林，主要分布于仪六盯丘陵及长江以南的丘陵低山地区。南京、连云港市周围丘陵山地及宜溧山地、茅山山地等地区树种主要为较单一的马尾松、杉木、黑松、刺槐、侧柏、麻栎等，尤以杨树、松类、水杉为多，占林分总量的 56.2%，形成"南松北杨中水杉"的分布格局。竹林，特别是毛竹林主要分布于宜溧山地，而在苏北灌溉总渠以北仅在局部地区有人工引种栽培的刚、淡竹林分布。江苏南部植物种类和群落结构较为复杂，不但有江苏的主要植物成分，还含有许多中国南方的植物成分，许多不耐寒的热带、亚热带植物最北的分布界线就在宜溧山地。

（2）草类资源

江苏的草类资源数量有限，但分布广泛。全省草场质量等级以Ⅲ等草地居多（表 2-16）。成片草场中，主体牧草的粗蛋白、粗脂肪含量偏低，而粗纤维含量偏高，营养价值属中等。各类草地中，优良的豆科牧草含量少，需要通过人工改良来提高质量。成片草场多分布于海岸带、山顶和山脊，交通不便，水源缺乏，有碍利用。

表 2-16　江苏省草场等级及其分布比例

	Ⅰ等草场（优）	Ⅱ等草场（良）	Ⅲ等草地（中）	Ⅳ等草地（低）	Ⅴ等草地（劣）
主要分布类型	农林隙闲地类，湖滨草甸、少数的草丛、疏林和林下类草场也有分布	滨海盐生草甸	盐生草甸、疏林类、灌木林类、草丛类、灌丛类草场	滨海盐生草甸类的附属盐蒿草场	
占全省草场面积比例	32.1%	30.5%	33.8%	3.6%	0

资料来源：江苏省计划经济委员会组织．江苏国土资源（内部资料），1987。

（3）水生植物资源

江苏省湖荡滩地众多，淡水水生植物资源丰富，可分为挺水植物、浮叶植物、漂浮植物和沉水植物四大类。挺水植物有莲藕、芦苇、蒲草等，省内淡水水域均有分布，一般生长在靠近岸边水浅的地方。浮叶植物有菱、芡实、莼菜等，菱主要分布在里下河、苏州水网地区，芡实在湖荡、港汊和圩田均有分布，莼菜以太湖东山所产最为有名。漂浮植物有水葫芦、水浮莲、浮萍等，省内河沟和湖荡地区均有分布，资源比较丰富。沉水植物有苦草、马来眼子菜、轮叶黑藻等，湖荡地区均有分布，资源丰富。其他一些也是江苏特色水生植物的有荸荠、慈姑、茭白、芋头、水芹、席草等。

近海岸分布的藻类以适温、适盐范围较广的近岸低盐广布种和暖温带种为主，主要有孔石莼、小石花菜、珊瑚藻、马尾藻，各种浒苔及海松、海蒿子等，紫菜、海萝也有少量分布。这些藻类种类较多，但资源量较小，33°N以北数量高，南部数量低，密集区多出现在沿岸河口区，特别是海州湾渔场的前三岛的基岩海岸潮下带和大丰市潮间带。海州湾渔场的其他岛屿以及连云港以北的岩岸地带有少量分布。在淤泥质岸滩上，固着性海藻的种类和数量不多；在沙质岸滩上，固着性海藻几乎没有生长。

2. 动物资源结构及其分布

(1) 陆地动物资源

江苏省有记录的鸟类共 432 种，分属于 19 目、62 科。其中雀形目种类最多，共 185 种。在野生动物资源中，鸟类所占国家重点保护野生动物的比例最大，其中国家一级重点保护野生动物有短尾信天翁、白腹军舰鸟、白鹳、黑鹳、中华秋沙鸭、金雕、白肩雕、玉带海雕、白尾海雕、白头鹤、丹顶鹤、白鹤、大鸨、遗鸥 14 种，占全省国家一级重点物种的 53.8%；国家二级重点保护野生动物有角䴙䴘、斑嘴鹈鹕、黄嘴白鹭、白额雁、白腹山雕、白腹鹞、凤头蜂鹰、毛脚鵟、勺鸡、白枕鹤、小青脚鹬、领角鸮等 71 种，占全省国家二级保护物种的 74.7%。

江苏省有记录的哺乳类动物共计 82 种，分属于 8 目、25 科。由于江苏山区面积不大，兽类资源也并不丰富，主要有花面狸、猪獾、狼、大灵猫、小灵猫等。有记录的两栖类动物共计 22 种，分属于 2 目、8 科。雨蛙科的无斑雨蛙、蛙科的泽陆蛙、姬蛙科的饰纹姬蛙为常见种，分布较广，资源较多。爬行类动物有 56 种，其中蛇亚目种类最多，有 24 种。蜥蜴科的北草蜥蜴和白条草蜥蜴，游蛇科的赤链蛇、红点锦蛇、黑眉锦蛇，蝰科的短尾蝮等为常见种。

江苏现代陆地动物区系大致可分为徐淮平原区、江北平原丘陵区、江南平原丘陵区及宜溧低山丘陵区四个动物地理区(图 2-15)。前者属于古北界，后两个区属于东洋界。由于地形平坦，没有阻隔动物分布的自然屏障，古北与东洋两大界之间缺少一条明显的分界线，关于界线如何划定，长期以来学者们意见多有不同，但多数都认为，在长江以北、淮河以南的江北平原丘陵区是两大界之间的过渡区，此区动物长期持续地相互渗透混杂。

徐淮平原区指的是淮河、洪泽湖、苏北灌溉总渠以北的黄淮平原部分，区内脊椎动物大多为古北界的种类，有些种的分布区以此为南限，两栖、爬行动物种类较少。鸟类中最突出的是几种古北界的留鸟；哺乳动物多为栖息于田野和荒山的种类，危害农作物的啮齿动物甚多。

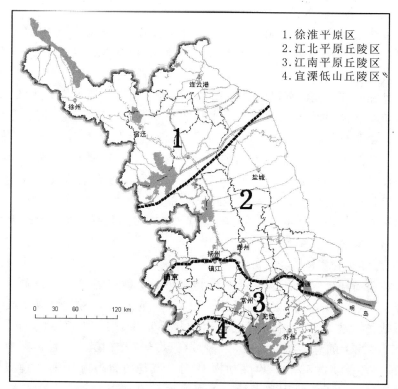

1. 徐淮平原区
2. 江北平原丘陵区
3. 江南平原丘陵区
4. 宜溧低山丘陵区

图 2-15　江苏省动物地理区划①

　　江北平原丘陵区北接徐淮平原区，南以长江为界，西部为老山山脉和仪六盱丘陵。此区为过渡性地区，有几个古北界的物种以此为南界，中国南、北方均产的动物种数最多，南方种的数量较徐淮平原区增多。

　　江南平原丘陵区陆上脊椎动物的种数较前两区显著增多，除国内广泛分布的种类外，大多是属于东洋区系的物种。北方种在此区居于次要地位，且多数只达到此区的北部。爬行动物的种类有显著增加，主要分布于长江流域以南的东洋界鸟类种类繁多。

　　宜溧低山丘陵区有许多山区种类的动物，区系组成虽仍带有南北混杂现象，但南方种显著居于优势，并有一些东洋界的著名代表。两栖动物的种数居全省首位，由于山区连绵，水鸟与涉禽较少，栖息在竹林中或在树上营巢的某些鸟类是此区鸟类区系的一个特色。

---

　　① 资料来源：江苏省地方志编纂委员会．江苏省志·生物志·动物篇．凤凰出版社，2005。

（2）淡水水生动物资源

全省淡水水体中，多种环节动物、软体动物、节肢动物等构成了底栖动物群落；游泳动物主要是鱼类、虾类；浮游动物多为轮虫、枝角类、桡足类等。

栖息在长江干流江苏段的鱼类有 100 余种，根据生态习性分为淡水鱼类、咸淡水鱼类和江海洄游性鱼类。淡水鱼类主要有鲤、鲫、鳊、鲢、青鱼、草鱼、鲇、胭脂鱼等 70 多种，适应长江口咸淡水区生活的有凤鲚、前颌间银鱼、鲻、花鲈等 30 余种，江海洄游的鱼类有白鲟、中华鲟、鲥鱼、鳗鲡、刀鲚、松江鲈、暗色东方鲀和大银鱼 8 种。栖息在江苏湖泊里的鱼类也有 100 余种，鲤科的鱼类最多，但大多是经济价值不高的小型鱼类，作为主要捕捞对象的只有鲤、鲫、草鱼、青鱼、鲢、鳙、鳊等约 17 种。水库中的天然鱼类有鲤、鲚、鲌鱼类、鲇等。

（3）海洋生物资源

江苏省海洋生物资源包括浮游生物、底栖生物和游泳生物三大类。江苏海区浮游动物共有 98 种，生物量总平均为 133 mg/m³。种类组成以暖温带近海岸低盐种为主。江苏潮间带底栖生物年平均生物量为 57.17 g/m²。全省 398 万亩滩涂上的总生物量为 15.2×10^4 t。共有 7 个门类 198 种，其中软体动物 87 种，环节动物 53 种，甲壳动物 42 种，其他门类动物 16 种。蕴藏量超过万吨的有文蛤、四角蛤蜊和青蛤。近海底栖动物种类繁多，有 183 种，种类的组成以低盐暖水性种类为主。沿岸水域（0～5 m）底栖动物年平均生物量为 1.054 g/m²。近海水域（5～25 m）为 0.19 g/m²。江苏近海共有鱼类 150 种，其中软骨鱼类 20 种，硬骨鱼类 130 种。本海区鱼类区系的特征为暖温带性质。近海鱼类总生物量呈冬季最低、夏季最高的单峰周期变动。江苏近海鱼类优势种有黄鲫、棘头梅童鱼、银鲳、刀鲚、小带鱼、大带鱼、小黄鱼、锄鳞鱼、灰鲳、鲅鱼和海鳗等 10 多种。

（三）生物资源开发利用

江苏的野生动植物产业一直走在全国前列。2005 年全省野生动植物产业总产值超过 60 亿元（不含银杏产业部分）。有特色的动植物产业包括蛇类深加工利用、鹿类驯养与开发、试验动物（猕猴、食蟹猴等）养殖、鳄鱼驯养繁殖、兰花繁殖与深加工、红豆杉培育与深加工等，这些都是江苏生物资源开发产业的优势项目。

1. 植物资源的开发利用

江苏省植物资源的大量开发利用开始于 20 世纪 50 年代，此前的利用都比较零星分散，但一直以来很有江苏地方特色。

基于江苏地貌特点，林业生产主要为平原林业模式，由于建设用地占地面积大，在江苏已很难找到适宜大面积成片造林的地块。因此，在绿色江苏建设中，应全面整合丘陵岗地森林、自然保护区、城市森林、防护林网、村镇四旁绿化等，建立起"一区二带三网四片多点"为一体的森林生态网络体系，逐步实现森林资源空间布局上的均衡、合理配置。一区，即淮北商品林主产区建设；二带，即沿海防护林带和沿江景观防护林带建设；三网，即水系林网、道路林网和农田林网建设；四片，包括环太湖、宁镇扬、徐州、连云港四个集中连片的丘陵岗地区；多点，主要是指全省范围内的各类自然保护区、森林公园、树木园、城市森林和村镇防护林等呈点状分布的生态建设地带。全省大力实施江河湖海生态防护林、丘陵岗地森林植被恢复、绿色通道、城郊森林、野生动植物资源和湿地保护五大重点林业生态工程，以及杨树等板纸一体化、林木种苗、银杏等特色经济林、竹业及森林旅游五项产业工程。

江苏果树和其他经济树种很丰富，还有不少可利用的野生植物资源，包括纤维植物、淀粉植物、芳香植物、药用植物等。苏北的银杏产业年产值居全国第一；苏北广泛营造的杨树用材林从栽植到加工已形成了一条完整的产业链，年提供杨树木材资源 530×10^4 m^3，而且护堤、护路、保护农田的生态效益也十分明显。作为平原省份，2007 年全省林业总产值 815 亿元，列全国第五位，以占全国 0.7% 的林地创造了占全国 7% 的林业产值，在全国林业系统中被誉为"资源小省，产业大省"。

2. 动物资源的开发利用

江苏的动物资源也是宝贵的自然财富，2007 年野生动物加工利用业总产值达 50 亿元。可供食用的有水产动物、陆生脊椎动物和食用昆虫等；可供药用的有鱼类、两栖类、爬行类、鸟类、哺乳类以及一些无脊椎动物；可供工业用的有做工艺品的螺壳或贝壳，加工成畜禽饲料的各种动物，吐丝结茧的家蚕、柞蚕和蓖麻蚕，还有毛皮动物和香料动物等。有一些经济动物可以综合利用，如家蚕、蜜蜂、甲壳动物等。在保护野生资源的前提下，很多地区进行野生动物的驯养繁殖工作，饲养的动物涉及两栖类、爬行类、鸟类及哺乳类中的 60 多个种或品种。按用途分则有毛皮动物如水貂等，药用动物如梅花鹿等，特种珍禽如鹌鹑等，观赏动物如鹦鹉等，以及医药科研用的实验动物，国防与公安用的警犬等。江苏优良的家畜、家禽品种有太湖猪、狼山鸡、湖羊等。主要分布在太湖流域的太湖猪是中国著名的地方猪种，亦是世界繁殖力最高的品种，被联合国粮农组织列为全世界三种最急需保护的家畜禽遗传资源之一。淮猪、湖羊、溧阳鸡、高邮鸭、太湖鹅也是全省著名农畜产品。江苏是淡水养鱼的大省。虾、蟹及一些无脊椎动物也是重要的食物资源，阳澄湖大闸蟹(中华绒螯蟹)、盱眙龙虾等是畅销国内外的著名品牌。

3. 生物资源保护

为了保护现有生物物种不再萎缩,江苏正逐步加强生物物种资源的基地建设,尤其是加强特异优质生物基因的保护,包括:野生动植物物种资源及其原生境、栽培植物野生近缘种、家畜家禽近缘种的保护;建设生物物种资源收集保存库(圃)以及植物园、动物园、野生动物园、种源繁育中心(基地),对不适合生存的一些物种进行资源迁地保护和保存。

保护野生生物物种资源生境是保护野生生物物种资源和珍稀濒危物种的重要途径,截至 2008 年年底,江苏已建立国家、省、市、县等各级自然保护区 40 个,约占全省国土面积的 8.3%,森林公园近 40 个。在农业种质资源保护方面,通过建立一大批生物物种原产地与原生地,如高邮鸭原产地、碧螺春茶原产地、耐瘠抗盐大豆原生地等,有效保护了本省特有种质资源。在做好物种保护的基础上,进一步加强对物种资源的管理。江苏是全国最早开展农业种质资源收集、保存、鉴定研究的省份,建立了国家大豆、甘薯等农作物种质资源保存库,国家桃、草莓等园艺作物种质资源圃以及植物园、林木、水产与家养动物保存库、圃、场、园等保存场所多达 70 多个。

六、丰富的旅游资源

(一)旅游资源基本特征

1. 旅游资源数量多、级别高

江苏不仅旅游资源种类丰富,而且资源级别高。截至 2009 年 3 月底,拥有世界文化遗产 2 个(苏州园林和南京明孝陵);作为文化标本的昆曲、古琴被列为世界非物质文化遗产;拥有中国优秀旅游城市 25 座,列全国第二位;还拥有一批国家级旅游度假区、风景名胜区、森林公园、地质公园和湿地公园等(表 2-17)。拥有国家级旅游景区(点)271 家,其中 5A 级 4 家(表 2-18)、4A 级 88 家,国家级旅游区(点)总数和 5A 级、4A 级旅游区(点)数均居全国第一;4A 级及以上旅游景区(点)约占 A 级及以上旅游景区(点)的 33.9%。拥有全国工农业旅游示范点 128 家,居全国第一。

2. 人文旅游资源优势突出

江苏自然旅游资源类型的单体仅占资源单体总数的 12.73%,其中天象与气候景观占的比重最少,仅占 0.28%;而人文旅游资源类型的单体以 87.27% 的比例占据绝对主体,其中尤其以建筑与设施的单体数量为最多,占 60.72%,这成为江苏省最为突出的旅游资源类型。江苏以"古都名城、吴韵汉风"为主脉的人文旅游资源具有世界级影响力。分析其原因,主要是因为江

表 2-17　江苏省重要的国家级旅游资源(截至 2009 年 3 月)

中国优秀旅游城市 (25 个)	南京市、无锡市、扬州市、苏州市、镇江市、徐州市、昆山市、江阴市、吴江市、宜兴市、常熟市、句容市、吴县市(已撤销，改为苏州市吴中区、相城区)、常州市、南通市、连云港市、溧阳市、盐城市、淮安市、张家港市、太仓市、如皋市、金坛市、东台市、邳州市、泰州市
国家级旅游度假区 (2 个)	苏州太湖国家旅游度假区、无锡太湖国家旅游度假区
国家级风景名胜区 (5 个)	太湖风景名胜区、南京钟山风景名胜区、云台山风景名胜区、蜀冈—瘦西湖风景名胜区、三山风景名胜(镇江)
国家级森林公园 (16 个)	苏州：西山、花山、虞山、上方山、东吴、大阳山国家森林公园 无锡：惠山、宜兴国家森林公园 南京：老山、紫金山国家森林公园 镇江：南山、宝华山国家森林公园 连云港：云台山国家森林公园 徐州：环城国家森林公园 盱眙：第一山、铁山寺森林公园
国家地质公园(2 个)	苏州太湖西山国家地质公园、南京六合国家地质公园
国家湿地公园(5 个)	溱湖国家湿地公园 无锡市长广溪国家城市湿地公园 常熟市尚湖国家城市湿地公园 常熟市沙家浜国家城市湿地公园 南京市绿水湾国家城市湿地公园
国家水利风景区 (17 个)	溧阳市天目湖旅游度假区、江都水利枢纽旅游区、徐州市云龙湖风景、瓜洲古渡风景、三河闸水利风景区、泰州引江河风景区、苏州胥口水利风景区、淮安水利枢纽风景区、淮安市古运河水利风景区、盐城市通榆河枢纽风景区、姜堰市溱湖风景区、南京金牛湖水利风景区、宜兴横山水库、无锡梅梁湖水利风景区、泰州市凤凰河水利风景区、南京外秦淮河水利风景区、宿迁中运河水利风景区
国家自然保护区 (3 个)	江苏盐城自然保护区、江苏大丰麋鹿自然保护区、泗洪洪泽湖湿地国家级自然保护区
中国海洋特别保护区(2 个)	南通蛎蚜山牡蛎礁海洋特别保护区 连云港海州湾海湾生态与自然遗迹海洋特别保护区
国家矿山公园(1 个)	盱眙象山国家矿山公园
历史文化名城(8 个)	南京、苏州、扬州、镇江、徐州、淮安、常熟、无锡
历史文化名镇 (10 个)	昆山市周庄镇、吴江市同里镇、苏州市吴中区甪直镇、苏州市吴中区木渎镇、太仓市沙溪镇、姜堰市溱潼镇、泰兴市黄桥镇、高淳县淳溪镇、昆山市千灯镇、东台市安丰镇

资料来源：根据相关资料整理。

表 2－18　江苏省 5A 级景区(点)(截至 2009 年 3 月)

地点	5A 景区名称	批准时间
苏州	拙政园	2007
苏州	周庄古镇游览区	2007
无锡	中视股份三国水浒景区	2007
南京	中山陵风景名胜区	2007

资料来源：根据相关资料整理。

苏省具有悠久的历史，积淀孕育了深厚的文化底蕴，并以鲜明的水的静柔代表了东方古典美形象，以诸多的历史名人及其文学艺术作品继承并彰显了鲜明的地域文化特征，由此造就了江苏省丰富的人文景观资源。

3. 地方特色鲜明，艺术性强

江苏旅游资源因其自然与人文交融、以水见长而在全国别具一格，成为著名的中国水乡。有很多旅游资源在国内甚至在世界上独一无二，具有江苏的地方特色。如双棋盘格局的水城苏州、精致的园林、广阔的大江、古老的大运河、巍峨的虎丘塔、宏伟的中山陵，以及洞庭花果、江南绣品、紫砂陶器等，都是江苏独特的旅游资源。由于自然旅游资源层次丰富，很多人文旅游资源古老悠久，且自然与人文资源往往相互协调烘托，达到了自然美、生活美、艺术美高度统一，给人以"不出城廓而获山水之怡，身居闹市而有林泉之致"的享受。

4. 分布较广，又相对集中

江苏旅游资源分布甚广，各市县均有旅游景区(点)，但又相对集中，区域分布存在着不平衡现象。从宏观上看，江苏旅游资源分布在数量和级别上大致呈现由南向北递减的趋势。全省 25 个国家优秀旅游城市中，苏中、苏北仅占 10 个席位；88 个国家 4A 级旅游景区(点)中，苏中和苏北各市拥有量均以个位数计。全省四大旅游片区中，苏锡常通旅游区的高品位景点占据了江苏全部高品位景点数量的半壁江山，其次是宁镇扬泰旅游区；而徐宿淮、连盐二旅游区只有徐州、连云港稍突出，宿迁、盐城等地旅游资源除在数量不及上述旅游城市外，质量与分布也尚需不断挖掘并加以整合(表 2－19)。

江苏大部分旅游资源分布于交通便捷、人口密集的城市附近，但也有不少资源零散地分布在交通不便的偏僻地区，由于可进入性差而影响其价值。同时，太湖、大运河遭受的水污染，沿太湖开山采石，南京、连云港一些风景区的开山采矿等行为也破坏了当地的旅游资源。

表 2-19　江苏各地区主要景区(点)分布(截至 2009 年 3 月)

	苏锡常通旅游区				宁镇扬泰旅游区				连盐旅游区		徐宿淮旅游区		
	苏州	无锡	常州	南通	南京	镇江	扬州	泰州	连云港	盐城	徐州	淮安	宿迁
4A 景区(点)数量	23	14	7	4	9	6	5	2	5	1	7	4	1
5A 景区(点)数量	2	1			1								
合计	25	15	7	4	10	6	5	2	5	1	7	4	1
总计	51				23				6		12		

资料来源：根据相关资料统计。

(二)旅游资源结构及其分布

江苏的江、河、湖、海、山、林、洞、窟、人文、自然、宗教、名居故里等各种类型旅游资源齐全。国家旅游资源分类中 8 个主类的旅游资源江苏省都齐备，31 个亚类中除冰雪地外其余都有分布。

1. 地文景观

连云港、镇江、苏州、南京、无锡和南通等地的地文景观旅游资源相对较多。江苏境内的山丘，虽面积不大，海拔不高，范围不广，但大多数山体带有断块山的性质，不少地段坡度很大，山体平地拔起，峰、崖、壑、洞等气势不凡，具有登临游览之价值；山麓断层线附近常有名泉出露，增加了山的灵动；四季分明的气候导致季变多彩的林相，赋予了山的秀丽；再加上许多山体临江傍湖靠海，水增山色，风景如画。此外，江苏多数名山的文化积淀深厚，承载了佛、儒、道等多元文化气息，寺观、山庄等的修建与江南园林的高雅营建风格一脉相承，在江苏旅游资源中占有重要的一席之地。

2. 水域风光

江苏水域风光以横卧东西的长江、纵贯南北的大运河、烟波浩淼的太湖和洪泽湖、水天空阔的海滨景色为主，构成了"以水为主、以山水组合见胜"的独特旅游资源。除江河湖海外，低矮和缓的山地丘陵中多冷泉出露，但瀑布较少，也是江苏水体旅游资源的一个特征。

长江江苏段江面开阔，雄伟壮观；江中洲滩累累，沿岸诸山排列。大运河沿岸风光旖旎，人文积淀深厚，运河游是苏州、无锡等地重点开发的旅游项目。我国第三大淡水湖太湖构成江苏首屈一指的湖景，以宏伟中见清秀，明净中富变化著称，沿湖一带山水萦绕，幽谷水湾各具乐趣。而第四大淡水湖洪泽湖，连同其他大小湖泊均是水产丰美，景色多彩，如串串明珠共同展现着江苏灵动秀美的水乡风景。此外，南京的秦淮河、南通的濠河、徐州附近的黄河故道等也有一定的旅游价值，江都水利枢纽等水利站也开始建设成为游览景点。

3. 生物景观

江苏生物旅游资源中，对游客吸引力最大的要数早春梅花和深秋红枫。南京梅花山、无锡梅园、苏州香雪海和南京栖霞山、苏州天平山分别是我国著名的赏梅、赏枫胜地。此外，扬州的琼花和芍药，宜溧山地的竹海观赏价值也颇高。大丰国家级麋鹿自然保护区、盐城国家级珍禽自然保护区内草木茂盛，鹤舞鹿鸣，是近百种国家一、二类保护动物和近千种动植物栖息地，区内野生丹顶鹤和麋鹿种群数分别占世界的60%和25%，被列入世界重点湿地保护区。江苏还有知名度颇高的如皋十里花市、淮安金湖万亩荷花塘等观赏植物资源，以及众多森林公园、自然保护区等生物景观集中分布地（表2-20）。

表 2-20　江苏省省级及以上自然保护区（2008 年）

自然保护区名称	地点	面积 /km²	主要保护对象	始建时间	保护区现级别
盐城珍禽国家级自然保护区	盐城沿海五县（市）	2 841.79	丹顶鹤等珍禽及海涂湿地生态系统	1983.1	国家级
江苏泗洪洪泽湖湿地国家级自然保护区	泗洪县	493.65	内陆淡水湿地生态系统、国家重点保护鸟类大鸨和其他野生动植物、鱼类产卵场	1985.7	国家级
江苏大丰麋鹿国家级自然保护区	大丰市	26.67	麋鹿及其生境	1986.2	国家级
连云港云台山自然保护区	连云港宿城、高公岛	0.67	温暖带落叶阔叶林	1981.1	省级
宝华山自然保护区	句容市	1.33	自然资源	1981.5	省级
吴中区光福自然保护区	苏州光福镇	0.61	常绿落叶阔叶混交林/木荷	1981.8	省级
宜兴龙池山自然保护区	宜兴市茗岭镇	1.23	常绿落叶阔叶混交林	1982.4	省级

续表

自然保护区名称	地点	面积 /km^2	主要保护对象	始建时间	保护区现级别
徐州市泉山自然保护区	徐州泉山区	3.7	森林生态系统	1984.7	省级
江苏镇江长江豚类自然保护区	镇江市丹徒区	57.3	豚类	2002.8	省级
启东长江口(北支)湿地自然保护区	启东市	214.91	典型河口湿地及生物多样性保护	2002.11	省级
洪泽湖东部湿地自然保护区	洪泽、淮阴、盱眙	540	珍稀水生动植物	2004.11	省级

资料来源：江苏省环境保护厅.江苏省自然保护区名录.有修改。

4. 天象与气候景观

江苏天象与气候景观资源中以月景、日景较为突出。南京燕子矶月夜观江，清辉一片，碎银满江，为金陵四十八景之一；镇江金山赏月，引出了"明月几时有，把酒问青天"的佳句；扬州五亭桥、苏州石湖观月更是湖月相辉的绝妙景色。每逢阴历月半晴空，沿海地带可观月出，其景较之日出另有情趣。日出景色的观赏地点主要亦在沿海地带和长江近海地段，尤以南通狼山、镇江焦山为佳。农历八九月份，苏州东山莫厘峰还能见到"三日同现"的奇景，即天上一个太阳、南太湖湖面有个太阳、北面小北湖水面亦有个太阳。而太湖诸岛大部分位于湖东，日落景色观赏也别具一格。

由于广大水域蒸发量大，空气湿度大，江苏的低层云景较多，如"钟山晴云""牛首烟岚""缥缈云场"等胜景皆由云而来。徐州云龙山更是因"山中有云气，蜿蜒如龙"而得名。宜兴竹海烟云胜景亦颇可观，水汽密集，似云似烟，一派朦胧景象，实为水乡之特色。

5. 遗迹遗址

长江流域是中华民族的发祥地之一，这在江苏境内众多已被发现的人类活动遗迹遗址、文物散落地、历史事件发生地中也得到了佐证，而且相当数量的著名古人类活动遗址在全国享有重要地位。江苏的社会经济文化活动遗址遗迹普遍以历史久、数量多、档次高为特色，邗沟、大运河等古代伟大工程，徐州九里山古战争遗址，近现代的金陵刻经处、金陵机器制造局厂房遗迹等均反映了古往今来江苏地区文明开化早、人类活动频繁的特征(表2-21)。

表 2-21　江苏省遗迹遗址类旅游资源类型

主类	亚类	基本类型	代表资源点
E 遗址遗迹	EA 史前人类活动场所	EAA 人类活动遗址	南京汤山猿人遗址、苏州三山岛古文化遗址、泗洪双沟镇"下草湾新人"遗址、南京北阴阳营遗址、新沂市马陵山花厅古文化遗址、小徐庄遗址、邳州大墩子遗址、灌云县大伊山古人类文化遗址，金坛三星村新石器时代古人类文化遗址
		EAB 文化层	连云港桃花涧古文化遗址、淮安青莲岗文化遗址
		EAC 文物散落地	盱眙县马坝镇东阳古城、东阳古墓
		EAD 原始聚落	高邮龙虬庄遗址、南京高淳薛城古文化遗址
	EB 社会经济文化活动遗址遗迹	EBA 历史事件发生地	静海寺南京条约史料陈列馆
		EBB 军事遗址与古战场	徐州九里山古战争遗址
		EBC 废弃寺庙	南京大报恩寺、兴化复兴禅院
		EBD 废弃生产地	金陵机器制造局厂房遗迹、南京宝船厂遗址、南京汤山阳山碑材古采石场、锦溪镇古窑
		EBE 交通遗迹	镇江西津古渡、太仓浏河镇北瀏漕河口
		EBF 废城与聚落遗迹	常州淹城遗址、南京明故宫遗迹、扬州古城遗址、丹阳葛城遗址、苏州越城遗址、无锡和武进阖闾城遗址、古泗州城遗址

资料来源：根据相关资料整理。

6. 建筑与设施

江苏历史悠久，文化发达，是中国历史文化名城最多的省份，占全国总数的 1/10 以上，因此造就出一大批精美独特、享誉极高的建筑精品，表现出深厚的文化底蕴。

"青山衬秀水、名园依古城"，江苏多名山秀水，为构筑园林提供了良好的基础，故名园荟萃，形成诸多风景园林名城，苏州、扬州、镇江等皆以此名闻世界。全省现存园林不下数百处，它们集中代表了我国私家园林的最高成就。同里、周庄、角直、溧潼等水乡古镇则传统韵味十足，至今仍散发着娴静富足的生活气息。

江苏的数座城市历史上还是多个朝代的都会或重要的区域行政中心、文化中心，因而陵寝建筑、府第寺庙也颇多特色。历代流传下来很多人文建筑主题的景点还是当地城市的象征，知名度都非常高，而当代也有不少建筑景观成为江苏新时期的形象代表。

7. 旅游商品

"鱼米之乡"的江苏，物产丰富，特产众多，历史上素有美誉。凝结着人类聪颖智慧的传统工艺品品种繁多，技艺精湛，散发出浓郁的江苏格调，总能吸引得游客流连忘返。新近崛起的现代专业购物旅游区集休闲、娱乐、购物、旅游为一体，为区域旅游增添了新特色、新亮点(表2-22)。

表 2-22　江苏省旅游商品类旅游资源类型

主类	亚类	基本类型	代表资源点
G 旅游商品	GA 地方旅游商品	GAA 菜品饮食	扬州清炖蟹粉狮子头、三套鸭、将军过桥、大煮干丝、富春包，无锡酱炙排骨，苏州松鼠鳜鱼、常熟叫花鸡、周庄万三蹄、苏州糕点，常州溧阳沙河鱼头，金陵盐水鸭、金陵清真菜、金陵冷盘，镇江水晶肴肉，徐州羊方藏鱼、沛公狗肉、霸王别姬，淮安茶馓、炒软兜，泰兴黄桥烧饼，连盐通海鲜菜，扬中、靖江江鲜菜
		GAB 农林畜产品及制品	苏州蜜饯、洞庭(山)碧螺春茶、杨梅、枇杷、红橘，扬州梅岭菜心、高邮鸭蛋、泰兴白果，无锡水蜜桃、油面筋、宜兴板栗、百合，南京香肚、雨花茶，泰州三麻，如皋火腿，南通狼山鸡，徐州丰县大沙河苹果，宿迁洋河大曲、泗洪双沟大曲，镇江香醋、丹阳封缸酒
		GAC 水产品及制品	长江刀鱼、河豚，苏州阳澄湖大闸蟹，南京板鸭、太湖莼菜、珍珠、银鱼、白鱼、白虾，宝应荷藕、邵伯菱，南京龙池鲫鱼、扬州青鱼、乌鱼、两淮蟮鱼，南通文蛤、竹蛏，盐城泥螺，连云港对虾、吕泗大黄鱼，盱眙龙虾
		GAD 中草药材及制品	镇江膏药、苏州雷允上六神丸、盐城滨海县白首乌
		GAE 传统手工产品与工艺品	南京云锦、剪纸，苏州丝绸、苏扇、苏绣、彩灯、木刻年画、红木雕刻，扬州玉雕、漆器，常州绒花、梳篦，无锡泥人，宜兴陶瓷

资料来源：根据相关资料统计。

(三)旅游资源开发利用

1. 旅游资源开发阶段

改革开放初期，江苏以壮、美、神、奇、秀的山川和悠久灿烂的历史文化为主体的旅游资源，吸引了大量的海内外游客。这一代旅游产品以历史文化资源为主，参观式旅游、团队旅游为主，至今对于初次旅游的游客、中老年游客仍旧颇有吸引力。目前这类旅游资源的开发臻至完善，已进入成熟期。

第二代旅游资源的开发虽仍以文化性资源为主，但已克服了第一代产品的随意性，而是以旅游线路为主，设计出独特的主题集中的旅游项目，具有较高的附加价值，开始进入成长期，如古运河之旅、修学旅游、除夕撞钟旅游、美食旅游、保健疗养旅游、江南农村民俗旅游、古典园林欣赏旅游等。各旅游城市还根据自己的特色配合节令和时令，组织民间传统专项旅游，如太湖的中秋赏月游、南京夫子庙观灯游、扬州的烟花三月经贸旅游节、南京的梅花节等。但这类产品只能对相关游客产生吸引力，且多为一次性。

第三代旅游资源的开发是为适应走向成熟的游客而设计的，不同于第一代、第二代旅游产品的观光功能，而具有度假功能和特种功能，即对自然和人文资源进行精加工、深加工、综合加工，产品有较强的参与性与娱乐性，集中和强化了游客的兴奋点，不仅使游客得到知识的满足、理念的深思，而且使游客身心愉悦，寓教于乐，寓教于趣。第三代产品能对较为广泛的游客产生吸引力，使游客重复消费、反复消费、高层次消费。

目前，江苏旅游已经突破单一的观光格局，开始向个性化较强的度假休闲、专项旅游方向拓展，逐步建立起以观光旅游、度假旅游和专项旅游三大类产品为主体的旅游产品体系，一个规模较大、结构优化、具有竞争力的现代化旅游产业体系初步形成。在塑造江苏旅游新形象的品牌传播过程中，江苏提出本省旅游形象以"梦江苏——情与水的中国文化之乡"为核心理念。"梦江苏"：以一个"梦"字统合江苏旅游的整体形象特质；"情与水的中国文化之乡"，以"情"和"水"两点为切入点，分别从山灵、水秀、人杰、城古四个方面向受众传播江苏山有情、水有情、城有情、这里的人更有情的概念。

2. 旅游资源开发空间格局

改革开放以来，江苏大力调整旅游产品结构和空间布局，依托旅游中心城市和旅游交通网络从苏南向苏中、苏北扩展，从省内向省外，特别是周边地区扩展，形成开放的点、线、面综合布局的、具有竞争力的旅游地域网络，有力地推动了全省旅游资源的开发。同时，江苏旅游部门和旅游企业围绕树立"水之江苏，七彩江苏"等品牌形象，形成"一构架""五带""四区"的空间发展格局。

（1）旅游发展构架

以宁沪线为南部发展主轴（长横），以徐连沿线为北部发展轴线（短横），以新沂—淮安—扬州—镇江一线为南北向发展轴线（一竖）形成开放的全方位生长线。二条发展轴构成个对称的"工"字形旅游发展构架。发展构架集中了江苏旅游发展极核(中心城市)，涵盖了全部重点口岸，有机地串联了规划期内几乎全部重点建设项目。发展构架中每个节点均发散连接至重要旅游区域，形成新的开放网络。

（2）旅游发展带

旅游带是组成江苏旅游构架的发展轴的延伸，与三条发展轴线既有关联又相互区别。发展轴重点强调轴线的旅游中心地功能，而旅游带则是具有同质产品属性的"边缘区"，是同质产品的组合带。旅游带可以概括为"江""河""湖""海""运"五带。

长江沿岸旅游带。从地域上连接苏南、苏中两个部分，是启动苏中、苏北的基本支撑点，主要开发观光旅游，连带文化旅游、商务旅游、都市旅游、购物旅游的综合开发，目标是成为重要的旅游国线。

淮河流域旅游带。以洪泽湖、高邮湖为依托，辐射里下河地区，以"绿色心脏，休闲明珠"为主题理念，挖掘苏中、苏北区域湖泊水域系统的内在潜力，开发以乡村旅游、休闲度假、健身运动为主的水上旅游项目和生态农业观光项目。

沿太湖旅游带。以太湖江苏部分湖岸线为主体，依托太湖发展，旅游产品正逐步由观光型向度假型转化，主要发展以文化观光、休闲度假和与水上运动有关的专项旅游为主，重视满足较长时间停留旅游者需求的产品和服务设计。

沿黄海岸旅游带。以江苏绵延的海岸为主要依托，与国家级沿海旅游大通道贯通一致，主要发展海洋旅游、生态旅游和休闲度假旅游。

大运河旅游带。是江苏旅游发展开拓国际市场的重要品牌，纵贯南北、文化积淀深厚的大运河旅游发展带需要从地域上、文化上、主题上整合沿线旅游产品，形成独特的竞争优势。

（3）四大旅游片区

旅游资源在空间分布上大致可分为四大旅游片区，分别为宁镇扬泰旅游区、苏锡常通旅游区、连盐旅游区、徐宿淮旅游区，从而构成沿长江、环太湖、沿海、楚汉文化四个旅游资源集聚组团。

宁镇扬泰旅游区是一个由悠久历史积淀形成的以南京为中心的体现多个朝代历史文化的古都名城和长江自然风光带综合旅游区，以南京的古都特色、扬州的休闲功能，镇江的"城市山林"、泰州的"中华凤城"为核心。区内南京、扬州、镇江三市彼此之间的时间距离均不超过一小时车程，具备相互发展环城游憩带和联合开发旅游资源的能力和潜力。

苏锡常通旅游区是以太湖、江南水乡风貌与吴文化为主题的旅游区，以苏州、无锡为一级旅游中心，常州、南通、昆山、常熟、宜兴、江阴、吴江等为二级旅游文化中心，旅游层次丰富，自然与人文旅游资源结合完美，具有世界级影响力。

徐宿淮旅游区，以徐州为中心，具有历史悠久的楚汉文化和淮扬文化的内涵和精髓，以文化底蕴挖掘和休闲度假为资源特色。

连盐旅游区，以山海风光、江海风光、沿海滩涂和自然保护区为主，重点资源为海滨度假休闲、自然观光旅游和湿地生态旅游。

第三节　生态与环境特征

江苏是我国经济发达地区，在约占全国1%的土地上，创造出了约占全国1/10的国内生产总值，经济密度居全国各地区前列。高强度的人类社会经济活动也对生态环境产生了深刻的影响，其生态环境状况的好坏对实现江苏乃至全国的可持续发展战略具有重要意义。

一、生态环境基本特征

(一)生态环境质量总体良好

江苏省高度重视经济、社会与生态环境的协调发展，全面实施环境保护国策和可持续发展战略，大气污染、水土流失、土地盐渍化、地下水位下降趋势基本得到遏制；自然保护、生物多样性保护、湿地和海洋保护、生态示范区建设成效显著；排污收费率、工业企业"三废"达标排放率、清洁生产达标率、建设项目环境影响评价执行率等显著提高。据2007年江苏省环境质量公报，江苏海洋环境、水环境、空气质量和生物环境均为良好。长江流域、淮河流域、京杭大运河、太湖流域等重点水域水质情况总体较好。其中，省内长江干流水质总体达到地表水环境质量Ⅱ类标准；省内淮河干流水质总体达到地表水环境质量Ⅳ类标准；京杭大运河流经江苏省8个省辖市，8个城市河段中，徐州段、宿迁段、淮安段和扬州段水质达到地表水环境质量Ⅲ类标准，镇江段和常州段达Ⅳ类，只有无锡段和苏州段水质劣于Ⅴ类；太湖湖体高锰酸盐指数达到地表水环境质量Ⅲ类标准，总磷平均浓度达到Ⅳ类标准，总氮平均浓度劣于Ⅴ类。全湖富营养化程度平均为中富营养，其中湖心区和东部沿岸区处于轻富营养化水平，其余湖区均处于中富营养水平。大部分省辖城市二氧化硫浓度年均值达到国家环境空气质量二级标准。

随着江苏"两个率先"决定出台实施，2003年在全国率先建立全面建设小康社会考核体系，分为经济发展、生活水平、社会发展和生态环境 4 大类，18 项 25 个考核指标。其中，环境质量综合指数为第 4 大类。环境质量综合指数包括全年空气质量良好天数达标率、水域功能区水质达标率、集中式饮用水源地水质达标率和城市环境噪声达标区覆盖率 4 项指标，并根据这 4 项的重要程度，按 40%、20%、30% 和 10% 加权，形成江苏省小康社会监测体系中的环境质量综合指数。计算公式为：

环境质量综合指数＝(环境空气质量良好天数百分率×30)＋(集中式饮用水源地水质达标率×20)＋(水域功能区水质达标率×40)＋(城市环境噪声达标区覆盖率×10)

环境质量综合指数 80 分为社会达小康标准，分值越高表示该区域环境质量越好。应用小康社会环境质量综合指数，对江苏环境质量综合指数进行评价，结果显示，自 2003 年以来，全省环境质量持续改善，综合指数值从 2003 年的 72.3 上升到 2006 年的 81.2，增加近 9 分，已基本达到社会达小康标准，生态环境质量总体良好。

(二)生态环境质量区域差异显著

江苏省生态环境质量区域差异显著。苏北、苏中尚处于工业化、城市化的起步阶段，发展速度慢，经济规模小，对社会环境造成危害尚未充分体现，苏南经济发展快，对社会环境造成危害亦有所表现，因此环境质量状况不如苏中和苏北地区。在此总趋势下，苏南地区是由西向东变差，苏北地区则由东向西变差。全省生态环境状况最好的是中部，其中苏中湿地生态环境最好；而西北部丘陵平原区和东南部的太湖平原东部为江苏生态环境最差地区。

江苏省生态环境区域差异变化格局在很大程度上反映了境内自然条件的地域变异特点。但值得注意的是，太湖平原区虽然自然条件在全省处于前列，但生态环境质量大多为中等，少数地区甚至较差，原因在于其污染强度过高，在很大程度上抵消了自然条件和社会经济条件上的优势。江苏西北部环境质量差主要是由于该地区是江苏主要产煤区，生态环境脆弱，承载力低。

(三)经济发展与生态环境矛盾依然突出

江苏是我国经济发达地区，经济密度为每平方千米实现国内生产总值 1 780 万元，是全国平均水平的 8.8 倍。高强度的社会经济活动对自然生态环境产生了深刻影响，也给生态环境带来巨大压力。有学者对华东六省可持续发展水平进行了综合评价，结果显示，江苏可持续发展的压力很大，尤其是生态环境的可持续发展方面(表 2-23)。江苏经济发展与生态环境矛盾依然突出。

表 2 - 23　华东六省可持续发展水平评价

省份	人口压力指数	能源压力指数	资源压力指数	环境压力指数
山东	0.37	91.14	0.56	0.41
河南	0.44	92.36	0.27	0.37
江苏	0.41	87.47	0.29	0.36
浙江	0.37	80.37	0.29	0.27
安徽	0.47	95.40	0.01	0.32
福建	0.36	93.02	0.22	0.23

注：人口压力指数、能源压力指数、资源压力指数、环境压力指数是定量地描述各要素对可持续发展的压力程度，数值越大，压力越大。

资料来源：陈斌．华东六省可持续发展水平的综合评价．环境科学与管理，2008，(11)。

二、主要生态环境问题

生态环境问题是指由于人类不合理开发利用自然资源造成的环境污染和生态破坏，对人类生存和发展所构成的种种现实威胁。生态环境问题一般分为两类：一是城市化和工农业高度发展而引起的环境污染；二是不合理开发利用自然资源所造成的生态环境破坏。江苏省目前比较突出的生态环境问题主要有环境污染、土地退化和生物多样性减少等。

(一)环境污染

人类为了追求经济的高速发展，不断开发、利用环境，并向环境中排放大量的废弃物。当人类向环境排放的物质超过了其自身的自净能力，环境质量就会产生不良现象，危害人类健康和生存，由此产生环境污染。环境污染有各种分类。按环境要素可分为大气污染、水体污染和土壤污染等。

1. 大气污染

伴随着江苏省经济的迅速增长，工业化、城市化进程加速，能源消费量逐年增加，由此产生的大气污染问题也越来越突出。

(1)排放总量不断上升，以燃料废气为主体

大气污染物主要来自于废气排放，特别是工业废气的排放。改革开放以来，江苏工业废气排放总量呈阶段性上升趋势。由于江苏能源消费以煤炭为主，燃料燃烧废气成为工业废气的主体，约占 $60\%\sim80\%$（图 2 - 16）。

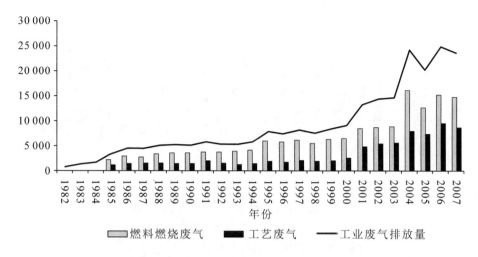

图 2 - 16　江苏省工业废气排放总量及其构成（单位：10^8 m^3）

（资料来源于历年江苏统计年鉴及中国环境统计年鉴）

(2)长期以煤烟型污染为主，开始向煤烟和汽车尾气混合污染转变

以煤炭为主的能源结构，使得江苏长期以来大气污染为煤烟型污染，主要污染物是二氧化硫、氮氧化物、烟尘和粉尘。改革开放以来，二氧化硫排放量起伏很大，1997 年达到最高值。此后江苏省逐步推进大气污染物达标排放工作，重点控制二氧化硫排放总量，各市在已划定的二氧化硫控制区里，着手制订"两区"二氧化硫污染防治规划，并采取相应的经济政策和产业政策，开展污染治理，二氧化硫排放量有大幅下降。进入 21 世纪后，全省二氧化硫排放量又出现波动走高趋势，2005 年达到 131.2×10^4 t 的历史第二高值。2006 年以后，随着二氧化硫控制项目的相继建成投产，又开始出现下降趋势。二氧化硫排放量变化趋势与工业烟尘和工业粉尘排放的变化走势相吻合，且工业烟尘和工业粉尘排放的变化走势高度相关，表明同出于燃烧环节的二氧化硫、烟尘和粉尘三种污染物具有一定的伴生性（图 2 - 17）。

从二氧化硫排放量的地区差异来看，苏州、徐州、南京和无锡是排放最多的城市，这与四市的经济发展水平和工业结构密切相关，其中徐州、南京、苏州三市分别为江苏三大火电基地，徐州的水泥行业在地区经济中具有一定比重，而南京和苏州又是全省两大重要的化工，尤其是石化中心，因而对全省的二氧化硫排放量贡献最高。

一直以来，江苏省公路建设跟不上车流量的发展速度，城市道路的最大车流密集度增长较快，从 2002 年的 17.37 辆/km 增长到 2005 年的 23.24 辆/km。2006 年江苏省公路通车里程增加较快，使得公路的最大汽车密集度略有下降，

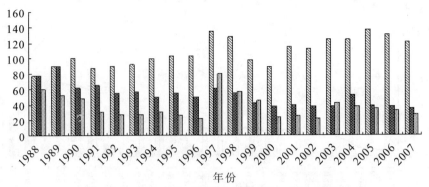

图 2-17 江苏省主要大气污染物排放（单位：10^4 t）

（资料来源于历年江苏统计年鉴及中国环境统计年鉴）

但 2007 年又达到 24.68 辆/km（表 2-24）。城市道路的汽车密集度大，导致汽车尾气排放集中、总量大，城市空气中的氮氧化物持续累积，污染加重。江苏省的大气污染已由煤烟型污染向煤烟和汽车尾气混合污染转变，酸雨类型也相应开始从硫酸型向硫酸硝酸复合型转变。

表 2-24 江苏省公路通车里程与汽车拥有量对比

年份	2002	2003	2004	2005	2006	2007
公路通车里程/km	60 141	65 565	78 262	82 739	126 972	133 732
民用汽车拥有量/万辆	104.49	131.77	161.19	192.25	240.8	330.09
车流最大密集度 /(辆·km^{-1})	17.37	20.10	20.60	23.24	18.96	24.68

资料来源：历年江苏统计年鉴。

（3）酸雨发生率高，地区差显著

二氧化硫极易与大气中的水汽形成硫酸雾和硫酸气溶胶，遇到降水便结合成亚硫酸降落，这种 pH<5.6 的降水称为酸雨。目前，酸雨已成为江苏省最突出的环境问题之一，江苏省已成为我国酸雨的重灾区。

新中国成立以来，江苏省的酸雨平均发生率呈频繁的波动态势，尤其是 1997~2007 年（图 2-18）。这一方面体现了江苏省二氧化硫排放量随工业经济的增长而增长，进而诱发酸雨平均发生率增加；另一方面也体现了江苏省正不断采取措施、逐步加大对二氧化硫及酸雨污染的整治力度。如 1999 年，江苏推进大气污染物达标排放工作，重点控制二氧化硫排放总量，二氧化硫排放量下降 21.88％，酸雨发生率降低 34.11％。但随着大气中二氧化硫的积累量逐渐增多，其回调效果也在减弱。

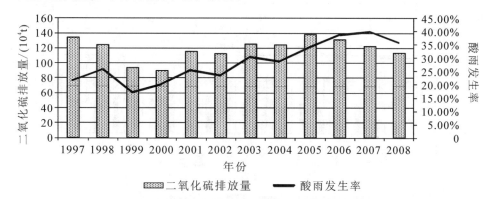

图 2-18　江苏省酸雨发生频率与二氧化硫排放量
（资料来源于历年江苏统计年鉴及中国环境统计年鉴）

　　从酸雨污染的时间分布特征看，从冬—春—秋—夏由强到弱，除 7 月和 10 月外，各月降水酸度均低于 5.6，其中冬季(11 月、12 月、1 月)酸雨污染较重。这与江苏夏季降水较多、冬春季节干燥，以及空气中颗粒物含量随气候变化关系较大。

　　从酸雨污染的区域分布特征看，江苏省主要酸雨区在淮河以南地区，其中心位于南通—无锡—苏州—南京一带，苏北大部分地区为非酸雨区。2006 年度江苏省环境状况公报显示全省酸雨发生频率为 38.6％。无锡市酸雨发生率最高，达 76.4％，南通和常州次之，南京和扬州酸雨发生率有所下降，徐州、淮安、盐城和宿迁未监测到。

　　2. 水体污染

　　废水是江苏省排放规模最大的污染物。废水主要来自工业生产过程以及家庭、商业、机关、学校、餐饮业、旅游服务业和其他城市公用设施等。总体来看，江苏省废水排放总量不断增加，特别是 1999 年以后，由于经济社会的快速发展，废水排放呈现快速增长，2005 年达到最高。在废水排放构成中，工业废水增长缓慢，1992～2000 年甚至出现负增长。工业废水排放量占废水总量的比重也处于持续下降中，1986 年这一比重为 86.45％，2007 年降至 53.18％。相反，随着城市化的推进以及居民生活水平的提高，生活污水无论排放量还是占废水总量的比重均有较大增加。生活污水占废水排放总量的比重由 1986 年的 13.55％增加至 2007 年的 46.84％，基本与工业废水持平(图 2-19)。

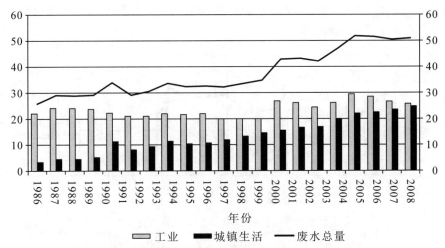

图 2-19　江苏省废水排放总量及其构成（单位：10^8 t）

（资料来源于历年江苏统计年鉴及中国环境统计年鉴）

从工业废水排放的空间分布特征来看，1997 年为南京"一市独大"，其余十二市呈现"三峰四谷"格局。"三峰"为苏州、镇江和无锡市区，"四谷"为宿迁市、盐城、淮阴和泰州市区。2007 年，除南京排放量有所下降外，其他各市均有增长，特别是苏锡常均有大幅增长，空间分布变为苏、锡"双峰"格局。江苏省高度重视对工业废水的治理，各市废水达标排放率均有较大提高。全省工业废水达标排放率均超过 90%，有的市已经做到完全达标排放（表 2-25）。

表 2-25　江苏省各市工业废水排放量　　　（单位：10^8 m^3）

城市	1997 年			2007 年		
	工业废水 排放总量	工业废水处理 排放达标量	工业废水 达标率	工业废水 排放总量	工业废水处理 排放达标量	工业废水 达标率
南京	65 852	17 868	27.13%	40 399.58	38 420	95.10%
无锡	7 529	2 155	28.62%	45 301.79	44 133	97.42%
徐州	5 332	1 048	19.65%	9 359.72	9 171.59	97.99%
常州	6 222	1 198	19.25%	31 963.46	31 576.71	98.79%
苏州	9 512	8 060	84.74%	67 530.67	67 166	99.46%
南通	4 023	2 681	66.64%	15 686.12	15 592	99.40%
连云港	3 252	1 259	38.71%	3 401.63	3 338.36	98.14%

续表

城市	1997 年			2007 年		
	工业废水 排放总量	工业废水处理 排放达标量	工业废水 达标率	工业废水 排放总量	工业废水处理 排放达标量	工业废水 达标率
淮安	2 019	1 352	66.96％	7 567.521	7 567.521	100.00％
盐城	1 611	145	9.00％	9 318.847	8 984.3	96.41％
扬州	3 980	3 212	80.70％	9 069.486	9 006	99.30％
镇江	6 848	1 829	26.71％	9 781.87	8 996.48	91.97％
泰州	2 488	797	32.03％	15 569.75	14 992.11	96.29％
宿迁	903	133	14.73％	4 448.608	4 155	93.40％

资料来源：江苏统计年鉴(1998、2008)。

从各市工业废水排放量与工业总产值对比看，二者的空间走势较为吻合，表明工业经济增长依然是工业废水排放量增长的主导因素(图 2 - 20)。

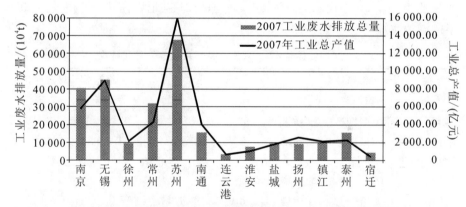

图 2 - 20　江苏省地区工业废水排放量与工业总产值(2007 年)

(资料来源于江苏统计年鉴(2008)及中国城市统计年鉴(2008))

江苏省排放的废水中含有大量组分复杂的有机污染物，因而作为衡量水体有机污染程度的综合指标化学需氧量(COD)成为主要的水体污染监控指标。江苏省 COD 排放量波动起伏较大，表现为"二降三升"，但排放总量并没有大的增加，一段时间还有比较大的减少。1997 年以前，工业 COD 排放量占主导地位，但自 1998 年起，生活 COD 排放开始超过工业 COD 排放，逐渐成为COD 排放总量的主要贡献者(图 2 - 21)。

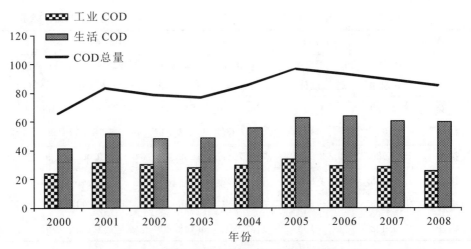

图 2-21 江苏省 COD 排放总量及其构成（单位：10^4 t）

（资料来源于历年江苏统计年鉴）

监测资料表明，20 世纪 80 年代，江苏地区干流劣于Ⅲ类水的河长约占评价河长的 40%，90 年代末上升为 60%，进入 21 世纪则高达 70% 左右。超过一半的湖泊水质为劣Ⅵ类（表 2-26）。

表 2-26 江苏省 12 大湖泊污染程度与富营养化程度

湖泊	综合污染指数 （均值型）	污染级别	水质类别	定类项目	综合营养 状态指数	富营养化 程度
太湖	8.64(0.86)	中污染	劣Ⅴ	TN	62.6	中度
洪泽湖	7.97(0.80)	中污染	劣Ⅴ	TN	54.6	轻度
高邮湖	5.10(0.51)	轻污染	Ⅴ	TN	53.1	轻度
骆马湖	5.97(0.60)	轻污染	Ⅳ	TP	65.6	中度
石臼湖		中污染	劣Ⅴ	TN		中度
滆湖	18.15(1.82)	重污染	劣Ⅴ	TN	63.6	中度
白马湖		中污染	劣Ⅴ	TN		中度
阳澄湖	6.60(0.66)	轻污染	Ⅴ	TN	56.8	轻度
长荡湖	8.20(0.82)	中污染	劣Ⅴ	TN	62.7	中度
邵伯湖		轻污染	Ⅴ	TN		轻度
淀山湖	7.07(0.71)	中污染	劣Ⅴ	TP	65.2	中度
固城湖	4.01(0.40)	轻污染	Ⅳ	TP	54.0	轻度

资料来源：张利民，夏明芳，王春，等．江苏省 12 大湖泊水环境现状与污染控制建议．环境监测管理与技术，2008，（2）。

　　江苏湖泊富营养化问题比较严重。多数湖泊富营养化程度达到中度。太湖自20世纪90年代起，藻华暴发较为频繁；2007年的太湖蓝藻暴发甚至一度严重干扰了居民的正常生活，把水生态环境问题推到了重要位置。生活污水、工业废水及化肥农药中富含的氮磷是造成水体富营养化的主要原因（图2-22）。

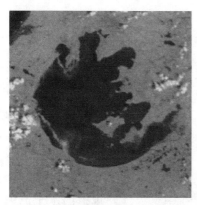

(a) 蓝藻事件前　　　　　　　(b) 蓝藻事件后

图2-22　2007年蓝藻事件前后太湖遥感影像（湖中浅色为蓝藻发生区域）

3. 土壤污染

　　土壤处于陆地生态系统中无机界和生物界的中心，与水域、大气和生物之间不断进行物质交换，一旦发生污染，污染物质就会在三者之间相互传递，作物从土壤中吸收和积累的污染物通过食物链传递而影响人体健康。土壤污染的来源极其广泛，大致分为工业污染源、农业污染源和生物污染源三类。

　　重金属污染是江苏土壤污染的重要来源。根据江苏省土地调查报告，全省超过1/4的表层土壤受到重金属污染。中科院南京土壤所在太湖地区的研究结果表明，据典型区综合污染指数评价结果：水稻土壤安全状态约50%，预警状态为33%，轻污染状态为17%；蔬菜的安全状态约29%～39%，预警状态为21%～23%，轻污染状态为36%～39%，个别地区中污染和重污染约占10%以上。

　　由于汽车尾气排放的铅和未燃尽的四乙基铅残渣污染，江苏省高速公路两边的土壤污染严重，公路两侧100 m成为"铅污染区"，铅对土壤的污染已深达30 cm。据南京市环境科学研究所土壤专家研究发现，江苏公路沿途土壤受污染率达到80%～90%，其中沪宁高速沿途受到的污染最为严重。

（二）土地退化

　　土地退化是指土地受到人为因素、自然因素或人为自然综合因素的干扰、破坏而改变原有内部结构、理化性状，土地环境日趋恶劣，逐步减少或失去原先所具有的综合生产潜力的演替过程。江苏省土地退化的形式主要有：水土流失；土地盐碱化；湿地面积减少、功能退化；对土地不合理利用造成的土地退化；土地污染等。土地污染在环境污染中已论述，这里着重分析前四种情况。

1. 水土流失

水土流失在江苏是一个较为突出的问题。在低山、丘陵、岗地、高沙土平原及废黄河高漫滩等地，均不同程度的发生水土流失。经调查估算，全省山丘区水土流失面积约 916 km²，平原区约 5 329 km²。赣榆、泗洪、盱眙、六合、仪征等丘陵岗地以及徐州黄泛平原区，水土流失相对严重，侵蚀模数（单位时间单位面积内产生的侵蚀量，称为侵蚀速率，或侵蚀模数）超过 2 500 t/(a·km²)，仅连云港的片麻岩地区，侵蚀强度大于 2 500 t/(a·km²) 的面积就达 598 km²，年表土流失量约 471×10⁴ t；泗洪、盱眙、六合丘岗地带，水土流失面积约 1 000 km²，年水土流失量约 500×10⁴ t 以上。徐州、宁镇、宜溧及太湖周边低山丘岗区，也存在一定程度和规模的水土流失，面积较广，但强度相对较弱，侵蚀模数小于 2 500 t/(a·km²)。

造成江苏省水土流失的因素主要有自然和人为因素两个方面。最主要的自然因素是土质，其次是由于区域降雨量时空分布不均、降雨年际变化幅度大，再加上区域内水土林木、草地植被防护稀少，因此很容易形成水土流失。过度垦殖和植被破坏是造成水土流失的人为原因。另外，由于城镇的扩建，开发区的建立，占据了原有的耕地，老百姓为了增加耕地面积，在河滩垂直河道方向种植农作物，加剧了水土流失。

2. 土壤盐渍化、盐碱化

土壤盐渍化、盐碱化是指由于灌溉不合理以及土层物质组成等原因，使土壤中含盐、含碱量聚集、增高。

江苏土壤盐渍化区主要分布在黄泛平原低洼地带、废黄河口以北至连云港板桥镇海岸一带，以及南通地区。重渍化区（土壤含盐量≥16‰）面积约 246.7 km²（不含滩涂，以下皆同）；轻、中度盐渍土分布面积较广，达 666.7 km²。近年来，随着农业、水利改良措施的实施，加强了盐碱化的治理工作。目前，大部分轻度盐碱土已脱盐，中、重度盐碱土范围逐步缩小，总面积仅 93.3 km² 左右，土壤盐渍化、盐碱化已逐步减轻。

3. 湿地面积减少、功能退化

江苏拥有丰富的湿地资源，但对湿地资源的过度利用及不合理利用造成湿地面积减少、功能退化。主要表现如下。

(1)围垦导致湿地面积急剧减少

围垦是江苏天然湿地减少的主要原因。从 20 世纪 50 年代开始，太湖、洪泽湖及沿海滩涂每年均有不同程度的围垦。据测算，天然湿地损失约占40％。如在 20 世纪 50～70 年代，为开垦耕地、水产养殖、修建居民区或游乐设施等，太湖共有 161 km² 的湖滩湿地被围垦，其中 68％的围垦面积分布在东太湖周围。由于黄河泛滥、河沙淤积等原因，洪泽湖已丧失了近 50％的湿地。在"九五"期间，沿海滩涂每年被围垦 133 km²，目前总共减少了约 1/3。高邮湖地区现已基本改成了鱼塘和农田，天然湿地大部分已丧失。由于围垦和造田，许多动物赖以生存的湿地环境受到极大破坏，生态环境变得十分脆弱；同时围垦降低了湖泊的蓄水抗洪能力，使得水患灾害变得频繁。洪泽湖水面现已高出堤外农田 1.5～2.0 m，成为名副其实的悬湖。

(2)淤积和沼泽化导致湿地功能退化

江苏湿地的泥沙淤积比较严重，处于废黄河段和淮河入海必经之段的洪泽湖、高邮湖、宝应湖等尤为突出。如在唐宋时期，今洪泽湖地区还受潮水的影响，地面高程在 5.00 m 左右，而今洪泽湖湖床已增至 10.5 m 左右。高邮湖泥沙的年淤积量为 101.5×10^4 m³，沼泽化趋势相当明显。长江口由于泥沙的淤积，现在也呈现出河床淤积快的特征，近 30 年来河床平均缩窄约 2 km，其中长江北支河段淤积严重，河床平均缩窄 3 km，年均缩窄 100 m。同时，在江苏长江以北沿海，由于长江泥沙回流及海水泾流影响，海岸不断在淤长，年增长平均达 100～200 m，近净增陆地 66.67 km²。由于不断淤长，现有湿地不断退化，加上不断围垦，湿地保护面临严峻的形势。

(3)生物入侵威胁原生湿地生态平衡

一个稳定的自然生态系统是经过长期自然选择的结果，具有一定的自我调节功能以恢复其动态平衡。然而，由于其他因素的影响而导致某个生物种群数量急剧增加时，就会使生态系统的平衡受到破坏。江苏湿地生态系统中危害较大的入侵物种有风眼莲、大米草、空心莲子草和为食用或观赏用途引进的鱼类、虾类、贝类等。风眼莲和空心莲子草大面积覆盖水面，造成河道阻塞，阻碍排灌和泄洪，并导致湿地生态系统破坏。近年来，大米草在沿海地区疯狂扩张，覆盖面积越来越大，已经到了难以控制的局面。居优势的大米草与沿海滩涂本地植物竞争生长空间，破坏近海生物的栖息环境，并使滩涂淤积加快。

4. 对土地不合理利用造成土地退化

(1)非农建设对耕地的强烈冲击

江苏是人多地少的典型省份，又是经济发达的省份，经济发展及城市化建设对耕地保护形成了巨大冲击，导致耕地日益萎缩（详见第二节）。不仅耕地面积的数量在减少，而且耕地的空间分布与质量也在变化。从空间上看，耕地的相对变化比较明显，特别是在城市的边缘地区，原来大片的耕地转变为城镇村与工矿用地，并且为交通运输基础设施建设用地所取代；由于国家实行耕地占补平衡，各地区不得不将其他土地利用类型转化为耕地用地，同时大力进行土地整理、土地复垦和土地开发工作，以保证耕地面积总量的基本平衡。但从质量上看，城镇村和工矿建设以及交通用地占用的耕地大多是高质农田，而土地开发、土地复垦以及土地整理的土地中的很大部分都处于中低产田，或因为某些限制性因素而不能达到原占用耕地的利用效率。

（2）采掘业对土地的损毁及伴生影响

江苏省矿产资源开发利用程度较高，这为江苏经济发展作出了重要贡献，但矿产资源的开采也占用和破坏了大量的土地。由于江苏矿产类型丰富，开采方式多样，对土地的破坏形式也呈现多种形式，主要有以下几种。

①直接挖损

江苏年非金属矿产开采规模约 1.5×10^8 t，而建材、化工等非金属矿产开采的主要方式是露天开采。一般露天矿由露天采矿场（主要生产场地）、排土场（剥离土岩堆弃场地）、尾矿场和工业场地等组成。露天开采对土地的破坏非常直接。大量表土的剥离不仅改变了原来的地形、地貌，而且破坏了地表植被，引起水土流失，导致土地生产能力的衰竭。与之相比，排土场的占地面积一般为露天矿总占地面积的 50%，成为露天开采情况下规模最大的土地破坏形式。目前全省累计直接挖损土地面积约 640 km²，每年还新增约 3.3 km²，这是江苏省最主要的土地破坏形式。直接挖损土地分布广，几乎每一个市（县）都有，其中最主要分布在溧阳、盱眙、南京、镇江、句容、铜山、沛县、连云港屏锦、宿迁、沭阳、金坛、淮阴等地的非金属矿开采区。

除了直接挖损和压占两种破坏形式外，露天开采还影响着周围的土地环境。一方面，在露天开采过程中，尤其是硫铁矿、磷矿等冶金露天矿山，矿石氧化，经雨水淋蚀，采场及废石场酸性水增多，极易导致周边农田的重金属污染。另一方面，露天矿的爆破是一个巨大的周期性污染源，爆破产生的烟尘污染大气，降落后又污染土地和水体。江苏省近百万亩这类爆破区的土地环境均不同程度地受到这方面的影响。

此外，江苏制砖毁地现象也很严重。据统计，江苏省每年砖瓦产量约 200 亿块，消耗黏土约 $7\,500 \times 10^4$ t，破坏土地数千亩。常年的挖土烧砖造成土地低洼不平，茅草横生，荒芜一片。例如徐州市的铜山县目前共有各类砖瓦厂、水泥厂 300 多个，年取土面积 0.07 km²，多年来造成 7.2 km² 土地废弃。

②地表塌陷

对埋藏较深的矿体主要为地下开采。当地下开采到一定程度后，地表将从原有标高向下沉降，并最终在采空区上方形成地表下沉盆地。目前，江苏省因采矿导致的地表塌陷面积累计约 168 km²，年新增 5.3 km²，主要分布在铜山、沛县等采煤矿区和连云港、南京等磷铁矿区。地表塌陷可引起土地侵蚀和水土流失，因为地表下沉导致地形坡度增大，而地表坡度是决定径流冲刷能力的基本因素之一。所以，塌陷后的土地漏水漏肥，水土流失严重，导致农作物产量大幅度下降。地表塌陷还容易引起土壤的盐渍化和沼泽化。在高潜水位矿区，塌陷后地表普遍雨季沥涝积水，旱季泛碱返盐，水浅不宜养鱼，地涝不宜耕种。如徐州地区采煤塌陷地，由于地处黄淮海平原，潜水位高，分布着大面积的盐碱地。

③地下水开采引起地面沉降及地裂缝

大量开采地下水，致使地下水水位下降，是造成地面沉降的主要原因。目前，江苏地下水开采利用程度较高的城市大多产生了不同程度的地面沉降，尤以苏锡常地区为甚。2007 年江苏地下水漏斗主要集中在盐城、南通和苏锡常。以苏州市为例。苏州市地面沉降始于 20 世纪六七十年代尤其是从 1979 年开始，地面沉降日趋严重。80 年代后期随着地下水增量开采，地下水位大幅下降，并且由于地面沉降的不均一性，在局部地区产生新的灾变，如地裂缝、地面塌陷等。

地面沉降不仅是一个生态环境问题，也是一种地质灾害。地面沉降及地裂缝对于本来地势就低洼的苏锡常地区所造成的危害是多方面的，主要表现为：一大批城镇的地面标高逐渐低于河湖水位，洪涝灾害加剧；农田涝渍，甚至沼泽化；水利设施的标准降低或失效，桥梁净空减少，码头下沉，影响水运交通；铁路、公路、工矿企业等与地面高程有关的工程设施均需不断维护修理、翻建；地裂缝大都通过建筑群体，可直接造成地面建筑物与地下管线的破坏；沿海地区海水倒灌，土壤盐碱化。

江苏省高度重视区域性地面沉降和地裂缝灾害，出台了一系列措施，加强地下水资源管理工作。如全面开展苏锡常地区地下水的限采、禁采工作，1996～1999 年，地下水开采量每年压缩 20%；2000 年，省人大颁布了《关于在苏锡常地区限期禁止开采地下水的决定》，2005 年年底在全区实行地下水禁止开采，地下水位不断下降的局面得到初步遏制（表 2-27）。

表 2 - 27 　 无锡市监测井地下水水位情况对比 　　　（单位：m）

年份	水 位				
	第二工业气体厂	申港牌楼下村	连丰整染公司	江阴色织五厂	嵩山浜沿上
2000	4.74	16.00	57.80	48.50	23.05
2007	4.09	18.00	43.60	45.00	4.22

资料来源：朱骊，盛龙寿. 禁采以来无锡地下水位变化分析. 江苏水利，2008，（10）。

（三）生物多样性减少

江苏的主要自然生态系统——天然林和天然湿地，由于人类活动的影响而大为减少，动植物种类和分布也受到人为因素的巨大影响。由于过度采伐、乱捕滥猎、过度垦殖、采矿、环境污染等，原来分布的一些动植物种类不断减少，物种的丰富度、特有性减弱，生物多样性受损。突出表现如下。

1. 湿生植物大量减少

天然湿地在过去几十年里迅速减少，造成湿生植物大量减少，一些国家重点保护类甚至趋于绝灭。历史上，水蕨在江苏各地普遍分布，20 世纪二三十年代及 50 年代，曾先后在南京、昆山、海门、吴江、无锡、连云港、宝应等地有采集记录，多生于沼地、水田和湖边阴湿地。由于湿地面积锐减、生境遭破坏和污染，目前水蕨在江苏已经很难发现。中华水韭为阴性湿生植物，1922 年曾在南京玄武湖采集到此种植物标本，由于城市建设、旅游活动等人类活动对水生生境的破坏，从发现至今在江苏未采集到第二份标本，估计已经绝灭。珊瑚菜原为海滩沙生植物群落的建群种之一，过去在连云港一带海湾沙质海滩和东西连岛沙质海滩上普遍分布；到 1982 年，东西连岛仅在沙石滩上间有小块珊瑚菜分布，现在已处于濒临灭绝的境地。

2. 森林珍稀植物普遍受到威胁

由于人工林发展和过度采伐等原因，森林珍稀植物也普遍受到严重威胁。香果树 20 世纪 70 年代在宜兴馨山和溧阳深溪芥村尚有分布，由于毛竹林发展，原分布地点已被毛竹林所取代，估计该物种在江苏已无分布。榉树数量日益减少，据 1998 年调查，原有标本记录的苏州上方山、金坛金牛洞、宜兴老鹰芥等地已无或少见榉树分布。秤锤树于 20 世纪二三十年代在南京幕府山、老山林场和句容宝华山有采集记录，70 年代以后再未发现其野生种群。

3. 国家重点保护野生动物比较少见

由于生境破坏和乱捕滥猎等原因，国家重点保护的野生动物在大部分地区已比较少见。长江的白鳍豚和江豚在 20 世纪 50 年代数量还相当多，但到 90 年代初白鳍豚已不足 200 头，江豚仅几千头。目前，南京以下江段已经很难找到白鳍豚的踪影。在苏州市，1986 年以来再也捕捞不到白鲟、松江鲈鱼等鱼类，穿山甲、大灵猫、水獭、苍鹰、白枕鹤、白鹳等已很少见到，鸳鸯、河麂等种群数量也锐减。

三、主要自然灾害

江苏自然灾害类型多样，既有台风、地震、风暴潮等突发性灾害，又有地面沉降、干旱等在较长时间中逐渐呈现的渐变性灾害。不同灾害发生的频率不同，台风、风暴潮、洪涝等是频发性的，而地震、雪灾等发生的频率要低得多。特定的地形和气候条件是江苏自然灾害频发的主要原因。概括起来，江苏的自然灾害大致分为气象气候灾害、地质地貌灾害、海洋水文灾害和生物灾害四大类。

(一)气象气候灾害

江苏的气象气候灾害主要有台风、洪涝、干旱、寒潮、雪灾、冰雹和霜冻等。

1. 台风

台风是指西太平洋热带气旋。江苏位于太平洋西岸，因此台风是最普遍的自然灾害之一。历史气象资料显示，平均每年影响江苏的台风有 3.1 个，最多的一年甚至达到 7 个。明清时期，江苏省发生了多次因台风引发的风暴潮。如"雍正二年(1724 年)七月十八日，飓风大作，海潮直灌县城，范堤外人畜溺死无算，浮尸满河"。新中国成立后，据 50 年(1951～2000 年)气象资料调查，期内江苏共有 170 次台风过境，有重大影响乃至造成局部灾害的 31 次，其中盐城 10 次(占总数 6.7％)。台风影响时间一般在 5 月至 11 月期间，但集中在 7～9 月，尤以 8 月最多。20 世纪影响江苏最严重的是 1997 年 8 月 18 日的第 11 号强台风，造成江苏 45 个市县暴雨、10 个市县大暴雨，且普遍狂刮 10～12 级大风。沿海测站和内陆江河测站几乎全部超过警戒水位，江海堤防损失严重。全省倒塌房屋 2.8 万间，淹死 10 人，失踪 10 人，有 20 多万人一度被水围困，紧急转移 12 万多人。据估计，造成的直接经济损失约 30 亿元。

进入 21 世纪，江苏多次受到台风影响(表 2-28)。2000 年"派比安"和"桑美"台风，江苏受灾严重。"派比安"台风于 8 月 27 日在台湾省以东洋面生成，30 日晚穿过舟山群岛，直逼长江口。受其影响，江苏沿海潮位明显上涨，连云港、盐城、南通等市县受灾较重，直接经济损失约 55 亿元。"桑美"台风于 9 月 11 日在关岛以东洋面生成，影响东海期间恰逢天文大潮，长江口、杭州湾沿岸有 10 多个验潮站的高潮位超过当地警戒水位，部分江海堤防一线水利工程遭到不同程度的破坏，直接经济损失 1.13 亿元。2005 年，台风"麦莎"于 8 月 6 日在浙江省玉环县干江镇登陆。"麦莎"影响期间正逢农历七月大潮，受风暴潮和天文大潮的共同影响，连云港、赣榆、灌云、东台、大丰、响水、滨海、射阳等县市受灾人口 4.2 万。农作物受灾面积 3.3 km²；海洋水产养殖损失 0.43×10⁴ t，受损面积 82.2 km²；损毁房屋 17 间；损毁船只 21 艘。

表 2 - 28　江苏省沿海地区热带气旋、温带气旋灾害(含近岸台风浪)损失统计

年份	受灾人口 /(万人)	农作物 受灾面积 /km²	海洋水产养 殖受灾面积 /km²	损毁、决口 海塘堤防及 其他海洋 工程	沉没损 毁船只 /艘	死亡失 踪人数 /人	直接经 济损失 /(亿元)
2000	640.7	33 530	128	40 处 31 km		9	56.1
2005	4.2	3.3	82.2		24		1.6
2007	11		140.2		1	3	0.59

资料来源：中国海洋灾害公报。

2. 洪涝

全国七大江河江苏有其二，433 km 长江受江潮顶托，854 km 海堤受台风高潮影响，80% 的地面处于洪水威胁之下，洪涝灾害频发，对江苏经济社会安全威胁很大。

苏北淮河流域的里下河平原是江苏容易发生洪涝灾害的地区之一。受黄河夺淮影响，淮河流域为平行状水系，加上上游河床坡降较大，流域一旦降水，干流水位抬升迅速；河流中游弯如鸡肠，行洪不畅；而下游的洪泽湖是一个"悬湖"，淮河河床纵断面两头高，中间低，更加阻碍了洪水的下泄。淮河又是我国南北方过渡地带，冷暖空气容易在淮河流域上空长时间交绥，形成较强降水，致使淮河流域很容易形成洪涝灾害。1931 年、1954 年、1991 年、2003 年、2006 年和 2007 年淮河流域均发生洪水。2007 年的淮河洪涝灾害造成直接经济损失 45 亿元，江苏省受灾范围涉及 10 个市 48 个县(市、区)，受灾人口 425 万人，被水围困 7 万人，紧急转移 5.2 万人。全省农作物受淹成灾面积 388 万亩，绝收面积 81 万亩；水产养殖受灾面积约 134 万亩。此外，洪涝水还损坏了部分水利工程。初步统计，全省共损坏堤防 310 处、护岸 150 处、水闸 201 座、机电泵站 337 座，水利工程直接经济损失达 4.5 亿元。

太湖流域是江苏另一个容易发生洪涝灾害的地方。太湖来水主要为发源于茅山的荆溪和发源于天目山的东西苕溪，河流流程短，河床坡降大，汇水

迅速；出水主要是东北面的数百条溇港，主要排水河道是道望虞河、太浦河等，江河水位比降小，还受潮水顶托，排水不畅；太湖本身周高中低，形似碟子，平均水深仅为 1.89 m，蓄水能力有限；太湖流域为季风气候，冷暖空气和台风经常长时间在太湖流域形成范围广、强度高的降水。此外，围湖造田导致太湖调蓄洪水的能力降低；城市化使地面渗透率减小，地表径流率增大，汇流时间缩短，这些因素共同造成太湖流域易发生洪涝灾害（图 2－23）。新中国成立以来，太湖流域曾在 1954 年、1983 年、1991 年、1999 年发生大洪水。1999 年，太湖平均水位自 6 月 10 日超过警戒水位，7 月 1 日突破历史最高水位 4.81 m，7 月 8 日最高达 5.08 m，超过 1991 年的历史最高水位 0.27 m，在历史最高水位以上维持 19 天之久，受灾人口达 746 万，直接经济损失高达 141.25 亿元。

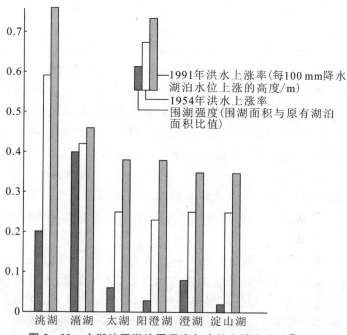

图 2－23　太湖地区湖泊围垦率与水位上涨率关系[①]

3. 干旱

江苏自然灾害虽以洪涝为主，但旱灾也频频发生。据历史记载，从 949 年到 1948 年的 1 000 年间，有 447 年发生旱灾，平均每两年一次。新中国成

---

① 资料来源：秦伯强，吴庆农，高俊峰. 太湖地区的水资源与水环境——问题、原因与管理. 自然资源学报，2002，(3)。

立前的 1929 年大旱，全省受旱面积在 2 000 万亩以上，苏北地区灾情尤其严重，淮、沂、沭、泗几个流域河湖干涸，里下河东部地区发生海潮倒灌。新中国成立后，发生较大干旱的年份有 11 年，特别是 1978 年，雨量少、水位低，干旱时间之长，受旱面积之广，旱情之重均为历史上所罕见。1995 年江苏又遇到了自 1978 年以来最严重的旱情。2001 年，江苏淮北地区及沿江、沿淮丘陵山区再次发生严重的春夏秋连旱，3 月至 7 月上旬淮北地区降雨量为新中国成立以来的最小值，7 月宁镇扬丘陵山区出现了严重的伏旱，9～11 月起全省大部分地区降雨再次出现新中国成立以来最小值，形成秋旱。淮河干流长期断流，淮北主要湖库水位长期低于死水位，汛末蓄水量为历史同期最低值。总受旱面积达 2 629 万亩，其中成灾面积 720 万亩、绝收面积 57 万亩、少种面积 63 万亩，有 65 万人、42 万头牲畜饮水困难。近来，由于全球气候变暖，季风由强变弱，江苏旱灾的概率将会增加。

4. 热浪和寒潮

南京作为"三大火炉"之一，在夏末秋初时热浪经常发生，有时高温持续数天，并且无明显的降雨过程。热浪引起高温，出现高温酷热天气。高温酷热使处于乳熟期的早稻逼熟，粒重降低而减产；棉花因蒸腾作用加大，水分供需失调，产生萎蔫和落蕾落铃现象；高温害对蔬菜和其他作物生长都不利；高温酷热也使城镇居民用水、用电量大增。另据专家介绍，连续 3 天以上出现超出人体所能忍受限度的高温容易诱发心力衰竭等疾病，人的死亡率明显高于常日。与之相反，在初春的时候，受强冷空气和黄海气旋的共同影响，江苏省经常出现寒潮灾害。2007 年 3 月初，因受强冷空气和黄海气旋的共同影响，江苏连云港沿海出现风暴潮，当地气象部门发布了寒潮蓝色预警信号。

5. 雪灾、冰雹等

自新中国成立以来江苏发生过十余次雪灾。1955 年 1 月初，江苏连续受强寒潮袭击，全省出现异常大雪和冰冻天气，沿江、江南大雪持续 10 多天，南京最大雪深达 51 cm，最低气温降至－14℃，为南京清光绪三十一年(1905)以来极端最低气温记录。1989 年冬，江淮雪深 30～35 cm，大雪造成公路受阻，机场关闭，农田积水。2000 年 1 月，洪泽湖、高邮湖、玄武湖封冻，大雪造成南京禄口国际机场有近 40 个航班停飞，高速公路关闭。2008 年江苏更是发生了区域性暴雪，淮河以南地区累计雪量最高达 60 mm，沿江苏南和江淮地区南部有 18 个市、县最大积雪深度达到或超过 30 cm。在这次雪灾中，江苏有 11 个市 60 个县市区不同程度受灾，受灾人口 242 万人，倒塌房屋 6 379 间，损坏房屋 14 528 间，转移安置人员 1.47 万人。雪灾给江苏造成的直接经济损失超过 20 亿元。雪灾发生时正值春运高峰，大多数高速公路和机场关闭,造成旅客大量滞留。

冰雹是一种局地性灾害天气。由于伴有狂风、暴雨,冰雹过后往往造成房屋受损、人畜伤亡、农田绝收等严重后果。资料显示,2001~2007年江苏省每年春夏季节都有冰雹天气出现,2002年宿迁、沭阳、泗阳等地发生了冰雹,2005年南京、镇江、连云港等11个县市都有冰雹出现;2007年南京市出现了艳阳冰雹两重天的现象。

(二)地质灾害

1. 滑坡和崩塌

滑坡和崩塌是江苏主要的突发性地质灾害,而暴雨则是引发突发性地质灾害的主因。滑坡和崩塌主要发生在环境条件复杂,边坡切割和开山采石活动强烈,岗坡、山坡稳定性较差的镇江、南京、连云港和宜兴等丘陵山区。例如,1986~1990年,镇江云台山两次滑坡,造成经济损失约400万元。1991年6~7月连续大暴雨,镇江和南京两城区100多处下蜀土体滑坡,对房屋建筑和工业生产造成重大损失,使马山、金山、焦山、北固山地区的工厂、居民和景点发生10多处规模不等的滑坡与崩塌,造成直接经济损失7100多万元。矿山开采区的不合理采掘也是造成山体与岩体滑移的一个重要原因。如苏州吴县高岭土矿区,1984年开采坑突然塌陷,造成了巷道涌水、人员伤亡的恶性事故。

2. 地震

相对于我国其他地区,江苏地震发生的频率和强度较低。有学者做过分析,江苏及南黄海地区85%以上历史地震类型为"相对安全类",而"相对危险类"地震类型仅占地震总数的13.8%。苏中沿海—南黄海南部海域地震活动频度较高、强度较大,是江苏地震最为活跃的地区。区内断裂构造规模较大,尤其是控制苏北盆地和南黄海盆地走向的滨海断裂,以及复杂的莲花状断裂组合,是中强地震集中发生的场所。沿江苏和安徽两省交界的具有一定活动的北西向断裂组(如无锡—宿迁断裂、南京—湖熟断裂、兴—海盐断裂以及涡阳断裂等),以及郯庐断裂带中南段和茅山断裂带北段等北北东向断裂带,也容易发生地震。

江苏地震灾害最早记载于《汉书·文帝纪》:"汉文帝元年四月,齐、楚地震,二十九山同日崩,大水溃出。"自西汉文帝元年(公元前179年)至1987年,江苏全境(包括部分黄海海域)共记录地震资料6000余条,共有千余次地震。地震在强度、频度上均属中等活动水平。震级最高的是1846年8月4日黄海7级地震,这次地震发生在海上,有前震和余震,江苏、上海大部分地区都有震感。破坏最严重的是清康熙七年六月十七日(1668年7月25日)山东郯城 8.5 级巨震对江苏的波及,《江苏省通志稿·灾异志》记载:"十七甲申日戌时,江南北同时地震,海州、赣榆城崩,官廨尽颓,民无全舍,惟文庙独完。沭阳亦然。又地裂,沙涵水飞,深者数十丈。越日,苏州、高淳、昆山、华亭、青浦、上海、南汇、宜兴、如皋皆地生白毛。"1979 年 7 月 9 日,江苏溧阳发生 6 级地震。该地区 1974 年 4 月 22 日曾发生过一次 5.5 级地震,两次地震的震中位置相距 3 km,震源深度也相当,可视为同源地震。溧阳地区历史上没有出现过较强地震,因而 5 年内的连续两次地震,虽属中等强度,也造成了比较重的灾害和较大的社会影响。地震造成死亡 41 人,重伤 500 人,轻伤 2 900 人,牲畜损失 1.2 万多头,农村民房倒塌和破坏达 34 万间。容量百万立方米以上的 9 座水库受到不同程度的破坏,数百处涵洞、闸门受到破坏,几十座桥受损。地震有感范围包括徐州、上海、武汉、南昌、南京和合肥等城市。

(三)水文海洋灾害

1. 风暴潮

对江苏海岸安全影响最大的主要自然因素为大风和天文大潮汛,两者遭遇概率较大。据 1951 年至 1981 年资料分析,江苏出现较强台风与天文大潮汛(农历初一至初四和十四至十八间)偶合的次数有 18 次,占两者总次数(34次)的 52.9%;台风中心穿过海岸登陆且为较强台风的有 15 次,占 44.1%;较强台风中心穿过海岸登陆,同时又偶合天文大潮汛的有 7 次,占总次数的20.6%。江苏沿岸出现异常高潮位,除极个别极优天文条件下的大潮汛外,几乎均因台风过境引起。台风风向大多与海岸正交,风急浪高,增水现象明显,对海堤造成的破坏最大。

2. 赤潮

赤潮是由于海洋环境条件的恶化,导致海洋中某一种或几种浮游生物暴发性地繁殖或聚集,引起水体变色的一种自然生物灾害。近年来,随着我国海洋经济的发展,排入海洋的有害工业、生活废水数量大增,致使海洋污染和海水富营养化加重。

1998 年的海洋污染基线调查表明,江苏沿海水体的主要污染指标是营养盐类(总氮和总磷),污染超标率在长江口北支达 100%,辐射沙洲区已在50% 上下,海洲湾区稍低。这表明,江苏大片海域富营养化已相当严重,容易诱发赤潮灾害,尤其是南部海区,情况更加严重。根据国家海洋环境监测中心的监测,江苏海区赤潮易发于南部海区(32°N,122°30′E 附近)。1995 年5 月 27 日,在吕四港 ESE 向监测到呈暗红色多块长条状赤潮,面积达数百平方千米。1997 年 5 月下旬连续两次赤潮,呈红色和酱红色,面积亦有 10 km²。江苏海区赤潮多发生在春季，但秋季亦有发生。1995年9月3日在吕四以东发现赤潮面积为5 km²，深褐色，呈条状。显然，江苏赤潮发生的海区与水质富营养化的海域是一致的。

2005年，海州湾赤潮监控区分别于9月25～27日、10月6～9日、10月21～23日、10月29～31日发现了四次赤潮，主要赤潮生物种类为无毒的中肋骨条藻及有毒的链状裸甲藻。其中9月25～27日发现的赤潮为自监控区设立以来规模最大的一次，面积超过1 000 km²。赤潮灾害影响到沿岸增养殖区，因赤潮造成的养殖直接经济损失超过500万元。

四、生态与环境保护

保护环境是我国的基本国策。"十五"以来，江苏在全国率先提出"环保优先"方针，环境恶化的趋势得到控制，生态环境建设得到加强，环保工作为促进江苏经济又好又快发展和建设小康社会作出了积极贡献。江苏生态与环境保护的主要手段有：政策手段、经济手段、管理手段、技术手段、法律手段和道德手段(图2-24)。

图2-24　生态与环境保护的实现途径

(一)政策手段

政策手段是解决环境问题最有效、最能形成长效机制的办法，是运用价格、税收、财政、信贷、收费、保险等手段，影响市场主体行为的政策体系，具体包括绿色税收、环境收费、绿色资本市场、生态补偿、排污权交易、绿色贸易、绿色保险等方面。例如，在太湖流域上下游启动"生态补偿机制"；启动太湖流域排污权有偿使用和交易试点，推进环境资源的有偿使用。再如，提高排污收费标准，废气排污费从每当量0.6元提高到1.2元，污水排污费从每当量0.7元提高到0.9元，促进企业由被动治污向主动治污转变。又如，自2007年起，中国人民银行南京分行和江苏省环保厅联合建立"绿色信贷"机制，将环境行为逐步纳入企业征信系统，实施"有保有压"的信贷政策。

(二)经济手段

一是在经济发展方面，首先通过调整和优化产业结构和产品结构，以解决影响环境的"结构性"污染。鼓励发展科技先导型、资源节约型、环境保护型的产业和产品，逐步形成经济效益、社会效益和生态效益相统一的工业布局结构。其次，加快经济增长方式的转变，实现经济增长方式由高投入、高消耗、高排放向低投入、低消耗、低排放转变，大力发展循环经济，走科技含量高、经济效益好、资源消耗低、环境污染少、人力资源优势得到充分发挥的新型工业化道路。

二是通过经济杠杆手段，大力完善环保经济政策，建立多元化环保融资市场体制。改变现行的政府唱主角的环境保护投资体制，建立政府、企业和个人多元化投资体制。在保证政府逐年加大环保投入的基础上，开辟新的资金渠道。改善投资环境，积极引入民间资本和外资，通过各项政策措施调动各方面的社会资本投入环境保护，建立多元化的环境投、融资机制，培育环境资本市场，推动污染治理的市场化、企业化运作，提高资金使用效率。

三是增加政府对环境保护的投入。环保投入主要包括三个方面：环境基础设施投资、工业污染源治理投资与新建项目"三同时"投资。环境基础设施投资主要包括燃气、集中供热、排水、园林绿化以及与城市环境卫生相关方面的投资；工业污染源治理投资主要是为治理工业生产排放的废水、废气、废渣所进行的投资；建设项目"三同时"制度是我国环境保护法律制度中的一项重要制度，是指一切新建、改建和扩建的基本建设项目、技术改造项目、自然开发项目以及可能对环境造成损害的工程建设，其中需要配套建设的环境保护设施必须与主体工程同时设计、同时建设、同时投入使用，新建项目的这种环保投资称为新建项目"三同时"投资。这三种投资中，环境基础设施投资是主体，一般占环境总投资的 $50\% \sim 60\%$，其次是新建项目"三同时"投资，工业污染源治理投资在三者中最少。

(三)管理手段

一是强化科学管理，降低环境污染程度。国内外的实践表明，工业污染有相当一部分是由于生产过程管理不善造成的，只要改善管理，改进操作，不需花费很大的经济代价，便可获得明显的削减废物和减少污染的效果。推行清洁生产的过程实际上也是加强生产管理的过程。江苏的主要做法有：制定清洁生产标准；落实岗位和目标责任制，杜绝跑冒滴漏，使人为的资源浪费和污染排放减至最小；加强设备管理，提高设备完好率和运行率；开展物料、能量流程审核；科学安排生产进度，改进操作程序；组织安全文明生产，把绿色文明渗透到企业文化之中等。

二是提高环保准入门槛，完善专业咨询制度和环境影响评价制度。在进行城市规划、土地规划、区域资源开发、产业结构调整、开发区建设等重大决策过程中，充分考虑生态环境的承载能力，允分估算对坏境产生的影响，避免因决策失误而导致环境污染和生态破坏；严格执行环境准人标准，对于不符合环保法律法规和技术标准的建设项目，不得审批或核准立项，不得批准用地，不得给予贷款，重点控制化工、印染、造纸、冶金、建材等行业的污染项目建设，禁止建设国家规定的"十五小""新五小"项目及排放致癌、致畸、致突变物质和恶臭气体的项目。

三是加大环保执法监督。对各种环境违法行为坚决查处，对造成环境破坏的单位和责任人依法惩处，切实解决"守法成本高、违法成本低"的矛盾，督促有污必治、治污必清，努力形成各方密切协作、群众广泛参与的环境保护监督体系。

（四）技术手段

技术手段是指保障生态环境保护的科技支持能力。加强科学技术研究及推广应用工作，依靠科学技术的进步，开发和推广节约能源、资源综合利用及污染治理技术等。例如，江苏省重点围绕冶金、化工、建材、电力、纺织等重点耗能行业，组织高炉余压发电、水泥纯低温余热发电、化学原料生产工艺节能改造、能量系统优化、电机系统节能改造、工业锅炉（窑炉）节能改造等工程，加大高耗能行业工艺技术装备的更新改造力度，加快淘汰落后用能设备。

（五）法律手段

法律手段是生态与环境保护的重要保障，一方面它可以通过法律形式发挥激励作用；另一方面也可以通过法律制裁起到监督惩罚作用。改革开放以来，我国的环保法律法规体系逐步建立，江苏也根据发展实践的需要在环保的地方性立法上做了大量卓有成效的工作，这些都为环境保护奠定了良好的法律基础。

江苏省委、省政府把可持续发展确立为经济社会发展的主战略，先后颁布了《江苏省环境保护条例》《江苏省长江水污染防治条例》《江苏省太湖水污染防治条例》《江苏省环境噪声污染防治条例》《江苏省辐射污染防治条例》《江苏省机动车排气污染防治条例》《江苏省农业生态环境保护条例》《江苏省内河水域船舶污染防治条例》《江苏省按排放水污染物总量征收排污费暂行办法》《关于加强环境综合整治推进生态省建设的决定》《关于切实加强环境与发展综合决策的通知》《关于加强生态环境保护和建设的意见》《关于加强通榆河水污染防治的决定》等地方性法规和规范性文件。进入 21 世纪，江苏按照科学发展观的要求，在全国率先提出了"环保优先"的方针，把环境质量综合指数纳入全面建设小康社会考核体系，引导各地在发展中保护环境和建设生态。江苏的环保工作有许多创新，如在全国第一个设立污染防治基金，第一个实施排污收费，建成全国第一个环保模范城市，创建了第一批全国生态示范区和国家生态市。2006年江苏省委省政府召开全省环保大会，研究和部署实施环保优先方针、进一步推动科学发展的具体政策措施，要求在全省实行最严格的环境保护制度，下决心解决污染环境的突出问题，依靠创新建立科学环保机制，开展大规模的生态建设，使江苏不仅经济发展走在全国前列，而且环境保护和生态建设也走在全国前列。

（六）道德手段

环境保护是全社会的共同责任，也是全体人的共同使命。通过开展多层次、多形式的舆论宣传、科普教育及环境伦理和环保警示教育，丰富全民的环境科技知识，增强全社会的环境忧患意识和保护意识，提高环境法制观念，弘扬环境文化，倡导生态文明，动员全社会力量共建环境友好型社会。

第四节　经济特征

新中国成立以后，特别是改革开放以来，江苏经济发生了巨大变化，基础设施建设成果辉煌，科教事业突飞猛进，各项社会事业长足发展，人民生活大大改善，已从一个落后的农业省份逐步变成了工业大省、经济强省。

一、经济发展阶段

按照不同时期的经济运行情况，60年来江苏经济发展大致分为五个阶段。

1. 国民经济恢复和"一五"时期（1949～1957年）

1949年4月23日，中国人民解放军收复南京，6月江苏全境解放。江苏经济自此结束了长期停滞衰落的历史，走上了恢复、发展国民经济，建设社会主义新江苏的道路。总的来说，包括国民经济恢复和第一个五年计划在内的这一时期，江苏经济发展平稳，基本完成了对生产资料私有制的社会主义改造。

2."大跃进"和国民经济调整时期（1958～1965年）

从1958年起，江苏开始实施"二五"计划，并贯彻中央制定的社会主义建设总路线，开展了"大跃进"和"人民公社化运动"。其时，以高指标、瞎指挥、浮夸风和"共产风"为主要标志的"左"倾错误严重泛滥，江苏深受影响。"二五"时期，江苏原定的计划增长目标未能实现，并出现3年的负增长。1963年到1965年的调整时期，国民经济又有了新的发展。这期间，全省国内生产总值从1962年的69.20亿元，增加到1965年的95.10亿元，年均增长12.5%。

3. "文化大革命"时期(1966～1978年)

从1966年5月至1976年10月，长达10年的"文化大革命"时期，江苏国内生产总值年均增长4.9％。1977年和1978年，全省国内生产总值分别增长6.3％和24.7％。从所有制结构看，在1978年的江苏全部工业产值中，国有工业占61.46％，集体工业占38.54％，已是公有制一统天下。

4. 改革开放起步和经济快速发展时期(1979～1991年)

1978年12月党的十一届三中全会，实现了党的工作着重点的转移，从此，江苏经济也步入快速增长的新时期。其中，1978～1983年为以农村为重点的改革初始和经济调整阶段；1984～1987年为以城市为重点的全面推开改革和经济飞跃阶段；1988～1991年，为深化改革开放和治理整顿阶段。统计资料显示：1978年至1991年，全省国内生产总值从249.24亿元增加到1 601.38亿元。

5. 市场经济体制构建和经济稳定发展时期(1992年至今)

1992年邓小平南巡讲话，把中国一举推向市场经济，也一举推上全球投资热点。1991～1998年，江苏国内生产总值又从1 601.38亿元，迅速增加到7 200.8亿元，1992年至1998年7年的年度增长率均在11％以上，年均增长率超过15.6％。2004年以来，年度增长率稳定在14％左右。2007年全年江苏省实现地区生产总值25 560.1亿元，人均地区生产总值33 689元(图2-25)。

二、经济基本特征

1. 经济发展速度快

新中国成立之初，江苏经济比较落后，1949年全省工农业总产值38.48亿元，人均工农业总产值只有109.57元。新中国成立后，经济得到恢复和发展，工农业总产值(按1980年不变价格计算)从1952年的54.33亿元增长到1978年的485.90亿元，速度较快。改革开放以后，全省经济保持强劲势头，经济总量规模迅速扩大。国内生产总值(当年价格)从1978年的249.24亿元增长到1997年的6 680.34亿元，按可比价格计算增长9.67倍，提前7年实现翻两番的战略目标，平均每年增长12.7％，增长速度高于同期全国平均增长速度2.9个百分点。2007年，江苏省实现地区生产总值25 560.1亿元，占全国1/10强。从翻番进程上看，全省生产总值实现翻两番比全国(1995年)提前了三年；人均生产总值实现翻两番比全国(1997年)提前了四年。

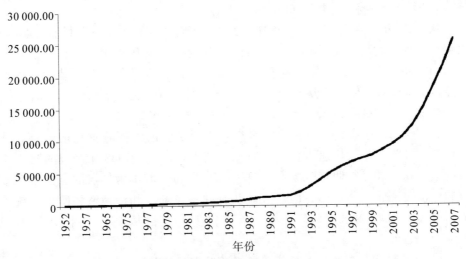

图 2-25　江苏省国内生产总值变化(按当年价格计算)(单位:亿元)

(资料来源:历年江苏统计年鉴)

2. 吸收利用外资多

江苏地处东部沿海,经济基础好,技术力量强,具有发展外向型经济的有利条件。1978 年以前,江苏对外经济主要局限于外贸活动,改革开放以后不仅对外贸易进展很快,利用外资也成效显著。2003~2007 年江苏连续 5 年实际利用外资保持全国第一,已成为许多国家和地区在中国投资最为密集的省份(表 2-29)。

表 2-29　江苏省合同外商直接投资金额　(单位:万美元)

指标	1995 年	2000 年	2005 年	2006 年	2007 年	2007 年止累计
合资经营企业	662 155	348 861	602 054	586 157	715 952	8 046 172
合作经营企业	67 518	55 431	73 794	67 634	47 189	1 176 406
独资经营企业	567 278	656 767	3 949 724	3 997 153	4 492 695	23 994 208
外商投资股份制企业			18 310	3 213	14 877	71 266
合计	1 296 951	1 061 059	4 643 882	4 654 157	5 270 713	33 288 052

资料来源:江苏统计年鉴(2008)。

　　改革开放以来，江苏经济的外向度提高很快。1978年，江苏省进出口总额仅为4.3亿美元；2001年提高到513.55亿美元；2007年达到3 946.71亿美元(图2-26)。

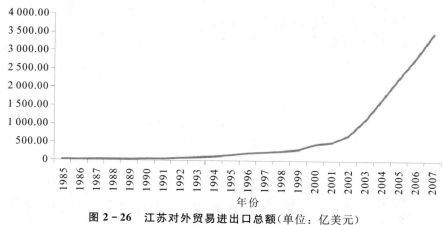

图2-26　江苏对外贸易进出口总额(单位：亿美元)
(资料来源：历年江苏统计年鉴)

3. 产业结构不断优化

　　新中国成立以后，江苏就开始了产业结构的优化和升级进程。自1952年以来，江苏第一产业比重在逐步下降；第二产业比重在1952～1977年的快速上升后，1977年以后稳定在50%左右；第三产业的比重在1965～1984年的不断下降之后，于1985年后开始稳步提高。江苏三次产业的位序，在新中国成立初期为"一三二"的格局，到20世纪60年代，呈现为"一二三"的格局，到20世纪70年代中期呈现为"二一三"的格局，从20世纪80年代末至今呈现为"二三一"的格局。2007年，江苏三次产业产值比重分别为7%、56%和37%(图2-27)，与发达形态"三二一"的结构类型还差一个发展阶段。在国内外加快产业结构调整顺应经济全球化、信息化的新时期，江苏面临着产业结构调整和优化升级的机遇和挑战。

　　新中国成立以后，江苏从业人员结构基本上在"一二三"的结构类型中变化。从总体上看，第一产业的比重在逐步下降，第二产业的比重在上升，但第二产业比重在进入20世纪90年代以后就稳定在30%左右，第三产业的比重在不断上升。2003年，三大产业从业人员比重分别为39.0%、30.6%和30.4%，2007年则分别为28%、35%和37%，已初步表现出"三二一"的结构类型，但是第一产业劳动力比例仍然偏大，第三产业劳动力比例偏小，大量劳动力滞留在农业中，产业结构水平仍偏低(图2-28)。

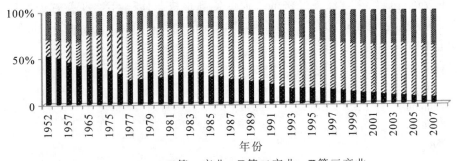

图 2 - 27　江苏省产业结构变化

（资料来源：历年江苏统计年鉴）

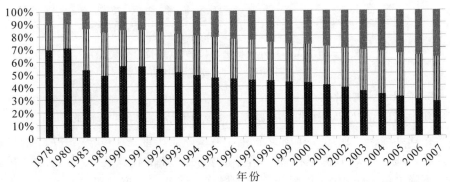

图 2 - 28　江苏省三次产业从业人数比例变化

（资料来源：历年江苏统计年鉴）

4. 乡镇企业异军突起

江苏是全国乡镇企业起步较早、发展较快的省份。在全省 GDP、财政收入中，乡镇企业是三分天下有其一；在全省工业经济中，乡镇工业是四分天下有其三；在全省农村经济中，乡镇企业是五分天下有其四。虽然乡镇企业在 20 世纪 90 年代经历了一段困境，但是江苏大力推动以产权制度改革为重点的乡镇企业改革，使企业迸发了新的活力。2007 年，江苏乡镇企业实现增加值 11 327 亿元，同比增长 24.8%。规模以上企业总户数 4.15 万个，比上年年底增加 5 539 个，资产总额 2.6 万亿元。全年实现销售收入超过 3.58 万亿元，增长 27.4%。江苏发达的乡镇企业也为民营经济的发展奠定了良好的基础，一批知名的大型民营企业例如沙钢集团和红豆集团等都是由乡镇企业改制而来的。2007 年全省民营企业和个体工商户数量突破 270 万，连续 6 年位居全国第一；民营经济实现增加值 12 908.7 亿元人民币，占全省 GDP 的比重也首次超过一半，达到 50.5%。

5. 区域发展差异明显

江苏经济发展区域差异明显。苏南是全国最发达的地区，苏中低于全省平均发展水平，苏北经济居于末位，地域空间上呈梯度分布。

从区域差异的发展变化来看，新中国成立前夕，江苏原有的近代工业近 75% 集中在苏南地区；1978 年，苏南、苏中、苏北人均 GDP 之比为 2.8 : 1.6 : 1，2003 年该比例为 4.2 : 1.5 : 1，2007 年该比例为 3.37 : 1.74 : 1。虽然江苏加大了对苏北、苏中地区经济的投入力度，三大区域经济差距有减小的趋势，但是三大区域差距仍然很大。

三、主要经济部门

(一)第一产业

1. 粮食稳产、高产

江苏境内平原辽阔，土地肥沃，素有"鱼米之乡"的美誉。新中国成立后，特别是改革开放以来，农业和农村经济取得了显著成就。1949 年全省粮食总产不足 75×10^8 kg，1979 年总产突破 250×10^8 kg，此后用不到 20 年时间，又连续跨上 300×10^8 kg 和 350×10^8 kg 的新台阶，1997 年粮食总产达到 356×10^8 kg，创历史最高，相当于 1949 年的 4.8 倍。虽然之后粮食总量下降，特别在 2003 年降至 242.1×10^8 kg 的低点，但最近连续五年实现粮食增产，2007 年总产量又增到 313.2×10^8 kg，实现粮食的稳定生产(图 2-29)。

2. 农林牧渔业全面发展

1949 年，江苏农林牧渔业总产值仅为 22.59 亿元，林业、农林牧渔服务业为空白；30 年后的 1978 年，农林牧渔业总产值突破百亿，达 105.87 亿元，是 1949 年的近 5 倍；再过 30 年后的 2007 年，农林牧渔业总产值为 3 064.72 亿元，翻了近 5 番，年平均增长速度达 12.31%，形成了农业、林业、畜牧业、渔业、农林牧渔服务业齐头并进的多层次大农业发展体系。多年来，江苏省因地制宜地进行农业结构调整，缩减粮棉种植面积，扩大水果、蔬菜、花木等经济作物和水产养殖面积，经济效益显著提高。1978 年，农业(种植业)产值占 80% 以上，到 2007 年下降为 50%，畜牧业产值由 16% 上升到 23%，林业产值也有较大提高(图 2-30)。全省形成了太湖、鬲湖、苏中沿江和淮北观赏苗木优势区，环太湖、苏中沿江、南京近郊盆栽花卉优势区，苏中沿江盆景优势区以及连云港鲜切花优势区；环太湖低山丘陵茶区、宁镇扬丘陵茶区和连云港茶区的名特茶生产保持快速增长；涌现了太湖猪、太湖鹅、高邮鸭、阳澄湖大闸蟹、盱眙龙虾、碧螺春茶、泰兴白果、白沙枇杷等名特产品，享誉中外。

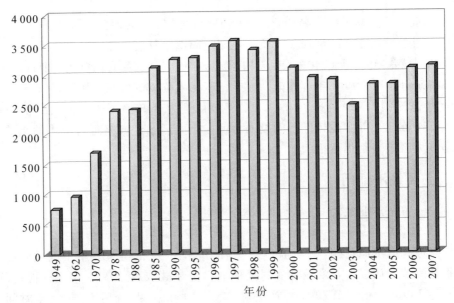

图 2-29 江苏省粮食产量变化（单位：10^4 t）

（资料来源：历年江苏统计年鉴）

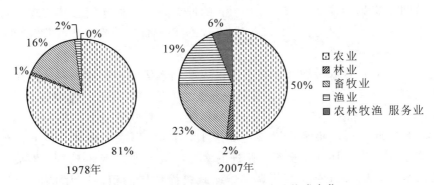

图 2-30 江苏省农林牧渔业总产值构成变化

（资料来源：历年江苏统计年鉴）

3. 农业科技内涵足，现代化水平高

"十五"以来，江苏省农业科技进步贡献率高达55%，科技已成为江苏农业进步最大的推进器。2007年，全省农机总动力达 3 392.44×10^4 kW，每百亩耕地拥有农机动力达到 45 kW，比全国平均水平高30%；联合收割机保有量达到 7.86 万台，其中高性能联合收割机保有量 1.8 万台，占全国高性能联合收割机总数的 70%；插秧机保有量达 2.4 万台，占全国总保有量的 1/4，发展速度全国第一。稻、麦、油、玉米综合机械化生产水平达到 70%。小麦、水稻机收水平分别为 94%、88%，比全国平均水平分别高 15% 和 51%。全省水稻种植机械化水平为 22.5%，是全国平均水平的 3 倍。农机跨区作业已进入全国所有稻麦主产省，占据了水稻机收市场 40% 以上的份额。

（二）第二产业

第二产业在江苏经济中一直占有主要地位。2007 年全省实现工业增加值 12 926.87 亿元，占全国的 12.11%，而新中国成立初期的 1952 年仅为 7.63 亿元，1978 年也只有 117.1 亿元（图 2-31）。1978 年以来，全省工业增加值的平均增长速度为 17%，快于同期国内生产总值增加速度，比同期全国工业增长速度高 5.4 个百分点。

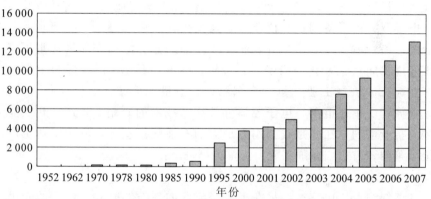

图 2-31 江苏省工业增加值变化（单位：亿元）

（资料来源：历年江苏统计年鉴）

从第二产业内部结构来看，1950 年，轻工业总产值比重为 94.42%，重工业比重为 5.58%，按工业总产值计算的霍夫曼比例为 16.92，工业水平很低，尚处在以农业为主导产业的时期。之后，江苏开始了工业化进程。随着江苏大力发展乡镇企业和加快对外开放，1993 年，重工业比重首次超过轻工业；到 2003 年，轻工业比重已降至 36.32%，重工业比重上升为 63.68%，霍夫曼比例下降为 0.57；2007 年，江苏轻工业比重为 28.9%，重工业比重为 71.1%，霍夫曼比例为 0.40，江苏进入了工业化的中期阶段。

江苏工业的经济类型（所有制）呈现以国有经济为主导、公有制为主体，多种经济成分共同发展的格局，国有经济比重有所下降（图 2-32）。

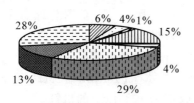

国有企业
集体企业
股份合作企业
有限责任公司
股份有限公司
私营企业
港、澳、台商投资企业
外商投资企业

图 2-32　江苏省规模以上工业企业增加值构成(2007年)

(资料来源：2008 年江苏统计年鉴)

20世纪70年代末，江苏工业行业结构以纺织、机械、化工、食品为主。到80年代后期，机械、纺织、化工、食品、建材、冶金6大支柱行业基本形成。进入90年代，新兴行业大量涌现，资金密集型和技术密集型行业不断发展壮大，机械、化工、交通运输设备制造(含汽车制造)、电气机械及器材制造、电子及通信设备制造、仪器仪表及文化办公用品制造、医药制造等新兴行业的产值所占比重不断上升，而一些传统产业和滞销产品的比重下降，江苏工业逐步向重工业化方向发展，机械、电子、石化、汽车成为全省四大支柱产业。江苏机械工业总量为全国第一，卫星地面站、通信设备、计算机、彩色显像管、集成电路、电子元器件等高新技术的研制、生产、开发能力居全国同行业前列。江苏是我国南方最大的石油化工基地，汽车工业生产规模居全国第四，有色金属加工能力为全国第一。

1. 纺织业

江苏纺织业历史悠久，早在五千多年前的新石器时代，江苏的先民已用石制纺轮、陶制纺轮、鱼网坠、骨针等工具开始了原始的手工纺织。清光绪二十一年(1895年)，杨艺芳、杨藕芳在无锡创办的业勤纱厂投产。接着，陆润庠与苏州商务局创办的苏纶纱厂、张謇在南通创办的大生纱厂，也分别于光绪二十三年和二十五年开工生产。新中国成立后对苏南各纺织企业实行公私合营，同时又在苏北建立了一批纺织厂。1984年年底，中国特大型化纤企业——仪征化纤工业联合公司一期工程投料试生产，二期工程也于1987年9月部分投产，在国内纺织业影响深远。目前江苏纺织工业逐步形成产业集群(表2-30)。形成的原因主要有：纺织业产业链较长；纺织业属劳动密集型产业，行业准入门槛较低，江苏是人口大省，劳动力资源丰富；江苏的区位优势以及便捷的运输和通畅的信息交流；江苏消费能力强，市场广阔。此外，政府的引导、江苏深厚的文化底蕴以及悠久的历史，都对江苏纺织产业集群产生了较大影响。

表 2 - 30　江苏省纺织产业集群及产业基地

城市	纺织产业集群及产业基地
苏州	苏州纺织、中高档服装、工艺鞋及运动鞋集群；吴江羊毛衫、服装、绢纺、毛纺等一批具有鲜明特色的"一镇一品"拳头产品，震泽镇的亚麻织造生产集群；常熟新港镇为中国毛衫名镇、沙家浜镇为中国休闲服装名镇
无锡	无锡市以阳光、海澜集团为龙头的服装产业集群；以庆丰集团、协新集团等为核心企业的高特纺织与服装加工产业集群；江阴市服装产业集群；锡山区高档纺织及服装集群
常州	常州新型纺织基地；金坛市纺织服装集群；武进湖塘镇形成了灯芯绒、色织布、牛仔布三足鼎立，针织布、工业用布为补充的产品结构形式，初步成为覆盖江苏、辐射全国且在国内颇具规模和影响力的织造工业基地
南通	全国 12 个纺织品出口和 10 大服装工业基地之一，全国著名的重点纺织工业基地之一。南通化纤集群；棉纺织业集群；色织印染集群；以三友集团为龙头的服装业集群；通州的纺织工业已形成棉、毛、麻、丝、化纤"五纺"俱全，纺织、印染、整理、服装配套成龙的格局，是全国纺织工业的重要基地之一；海门市西部的家纺集群；如东形成棉、毛、麻、丝、化纤以及纺、织、染、服装、纺机等多门类的大纺织格局
扬州	以仪化为龙头的化学纤维集群；以江苏通裕纺织集团有限公司为龙头的棉纺集群；以扬州华源有限公司和扬州裕华织造有限公司等为重点的面料集群；以市开发区纺织工业园、邗江服装工业园、舜天服装工业园、高邮沙龙工业园等为载体，以华芮、虎豹、琴曼、柏泰、舜天、沙龙制衣等企业为龙头，重点发展衬衫、中高档服装等
盐城	形成以棉纺织为主，集棉纺、麻纺、缫丝、针织、印染、梭织和针织服装、合成纤维制造、纺织专用设备等门类较为齐全的纺织工业体系；东台许河镇初步形成了纺织、绣花、绗缝、印花、后整理、包装、运输、销售一条龙的产业体系，精心打造"情缘"、"溱湖"、"盐通"和"东进"四个家纺品牌和许河区域品牌；射阳县盐东镇，中国棉纺织名镇、全国重要的前织和织造机械制造基地和全国重要的纱、布、服装出口基地；滨海县的纺织染料

资料来源：黄李花. 江苏省纺织产业集群实证研究. 价值工程，2008，(1)。

2. 冶金工业

江苏的西南部位于宁芜、庐枞铁矿床带上，发展了一批冶金企业，包括南京钢铁集团、梅山钢铁集团等；在徐州附近依靠煤炭资源发展了一批钢铁企业；此外，江苏通江达海的区位优势、广阔的市场以及雄厚的经济实力，催生了一批民营或合资的钢铁企业，如沙钢集团、锡钢集团有限公司(华菱无锡钢管有限公司)、淮钢特钢有限公司、永钢集团、兴澄特种钢铁有限公司、中天钢铁集团有限公司等，这些企业的布局突破了传统的"煤铁资源型"，并且生产能力强，科技含量高，投资主体多元化，为江苏的冶金工业带来新的活力，江苏钢铁产量不断增长（图2-33），成为我国的钢铁大省（图2-34）。为把江苏建设成钢铁强省，江苏钢铁行业结构调整的总体思路为：淘汰初级工艺和产品，发展高附加值产品，集中产能，控制总量，提高质量，降低能耗，减少污染。

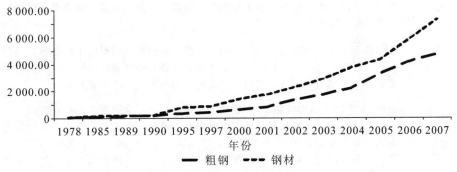

图2-33　江苏省钢铁产量变化（单位：10^4 t）

（资料来源：历年江苏统计年鉴）

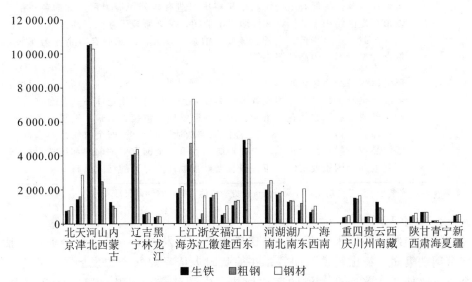

图2-34　中国各省份钢铁产量比较（2007年）（单位：10^4 t）

（资料来源：中国统计年鉴（2008））

江苏的冶金工业以钢铁为重点，同时还有一批炼铜、炼铝等企业，如高新张铜股份有限公司、大亚铝业有限公司、常铝铝业股份有限公司、南京锗厂有限责任公司（原冶金部南京 718 厂）、徐州四方铝业有限公司（原江苏铝厂）等。规划以常州和徐州两地为主，加快发展特色有色金属制品和稀土加工产品。

3. 机械工业

机械工业产业关联度高，需求弹性大，对国民经济的发展起着至关重要的作用。清同治四年（1865 年），在上海购得洋商机器厂一座，改建为江南制造局，制造枪炮，又在南京创设金陵机器制造局，这是江苏近代机械工业的开始。经过近 150 年的发展，江苏机械工业产品门类齐全，产量增速全国领先，形成了以宁苏锡常为核心，沿沪宁铁路、沿江、沿东陇海铁路为轴带的机械工业格局（表 2-31）。民营资本和外资的进入，进一步推动了江苏制造业的发展，但自主研发能力较弱，企业分布"小散"化，大型成套设备生产能力弱，产品技术含量与附加值不高，成为制约江苏机械工业进一步发展的主要因素。

表 2-31 江苏省机械工业分布

部门	分布
内燃机及其配件	南京、常州、扬州
船舶	沿江诸市
机床	南京、苏州、无锡、常州、南通
电力设备	南京、扬州、盐城
轨道交通机车车辆	南京、常州

资料来源：根据相关资料整理。

4. 电子信息工业

高等院校、科研院所众多，科技人员多，以及区位优势等，是江苏电子信息工业的坚强后盾。经过新中国成立后 60 余年的发展建设，江苏电子信息工业产品结构已由单一的电子元器件发展到软件、集成电路、计算机及周边设备、平板显示、现代通信和数字音视频六大产品集群；目前已形成了南京、无锡、苏州三大产业基地，吴江显示器件产业园、无锡液晶显示产业园、苏州集成电路产业园、南京显示器件产业园四家国家级电子产业园和徐州医疗电子产业园、平潮电容器产业园、娄葑计算机及外设产业园、江阴电子元器件产业园、东海硅电子信息材料产业园、常州电子元器件产业园等一批省级产业园。无锡尚德(光电产业)、江苏梦兰(龙芯产业化基地)等一批创新型企业成为我国电子信息工业的中坚力量。

5. 化学工业

江苏的化学工业,始于民国八年(1919 年)无锡首建的中国第一制镁厂(生产碳酸镁)。民国二十三年,范旭东在南京筹建中国第一家化学肥料厂——南京永利铔厂;1965 年,南京炼油厂投入生产;1988 年,扬子石化公司炼油厂建成投产。目前已形成以南京和仪征的南化集团、扬子石化、金陵石化、仪征化纤等为中心,长江为轴线的石油化工产业带,拥有南京化学工业园、南京经济开发区化工园、镇江国际化学工业园、扬州沿江化工园等十余家国家级、省级化工园区。

此外,苏锡常地区和泰州、南通地区分别发展了一批以精细化工和新材料为主的化学工业;沿海地区则以海盐、卤素化工为主;徐州地区重点是煤化工业。目前江苏原油加工能力达 $2\,000\times10^4$ t,乙烯产能 150×10^4 t,是我国千万吨级炼油基地和百万吨级乙烯生产基地之一。

6. 汽车工业

江苏的汽车工业经过多年发展,已形成了以轿车、载货车、客车、专用车、农用运输车(三轮汽车及低速货车)和摩托车及零部件为主体的全系列、多品种的较为完整的科研开发和生产制造体系,成为全国为数不多的具有各类汽车产品生产资格的省份之一。江苏汽车工业逐步形成了以"一线、二点、三区、一核心、二集群"为特征的江苏汽车及零部件制造业高地。一线即沿长江(两岸)一线分布的江苏客车制造业,包括南京依维柯、南京建康、南京中大金陵、扬州亚星、常州黄海、苏州金龙、张家港牡丹、张家港友谊、盐城中大等,江苏的客车产业在全国占较大市场份额,具有较强的竞争力。二点就是以南京菲亚特、盐城东风悦达起亚为中心的轿车制造业,具有较高的性能价格比,在国内经济型轿车领域具有一定的竞争能力。轿车已成为江苏省汽车工业快速发展的重要支撑产品。三区是南京、无锡、泰州三地区的摩托车制造业。一核心指跃进集团。二集群指专用特种车制造集群和汽车零部件制造集群。江苏省改装及特种专用车在国内具有较强的竞争实力,拥有一批比较知名的生产企业,如扬州通华专用车股份有限公司、南京晨光航天应用技术股份有限公司、常熟专用汽车厂、镇江飞驰汽车集团有限责任公司、扬州盛达特种车有限公司、徐工集团、一汽锡柴专用汽车厂等。拥有一批技术水平较高的特色产品,如各种半挂车及车辆运输车、混凝土搅拌运输车、混凝土泵车、加油运油车、防弹运钞车、冷藏保温车、道路维护用车、起重举升车及高空作业车、专用自卸车等。零部件生产已占江苏省汽车工业的半壁江山，并且出口比重较高，拥有一批技术含量高、市场占有率大、有一定生产规模和档次的名牌产品，如汽车发动机、油泵油嘴、制动软管、膜片离合器、保险杆、汽摩灯具、塑料油箱、汽车门锁、汽车音响等，形成了一批具备较大规模、具有技术和品牌优势、实行专业化供货的小巨人企业（集团）。但就总体水平而言，技术含量不高，以劳动密集型产品为主。

江苏汽车行业整体实力偏弱，散、乱、小的状况没有得到根本改观，导致核心企业（集团）发展不快、带动作用不够，迟迟未能造就具有较强市场竞争力和行业整合力的大型集团，并且合资规模偏小、合作层次偏低，优势产品不多、后继产品不足，赢利能力不强、发展后劲不大，制约了江苏汽车工业的可持续发展。

7. 生物、医药工业

生物产业是新兴的高技术产业。加速发展生物产业，抢占未来经济的制高点，已成为世界各国经济社会发展的战略重点。目前江苏具有一定优势的生物技术主要有：①生物技术。如拥有南京工业大学国家生化工程技术研究中心、江南大学的教育部工业生物技术重点实验室。②农业生物技术。以南京农业大学和江苏省农科院等为主的科研院所，取得了一批重要的科研成果。作物分子育种、作物细胞工程育种、微生物农药和微生物兽药、农用基因工程疫苗、鱼类生物技术等研究领域在国内有较强优势。③医药生物技术。拥有一批生物医药研究创新的高等院校和科研单位，包括中国药科大学、南京大学、东南大学、南京医科大学、南京中医药大学、江南大学、南京工业大学、江苏省药物研究所、江苏省微生物研究所、南京军区军事医学研究所、南京市中医药研究院等，科研力量雄厚，聚集了一大批生物医药研究人才，储备了一批产品，为江苏省生物医药的长远发展提供了保障。④能源生物技术。以江南大学、南京工业大学、南京林业大学、江苏大学等为主的高等院校，多年来从事生物能源技术的开发利用研究，为生物能源产业的发展提供了强有力的技术支撑。⑤环境生物技术。2002年中国科学院南京土壤研究所在国内率先成立土壤与环境生物修复研究中心；江苏高校在生物技术应用研究及河湖生物修复方面处于领先水平。

江苏医药产业发展迅速，医药大省地位初步确立。近年来，一批著名跨国医药公司相继落户，江苏已成为国际医药产业和资本转移的首选之地。在产业布局上，南京"药谷"、泰州医药城、南京生物医药科技工业园、苏州工业园区、无锡新区科技创业园、常州医药产业园和连云港新医药产业园已集聚了70余家生物医药企业，初步形成"一谷一城五园"的产业集群（表2-32）。但目前江苏生物产业企业规模仍偏小；生物产品技术档次偏低，附加值不高；

生物企业创新能力不强，绝大部分产品技术来源于高校和科研院所，企业尚未真正成为技术创新的主体，科技成果转化率不高；生物技术人才缺乏，特别是缺少高层次研发人员。江苏的生物产业将有很大的发展空间，培育生物产业将成为江苏今后经济工作的重点之一。

表 2-32　江苏省医药业"一谷一城五园"概况

名称	建设目标
南京"药谷"	以中国药科大学、南京大学、南京中医药大学、南京医科大学、东南大学、南京理工大学等高等院校为依托，建立和完善新药筛选中心、药效学评价中心、药物动力学重点实验室、药物代谢安全性评价中心、药物质量控制研究中心、药物制剂技术研究中心、中药复方制剂和质量标准研究中心、生物技术研究中心、药物提取和合成技术研究中心、医药知识产权申请指导服务中心等多个开放性技术创新平台
泰州医药城	以构建医药研发基地、生产基地、仓储基地为主体，大力打造大型医药物流平台，形成较为完善的现代医药物流体系
南京生物医药科技工业园	提升创新研发能力，发展生物工程药物及品种、剂型齐全的中西药制剂产品
苏州工业园	以吸引国际医药跨国公司投资为主导，重点发展化学制剂、原料药、医药中间体、医疗器械等产品
无锡新区科技创业园	重点发展新型抗菌素药物、抗肿瘤药物、生物医药和基因工程药物等产品
常州医药产业园	重点发展心血管类、生物技术类药物和医药中间体等产品
连云港新医药产业园	重点发展化学原料药、现代中成药、医药包装材料、消毒灭菌设备等产品

资料来源：江苏省经济和贸易委员会．江苏省"十一五"医药行业发展规划纲要。

(三)第三产业

江苏省第三产业发展迅速，自 20 世纪 90 年代以来增长幅度大于第二产业，第三产业将逐步成为江苏经济新的增长点(图 2-35)。

从第三产业内部结构来看，批发和零售业的比重最大，占 25%；金融业和房地产业位居其次，各占 12%；这三个部门所占比重之和接近第三产业的 50%。值得注意的是，江苏教育事业也占到 7%。这表明江苏的教育事业在国内具有明显的优势，应强化对其进行软硬件投资，充分发挥教育对经济发展的关键作用(图 2-36)。

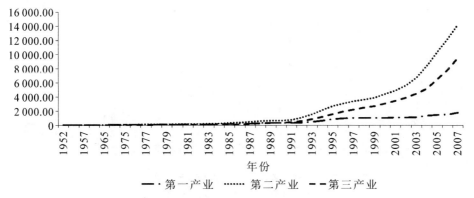

图 2 - 35　江苏省三次产业产值变化(单位：亿元)

(资料来源：历年江苏统计年鉴)

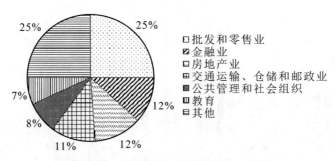

□ 批发和零售业
☑ 金融业
▨ 房地产业
▣ 交通运输、仓储和邮政业
■ 公共管理和社会组织
▤ 教育
▥ 其他

图 2 - 36　江苏省第三产业结构(2007 年)

(资料来源：江苏统计年鉴(2008))

1. 交通运输业

(1)交通运输业特点

①交通运输业发展居全国前列

江苏地势平坦，河渠纵横，历史悠久，人口稠密，经济发达，交通运输业发展居全国前列。2007 年，江苏省完成客运 18 亿人次，旅客周转量达到 1 551.3 亿人千米，货运量 14×10^8 t，货物周转量 $3\,988 \times 10^8$ t·km，均居全国前列(图 2 - 37、图 2 - 38)。

②水路交通发达

江苏东临黄海，长江、淮河横贯东西，河湖沟渠密布，发展水运得天独厚。早在公元前五世纪的春秋末期，当时统治长江下游一带的吴王夫差，为北上伐齐，争夺中原霸主地位，开挖自今扬州向东北、经射阳湖到淮安入淮河的运河，全长 170 km，把长江水引入淮河，因途经邗城，故得名"邗沟"。

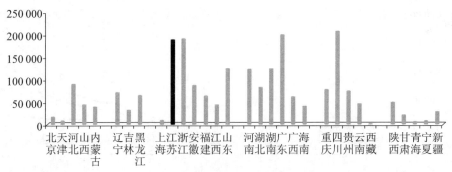

图 2-37　全国各省份客运量(2007 年)(单位：万人)

(资料来源：中国统计年鉴(2008))

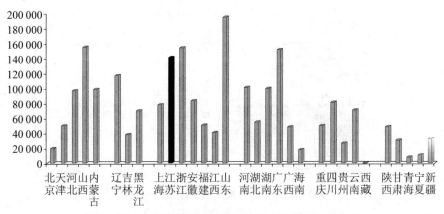

图 2-38　全国各省份货运量(2007 年)(单位：10^4 t)

(资料来源：中国统计年鉴(2008))

公元 610 年开凿江苏镇江至浙江杭州长约 400 km 的"江南运河"，同时对邗沟进行改造，建成以洛阳为中心，由永济渠、通济渠、山阳渎和江南运河连接而成，南通杭州，北通北京，全长达 2 700 km 的大运河。随着运河通航条件的改善和运输管理的加强，运河每年的漕运量由唐初的 20 万石增大到 400 万石，最高达 700 万石(约合今 $11.62×10^8$ kg)，运河沿岸逐渐形成名城苏州、造船工业基地镇江和无锡、对外贸易港口扬州等重要城市。

　　江苏水运虽然经历了民国时期的衰退，但是航道港口建设在全国一直处于领先地位，内河航道里程位列全国第一。

　　③公路建设发展迅速

　　江苏公路建设始于光绪三十一年(1905 年)，在南通实业家张謇的筹划下，南通修建了港闸路、城闸路、城山路等一批早期公路。同年无锡民族资本家荣德生投资修筑了自无锡西门外迎龙桥起、经荣巷至梅园长 7.5 km 的开源公路。这两条公路的修筑揭开了江苏公路建设的序幕。至 1937 年，全省共有干支线公路 3 280.9 km，县道 1 488.77 km，已初具公路交通的规模。

新中国成立后，江苏公路建设主要是改变分布极不合理的状况，苏北占地为全省面积的 70%，而公路里程仅占全省的 1/4。因此公路建设的重点是提高苏南路况质量，建设苏北的主要干线。到 1976 年，江苏公路通车里程达到 15 943 km。改革开放以后，江苏公路建设也登上了新台阶。宁六公路作为全国第一条一级公路于 1981 年在江苏建成。1993 年沪宁高速公路的全面开工，揭开了江苏高速公路建设的序幕；1996 年沪宁高速公路建成通车，2000 年高速公路通车里程突破 1 000 km。2007 年年末江苏公路里程 13.4×10^4 km，公路里程密度 130.3 km/(10^2 km^2)，高速公路密度为 3.47 km/(10^2 km^2)，在全国居领先水平(图 2 - 39)。

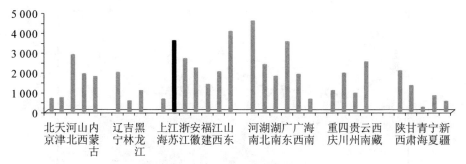

图 2 - 39　全国各省份高速公路通车里程(2007 年)(单位：km)

(资料来源：中国统计年鉴(2008))

④铁路、民航建设滞后

江苏第一条铁路是吴淞铁路，从上海英国租界北侧的苏州河北岸到吴淞镇，全长 14.5 km，1876 年 7 月 1 日全线通车，运行速度仅为 15～20 km/h。1908 年沪宁铁路全线通车，1912 年津浦铁路通车。陇海铁路于 1913 年 5 月分东西两线正式动工。东线由开封向徐州推进，1915 年 5 月修至徐州，1921 年继续东进，1925 年到海州，1934 年通至老窑(今连云港港区)。江南铁路又称宁芜铁路，于 1933 年 7 月开工建设芜湖至孙家埠段，次年 8 月建设芜湖至南京中华门段，1936 年 2 月竣工。此外，位于南京市内的南京铁路，又称"宁省铁路"，于 1907 年 11 月动工，1909 年 1 月竣工，1936 年延伸至中华门，与江南铁路接轨。至此，近代江苏铁路交通网络初步形成。虽然江苏的铁路建设时间早，但是直到 20 世纪末，江苏省仅有京沪、陇海、宁芜三条干线，广大的苏北地区成为铁路"真空"区。

清宣统三年(1911 年)，由孙中山倡导在南京玄武湖的一个洲渚开始开辟机场。嗣后，国民政府相继修建南京小营、明故宫、大校场、徐州九里山、大郭庄，海州杨圩，常州洪庄等25个中、小型军用机场，其中部分机场实施军民合用。1929年，沪蓉航空线管理处正式开辟上海—南京段航线，航程286 km，每周飞行6班，此为江苏民用航线航班之始。此后开行了沪渝（重庆）、沪平（北平）、沪兰（兰州）、沪迪（迪化）、港京（南京）等航线，近代民航业得到一定程度的发展。2007年年末有7个城市建有民航机场，有国内外航线150条，旅客吞吐量1 075.45万人次，货邮吞吐量21.13×10^4 t，旅客、货邮吞吐量在全国的排名不高，民航业的发展状况与江苏经济强省的地位极不相称。

（2）铁路运输

江苏拥有京沪、宁芜、陇海、胶新、新长、宁启、宁合等干线铁路（图2-40）。

图2-40 江苏省主要铁路及港口分布

（资料来源：根据相关资料编绘）

京沪铁路始于北京，经天津、德州、济南、兖州，于利国县进入江苏省徐州市，然后在三铺附近离开江苏，进入安徽省，经宿州、蚌埠、滁州，于东葛再次进入江苏，经南京、镇江、常州、无锡、苏州，在安亭附近离开江苏进入上海。京沪铁路是我国路况较好的线路之一，沿线人口稠密，城市众多，经济发达，因此京沪铁路承担了大量货运任务，尤其是煤炭运输任务。此外京沪铁路还开行了"新时速"行包快运专列和双层集装箱专列。客运方面，京沪城际间商务客流汹涌，旅客列车，尤其是动车的上座率较高。

宁芜铁路始于南京东站，经沧波门、光华门，过南京城南地区、西善桥、板桥工业区、江宁镇至铜井进入安徽省，经马鞍山、芜湖抵达芜湖以南的八里湾。沿线矿区、工厂众多。梅山钢铁、马鞍山钢铁就位于宁芜铁路两侧。

陇海铁路起于连云港，经商丘、郑州、洛阳、华山、西安、宝鸡、天水抵达终点兰州。陇海铁路江苏段货运以经连云港中转的物资居多，此外还承担了淮盐、磷矿以及部分煤炭石油的运输任务。随着陇海产业带及徐州都市圈的建设，陇海铁路城际客流逐步增大。

胶新铁路起于山东胶州站，经高密、诸城、五莲、莒县、郯城，进入江苏新沂。新长铁路是江苏投资兴建的地方铁路，自陇海线上的新沂站向东南引出，经淮安、盐城、泰兴、靖江，过长江到江阴，南行到无锡锡山与沪宁线在石塘湾交会，沿太湖西岸南行经宜兴进入浙江省，终止于浙江镜内的宣杭铁路长兴车站，与宣杭铁路会合。新长铁路对缓解京沪铁路运输压力，尤其是货物运输压力，保障北煤南运，改善苏北地区陆路交通，发展苏北经济、文化，推进区域共同发展等都有积极意义。

宁启铁路由南京长江大桥北侧的林场站出岔，经葛塘、六合、仪征、扬州、泰州、姜堰、海安县至南通。宁启铁路横贯江苏苏中地区，推动了苏中地区经济社会发展。

宁合铁路是沪汉蓉主通道的一部分，规划由新建的南京南站出发，通过大胜关铁路桥过长江，经全椒、巢湖、肥东至合肥，因南京南站尚未完工，因此修建了从亭子山经亭子山隧道（两座）进入永宁镇的联络线，列车由南京长江大桥过江。该线路允许时速高达 250 km，并采用 GSM 通信技术。该线路通车后，南京至合肥的旅客列车无须绕道蚌埠，节约了旅行时间。沪汉蓉主通道不仅能行使高速动车组，还安排部分提速货车运行，因此，宁合铁路将适当承担部分货运任务，尤其是终到南京北的南京江北工业区的货物运输任务，以减轻京沪铁路运输压力。

此外，江苏省境内还有徐沛铁路、浦梅铁路（又称永利支线）、城北铁路等的支线铁路和众多专用铁路。这些铁路将矿区、工厂与干线铁路相连，完成企业自身生产和运输任务。

为缓解大城市人口增长，用地扩张带来的交通拥堵问题，省内一些城市修建了轨道交通系统。南京地铁一号线于 2000 年 12 月 12 日开工，2005 年 8 月 12 日启用。南京地铁一号线造价最低，运营用工人数全国最少，车站设计富含南京市文化底蕴。南京地铁一号线南延、二号线、三号线也在规划建设中。苏州地铁一号线已于2007年12月26日开工建设，该线起点位于苏州吴中区木渎站，终点为工业园区钟南街站，横跨苏州6个区。无锡市的轨道交通建设也在积极筹备中。

目前江苏铁路存在的问题有以下两点。

①路网密度较低

长期以来，江苏仅有京沪、宁芜、陇海三条干线，进入21世纪以来，虽然陆续修建了胶新、新长、宁启等铁路，但是江苏铁路网密度仍然很低。2007年江苏人均拥有铁路长度仅为2 cm，路网密度每百平方千米仅为1.587 km，在全国仅位于中等水平（图2-41、图2-42）。低密度的铁路网，运输成本无法降低，货物运输受到限制，尤其是煤炭、原辅材料等的运输。

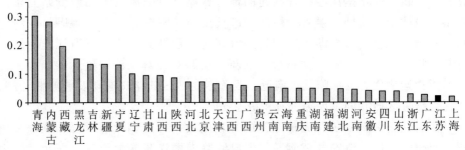

图2-41　全国各省份人均拥有铁路长度（2007年）（单位：m）

（根据中国统计年鉴（2008）计算）

②各线路繁忙程度不一

目前，京沪、宁芜铁路已超负荷运行，南京枢纽和徐州枢纽也存在多处瓶颈路段，如南京长江大桥，南京站西咽喉，徐州站与窑场站间的陇海上行线等。而新长铁路、宁启铁路等线路运量偏低，运力得不到有效发挥。

铁路今后发展方向：首先是京沪高速铁路和沪宁城际铁路的建设，形成高等级公交化运行，宁杭城际、宁安城际等铁路的建设也应及时跟进。其次是加强苏北铁路建设，将动工建设宿淮、连盐、连淮、海洋、沪通等铁路。其中宿淮铁路（宿州符离集—淮安袁北）将有利于淮北地区的煤炭以及农副产品就近进入苏北地区，减轻京沪铁路煤炭运输压力；连盐、连淮铁路可有效提高连云港港口吞吐能力，扩大其腹地范围；海洋铁路（海安县—洋口港）是洋口港配套项目；沪通铁路将加强苏北与上海的联系并分担京沪铁路繁重的运输压力。

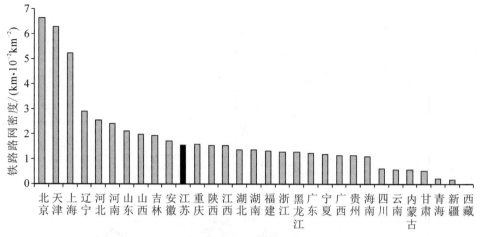

图 2-42　全国各省份铁路网密度(2007 年)

(根据中国统计年鉴(2008)计算)

(3)公路运输

江苏已形成"四纵四横四联"的高速公路网。纵一由汾灌高速、沿海高速和苏嘉杭高速组成;纵二由京沪高速(沂淮江段)、京沪高速宁通公路共线段(江都至靖江)、广靖高速和锡澄高速组成;纵三由淮连高速、宁淮高速和宁马高速组成;纵四由徐宿高速、宁宿徐高速、宁淮高速和宁杭高速组成。横一为徐连高速;横二由徐宿高速和盐宿淮高速组成;横三由雍六高速公路、宁通一级公路和通启高速组成;横四由沪宁高速公路江苏段组成。联一:盐城经泰州到靖江,接纵一连横三,由宁靖盐高速组成;联二是扬州经镇江到溧阳,接纵二连纵四,由扬溧高速组成;联三:南京经过溧水、常州、江阴、张家港、常熟、太仓连接上海,由沿江高速组成;联四:无锡到宜兴,接横四连纵二,由锡宜高速组成。根据江苏高速公路规划,2015 年将形成"五纵九横五联"的高速公路网,总里程为 5 200 km,形成以省会南京为主节点、各省辖市为次节点,省会与省辖市间顺捷连接、省辖市与省辖市之间便捷沟通的高速公路骨架网络(图 2-43)。

目前江苏境内的国道有 104(北京—福州,经过徐州、睢宁、南京、句容、宜兴),205(山海关—广州,经过新沂、沭阳、淮安、南京),206(烟台—汕头,经过徐州),310(连云港—天水,走向大体与陇海铁路相似),311(徐州—西峡),312(上海—伊宁,沪宁段走向与京沪铁路相似),327(菏泽—连云港),328(南通—南京,经过姜堰、泰州、江都、扬州)等。省道建设也同

图 2 - 43 江苏省"五纵九横五联"高速公路网规划①

步跟进，村级公路已基本实现"灰黑化"。此外，江苏的过江通道建设成就显著。自上游至下游依次有南京长江第三大桥、南京长江大桥、南京长江第二大桥、润扬长江大桥、江阴长江大桥和苏通长江大桥（表 2 - 33）。

（4）水路运输

江苏河湖密布，因水而兴盛，因水而发展。虽然经历了近代的衰落，但目前水运在江苏仍然有不可替代的地位。改革开放以来，江苏水运的货运量逐年上升。虽然水运速度慢，但运量大，成本低，能耗少。据测算，一条苏南运河承载的年货运量相当于 4 至 5 条单线沪宁铁路；长江江苏段的年货运量相当于 6 条沪宁铁路的货运量。

江苏的内河航道主要是长江和京杭运河。此外还有长湖申线、苏申外港线等水道。

---

① 资料来源：江苏省交通厅. 江苏省高速公路网规划. 2006。

表 2 - 33　江苏省公路跨江桥梁概况

名称	类型	主跨长度/m	车道数	通航净空/m	通车时间
南京长江第三大桥	双塔双索面钢塔钢箱梁斜拉桥	648	6	24	2005.10
南京长江大桥	钢桁梁桥	第一孔128，其余9孔均为160	4	24	1968.12
南京长江第二大桥	南：钢箱梁斜拉桥；北：钢筋混凝土预应力连续箱梁桥	南：628北：3×165	6	24	2001.3
润扬长江公路大桥	南：悬索桥北：三跨双塔双索面钢梁斜拉桥	南：1 490北：176＋406＋176	6	50	2005.4
江阴长江公路大桥	钢悬索桥	1 385	6	50	1999.10
苏通长江公路大桥	双塔双索面钢箱梁斜拉桥	1 088	6	62	2008.6

资料来源：根据相关资料整理。

改革开放以来，江苏水运进入了高速发展期，苏北运河"三改二"、苏南运河"四改三"、苏南干线航道网全线提档升级。至 2007 年年底，江苏航道里程达 24 336 km，居全国之首。江苏海岸线总长 953.9 km(内含 7.9 km 长江口水域)，沿岸分布许多港口。沿海港口发展前景和建港条件较好的有 14 个，其中一类口岸 3 个：包括连云港港、南通港、大丰港；二类口岸 5 个：包括陈家港、滨海港、射阳港、洋口港、吕四港；三类口岸 6 个：包括海头港、燕尾港、黄沙港、斗龙港、琼港、东灶港。沿长江港口有南京港、镇江港、扬州港、泰州港、江阴港、张家港、南通港、常州港、常熟港和太仓港等。此外，沿京杭大运河还有徐州港、邳州港、淮阴港、无锡港和苏州港等(图 2-40)。江苏港口集装箱吞吐量以每年 40％以上的速度增长，增长速度一直处于全国前列。目前，全省港口累计开通各类集装箱航线 305 条，其中远洋航线 5 条，近洋航线 41 条，内支线 166 条。

水路运输存在的问题主要有以下几个方面。

①地质地貌环境制约港口建设。江苏沿海多为淤泥质海岸，仅连云港老窑港区附近为基岩海岸。淤泥质海岸不利于大吨位船舶的进出、停泊，因此

需要在海洋深处兴建人工岛以及配套的跨海大桥,无疑加大了建港成本。长江沿岸随着主泓道的变化,常出现江岸崩塌的险情,严重威胁着港口的生产安全。

②沿江港口建设不均衡。一方面,苏南近400 km的长江沿岸万吨级泊位超过100个,约占全省的80%,而长江北岸只有南通段码头较为集中;另一方面,沿江南岸港口虽然比较密集,但在功能上缺乏合理分工,尚未形成全力和整体优势。而江苏沿海真正开发利用并形成规模的只有连云港,大部分港口都还处于开发建设的初期阶段,沿海优势未能发挥作用。

③等级航道比例低。江苏四级以上的航道(可通行500 t船舶)仅占7%,绝大多数航道处于自然通航状态,航道设施较为陈旧,航道堵塞现象时有发生。

今后发展方向有以下两点。

①形成"两纵四横"的内河干线航道网(表2-34)。总里程约3 500 km,约占江苏省内河航道总里程的14%,其中规划三级及以上航道3 052 km,四级航道403 km,分别占干线航道网规划航道里程的88%和12%。

②加强分工,积极推进港口建设。沿海诸港中,大丰港利用该海域特有的"西洋深槽"建设深水码头,"西洋深槽"水深稳定,达15 m,等深线宽3~4 km,长55 km,并与外海深水贯通可进出$10×10^4$ t级海轮。洋口港利用蓝沙洋潮汐通道,具备建设$10×10^4$~$30×10^4$ t级深水大港的自然条件,建设各类集装箱泊位、大宗散货泊位、原油进口泊位、矿石中转泊位及LNG专用泊位等。连云港港将形成由连云港主体港区、南翼的徐圩和灌河港区、北翼的赣榆和前三岛港区共同组成的"一体两翼"总体格局,重点扩大集装箱和矿石码头的建设。沿江诸港中,重点进行苏州港太仓港区集装箱远洋干线运输体系建设,积极发展南京、镇江、南通港集装箱支线港运输,相应发展其他沿江、沿海及内河集装箱喂给港口建设。同时,加快建设南通狼山、苏州太仓、镇江大港、南京龙潭等矿石接卸码头。继续加强进口原油中转运输系统建设,继续加强煤炭运输系统建设,重点发挥南京港、徐州港煤炭码头铁水中转功能,相应建设电厂专用卸煤泊位,适度发展公用煤炭中转储备基地。

(5)民航运输

江苏省民航运输发展迅速。目前有南京禄口国际机场等7家民航机场,共开通航线191条,每周飞行2 200多个航班,航线覆盖范围不断扩大。南京禄口国际机场位于南京市江宁区禄口镇,是中国重要的干线机场,是华东地区的主要货运机场,与上海虹桥、上海浦东互为备降机场(表2-35)。

发展方向:完成"两枢纽、一大、六中"的机场布局体系。"两枢纽"是南京禄口国际机场和苏南(硕放)机场;一个大型机场是连云港(白塔埠)机场;

表 2-34 江苏省干线航道网布局规划

航道名称	航段及通航起讫点	里程/km	规划等级
两纵			
一、京杭运河 (含芒稻河、丹金溧漕河、德胜河、锡澄运河、锡溧漕河、乍嘉苏线)	1. 京杭运河	691	
	苏北:湖西航道~苏北运河~中运河	475	二级
	苏南:谏壁~鸭子坝	217	三级
	2. 芒稻河:江都邵伯~三江营	37	三级
	3. 丹金溧漕河:丹阳七里桥~溧阳	67	三级
	4. 德胜河:魏村江口~连江桥	21	三级
	5. 锡澄运河:黄田港~无锡皋桥	37	三级
	6. 锡溧漕河:宜城~洛社	55	三级
	7. 乍嘉苏线:平望~王江泾	15	四级
二、连申线 (含盐宝线、盐邵线、刘大线、兴东线、泰东线、锡十一圩线、杨林塘)	1. 连申线	558	三级
	苏北段:盐河(含新墟运河)~灌河~通榆河~射阳河~通榆河~通扬运河~如泰运河~焦港河	427	三级
	苏南段:申张线~苏中内港线	132	三级
	2. 盐宝线:宝应运河口~盐城龙岗	74	四级
	3. 盐邵线:邵伯运河口~盐城	132	三级
	4. 刘大线:串场河刘庄~王港闸	39	四级
	5. 兴东线:兴化轮船站~丁溪	43	四级
	6. 泰东线:泰州港(高港港区)~东台	83	三级
	7. 锡十一圩线:亮坝桥口~长江	62	四级
	8. 杨林塘:申张线巴城~杨林口	41	三级
四横			
一、淮河出海航道 (含盐河)	1. 淮河出海航道:洪泽湖南线~灌溉总渠~淮河入海水道~通榆河~灌河	278	三级
	2. 盐河:杨庄~武障河闸	95	三级
二、通扬线 (含姜十线)	1. 通扬线:高东线~建口线~通扬运河~通吕运河	299	三级
	2. 姜十线:新通扬运河口~十圩港口	78	四级
三、长江干线	江苏段	365	一级
四、芜申线 (含秦淮河、苏申内港线、苏申外港线、长湖申线)	1. 芜申线:芜太运河~太湖航线~太浦河	253	三级
	2. 秦淮河:入江口~杨家湾闸	93	四级
	3. 苏申内港线:瓜泾口~三江口	63	三级
	4. 苏中外港线:宝带桥~周庄	30	三级
	5. 长湖申线:南浔~平望	22	三级

资料来源:江苏干线航道网规划.2005。

表 2 - 35 江苏省民航机场基本情况

机场名称	机场性质	飞行区等级	跑道尺寸 /m	航站楼面积 /m²
南京禄口国际机场		4E	3 600×45	132 000
徐州观音机场	民用	4D	3 400×45	22 761
南通兴东机场		4C	2 400×45	5 631
连云港白塔埠机场		4D	2 500×50	5 500
常州奔牛机场	军民	4D	2 800×50	5 800
盐城南洋机场	合用	4C	2 200×45	5 627
无锡硕放机场		4D	3 200×50	52 000

资料来源：江苏省发展改革委员会，江苏省交通厅. 江苏省民航"十一五"至 2020 年发展规划.2008。

六个中型机场包括徐州观音机场、南通兴东机场、常州奔牛机场、盐城南洋机场和新建的淮安机场、苏中机场(表 2 - 36)。

表 2 - 36 江苏省民航机场规划情况

机场名称	跑道数	航站楼面积 /(10⁴ km²)	年旅客吞吐量 /(万人次)	年货邮吞吐量 /(10⁴ t)
南京禄口国际机场	4	60	7 000	220
无锡硕放机场	2	30	3 000	150
连云港白塔埠机场	1	10	1 000	30
徐州观音机场	1	8	800	15
南通兴东机场	1	8	800	25
常州奔牛机场	1	8	800	20
淮安机场	1	8	800	15
苏中机场	1	3	300	6
盐城南洋机场	1	5	500	5

资料来源：江苏省发展改革委员会，江苏省交通厅. 江苏省民航"十一五"至 2020 年发展规划. 2008。

(6)管道运输

江苏原油管道主要有鲁宁线、仪金线、仪长线和甬沪宁线(表 2 - 37)。华东原油管网就是从修建临邑至南京的鲁宁线开始筹划的，后只修建至江苏仪征，仍称鲁宁线；鲁宁管道来油直接转到仪长管道输送至长江中下游的各大石化企业。甬沪宁线为进口原油管线，构成华东管网的一大主线，并通过仪金线实现与华北管网的对接。截止到 2007 年，江苏共有输油管道里程 760 km，货运量总计 3 292×10⁴ t，货物周转量 105.751 9×10⁸ t·km。

2008 年 11 月 15 日，中国石化苏州成品管道暨苏州通桥油库投油一次成功，结束了江苏省成品油调运无管道的历史。成品油管线起点为浙江嘉兴，终点为江苏苏州。管线全长 76 km，其中苏州境内 51 km。年设计输送量为 250×10⁴ t。

表 2 - 37　江苏省主要原油管线

名称	投产时间	起终点	管径/mm	长度/km	输油能力/(10⁴ t/a)	所属石油公司
鲁宁线	1978	临邑—仪征	720	665	2 000	中石化
仪金线	2003	仪征—金陵	426	29	500	
仪长线	2006	仪征—长岭		996	2 700	中石化
甬沪宁进口原油管线	2004	宁波—上海—南京		645	2 000	中石化

资料来源：于鹏，赵媛. 我国石油管网建设的发展. 中学地理教学参考，2008，(11)。

目前，江苏省的天然气输送管线有西气东输管线和冀宁管线。西气东输管线输送能力为 120×10⁸ m³。主干管道在江苏境内经过南京、扬州、镇江、常州、无锡、苏州等市，全长 295 km。在金坛建设一个地下储气库。冀宁管线是陕京复线和西气东输管道的联络线工程，年输送能力 20×10⁸ m³。南起江苏仪征青山分输站，北连河北安平分输站，共有 1 干 9 支，干线 886 km，支干线全长 1 498 km，其中江苏境内 750 km，经扬州、淮安、宿迁和徐州四个地区。冀宁管线作为西气东输的补充，年输送能力仅 1×10⁸ m³。此外，"川气东送"管道于 2009 年向江苏供气。管道设计年输气能力 120×10⁸ m³，在江苏线路总长度约为 205 km，沿线预备分别在金坛、镇江、南京、丹阳、常州及江阴南建设分输站。

2. 零售业

江苏通江达海，土地肥沃，气候适宜，物产丰富，交通发达，自殷商以来就成为全国零售业比较发达的地区之一，形成了以扬州、镇江为中心、沿长江和运河两岸诸多城市为节点的商品销售网络。改革开放以来，随着经济高速增长，零售业和零售市场发展迅速。2007 年批发零售业社会消费品销售总额达 6 875.66 亿元，位居全国前列（图 2 - 44）。零售业已由过去的百货商店和供销社逐步向各种规模的超级市场和专卖店、网上商城转变，由过去的国有和国有控股企业为主向国有、民营、合资和外资多种形式转变。一批江苏本土品牌零售企业如苏宁电器、五星电器、宏图三胞、苏果超市等迅速崛起。

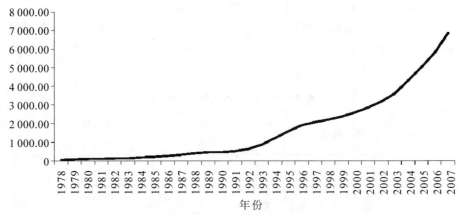

图 2-44　江苏省批发零售业社会消费品销售总额变化（单位：亿元）

（资料来源：历年江苏统计年鉴）

江苏零售业布局特点有：①苏南多苏北少。苏南业态成熟度较高，许多连锁专业店的分店大多布点在苏南，在苏北仅在地级城市才开设有分店。②城市多农村少。绝大多数城市的零售业业态以各种超级市场、专卖店为主，成熟度高。农村则存在大量集市贸易的摊点、家庭店、杂货店等，大多以个体经营为主，零售业经营分散，小型化，缺少百货店、超市等现代零售业态。③城市内部布局过密。多数城市零售业网点布局不均衡，局部地区密度过大。以南京为例，号称"中华第一商圈"的新街口商业中心，在 1 km² 的范围内，云集大小商家 1 500 余家，其中 1×10^4 m² 以上的大型零售商店 20 多家。

江苏的零售业发展应遵循以下原则：根据市场需求有选择地发展城市内的大型超市，而在城郊一些新建的大型居民小区附近开设大型超市，方便居民购物；在苏北地区、农村地域要积极发展适当规模的连锁超市，降低商品单价，提高服务质量；发展一批服装、家居等发展空间较大的专业店；及时调整转向衰退期的百货业态；发展网上商店，开拓网上零售市场。

第五节　人口与文化特征

江苏省人口稠密、文化发达。在经济社会发展的新时期，控制人口增长，提高人口素质，发扬优秀文化传统，赋予江苏文化以新内容，既是社会经济协调发展的重要保障，也是江苏实现"两个率先"，构建和谐社会的"助推器"。

一、稠密的人口

(一)人口数量

新中国成立之前江苏省一直无精确的人口统计。清乾隆六年(1741年)以前，只有"人丁"统计数字(16岁到60岁的男丁数)，无总人口统计。乾隆六年以后，才开始用"大小男女"的总人口数。例如乾隆三十二年(1841年)，江苏总人口为2 379.9万；光绪二十四年(1898年)的总人口为2 239万；宣统三年(1911年)的总人口为3 227.3万。凡此，都是根据户数估算出来的。

1949年江苏总人口3 512万人，出生率34.72‰，死亡率16.45‰，自然增长率18.27‰。五次全国人口普查数据见表2-38。2008年年末，江苏常住人口为7 676.5万，占全国总人口的5.78%，居河南、山东、四川、广东之后，排全国第五位；人口密度748人/km²，是全国平均水平的5倍多，多年来居全国首位。

表2-38 五次全国人口普查江苏省人口情况

	时间	总人口/万人	出生率/‰	死亡率/‰	自然增长率/‰
第一次全国人口普查	1953年	3 817	35.68	13.62	22.06
第二次全国人口普查	1964年	4 511.76	34.70	10.13	24.57
第三次全国人口普查	1982年	6 088.94	16.43	5.75	10.68
第四次全国人口普查	1990年	6 766.90	20.54	6.53	14.01
第五次全国人口普查	2000年	7 327.24	9.08	6.52	2.56

注：表中数据根据相关数据整理。

纵观江苏的人口发展，大致分为四个时期。

1. 第一次人口增长高峰期(1950~1958年)

这一时期是我国三年经济恢复期(1950~1952年)和第一个五年计划期(1953~1957年)。由于社会制度和生产方式的根本变革，新的生产关系的建立，以恢复和发展生产为主，工农业总产值逐年上升，人民生活得到改善，疾疫得到一定控制，加之人们传统的生育观念，人口增长速度较快。人口出生率一般在35‰左右，死亡率在11‰左右，年自然增长率平均为24‰。表现为高出生率，死亡率逐年下降以及高自然增长率的特点。

2. 人口增长低谷时期(1959~1961年)

这一时期由于经济指导方针失误和严重的自然灾害，国民经济遭到巨大损失，农业欠收，人民生活极度贫困。1960年人口出生率下降到18.56‰，而死亡率达到18.41‰，自然增长率几乎为0。加之部分人口流入外省，三年总人口共减少近 15 万人。人口增长呈现低出生率、高死亡率和低自然增长率特点。

3. 第二次人口增长高峰期(1962～1971 年)

三年自然灾害之后,经过调整,国民经济好转,工农业总产值逐年上升,人民生活水平有所改善,人口出生率迅速回升,死亡率又明显降低。1961 年出生人口为 79.95 万人,到 1965 年出生人口猛增到 168.59 万人,该年出生率增加为 36.91‰,死亡率下降至 9.48‰,自然增长率高达 27.43‰,成为新中国成立后人口自然增长率最高的一年。1966 开始的年全国性的"文化大革命",人口生育处于无政府状态,出生人口再次急剧增加,从 1966 年到 1971 年净增加人口 612.82 万人,成为第二次人口增长高峰期。

4. 人口计划生育时期(1972 年以后)

进入 20 世纪 70 年代以来,全国大力开展计划生育工作,江苏人口增长在波动中不断下降。发展过程又可以分为以下几个阶段。

1972～1980 年。由于计划生育工作的开展,人口增长呈现下降趋势:人口出生率由 1972 年的 21.93‰下降到 1980 年的 14.69‰,自然增长率也由 1972 年的 15.09‰下降到 1980 年的 8.12‰。

1981～1982 年。20 世纪 80 年代初国家颁布新婚姻法规定最低结婚年龄为男 20 周岁、女 18 周岁,随之而来的是 1980 年后早婚现象以惊人的速度迅速抬头,1982 年人口自然增长率增至 10.68‰。

1983～1985 年。人口增长又进入低谷时期,由于三年困难时期出生的人群进入婚育期,年龄结构的影响以及计划生育工作的展开,人口控制有了明显成效,其中 1984 年人口自然增长率低至 4.52‰。

1986～1990 年。江苏省进入第三次人口婚育高峰期,人口增长速度加快,连续几年保持高速增长,人口自然增长率由 1986 年的 7.40‰增至 1990 年的 14.01‰。

为控制人口高速增长的势头,20 世纪 90 年代以来,江苏省严格执行计划生育政策,人口自然增长率也呈稳步下降趋势,从 1991 年的 10.55‰降至 2005 年的 2.21‰,尤其是 2000 年以后,人口自然增长率均控制在 3‰以内,人口增长速度低于全国平均水平(图 2-45),且在全国总人口中的比重也呈下降趋势(图 2-46),江苏人口增长始终保持"低出生、低死亡、低自然增长"的现代人口再生产特征。

江苏外省流入人口保持较大增量。"十五"时期,省际净流入量累计 147 万人,年均 29.4 万人,2006 年和 2007 年分别达到 57.87 万人和 57.56 万人,占到常住人口年度增长总量的 3/4 以上。人口流动因素对人口总量增长的影

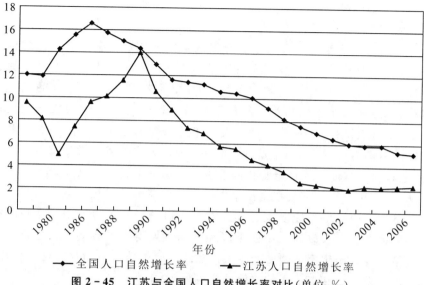

图 2-45　江苏与全国人口自然增长率对比（单位：‰）

（资料来源：江苏统计年鉴(2008)）

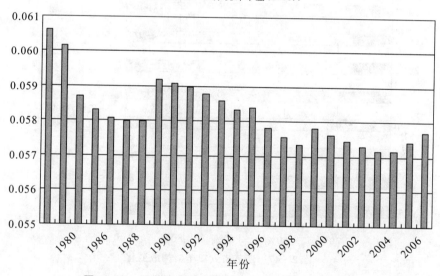

图 2-46　江苏省人口在全国总人口中所占比重变化

（资料来源：江苏统计年鉴(2008)）

响度加大。影响流动人口增长的原因主要有两方面：一是经济因素，另一是
制度因素。2003 年江苏实施户籍制度改革后，取消了农业户口和非农业户口，
人口迁移的自由度大大提高，全省许多地区放宽了外来人口户籍迁移的准入
条件，极大地吸引了其他地区人口的流入。

(二)人口结构

1.年龄构成

由于社会经济发展和人口生育政策的共同作用,江苏人口年龄结构不断优化。2000 年以来,全省少儿人口比重不断下降,老年人口和劳动适龄人口比重逐年上升。2007 年,全省常住人口中,0～14 岁的人口为 1 089 万人,占 14.28%;15～64 岁的人口为 5 658 万人,占 74.2%;65 岁及以上的人口为 866 万人,占 11.36%(图 2－47)。人口年龄结构的变化,一方面为江苏提供了丰富的劳动力资源,带来"劳动力人口增加,人口抚养系数下降"的"人口红利"现象;另一方面,人口老龄化问题也越来越突出。

从 1986 年起,江苏就在全国率先进入人口老龄化阶段,老年人口增长不仅绝对量大,而且增长速度也远远快于总人口的增长速度。引致人口老龄化产生的原因有二:人口死亡率的下降和平均预期寿命的提高,使老年人口的绝对数量增加;出生率下降使老年人口在总人口中的比重相对提高。2007 年,江苏劳动适龄人口和老年人的比例已变成了 7:1。

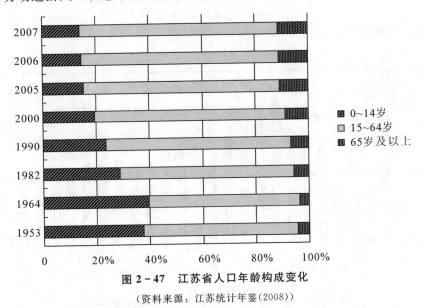

图 2－47 江苏省人口年龄构成变化

(资料来源:江苏统计年鉴(2008))

2.性别构成

人口性别构成通常用性别比即男性人口数对女性人口数之比来表示,计算每 100 名女子和与之相对应的男子数。如果性别比大于 100,表明男多女少;小于 100,表示男少女多。总人口的性别比平衡区间一般为 96～106。

新中国成立以来,江苏总人口的性别比构成变化有起伏。1953 年为

100.56，1964 年为 101.50（受三年自然灾害后第二次人口出生高峰的影响）。此后人口性别比呈缓慢上升趋势，1990 年为 103.61。2000 年第五次人口普查时，江苏人口性别比又降至 102.55，低于全国的平均值 106.74。2007 年，全省常住人口中，男性为 3 813.76 万人，女性为 3 810.74 万人，性别比为100.1，性别比相对均衡，男性略多于女性。

总人口的性别比只能反映人口总体的一般状况，还必须了解分年龄的性别比。一般来说：婴幼儿至青少年阶段男多于女；中年阶段男女大体平衡；而老年阶段则是女多于男。出生婴儿性别比由生物学因素决定，大约在 103～105 之间。第五次人口普查结果显示，江苏出生婴儿的性别比为 116.73，远高出正常值，已成为影响江苏人口安全的一个严重问题。

3. 民族构成

江苏是一个民族众多、以汉族为主的省份。据第五次人口普查统计，江苏省 55 个少数民族齐全，人口 25.99 万，占全省总人口的 0.36%。与 1990年第四次人口普查相比，少数民族人口增加了 10 万多人。在众多少数民族中，回族又占了 51.02%，次为苗族、土家族、蒙古族、满族，人数均在万人以上。其他壮族、侗族等 50 个少数民族均在万人以下，总计约 6 万人（表 2-39）。

表 2-39　江苏省主要少数民族人口及其分布（2000 年"五普"）

民族	人数/万人	占全省人数的比重/%	主要分布地区
回族	13.26	0.181 0	南京、扬州、徐州、镇江
苗族	2.22	0.030 3	南通、无锡、盐城、苏州
土家族	1.65	0.022 5	无锡、苏州、盐城
蒙古族	1.42	0.019 4	徐州、镇江、常州、扬州
满族	1.19	0.016 2	南京、徐州
侗族	0.95	0.013 0	南通、盐城、无锡
壮族	0.89	0.012 1	苏州、无锡、南京
彝族	0.82	0.011 2	徐州、宿迁

资料来源：第五次全国人口普查资料。

江苏成为多民族聚居地区有其历史背景和地理原因。随着改革开放的深入和西部大开发战略的实施，来江苏居住和经商的少数民族人口不断增多。开始主要集中在南京、苏州、无锡、常州等苏南地区，现在已向苏中、苏北地区和一些经济较发达的市（县）发展。全省拥有少数民族人口数前三位的分别是南京、扬州和徐州市。

4. 城乡构成

随着城市化水平的不断提高，江苏城镇人口数持续快速上升，2005 年，城镇人口首次超过乡村人口。2007 年常住人口中，城镇人口 4 056.23 万人，占常住人口的 53.2%；乡村人口 3 568.27 万人，占常住人口的 46.8%，与 2000 年第五次人口普查相比，城镇人口比重上升了 11.7 个百分点(表 2-40)。

表 2-40　江苏省城市、镇、乡村人口构成变化　（单位：万人）

年份	城市		镇		乡村	
	人口数	占总人口/%	人口数	占总人口/%	人口数	占总人口/%
1978	570.14	9.8	230.63	3.9	5 033.55	86.3
1980	636.41	10.7	265.37	4.5	5 036.41	84.8
1990	1 043.45	15.4	415.49	6.1	5 307.96	78.5
1995	1 331.3	18.8	597.79	8.5	5 136.93	72.7
1997	1 465.31	20.5	668.33	9.4	5 014.22	70.1
2000	1 868.45	25.5	1 172.36	16.0	4 286.43	58.5
2001	1 925.22	26.2	1 207.98	16.4	4 221.72	57.4
2002	2 021.48	27.4	1 277.81	17.3	4 081.68	55.3
2003	2 122.55	28.7	1 341.15	18.1	3 942.12	53.2
2004	2 148.59	28.9	1 432.39	19.3	3 851.52	51.8
2005	2 273.21	30.4	1 501.42	20.1	3 699.88	49.5
2006	2 359.67	31.3	1 558.52	20.6	3 631.31	48.1
2007	2 442.73	32.0	1 613.50	21.2	3 568.27	46.8

资料来源：江苏统计年鉴(2008)。

江苏人口城市化历程以 1979 年为界线，明显分为两大发展阶段：1979 年以前，一方面由于非农产业对农业劳动力吸纳能力有限；另一方面，严格的户籍管理制度隔断了城乡之间的联系，城市化发展呈现水平低、波动大、进程异常缓慢的特点。1979 年后，出现三次重要转折：第一次转折出现在 1979 年，由于计划生育政策实施，农村人口增长的规模明显减少，城镇人口增长规模首次超过乡村人口，城乡人口增长出现了互换的格局，以此为起点，江苏城市化进入稳定增长阶段。第二次转折出现在 1997 年，总人口增加 38 万，而城镇人口增加 196 万，乡村人口则减少 157 万，城镇人口增长绝对规模首次超过总人口增长，乡村人口由增长转为下降，以此为转折点，江苏城市化进入高速增长阶段。第三次转折出现在 2005 年，城镇人口的绝对数首次超过乡村人口，城镇人口比重达到 50.5％，这是江苏初步进入城市社会的重要标志和起点。

5. 文化构成

受教育程度是衡量人口素质的重要标志。近年来，江苏优先发展教育事业成效显著，人口受教育程度稳步提高。2007 年，全省人口平均受教育年限达到 8.6 年。全省每十万人拥有大学及以上受教育程度人口增加到 0.83 万人，拥有初、高中受教育程度人口分别为 3.78 万人和 1.53 万人（表 2 - 41）。2007 年，全省高等教育毛入学率达 37％，义务教育巩固率达到 98.6％，基本普及高中阶段教育，初中毕业生升学率 95.72％，小学学龄儿童入学率 99.6％。

表 2 - 41　江苏省人口文化构成　　　　　　（单位：万人）

年份	小学人数	初中		高中及中专		大学及以上	
		人数	比例（万人/十万）	人数	比例（万人/十万）	人数	比例（万人/十万）
1964	1 183.75	233.12	0.52	65.45	0.15	17.19	0.04
1980	1 973.77	1 213.39	2	422.5	0.7	38.67	0.06
1990	2 332.97	1 772.04	2.64	581.38	0.87	98.84	0.15
2000	2 401.82	2 656.23	3.64	955.34	1.31	286.26	0.39
2005	2 038.99	2 794	3.74	1 044.02	1.4	481.98	0.65
2006	2 049.25	2 861.29	3.79	1 098.99	1.46	521.45	0.69
2007	1 991.96	2 880.1	3.78	1 166.29	1.53	630.97	0.83

资料来源：历年江苏统计年鉴。

（三）人口分布

1. 人口分布特点

江苏人口分布的一大特点是平原地区多于低山丘陵地区和沿海滩涂地区，以长江三角洲的密度最大（图 2 - 48）。三角洲上的绝大多数市县人口密度都在 700 人/km² 以上，沿江的江阴、张家港、通州、海门、泰兴、靖江各市（县）的人口密度甚至达到 1 000 人/km² 以上。

从长江三角洲向西、向北，人口密度逐渐降低。位于三角洲西侧的宁镇扬低山丘陵和宜溧山地地区，除省会城市南京外，其他各市县人口密度普遍低于全省平均水平，宜兴、句容、溧水三市县低于 500 人/km²，仅及沿江各县人口密度的 1/2 甚至 1/3。

长江三角洲北侧里下河平原的兴化、宝应、建湖、阜宁各市县及黄淮黄泛平原的涟水、泗阳、沭阳、灌南、宿迁、新沂、睢宁、邳州、铜山、丰县等市县开发历史悠久，随着人民生活水平的提高，人口增长较快，人口密度亦随之增高，一般为 600～900 人/km²，是江苏人口密度的第二密集区。

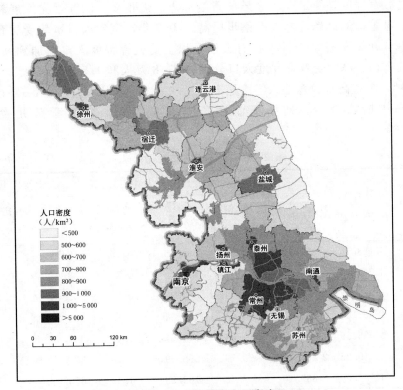

图 2-48　江苏省人口密度

（资料来源：根据江苏统计年鉴(2008)数据编绘）

　　苏北滨海平原各市县尽管随着现代经济的发展，人口增加较快，但由于是江苏开发历史最短的地区，人口密度除赣榆县为 758 人/km² 外，其余一般在 300～600 人/km² 之间，与苏南西部低山丘陵区相当。

　　苏北西部丘陵和湖泊区各县的人口密度，只有泗洪县为 367 人/km²，其余盱眙、洪泽、金湖各县在 300 人/km² 以下，是江苏人口分布的最低密集区。

　　2. 人口分布变化

　　受地区间经济和社会发展水平差异等因素影响，江苏人口增长南北差异明显，突出表现为苏南地区以流入人口为主的人口增长较快，苏中、苏北地区外出人口较多，人口总量持续减少(表 2-42)。

表 2 - 42 江苏省三大地区人口状况

地区	2000 年		2007 年	
	总人口/万人	比 例	总人口/万人	比 例
苏南	2 462.62	33.7%	2 959.80	38.8%
苏中	1 688.72	23.1%	1 621.93	21.3%
苏北	3 153.02	43.2%	3 042.77	39.9%

资料来源：江苏统计年鉴（2008）。

二、发达的文化

（一）文化基本特征

1. 丰富性

江苏文化内容多样、内涵丰富，可谓稻作文化、蚕桑文化、工艺文化、茶文化、酒文化、纺织文化、水利文化、陶瓷文化、建筑文化、商贸文化、饮食文化、戏剧文化等文化形态应有尽有，丰富多彩。

首先，江苏气候适宜水稻的栽培与种植，水稻成为这里主要的粮食作物，因此，稻作文化成为江苏农业文明的重要内容，稻作文化所引致的耕作方式、用地特点、饮食文化、水利文化等构成了江苏传统文化的底色。

其次，江苏自古就是我国重要的蚕丝产地，太湖流域一直是我国三大蚕桑基地之一，苏州、南京一度成为全国最大的丝织中心，苏绣是我国四大名绣之一。江苏悠久的蚕桑文化和发达的纺织技术对我国的服装文化和在此基础上发展起来的贸易文化都有着深远而重要的影响。

再次，多样的工艺文化。南京云锦、苏州宋锦、苏州缂丝织造技艺、香山帮传统建筑营造技艺、苏州御窑金砖制作技艺、明式家具制作技艺、民族乐器制作技艺、制扇技艺、剧装戏具制作技艺、南京金箔锻制技艺、扬州漆器髹饰技艺、宜兴紫砂陶制作技艺、常州梳篦制作技艺、镇江恒顺香酿醋技艺、雕版印刷技艺、金陵刻经印刷技艺、南通板鹞风筝制作技艺、蓝印花布印染技艺、兴化传统木船制造技艺等传统手工技艺文化深受江苏文化的影响而普遍具有细腻、典雅、柔美、脱俗等特点，在我国工艺文化中独树一帜，颇具特色。

最后，还有茶文化、商贸文化、戏剧文化等，一方面，从不同侧面展示"文化江苏"的魅力和形象；另一方面，它们相互影响，相辅相成，共同构成了色彩斑斓、绚丽多姿的江苏文化和"文化江苏"的总体形象。

2. 多元化

从时间上说，江苏是我国开发较早的地区，具有悠久的历史，江苏区域文化源远流长；从空间上来看，江苏虽然地域不大，但南北自然条件不同，文化风俗迥异，区域文化类型多元。吴越文化具有灵慧清新、细腻柔和的水的灵性，楚汉文化具有奋发向上、以英雄主义为主流的"楚汉雄风"，维扬文化兼有商儒风雅与豪迈超俊的气质，宁镇文化南北交融、文雅包容，滨海文化海纳百川、开放进取。诸多区域文化一方面不断积淀、提炼而自成一色，逐渐形成各自的基本特点和个性；另一方面又不断与周边其他特质的文化互动交融，丰富自己的内涵、亮丽自己的色泽、扩大自己的影响，最终形成江苏特色鲜明、蔚为壮观的文化景象。

3. 融合性

从宏观角度来看，中华文化以长江为界，分为南北两大文化区域，江苏处在南北文化的交汇点上，因而具有融合性特征。江苏区域文化不仅经历了由于南北人口流动形成的文化交流，而且也与周边的区域文化进行着潜移默化的交流。如吴文化与越文化的相互影响、楚汉文化与齐鲁文化的隶属关系、徽州文化对维扬文化的影响等。

4. 互补性

江苏区域文化具有鲜明的互补性。这种互补性以苏南的吴越文化和苏北的楚汉文化互补最为明显。吴越文化是江苏文化体系中层次最丰富、结构最复杂的一种地域文化，其核心是水文化，而苏北的楚汉文化以气势宏伟的英雄文化为核心，刚毅尚武，质朴仁厚，江苏南北文化的互补，以楚汉文化的英雄主义增加吴越文化的气魄和胆略，以吴文化的聪慧细腻增加汉文化的灵活机智，二者的有机结合，最终使江苏文化情水交融、刚柔相济、完美无瑕。

(二)学术文化

江苏钟灵毓秀，文化昌明，学术文化或融会集成，或独辟蹊径。历史上孙武所著《孙子兵法》被视作兵家圣典，葛洪在炼丹中积累了中国原始化学知识，顾炎武开治学"经世致用"之风，赵翼开史学考证先河，沈括《梦溪笔谈》定"中国科学史的坐标"，《徐霞客游记》开创实地考察自然的新路，编辑《海国图志》的魏源是近代"睁眼看世界的第一人"。近现代有"中国化学之父"徐寿、自学成才而享誉世界的数学家华罗庚、树"古史辨派"大旗的顾颉刚、还有茅以升、钱伟长、周培源等杰出的科学家、技术家、发明家、思想家、文史书画巨匠、表演艺术名家等，学术名人辈出，灿若繁星。所取得的巅峰成就也甚是引人瞩目，仅以文学为例，自古便诗词歌赋、小说剧作佳篇不断，传诵不衰。中国古典文学四大名著中的《水浒传》《西游记》皆问世于江苏，《红楼梦》也与江苏有深刻渊源；以江苏为发源地之一的白蛇传、梁祝、董永和七仙女等民间传说传遍大江南北；吴歌作为长篇叙事山歌纠正了汉族除《木兰辞》《孔雀东南飞》之外没有长篇叙事诗的说法，在我国诗歌史上开一代诗风。

江苏之所以学术发达，与本地民智发扬、讲求实学，重视教育的文化传统紧密相连。社会风气普遍尊师重教，崇师好学，截至 2007 年年底，江苏拥有两院院士 88 人，居全国第三位；无论是普通高等学校数量、专任教师数量还是在校大学生数量均列全国第一位，也是中国第一个实现高等教育由精英教育向大众化教育转变的省份。

（三）艺术文化

江苏艺术文化包罗书法、绘画、音乐、舞蹈、戏曲、工艺、建筑、园林等许多方面，源远流长，蔚为壮观。缤纷多彩、璀璨夺目的艺术成就鲜明地体现了江苏文化积极开拓、善于进取的精神。

1. 书画艺术

江苏地杰人灵，人文荟萃，无论是历史还是当代，云集了众多书画艺术大家，取得了斐然的艺术成就。

江苏书法艺术的文化传统形成于六朝时期，旺盛顽强的艺术创造力和突破力，使得江苏书法在各个时代以自己独特的个性表现出江苏文化的特性，也反映了那个时代的文化精神。陆机、王羲之、王献之、陶弘景、张旭、李邕、宋克等是江苏书坛先驱；明清之际，名家辈出，风格流派不断兴起，书体异常丰富；绵延至现代当代，胡小石、高二适、林散之、萧娴等也是各有千秋、名震书坛的大家。

江苏的绘画艺术在魏晋时期趋于成熟，出现了中国绘画史上第一批有确实历史记载的画家，有尊为"佛画之祖"的东吴画家曹不兴，东晋和南朝时的顾恺之、陆探微、张僧繇、顾景秀等，此后出现了山水画家张璪、董源、巨然，人物画家周文矩、顾闳中，花鸟画家徐熙，至明代吴门画派成为中国画坛最活跃的一支主力军，影响深远，极盛期有一百年左右，知名画家五六十人。吴门画派的领袖沈周同他的学生文徵明、唐寅、仇英，合称"吴门四家"或"明四家"。清代出现的吴中"四王"、虞山派、娄东派、"金陵八家"、"扬州八怪"等人共同把江苏绘画艺术推向了新的高峰。近现代江苏画坛的杰出代表徐悲鸿、傅抱石、刘海粟的绘画艺术不仅代表了江苏而且是中国绘画的最高成就，赋予了崭新的中国绘画美学特征。

2. 建筑与工艺

江苏历史悠久，古迹遍布大江南北。全国 99 座历史文化名城中，江苏有南京、苏州、扬州、徐州、镇江、淮安、常熟 7 座。连云港锦屏山将军崖岩画被称为"我国最早的一部天书";孔望山东汉摩崖造像,比敦煌石窟还早一二百年,有"九州第一窟"之誉。武进春秋淹城是我国目前保存的最古老、最完整的地面建筑遗址。徐州汉画像石,南京、丹阳帝王墓前留下的六朝石刻,是中国古代雕刻艺术的瑰宝。徐州狮子山发现的西汉兵马俑被考古学界称为第三大奇迹。南京明城墙是世界上最长的城墙,利用河川湖泊,造就山水城林、虎踞龙盘的形势。苏州老城有2 500余年历史,以独特的双棋盘式布局,构成水网城市体系。江南民居傍河而建,随势而筑,临水而居,显现出前街后河,小桥流水人家的风姿。建筑物色彩多为白墙灰瓦,与山明水秀的自然环境调和形成秀丽淡雅的色调,建筑与山水、路桥、名胜、古迹有机地连为一体。

江苏的园林建筑多为规模不大的私家园林,园内叠山理水,花木自然,建筑小巧玲珑,整体秀丽清雅,取意诗画,含蓄不尽,是自然的艺术展现,"虽由人作,宛自天开"。江苏园林在中国古典园林中占有极重要地位,是江南园林的精华所在,其中苏州的拙政园、留园、网师园、沧浪亭闻名遐迩,盛名远播,与无锡寄畅园、南京瞻园、扬州个园等共同作为我国园林建筑的奇葩,不仅在建筑设计上巧夺天工,而且是我国古代士大夫文化的一种折射,集中体现出江苏文化秀美淡雅,妩媚含蓄的独有风貌。

江苏境内的工艺美术品种繁多,成就极高,蜚声海内外。著名的有精细雅洁的苏州刺绣、艳丽古雅的苏州宋锦、富丽辉煌的南京云锦、秀丽传神的无锡泥人、细腻工整的苏州桃花坞木版年画、生动优美的金陵剪纸、典雅精巧的扬州漆器、晶莹剔透的苏(州)扬(州)玉雕、方寸见万象的扬(州)泰(州)盆景、独具匠心的宜兴陶瓷等,无不技艺精湛,精美绝伦,堪称是中华民族文化宝库中的精品。

3. 音乐与戏曲

江苏是戏曲大省,有20多个颇具特色的地方戏剧,著名的有昆曲、苏剧、锡剧、扬剧、淮剧、淮海戏、南京白局、童子戏、徐州梆子等。被称为"百戏之祖"的昆曲是中国最古老的剧种之一,已有五百余年的历史,对京剧和许多地方剧种产生过较大的影响,是世界"人类口头和非物质遗产"代表作。昆曲有一套完整的表演体系和独特声腔系统,它的剧目丰富,曲调清新婉转,表演优美动人。

古琴艺术是继昆曲之后被列入"人类口头与非物质遗产"的第二个中国文化门类。由于不同地域风土和人的气质的差别,形成了多个古琴演奏的流派。早在唐代,吴派古琴就自成一体,被形容为"吴声清婉,若长江广流,绵延徐逝,有国土之风"。明清时期,江苏古琴艺术则以虞山琴派、广陵琴派、金陵琴派、梅庵琴派等多种流派而名闻天下。

另外，苏州评弹、扬州评话、扬州清曲等民间曲艺艺术，江南丝竹、苏州玄妙观道教音乐、海州五大宫调、高邮民歌、海门山歌、常州吟诵调等民间音乐都是独具江苏地方色彩的传统音乐。

（四）民俗文化

民俗或调剂生活、或健体益智、或欢度节庆、或祈年求福，异彩纷呈，绚丽多姿。江苏大江南北自然条件、人文环境各异，生活习俗在世代传承中形成了不同的地方特色。除东部沿海渔民、盐民的特殊风俗之外，江苏民俗主要可分作南北二系：南部为太湖流域的吴俗区；北部以淮河为界，北岸为徐俗区，南岸为淮俗区；在长江两岸，还有一个过渡地带。在祭祀、月令、婚嫁习俗等很多方面一般同中有异，具有南繁北简的特点。

1. 喜庆习俗

江苏各地十分重视人生的寿诞、婚嫁、节庆等的庆贺祈福，习俗烦琐，礼仪周全，一定程度上反映出本地社会经济和文化基础雄厚的特征。各类喜庆民俗有鲜明的地区特点，以传统节日为例，苏北麦产区的节庆糕点多为麦饼和饺子，南部稻产区的节庆糕点多为米糕和汤圆。除夕晚餐各地叫法也不同，一般叫年夜饭或团圆饭，扬州叫分岁饭，苏州叫合家欢。正月十五元宵灯会，江苏的里巷街市彩灯遍悬，南京的"夹纱灯"、苏北的"麦秸灯"、扬州的"琉璃灯"、苏州的"罗帛灯"、"万眼罗灯"、丹阳的"料丝灯"、苏锡常的"跑马灯"，都有各自的特色。特别是金陵灯会更为出名，初八上灯，十八落灯，前后历时10余天，届时老少看灯，摩肩接踵，共同祈求风调雨顺、家庭美满和天下太平，被誉为"秦淮灯火（彩）甲天下"。苏南等水乡，江河纵横交错，因而在端午节甚至其他节日，盛行赛龙舟、画舫荡船等风俗。而在拥有巍峨明城墙的南京，每年正月十六这一天南京人都要爬城头登城览胜，俗话叫"走百病、踏太平"。其他知名的喜庆民俗还有三月三踏青挑荠、立夏尝新、七七乞巧、重阳登高、腊八食粥、苏州寒山寺新年撞钟、四月十四轧神仙、中秋节石湖串月、扬州五月十八都天会、常熟花担、高淳跳"五猖"、溱潼会船节、徐州伏羊节等。

2. 衣食住娱习俗

江苏太湖地区历来是丝绸之乡，曾经"家家养蚕，户户刺绣"，孕育了悠久的蚕桑文化和高品位的服饰审美品格。时至今日，一些民间服饰仍不失故我，保持着本地区的审美追求。在苏州角直、胜浦、唯亭、陈墓、周庄一带的农村，水乡妇女梳愿摄头、扎包头巾，穿拼接衫、拼裆裤、束偏裙、裹卷膀、着绣花鞋，颇具江南水乡特色，故有"苏州少数民族"美称。水乡妇女的服饰随着年岁的大小有不同的要求，青年妇女以花俏为主，精致地利用服饰上的有限空间，巧妙地运用色彩对比、衬托、交错的手法，达到显眼、花俏的艺术效果，恰到好处地突出了水乡妇女的人体美和装饰美，给人轻盈洒脱之感。而中、老年妇女则以深色调为主，服饰庄重、稳定，舒展宽大，给人古朴持重之感。水乡妇女服饰既端庄美观，又因便于水乡劳作而具有较高的实用价值，已作为我国第一批国家级非物质文化遗产得到保护。此外，江苏还是蓝印花布的发源地，印花技艺由苏州、南通为中心传遍了江苏各地，并影响到全国，被称为"苏印"。

江苏自然条件优越，农产品丰富，加之江苏人民兼收并蓄，大胆创新，创造出了精美典雅的饮食文化。江苏人的主食向以大米、小麦面粉为主，配以其他杂粮。苏南、苏中等稻作地区以大米为主食，辅以面食和杂粮。如扬州人常谓"粥饭长年不厌，面食三顿不香"；而徐州、连云港等旱作地区则以面食、杂粮为主，较少食米。随着生产的发展和人民生活水平的改善，苏南、苏中小麦面粉的消费量逐渐增加，苏北以大米为主食的人也愈益增加，杂粮因其平衡膳食的作用也日益受到人们的重视。苏南人还喜食黏性大的糯米，端午时节包粽子，重阳节做重阳糕、元宵节做汤圆，春节期间饮糯米酒、平时做糯米糍饭、膨化米花。江苏菜肴大致可分为淮扬（扬州、淮安）、宁镇（南京、镇江）、苏锡（苏州、无锡）、徐海（徐州、连云港）四种各具特色的风味。其中，扬州等地的菜系称为"维扬菜系"，为我国四大著名菜系之一，常被当作江苏菜的代称。江苏菜的主要特点是：选料严谨，注重鲜活；讲究刀工、擅长刀技；善用火候，造型优美；原汁原味，重视调汤。代表菜肴有：三套鸭、清炖狮子头、大煮干丝、叫花鸡、松鼠鳜鱼、清蒸鲥鱼、炒软兜、霸王别姬、羊方藏鱼等。江苏面点小吃品种多样，有金陵名点、苏州糕点、扬州点心、淮安茶馓、黄桥烧饼、芝麻酥糖、溧阳乌饭等。人们常根据季节变化制作时令小吃。江苏人饮食习俗还有很多规制，如红白喜事要办酒席、冬九时节习惯进补、认为吃啥补啥等。若干食物通过谐音、象形、会意的手法还具有象征意义，如苏州人看望重病人不送苹果，因为苹果在苏州话里的发音类似"病故"；藕在大多数水乡被认为有节节通之吉祥意；韭菜、泥鳅分别寓意发达兴旺和灵活等。

江苏城市居处早具规模，房屋位置因地制宜。乡村大都沿河湾内侧、河流入湖入海或二河交汇处，以及山腰、山崖、山麓聚族而居。房屋的方向讲究坐北朝南，略偏西 $2°\sim10°$，谓之太平向，只有寺庙庵观衙署才能正南北向。旧时，城镇的巨富豪绅都营建深宅大院，以备数世同堂居处，可以从前巷直通后巷。最具特色的是水乡民居粉墙黛瓦，枕河而建，形成"轿从前门进，船从家中过"的奇特景象。农村在解放前最普遍的形式为四合舍，三间五架，东西厢房，中为堂屋。苏锡常等地住宅既有通风阴凉、高大宽敞、古朴典雅的生活用房，又有蚕室、猪舍、水中竹楼等从事副业生产的用房，民宅周围种植果树林木，不远处的河道则是养鱼的场所，体现了水乡的民宅特色。

江苏人的休闲娱乐活动同样内容丰富。例如，苏州的五月端午活动最早可追溯到对春秋时期伍子胥的纪念，后逐渐演化成苏州一年一度的盛大狂欢节，内容丰富，全民参与，久盛不衰，形成了一整套与当地自然条件、生产生活、经济特征和文化发展状况相对应的端午民俗活动。这些活动分为四大类，第一类是龙舟表演的大型活动；第二类活动主要表现苏州人适应自然、改善生活的智慧，如采草药、挂艾叶、挂菖蒲等；第三类活动展现苏州悠久的丝织文化和特有的服饰文化，如佩百索等；第四类活动包粽子、吃端午饭是其核心内容，极富江南特色。其他如南京抖空竹、苏州摇快船、南通放风筝、扬州木偶、金坛抬阁、建湖杂技、邳州跑竹马等民俗文体活动也是闻名全国。

江苏人的休闲娱乐还很重视人与人之间的交往，他们把社交活动看成是"做人"的重要内容，十分讲究礼尚往来。以"泡浴室"为例，这种习俗以南京人为先，是近代宁、苏、锡、常、镇、扬一带都市人的主要社交方式之一。"泡"字形象地反映了洗浴为次，而谈生意、会朋友、聊天为主的社交方式。扬州、苏州等地还有"早上皮包水（上茶馆），晚上水包皮（泡浴室）"之说。随着家庭住宅洗澡间的发展，"泡浴室"的交往功能似乎已被宴请或喝茶所替代了。

江苏文化以"水文化"为典型特征，在自强、灵秀、包容、守规中表现出的是典型的人文关照精神。江苏人有着悠久的崇尚创新、勤勉创业的历史传统，追求一流、敢于并善于争优保先始终是江苏的优良传统。新时期创业、创新、创优的江苏精神将逐渐凝聚成为江苏地域文化的核心内涵。

第三章　地理区划

章前语

　　江苏省地处我国中部，濒临黄海，平原辽阔，水网纵横，气候与植被等具有鲜明的过渡性。自然地理环境主要受纬度地带性影响，经度地带性和非地带性因素亦表现出一定的地区性差异，形成了较为复杂的综合自然地理差异。江苏历史悠久，具有文化的多元性与丰富性，由北向南、自西向东的楚汉文化、维扬文化、滨海文化、金陵文化和吴文化各具特色。在自然、人文地理差异的格局下，江苏省区域发展水平也呈现南北分化格局。根据"经济发展差异主导、兼顾自然和人文地理差异"等原则，可将江苏省划分为苏南、苏中和苏北三大综合地理区。

关键词

　　自然地理差异；人文地理差异；区域发展差异；地理区划

第一节　自然地理差异

　　江苏省位于中纬度滨海地区，南北最大直线距离超过 460 km，由北而南，分跨暖温带、北亚热带和中亚热带，呈现出南北过渡的递变规律；东西间最大直线距离不超过 320 km，加之以平原为主，少数低山丘陵较为集中地分布在西南和东北，海洋调节作用可以遍及全省。因此，江苏省自然地理环境主要受纬度地带性影响，由此引起的气候、植被、土壤等南北间差异较显著；此外，在距海远近和地表结构的影响下，经度地带性主导下的水分条件和地貌、水文主导下的非地带性因素亦表现出一定的地区性差异，形成了较为复杂的综合自然地理差异。

一、南北过渡特征显著

　　秦岭、淮河一线横穿江苏中部。秦岭、淮河是我国重要的南、北地理分界线，是亚热带与温带、湿润地区与半湿润地区、常绿阔叶林与落叶阔叶林、农业上的水田与旱地等的分界线，因此，江苏省总体上具有明显的南北过渡特征。

1. 气候的纬度地带性变化

江苏具有从我国南方的热带、亚热带气候向北方的暖温带、温带气候过渡的特征。一般而言，以位于北纬34°左右的淮河—洪泽湖南岸—苏北灌溉总渠一线为界，以南的广大地区属于亚热带气候，最冷月平均气温在0℃以上；以北的徐淮地区属于暖温带气候，最冷月平均气温已在0℃以下。

具体而言，苏北灌溉总渠以南至北纬31°15′的宜溧山地北麓，属北亚热带季风气候，最冷月平均气温3℃以下，而整个宜溧山地则属于中亚热带季风气候，最冷月平均气温3℃以上。由于北亚热带气候区在江苏省境内所跨纬度达2°5′，跨幅较大，故而南北之间的差异依然较大，因而在北亚热带季风气候带内，以通扬运河—东串场河一线为界，以北为北亚热带温和亚带季风气候区，最冷月平均气温1～1.5℃，以南的沿江和苏南地区属于北亚热带温暖亚带季风气候区，最冷月平均气温1.5～3℃。

此外，纬度差异所导致的夏季风强弱及其持续期长短的不同，致使江苏各地年降水量的多寡和季节分配上亦出现明显差异，从而形成了全省各地年降水量由东南沿海向西北内陆递减的变化规律性。

2. 植被分布的纬度地带性变化

江苏省南北过渡的气候递变规律，表现在自然植被类型的地理分布上也具有相应的明显差异。一般而言，在苏北灌溉总渠以北的广大地区，属于与暖温带季风气候相适应的落叶阔叶林类型；由此向南，逐渐递变为与北亚热带季风气候相适应的落叶阔叶林与常绿落叶混交林类型；到最南部的宜溧山地，再递变为与中亚热带季风气候相适应的常绿阔叶林类型。

需要指出的是，植被类型的纬度地带性变化与气候类型的变化一样，都是逐渐递变的，在暖温带落叶阔叶林中，也混有少量常绿阔叶树种，如女贞、石楠、黄杨等亚热带树种；在中亚热带常绿落叶林中，也含有相当数量的落叶阔叶乔木和落叶阔叶灌丛；特别是北亚热带落叶阔叶与常绿阔叶混交林的过渡特征最为明显，混交林中所含常绿阔叶乔木和灌丛的数量由北而南逐渐增加，生态环境由北而南逐渐变好，而相应地，落叶阔叶树种数量则依次减少。

3. 土壤分布的纬度地带性变化

江苏省地势低平，气候和自然植被成为土壤形成和发育的主导因素，致使气候、自然植被和土壤在发生和分布上都有很大的一致性。

在暖温带落叶阔叶林植被下的土壤为棕壤和淋溶褐土，在北亚热带落叶阔叶与常绿阔叶混交林植被下为黄棕壤，在中亚热带常绿阔叶林植被下则为黄壤。

二、局部存在东西过渡特征

1. 气候带的经度地带性变化

在江苏北部的暖温带季风气候带中，西部徐州地区比较深入内陆，海洋调节作用已不如同带东部的连云港地区显著。大致以京杭大运河为界，以东的新沂、东海、赣榆和连云港市等地，饱受海洋调节，年降水量大都在 950 mm 以上，干燥度小于 1.00，属湿润气候；以西的徐州地区，降水量大都小于 950 mm，少于沿海，干燥度普遍在 1.00 以上，属半湿润气候。

同样，在北亚热带季风气候带中，由于距海远近不同也引起气温变化和降水量多寡出现差异。大致以北起赣榆、东海二县界上的石梁河水库，向南经东海、沭阳、涟水、阜宁、兴化、泰州、泰兴、武进、常州等市（县）境，折而西南，再经金坛西境而达于溧阳县和高淳县分界处一线为界，以东地区，濒临黄海，深受海洋调节，各月气温，特别是夏季各月气温，均低于同纬度距海较远的分界线以西各地的气温，而月降水量和年降水总量则均较同纬度以西各地为多，年干燥度值在 0.90 以上，因而属于湿润亚地区；以西地区，受海洋影响程度略有降低，年干燥度值小于 0.90，属于次湿润亚地区。

2. 植被分布的经度地带性变化

在整个暖温带，在海陆气候条件影响下，植被类型也呈现出明显的东西差异，可以京杭大运河之中运河为界分为东部暖温带湿润条件下的落叶阔叶林和西部暖温带半湿润气候下的半旱生落叶阔叶林两个类型。中运河以东地区，林中树种丰富，林木茂盛，林下灌木丛和草本植被发育，植被类型属典型的以栎类占优势的暖温带落叶阔叶林类型，其间有大面积分布的赤松；中运河以西地区，树种贫乏，林木稀疏，林下灌木丛和草本植被部不发育，其植被类型相应地具有半干旱特征，为典型的落叶阔叶林，一般称为暖温带半旱生落叶阔叶林。

3. 土壤分布的经度地带性变化

在水分条件和植被类型的经度地带性变化制约下，江苏省土壤的经度地带性变化集中体现在暖温带棕壤和淋溶褐土的递变上。棕壤分布在新沂、东海、赣榆和连云港市一带，在暖温带湿润气候条件和落叶阔叶林作用下，土壤的矿物质风化和有机物分解强烈，淋溶作用显著，由片岩和片麻岩风化物为成土母质发育而成；淋溶褐土主要分布在沂、沭河以西和以南的徐州、淮阴两地区的西部，在半湿润气候条件和半旱生落叶阔叶林作用下，淋溶作用依然相当显著，主要以石灰岩风化物和黄土为成土母质发育而成。

三、局地非地带性差异共存

除了地带性差异外，江苏境内还存在一些地貌、水文等因素作用下的局地非地带性自然地理区。

例如，在东部滨海平原，由于海水浸渍，从北到南形成了宽窄不一的盐土区，广泛分布着盐生植被类型；在太湖平原和里下河平原以及其他沿湖、沿江低地，地下水位较高，经常受到河水、湖水侵浸，普遍发生沼泽化过程，广泛形成湿生和水生植被，发育为沼泽土；在黄淮平原地势相对低洼的地方，由于地下水水位较高或地下水中富含盐分，加之蒸发旺盛，往往形成花碱土；在微地貌相对高起、不受或少受洪水泛滥影响的冲击平原，如长江三角洲的南北沙嘴上，往往形成草甸植被和草甸土；上述各类非地带性植被、土壤，除滨海盐生植物和盐土区呈条带状分布外，多穿插分布于上述地带性地理区之中。

此外，在北亚热带气候区中，以 10 m 等高线为界，东部主属平原，西部主属低山丘陵和岗地，东西间的地表水、地下水和植被、土壤分布也有所不同。一般而言，西部地表水源不足、地下水埋深都在 3 m 以上，地带性植被和土壤分布广泛；而东部平原区，地势在 10 m 至 5 m 以下，河网稠密、湖泊众多，地下水埋深小于 1 m，自然植被和土壤受非地带性因素影响显著，大都是草甸植被和草甸土、湿生植被和沼泽土、盐生植被和盐土分布区。

四、综合自然地理界线明显

自然地理各组成要素之间存在密切的有机联系，且在不同地区，这种有机联系所表现的程度、形式和特性亦各不相同，因而，不同的地域形成不同类型的自然综合体。按照这些自然综合体的内部相似性和外部差异性，可以划分自然地理区的理论边界。

根据江苏省气候、植被和土壤等要素的有机组合关系的纬度地带性差异，可以获得三条一级综合自然地理界线，将全省从北至南分为四个自然地带。

（1）淮河—苏北灌溉总渠一线，是"暖温带落叶阔叶林—棕壤和淋溶褐土地带"与"北亚热带温和亚带落叶阔叶林—黄棕壤地带"的分界。

（2）通扬运河—东串场河一线，是"北亚热带温和亚带落叶阔叶林—黄棕壤地带"与"北亚热带温暖亚带落叶阔叶和常绿阔叶混交林—黄棕壤地带"的分界。

（3）宜溧山地北麓线，是"北亚热带温暖亚带落叶阔叶和常绿阔叶混交林—黄棕壤地带"与"中亚热带常绿阔叶林—黄壤地带"的分界。

根据植被、土壤等要素有机组合关系的经度地带性和非地带性差异，可以获得两条江苏省二级综合自然地理界线，分别将一级综合自然地带二分为自然地区。

（1）中运河一线，是"暖温带落叶阔叶林—棕壤和淋溶褐土地带"中，"暖温带东部落叶阔叶林—棕壤地区"和"暖温带西部半干旱生落叶阔叶林—淋溶褐土地带"的分界。

（2）10 m 等高线，是"北亚热带温和亚带落叶阔叶林—黄棕壤地带"中，"北亚热带温和亚带东部江淮平原地区"和"北亚热带温和亚带西部盱眙丘陵岗地地区"的分界，以及"北亚热带温暖亚带落叶阔叶和常绿阔叶混交林—黄棕壤地带"中，"北亚热带温暖亚带长江三角洲地区"和"北亚热带温暖亚带西部低山丘陵地区"的分界。

第二节　人文地理差异

江苏省历史悠久，在长期的社会经济发展中，由于不同的自然环境与发展条件，以及北方战乱造成的大规模移民活动，地域文化呈现出多元性特征，突出体现为以方言为代表的文化类型的地域差异，自北而南依次为中原官话区、江淮官话区和吴方言区，呈现出较为明显的南北地带性差异。

一、中原官话区

中原官话区大体包括徐州全部、宿迁市区以及连云港的赣榆和东海，大致为淮沭河—新沂河一线以北地区，并在一定程度上体现了县级行政区的完整性。全区均位于暖温带落叶阔叶林—棕壤和淋溶褐土自然带的黄淮平原，属于北方农业文明，具有典型的北方文化特征。

本区的中原官话又称徐淮方言，在语音上与普通话颇为接近，其语音特点包括都有儿化以及上声都是一个曲折调等，最能反映中原文化的影响，与当地楚汉文化的形成历史有关。

本区最初为东夷部落的聚居地，后炎黄部族据有中原地区，东夷部族南迁，于江汉之地长期与"三苗"土著人杂处，至周成王时，始设楚蛮之地，进而成为春秋一霸，其文化中糅合了东方文化之末流和荆蛮文化之余绪，其后向南、东、西扩张，其中一支回归至本区，在秦汉之际，上承"炎黄文化"优良传统，秉持本土文化的淳厚优势，融合先秦黄河、长江两大"楚文化"精髓，逐渐成长起来本地的"楚汉文化"，是"两汉文化"的先声，其地域性文化标志突出地表现为以项羽建立西楚上国和刘邦建立西汉帝国所体现的英雄主义为主流的"楚汉雄风"。

二、江淮官话区

江淮官话区大体包括淮安、扬州、盐城三市全部，宿迁的沭阳、泗阳、泗洪，连云港市区、灌云和灌南，南京、镇江、泰州三市的大部，以及南通市区、如皋和海安，总体上位于淮河和长江之间，部分市县的行政界线跨越淮河或长江。全区大部分地区位于北亚热带落叶阔叶林与常绿落叶混交林类型—黄棕壤自然带，淮河—苏北灌溉总渠以北地区位于暖温带落叶阔叶林—棕壤和淋溶褐土自然带，地域范围内包括江淮平原、沿江平原和宁镇山脉的全部以及滨海平原大部等，区内分属北方农业文明、南方水乡农业文明、南方低山丘陵和河谷农业文明以及海洋文明，因而具有介于南方文化和北方文化之间的过渡特征。

江淮官话的形成亦体现了受中原文化影响的烙印，主要与六朝时期中原连年战乱、大量中原人士迁徙至此有关，随着中原移民而来的是来自于当时政治、经济和文化中心的正统中原文化，中原移民的生活习惯直接影响了本区的老百姓，原来操吴语的居民逐渐开始学北方人说话，从而在江淮之间产生了一种新生的"半调子"官话，即江淮官话，具有典型的南北过渡特征。

具体而言，由于地理环境和生产条件等的不同，江淮官话区又可大致以"通扬运河—东串场河一线"和"十米等高线"划分为"维扬文化区""宁镇文化区""滨海文化区"和中原过渡文化区。

1. 维扬文化区

维扬文化是以享有"淮左名都"之称的扬州和泰州为中心的区域文化，维扬地区河多水多，船多桥多，呈现出"古、文、水、绿、秀"的地域风貌，又在南北文化交流中形成了清新优雅与豪迈超佚相结合的文化特征。

2. 宁镇文化区

宁镇文化又称金陵文化，以今南京、镇江为中心地带，以北阴阳营文化（属新石器文化）、湖熟文化（属早期青铜文化）等为源头，以长江南岸的宁镇山脉等为地理背景，以三国时孙吴政权先建都京口（镇江）后移都建业（南京）为发展契机。在本区文化中，庙堂文化与市井文化、农耕文化与商业文化、雅文化与俗文化等长期并存发展，其主流文化特征是"愿乘长风破万里浪"的进取精神、争胜意识和爱国主义。

3. 滨海文化区

滨海文化属于典型的海洋文化,历史上江苏省海岸线的变迁相当大,海岸不断向外延伸,自1194年黄河夺淮入海后,江苏海岸又向外延伸50~70 km,加之长江泥沙冲击,促使江中沙洲发育和江岸边滩拓展,出现了连云港、灌云、响水、滨海、射阳、大丰、东台和启东等滨海地区,因而滨海文化是江苏境内发祥较晚的文明。

江苏境内有超过1 000 km的海岸线,拥有广阔的海涂资源,历史上海洋盐业、海洋捕鱼、海上漕运乃至远洋航海等相对比较发达,为"海上丝绸之路"的开通与拓展作出了贡献,也为江苏传统的海洋文化奠定了物质基础。因此,本区的文化特质是充满着年轻活力,较多地体现了海洋文化的眼界开阔、思维敏捷和心理开放。

4. 中原过渡文化区

江淮官话区中的宿迁之沭阳、泗阳、泗洪以及淮安全境,在地理环境、生产方式、方言语音以及文化特征上更接近于中原官话区的"楚汉文明",体现了文化的过渡特征。

三、吴方言区

吴方言区大体包括苏州、无锡和常州全部,南通的启东、海门和通州大部、如东小部,南京的高淳,镇江的丹阳以及泰州的靖江。本区的西部、南部位于中亚热带常绿阔叶林—黄壤自然带,东北部仍位于北亚热带落叶阔叶林与常绿落叶混交林类型—黄棕壤自然带,区内包括宜溧山地和长江三角洲平原,具有典型的南方"鱼米之乡"和南方低山丘陵农业发展背景下的南方文化特征。

吴方言起源于春秋战国时代,当时江南一带为吴、越领地,民间通行百越语,后吴越为楚国所灭,被列入三楚之一的"东楚"内,楚人给吴越地区带来了华夏语基础,因而当地的百越语在古汉语的不断冲击下逐渐形成古吴语;今天的吴方言保留了更多的古音因素,语音和北方官话差别大,词汇和语法独特,而吴语强迫式的在句子中连读变调的发音特征是其与官话的显著差别所在。

具体而言,根据内部的地理环境和生产方式的差异,西以宜溧山地北麓一线为界、东以长江为界,吴方言区又可大致分为典型的"吴越文化区"和其他过渡文化区。

1. 吴越文化区

吴越文化区以现今紧靠太湖的苏、锡、常地区为中心地带,以太湖中三山遗址等旧石器文化为源头，以"太伯奔吴"与当地土著荆蛮族相结合为发展契机，自春秋时吴国建都姑苏时基本定型。从一定的意义上来说，吴越文化是水文化，具有清新的水的气息，柔美的水的风格，鲜活的水的灵性，形成了聪颖灵慧、细腻柔和而又视野开阔、乐于创新的文化特征。

2. 过渡文化区

吴方言区中的南京高淳和镇江丹阳在政治、经济发展上更多地与"宁镇文化区"相联系，因为文化上具有"宁镇文化"和"吴越文化"的过渡与交融特征；泰州的靖江处于长江以北，在行政区划上属于泰州，因而政治、经济发展上也与"维扬文化区"保持密切关系，属于"维扬文化"和"吴越文化"的过渡文化；南通的启东、海门和通州、如东处于长江以北、江海交汇处，兼具江淮间海洋文化及江南吴越文化的融合特征。

四、南北文化递变特征明显

综上所述，江苏省地域文化的南北、东西界线与自然地理地带和地区的界线基本吻合，表明自然地理环境及由相应的生产条件、生产方式所决定的经济基础是区域文化形成的根本背景；同时，江苏地域文化在南北、东西分类之间存在一定的过渡地带，没有明显的界限，体现出江苏地域文化由北而南，受中原文化的影响逐渐减小，反映出江苏地域文化的交融性。

根据文化现象形式和特性的内部相似性与外部差异性，可以将江苏地域文化划分为以下9种类型。

(1)中原官话—楚汉文化区：包括徐州全部、宿迁市区以及连云港的赣榆和东海。

(2)江淮官话—楚汉文化区：包括宿迁的沭阳、泗阳、泗洪以及淮安全境。

(3)江淮官话—维扬文化区：包括扬州和泰州的大部。

(4)江淮官话—宁镇文化区：包括南京大部和镇江大部。

(5)江淮官话—滨海文化区：包括连云港市区、灌云和灌南，盐城以及南通市区、如皋和海安。

(6)吴方言—维扬文化区：包括泰州的靖江。

(7)吴方言—宁镇文化区：包括南京高淳和镇江丹阳。

(8)吴方言—滨海文化区：包括南通的启东、海门和通州、如东。

(9)吴方言—吴越文化区：包括苏州、无锡和常州全部。

第三节　区域发展差异

江苏省"南北大分异、东西小分异"的自然地理和人文地理格局，在一定程度上促成或反映出区域发展差异亦呈南北、东西分化格局，突出地表现在三次产业发展格局和总体经济水平的地域差异上。

一、农业发展的地域差异

（一）五大农业区

受地带性自然地理差异及局部地形地貌条件的影响，江苏农业生产可以划分为徐淮农业区、里下河农业区、沿海农业区、长江三角洲农业区和宁镇扬农业区等。

1. 徐淮农业区

徐淮农业区位于淮河—苏北灌溉总渠以北，土地总面积约 34 500 km²，是全省面积最大、人口最多的农业区。全区属于暖温带季风气候，水热资源可以满足旱作两年三熟或水旱轮作一年两熟作物生长的需要，是全省小麦、大豆、玉米、高粱、甘薯、花生、芝麻、烟、麻等作物的主要产区；区内平原广阔、土层深厚，连片集中，适宜大面积机械化作业；低山丘陵面积占有一定比率，适宜林、牧、副等多种经营的发展；境内有洪泽湖、骆马湖、石梁河水库等大型水面，且又东临黄海，有漫长的海岸线和优良港口——连云港，淡水和海洋渔业得到一定的发展。

2. 里下河农业区

里下河农业区介于江淮之间，北起淮河—苏北灌溉总渠一线，南到新通扬运河，东到串场河，西止仪、六、浦、胎丘陵的东缘，土地总面积约 16 700 km²。本区全境位于北亚热带温和亚带中，水热条件比徐淮农业区优越，已适宜三麦及晚熟中稻一年两熟制轮作；全区大部分地区地势低平，水网稠密、湖荡交错，是江苏省著名的水乡之一，水生生物资源丰富。

3. 沿海农业区

沿海农业区位于黄海之滨，西界串场河、东串场河和青龙港，北起苏北灌溉总渠，南止长江口，土地面积约 10 900 km²。本区全属北亚热带温和亚带落叶阔叶林—黄棕壤自然带的滨海平原，土壤普遍含盐，因而积极发展以粮、棉、耐碱作物、绿肥间作套种的耕作制度，不断改良土壤结构、提高土壤肥力，精耕细作，夏秋并重、水旱并重，是江苏最大的棉花生产基地；本区沿海有吕泗、琼港等渔业基地，海洋水产业比较发达；其他多种经营，如家畜养殖业和蚕桑养殖业，都有较好的基础，在全省占有重要地位；此外，本区开发历史较迟、海岸不断向外推进，荒滩、荒地等后备农业土地资源潜力最大。

4. 长江三角洲农业区

长江三角洲农业区位于镇江、扬州以东的长江冲积大三角洲平原上，其范围大致北起新通扬运河和东串场河，南抵杭州湾，西以 10 m 等高线与江苏西南的低山丘陵为界，东止海滨，总面积约 20 000 km²。根据区内自然地带的分界线，又可分为沿江农业区和太湖农业区两个亚区。

(1) 沿江农业区

沿江农业区位于长江下游河口段，地跨长江南北两岸，北岸以新通扬运河、东串场河和青龙港为界，还包括位于江心的扬中以及南岸的张家港以北沙洲、常熟和太仓等沿江一带，土地面积(含长江水面)约 10 700 km²，是全省面积最小、人口密度最高的一个农业区。本区全属北亚热带温暖亚带落叶阔叶和常绿阔叶混交林—黄棕壤自然带，地势平坦，水热条件较好，是江苏省农业开发较早的区域之一，普遍实行粮食、经济作物和绿肥水旱轮作的一年两熟或两年五熟制，是江苏重要的经济作物区；区内畜牧业发达，产量在全省占有较高比重；淡水捕捞也很发达。

(2) 太湖农业区

太湖农业区位于本省南部，北邻沿江农业区，西以 10 m 等高线与宁镇扬农业区为界，土地面积为 14 800 km²。太湖农业区是长江三角洲平原的一个组成部分，地势低平，河网稠密、湖荡众多，少数低山丘陵错落于平原和水网之间，是江苏著名的"鱼米之乡"。本区基本属于中亚热带常绿阔叶林—黄壤自然带，区内水热资源丰富，有利于发展一年两熟制冬小麦、晚稻或一年三熟制双季稻的种植，也是江苏省最适宜发展蚕桑和亚热带经济林木的地区，牲畜养殖和淡水渔业等多种经营的发展在全省的地位也较为重要。

5. 宁镇扬农业区

宁镇扬农业区大致以 10 m 等高线与太湖、里下河和沿江等农业区为界，包括北起盱眙、南抵宜溧山地间的全部低山丘陵岗地和平原，地貌类型多样、自然条件复杂，土地总面积约 14 500 km²。本区地跨北亚热带温和亚带落叶阔叶林—黄棕壤自然带和北亚热带温暖亚带落叶阔叶和常绿阔叶混交林—黄棕壤自然带。区内农作物品种繁多，以麦类和水稻为主，玉米、豆类、棉花、甘薯、油菜等经济作物亦占有一定比重；林业基础较好，毛竹以及茶叶、蚕桑等经济林比重高；此外，本区的畜牧业发展潜力亦较大。

(二)五大农业区发展差异

江苏省农业生产的地域差异界线与江苏省的南北地带性自然地理差异界线及由地貌环境主导的东西非地带性自然地理差异界线基本吻合。

在农业生产效益方面,长江三角洲农业区的农业生产集约化程度最高,宁镇扬农业区和里下河农业区次之,徐淮地区则较低,呈现由南而北递减态势,而同一自然带内,内陆地区的生产效益相对高于东部滨海地区的生产效益。

各农业区的农业生产总值呈现南北高、中部低的分布态势(表3-1),其中徐淮农业区农业生产规模最大、长江三角洲农业区的农业综合生产效益最高;而从农业生产总值占地区生产总值的比重来看,大致以通扬运河—东串场河一线为界呈现"北高南低"的分布态势,其中分界线以北地区的农业生产又呈现向东南部的里下河农业区和滨海农业区倾斜的态势,由此表明江苏南部的长江三角洲和宁镇扬地区已由传统精耕细作的农业区转型为二、三产业主导的经济区,而中东部的里下河平原、滨海平原以及北部的徐淮平原仍是江苏以农业发展为基本特征的经济区。

表3-1 江苏省各农业区农业生产总值占GDP比重(2008年)

(按一产比重降序排列)

农业区	GDP/(亿元)	第一产业生产总值/(亿元)	一产比重
里下河农业区	2 670.13	464.34	17.39%
滨海农业区	1 238.11	208.75	16.86%
徐淮农业区	6 529.56	1 083.48	16.59%
宁镇扬农业区	8 000.98	356.38	4.45%
长江三角洲农业区	21 189.60	809.41	3.82%

资料来源:根据江苏统计年鉴(2009)计算。

二、工业发展的地域差异

江苏省工业发展总体上呈现由北而南递增的分布态势,而北部的徐州工业总产值及其比重相应高于北部其他地级市(表3-2)。

工业生产受中心城市的辐射吸引作用要强于农业生产,因而在一定程度上受地级行政区划完整性的影响,因此,以苏锡常地区(苏州、无锡和常州)、扬泰地区(扬州和泰州)、宁镇地区(南京和镇江)、滨海地区(盐城和南通)以

表 3 - 2　江苏省各地级市工业生产总值及其占 GDP 比重(2008 年)

位序	地级市	工业总产值/(亿元)	位序	地级市	工业比重
1	苏州市	7 014.09	1	苏州市	59.04%
2	无锡市	3 646.01	2	无锡市	55.67%
3	南通市	2 093.86	3	镇江市	47.46%
4	南京市	1 719.50	4	常州市	41.91%
5	常州市	1 481.73	5	扬州市	53.20%
6	徐州市	1 311.08	6	泰州市	43.39%
7	扬州市	1 238.14	7	南通市	50.32%
8	泰州市	1 220.97	8	徐州市	49.59%
9	镇江市	1 212.56	9	南京市	55.45%
10	盐城市	1 151.68	10	盐城市	41.58%
11	淮安市	519.84	11	淮安市	40.71%
12	连云港市	445.45	12	连云港市	37.38%
13	宿迁市	396.63	13	宿迁市	36.74%

资料来源:根据江苏统计年鉴(2009)计算。

及徐淮地区(包括徐州、连云港、宿迁和淮安)为单元分析江苏工业发展差异,可以发现,江苏工业发展总体上呈现南高北低、中部崛起的态势(表 3 - 3)。其中,长江以南地区为东高西低;长江以北、淮河以南地区,由陆向海降低;而淮河以北的徐淮地区,呈北高南低和由陆向海降低的态势,但临近扬泰、宁镇地区的淮安市,工业比重又有所提高。由此可见,苏锡常地区是江苏经济发展的中心,沿江的扬泰地区、宁镇地区是江苏经济开发的重点区位,而淮河以北地区和沿海地区则需要加快产业结构升级的步伐。

表 3 - 3　江苏省工业发展的地域差异(2008 年)

地区	GDP /(亿元)	工业总产值 /(亿元)	工业占 GDP 比重 /%	重工业占工业比重 /%	高技术产业占工比重(规模以上工业)/%
苏锡常地区	21 214.76	12 141.83	57.23	70.59	28.63
扬泰地区	4 922.55	2 459.11	49.96	67.14	25.05
宁镇地区	6 289.42	2 932.06	46.62	80.46	30.33
滨海地区	7 181.87	3 245.54	45.19	52.84	15.01
徐淮地区	6 569.30	2 673.00	40.69	63.00	9.75

资料来源:根据江苏统计年鉴(2009)计算。

1. 苏锡常地区工业结构特征

苏锡常地区是江苏省重要的重工业和高技术产业中心，其重工业比重和高技术产业分列江苏省第二位。其中，苏州市以机电、通信设备、计算机及其他电子设备制造业为主导产业；无锡市形成精密机械及汽车配套业、电子信息及高档家电业、精细化工及生物医药业、特色冶金及金属制品业、高档纺织及服装加工业等支柱产业群；常州市以农机制造业、输变电设备制造业、汽车及配件制造业、新型纺织服装业四大支柱产业为龙头，带动电子信息、新型材料工业、生物医药及精细化工三大新兴产业的发展，着力打造先进制造业基地。

2. 宁镇地区工业结构特征

宁镇地区是江苏省重工业比重和高技术产业比重最高的地区。其中，南京市已形成以电子、石化、钢铁、汽车为四大支柱产业的工业结构，并逐步开拓新能源、新材料、生物医药、新型光电等新兴产业领域，是宁镇地区重工业和高技术产业的发展极核；镇江亦已形成机械、化工、造纸三大主导产业，交通设备、电力、食品、电子信息、新型材料等五大特色产业，其中重工业和高技术产业亦占有较高比重。

3. 扬泰地区工业结构特征

扬泰地区的重工业比重和高技术产业比重分居全省第三位，略低于苏锡常地区。其中，扬州市的石油化工、机电装备、交通运输装备三大主导产业不断壮大，以太阳能光伏、LED、碳纤维为代表的新能源、新光源、新材料三大新兴产业加快发展，纺织服装、食品、工艺玩具等传统产业亦具有显著的发展实力和特色；泰州市形成了以机电、化工、医药、造船、新材料等为主体的支柱行业，并涌现出一批大型企业集团。

4. 滨海地区工业结构特征

滨海地区的重工业比重居全省末位，高技术产业比重也显著低于宁镇地区、苏锡常地区和扬泰地区，其工业发展以特色轻工业和高技术轻工业著称。其中，南通是中国近代民族工业发祥地之一，经过百余年的发展，形成了以轻纺为主体，机械、电子信息、精细化工、医药、建材、电力、船舶修造、冶金等多门类相配套的现代工业体系；盐城亦已进入工业化中期发展阶段，汽车、纺织、机械、能源、轻工等产业已形成一定的规模和实力。

5. 徐淮地区工业结构特征

徐淮地区的重工业比重略低于扬泰地区，而高技术产业比重则为全省最低，是一个重工业中心与轻工业中心并存、传统工业不断创新发展、产业技术水平逐步提高的地区。其中，徐州是徐淮地区的重工业中心，煤炭及其他矿产资源开采业、电力生产与供应业是全市的传统支柱产业，工程机械及特种车辆制造亦已成为全市工业经济发展的主导产业，食品、纺织、板材家具等传统优势产业规模和层次不断提升，煤化工、盐化工和光伏光电等新兴高技术产业蓬勃兴起；连云港市是徐淮地区新兴的中小型特色高技术产业发展极，除了农副食品加工业、化学原料及化学制品制造业、医药制造业、非金属矿物制品业和电力等五大传统支柱行业继续保持重要地位之外，新医药、新材料、新能源产业也逐渐显露出较为明显的优势；宿迁和淮安是江苏省以农副产品加工为特色的传统轻工业发展地区，宿迁市的六大支柱产业分别是轻工食品、纺织服装、木材加工、建材玻璃、化工医药和金属加工，其产业结构具有典型的传统轻工特色，淮安市亦初步形成化学、机械、纺织、冶金、烟草五大支柱行业，既体现了传统轻工特色，又逐步与扬泰地区和宁镇地区的产业结构对接。

三、第三产业发展的地域差异

第三产业的规模和比重在一定程度上可以反映地区产业结构的发展水平。江苏省各地级市的第三产业发展规模及其发展比重均呈现南高、中低、北部分化的分布态势（表3-4）。

表3-4　江苏省各地级市第三产业发展差异（2008年）

位序	地级市	第三产业产值/（亿元）	位序	地级市	第三产业比重
1	镇江市	4 326.49	1	南京市	48.48%
2	无锡市	2 603.69	2	无锡市	39.75%
3	南京市	1 988.92	3	常州市	37.74%
4	徐州市	1 511.12	4	苏州市	36.42%
5	常州市	1 076.76	5	镇江市	36.11%
6	苏州市	1 051.21	6	徐州市	35.64%
7	南通市	933.36	7	泰州市	34.41%
8	盐城市	847.22	8	连云港市	34.28%
9	淮安市	829.24	9	南通市	34.25%
10	扬州市	789.66	10	淮安市	33.93%
11	连云港市	433.31	11	扬州市	33.70%
12	泰州市	408.41	12	盐城市	33.70%
13	宿迁市	351.03	13	宿迁市	32.52%

资料来源：根据江苏统计年鉴（2009）计算。

苏锡常地区和宁镇地区是江苏省第三产业发展的区域中心，其第三产业在区内各地级市经济发展中的比重也较高，表明上述两地区已进入重工业化后期，区域产业结构升级已初现端倪；位于江苏中部的扬泰地区和滨海地区，与苏锡常和宁镇地区相比，无论是第三产业的发展规模还是其所占的比重都相对较低，与其由传统农业地区逐步工业化的进程相吻合；江苏北部的徐淮地区中，徐州市的第三产业产值及其比重紧随苏锡常和宁镇地区之后，但连云港、宿迁和淮安的第三产业发展却位于全省后位，与扬泰地区和滨海地区的整体水平相当，其中宿迁市的第三产业产值和比重是全省第三产业发展的最低点。

四、总体经济水平呈现三大地域分化

综合各地级市三次产业的发展情况，江苏省总体经济发展水平呈现"三大中心控制下的南北分化"格局。三大中心分别为苏锡常经济中心、南京经济中心和徐州经济中心，三大中心分别控制着江苏省的东南区、西南区和北部地区，三大中心之间的广大地区总体经济水平相对较低，表现为一定的发展腹地特征。

苏锡常经济中心是一个经济一体化程度较高的地区，然其内部的发展水平亦呈现自东而西递减的层次性，突出地反映了该地区作为上海的辐射区，在经济发展上呼应上海、错位竞争的发展格局，呈现出以上海为辐射中心、经济辐射能呈同心圆状距离衰减的特征。

南京经济中心是江苏省西南部的石化、钢铁、运输设备和电力发展中心，对扬州、泰州、镇江乃至淮南南部地区的经济发展均具有较强的组织和辐射引导作用。

徐州是江苏北部最大的经济发展中心，既具有地区特色的重化工业结构和较为发达的现代服务业，同时又与连云港具有港城"双核"发展关系，与宿迁和淮安北部地区具有一定的产业结构互补关系，从而在江苏北部区域的发展中表现出一定的主导作用。

第四节　地理区划

地理区划是从区域角度来观察和研究地域综合体，探讨区域单元的形成发展、分异组合、划分合并和相互联系，是对过程和类型综合研究的概括与总结。

一、综合自然地理区划

综合自然地理区划是在研究自然地理分异规律的基础上，探讨自然地理环境及其组成成分的特征、变化和分布规律，以认识各自然地理区的形成过程和规律、分析各自然地理区为区域生产发展提供的自然条件和自然资源及其利用方向为主要目的。

1. 区划原则

(1)地带性与非地带性相结合原则

地带性与非地带性规律是基本的地域分异规律，综合自然区划的各级单位都是地带性因素与非地带性因素相互作用的统一体，以地带性因素为宏观自然带划分依据、以非地带性因素为局部自然区划分依据，将二者有机结合，是进行综合自然地理区划的重要原则。

(2)综合性与主导因素相结合原则

在进行综合自然地理区划时，必须全面考虑构成自然综合体的各组成成分和其本身综合特征的区内相似性和区外差别性，并通过分析各自然因素之间的因果关系来找出起主导作用的因素，作为划分综合自然区域的主要依据。

(3)区域共轭性原则

综合自然区划所划分出来的自然区域必须具有个体性、空间上连续完整，不可能存在着彼此分离的部分。

2. 江苏省综合自然地理区划方案

依据江苏省自然地理分异的地带性和非地带性界线，以及综合自然地理区划原则，江苏省由北至南可以划分为四个自然地带、七个自然地区(图3-1)。

Ⅰ暖温带落叶阔叶林——棕壤和淋溶褐土地带

ⅠA暖温带东部落叶阔叶林——棕壤地区

ⅠB暖温带西部半旱生落叶阔叶林——淋溶褐土地带

Ⅱ北亚热带温和亚带落叶阔叶林——黄棕壤地带

ⅡA北亚热带温和亚带东部江淮平原地区

ⅡB北亚热带温和亚带西部盱眙丘陵岗地地区

Ⅲ北亚热带温暖亚带落叶阔叶和常绿阔叶混交林——黄棕壤地带

ⅢA北亚热带温暖亚带长江三角洲地区

ⅢB北亚热带温暖亚带西部低山丘陵地区

Ⅳ中亚热带常绿阔叶林——黄壤地带

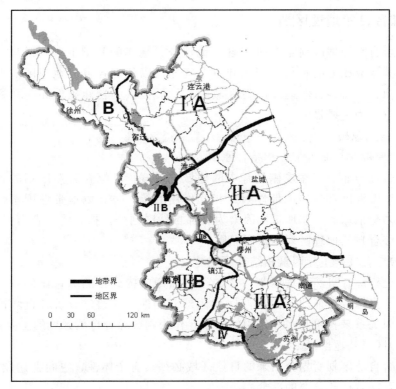

图 3-1　江苏省综合自然地理区划①

二、综合地理区划

综合地理区划是把握区域发展特征、地域优势与发展方向，充分合理地利用区域自然、人文发展条件，制定和实施社会经济发展战略的重要科学基础，提高区域发展效果的重要途径。

1. 区划原则

(1)经济发展差异主导、兼顾自然和人文地理差异原则

即以区域经济发展差异作为综合地理区划的主要依据，同时能够体现区域自然和人文地理现象的宏观地域分异界线。

(2)区内发展的有机整体性原则

即同一区划单元内各区域的发展要具有成因一致性和发展性质的共同性、整体性，即各区域的发生统一性，并且，各区域的社会经济发展之间要具有

---

① 改绘自：单树模，王庭槐，金其铭. 江苏省地理. 江苏教育出版社，1986。

有机联系，能够共同构成一个具有一定结构关系的发展共同体。

（3）人均资源的分配公平性原则

即各区划单元之间，人均资源量、特别是人均土地面积的配置要相对公平，从而有利于各规划区在发展中的资源条件和省级财政支持方面相对平等。

（4）行政区划的相对完整性原则

即综合地理区划单元的边界原则上要与行政单元的界限相吻合，有利于区内发展规划的统一制定并保证统一实施，也有利于区内各项社会经济指标的统计和比较。

2. 江苏省综合地理区划方案

根据江苏省内的自然地理差异、人文地理差异和区域发展差异，以及综合地理区划原则，江苏省可划分为三大地理区，分别为苏南区、苏中区和苏北区。其中，苏南区包括南京、镇江、苏州、无锡和常州；苏中区包括扬州、泰州和南通；苏北区包括徐州、连云港、宿迁、淮安和盐城（图3-2）。

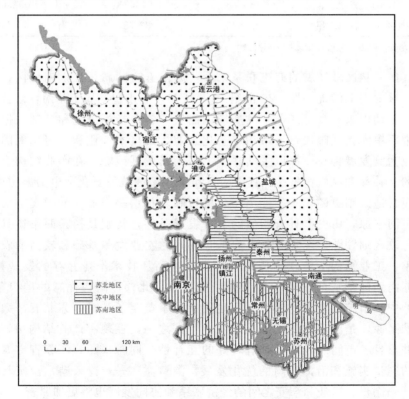

图3-2 江苏省综合地理区划

几点说明:

首先,江苏省区域发展差异具有显著的南北分化特征,特别是总体发展水平上(表3-5)。同时,江苏省的综合自然地理差异和人文地理差异均表现为显著的南北地带性差异,而且淮河—苏北灌溉总渠一线以及通扬运河—东串场河一线是二者的共同地理界线,由此将江苏省分为南、北、中三大地带,能够较好地反映省内的区域发展的阶梯性差异。

表3-5　江苏省三大区域总体经济发展水平差异(2008年)

指标	苏南	苏中	苏北
地区生产总值/(亿元)	18 506.16	5 477.62	5 931.61
第一产业	384.26	425.65	883.69
第二产业	10 638.02	3 137.24	2 953.83
工业	9 843.71	2 701.70	2 484.64
第三产业	7 483.88	1 914.73	2 094.09
人均地区生产总值/元	61 823	33 735	19 555

资料来源:根据江苏统计年鉴(2009)计算。

其次,从区域发展的有机联系来看,苏南五市同属长江以南地区,自古就有区域发展上的统一性。20世纪50年代初,五市曾同属于苏南行政公署的管辖,长期以来一直是江苏省发展规划制定、各项指标分配和基础数据统计等的常用单元。现阶段,五市均以重化工业、高技术产业和一定比例的现代服务业为其发展特征,都以主动呼应上海为其发展战略,在产业结构上具有一定的互补性和错位竞争性,其中南京和镇江是区域的石化和电力能源中心,而苏锡常地区则更侧重于发展电子、机械和新材料等产业。苏中三市大部位于里下河平原,历史上具有相似的经济发展条件,特别是扬泰两市还具有深厚的行政区划渊源,现阶段三市均具有较好的农业发展基础和较高的农业发展比重,工业结构上体现了传统特色产业与高新技术产业并存的发展特征,并与苏南地区形成较为密切的工业经济联系,此外,南通优越的港口条件,也为苏中三市结成紧密的港口—腹地发展关系奠定了基础。苏北五市大部位于黄淮平原,是江苏省传统的重要农业产区之一,在现有产业结构中,轻重工业并重且各市间产业结构具有较好的互补性,同时,随着江苏省沿海开发战略的逐步实施和沿海港口的优化发展,港口城市——连云港、盐城与腹地城市——徐州、宿迁和淮安之间的经济联系和协同发展也将更加紧密。

再次,苏南、苏中、苏北的人均土地面积均约100 m²/人,表明三大区域的人均资源配置和财政支持力度相对公平,其发展条件也相对平等(表3-6)。

表 3 − 6　江苏省三大区域人均土地面积(2008 年)

		土地面积/km²	年末户籍人口/(万人)
	合计	28 089	2 345.92
苏南	南京	6 582	624.46
	镇江	3 847	268.77
	无锡	4 788	464.20
	常州	4 385	358.74
	苏州	8 488	629.75
苏中	合计	20 432	1 724.40
	南通	8 001	763.72
	扬州	6 634	459.79
	泰州	5 797	500.89
苏北	合计	54 357	3 318.31
	徐州	11 258	946.86
	连云港	7 500	488.25
	淮安	10 072	536.91
	盐城	16 972	811.71
	宿迁	8 555	534.58

资料来源：根据江苏统计年鉴(2009)计算。

最后，三大区的划分既考虑到区内的自然地理条件，也考虑到人文地理特点的相关性，同时还考虑到行政区的划分，一般不打破行政区划的界线。其原因是：①行政区的界线一般具有一定的历史延续性，在人们的心目中已得到承认。②国家管理都是按照行政区域进行的，如《森林法》《草原法》《矿产资源法》《土地管理法》《民族区域自治法》等都是按照行政区域来实施的。③各项统计资料都是按照行政区为单位进行统计的，在这种资料分析基础上的区域划分，不可能摆脱行政区域的框架。④江苏以平原为主，除长江以外，地理区域一般缺少比较鲜明的自然界线，使得区划界线基本都遵从行政区划界线。

第二篇　分　论

第四章　苏南地区

章前语

苏南地区凭借优越的地理位置、发达的交通条件和良好的经济基础，改革开放以来得到较快发展，一方面工业化程度加快，目前已处于工业化中后期阶段，县域经济和外向型经济发达；另一方面随着城市化进程的加快，大城市带已初步形成。但苏南的发展也面临着农田生态支持系统薄弱、能源与资源消耗大、环境污染严重等问题，且尚未形成经济一体化的发展格局，现有体制和政策存在一定的障碍。苏南的发展过程中，外商投资起到积极的作用。外商投资不仅是苏南地区经济发展的重要资金来源，也促进了苏南地区产业升级。经过 30 年的改革开放，苏南正由农民依靠自己的力量发展乡镇企业，形成以集体经济为主，乡镇政府主导乡镇企业发展的传统"苏南模式"，演化为在经济全球化背景下，以工业园区和开发区为载体，工业化与城市化互动，外资与民资并举，富民与强市兼顾的"新苏南模式"。

关键词

工业化；城市化；外向型；苏南模式；新苏南模式

第一节　地区发展概况

苏南地区原指由位于江苏省长江以南的苏州、无锡、常州 3 个地级市及所辖昆山、常熟、张家港、太仓、吴江、江阴、宜兴、金坛、溧阳 9 个县级市所组成的特定区域。"十五"以后，苏南地区的范围除原来的苏锡常外，也将南京、镇江以及所辖高淳、溧水、扬中、丹阳、句容等县市全部纳入。

苏南是江苏最发达的地区。改革开放以来，在原有基础上，进一步抓住国际产业加速转移的机遇，坚持走新型工业化道路，加快经济结构调整和增长方式转变，在综合实力、对外开放、产业规模、统筹发展等方面形成了更为明显的竞争优势，对全省经济社会发展作出巨大贡献，在国内外产生了较大影响。2007年，苏南以占全国0.29%的土地面积和1.76%的人口，创造了6.38%的生产总值，人均GDP达到54 952元。县域经济领跑全国，经济社会协调发展，苏南地区已走出一条独具特色的发展道路。

一、地区发展条件

(一)优越的地理位置

主要表现为：一是地处我国东部沿海开放前沿地带、西太平洋航线要冲，与日、韩、美、澳及东南亚各国联系便捷，有利于参与国际经济大循环。二是地处沿海和长江两大国家级生产布局轴线的交会处，通过长江沟通资源丰富、经济发达的整个长江流域。三是靠近中国最大的工商业城市上海，区内有南京、镇江、苏州、无锡、常州等大城市，为区域发展提供技术、人才、信息、资金等方面的支持和协作。

(二)便捷发达的交通

苏南地区滨江临海，区内水网密布，黄金水道长江航运干线从北缘横贯东西，京杭大运河纵贯南北，并有以太湖为中心的湖泊群，加上锡澄运河等，江河湖海相互沟通，构成四通八达的水运航道网，为早期城镇的发展提供了方便的运输条件。另外，境内沿江岸线资源较为丰富，各地级市及滨江县级市都有对外开放港口。区内有南京禄口国际机场和无锡苏南国际机场。

陆路交通也非常便捷，区内主要交通干线有沪宁铁路、沪宁高速公路、沿江高速公路、宁杭高速公路、扬溧高速公路、苏嘉杭高速公路、锡澄高速公路，以及312国道、204国道、318国道、328国道等。南京长江大桥(含二桥、三桥)、江阴长江大桥、苏通长江大桥的建成，极大地方便了苏南与苏中、苏北的联系。并与现有的省道、县乡道一起，共同组成了四通八达的陆上交通运输网。正在建设和即将建设的还有南京长江四桥、泰州长江大桥、沪宁高速铁路、城际轨道交通等重大基础设施，不仅可使苏南地区更为紧密地连为一体，也可进一步强化与区外的联系。

(三)良好的发展基础

江苏农业最早开拓的地区是苏南的太湖平原。在奴隶社会末期，江苏南部农业生产就有一定规模，历史记载殷末周族太伯、仲雍来到江南，建立吴国，筑城于无锡梅里，周围三里余，"外郭三百余里，人民皆耕田其中"，太伯还在无锡东南开挖太伯渎(今伯渎港)，促使太湖地区农业进一步发展。苏南在漫长的封建社会里是著名的"鱼米之乡"。《清朝续文献通考》引陈斌《沟洫论》中描述："苏湖之民，善于水田，春豆夏麦，秋收禾稻，中年之岁，亩得三石，石一百斤。"江苏的工业也在苏南起步。鸦片战争以前，江苏的纺织、丝绸、陶瓷、食品、工艺品等手工业已较发达，苏州、南京等地已经出现了萌芽状态的资本主义生产关系。清同治元年（1862 年）洋务派核心人物李鸿章在苏州创办洋炮局，清同治四年迁至江宁（今南京）成立金陵制造局，生产大炮和弹药。清光绪二十三年（1897 年），清代状元国子监祭酒陆润庠用公款在苏州兴办苏纶纱厂；同年，长芦盐运史杨宗濂等在无锡兴办业勤纱厂。新中国成立后，特别是改革开放以来，苏南更是快速发展，已具有雄厚的经济实力和发展基础，为进一步发展提供了相对充足的资金和技术实力（表 4 - 1）。另外，本区具有丰厚的文化底蕴和在全国都具有突出优势的各类教育资源，还是全国提供较为丰富公共产品资源的代表性地区之一，人口素质较高，对区外人口也有较大的吸引力。这些都成为本区持续发展的重要支撑性条件。

表 4 - 1　苏南地区主要经济指标（2007 年）　　　　（单位：亿元）

	苏南	南京	无锡	常州	苏州	镇江
地区国内生产总值（GDP）	15 931.09	3 283.73	3 858.54	1 881.28	5 700.85	1 206.69
财政总收入	2 766.21	628.53	595.43	292.61	1 101.92	147.72
居民储蓄存款	7 866.92	1 951.16	1 701.13	1 092.14	2 593.41	529.08
城镇固定资产投资额	5 441.03	1 443.4	1 180.74	748.89	1 704.27	363.73
新增固定资产	3 377.19	893.71	866.69	534.48	802.60	279.71

资料来源：江苏统计年鉴（2008）。

二、地区发展特点

（一）工业化程度高

苏南是我国乡镇企业的发源地。乡镇企业起步于 20 世纪 70 年代，崛起于 80 年代，提高于 90 年代。我国加入 WTO 以后，发达国家制造业加快向我国东南沿海和沿江开发地带转移，外商投资重点逐渐由珠三角向长三角转移，苏南又是国际产业巨头投资江苏的首选地。这些都推动着苏南地区的工业化进程。

钱纳里按人均 GDP 水平将经济发展分为准工业化阶段、工业化实现阶段和后工业化阶段，其中工业化实现阶段又可细分为工业化初级阶段、工业化中级阶段和工业化高级阶段。根据《江苏统计年鉴》数据，以当年汇率计折合成美元，苏南地区总体上处于工业化中级阶段向高级阶段的过渡时期；分城市看，苏州、无锡两市已率先进入工业化高级阶段，南京、常州、镇江三市处于工业化中级阶段(表4-2)。

表4-2 以人均GDP衡量的苏南产业发展阶段(2007年)

	苏南	南京	苏州	无锡	常州	镇江
人均GDP/元	55 744	46 933	78 946	67 458	44 548	40 836
人均GDP/美元	7 411	6 240	10 496	8 969	5 923	5 429
所处发展阶段	工业化高级阶段	工业化中级阶段	工业化高级阶段	工业化高级阶段	工业化中级阶段	工业化中级阶段

资料来源:江苏统计年鉴(2008)。

目前苏南地区第一产业产值比重为2.2%,低于10%,第二产业比重为58.6%,近年来一直维持在60%左右的水平,按照产业结构的判断标准,苏南地区开始进入到工业化的后期阶段。分城市看,五市第一产业比重均低于10%,除南京外,其他四市第二产业比重均远高于第三产业比重(图4-1)。

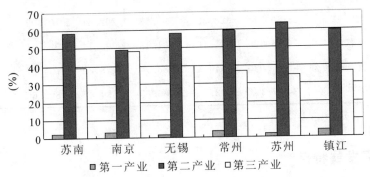

图4-1 苏南各市三次产业比重(2007年)
(资料来源:江苏统计年鉴(2008))

(二)农业基础较好

苏南地区地处中纬度地带,属于北亚热带季风气候,温暖湿润,四季分明。良好的水热条件与肥沃的土地资源相结合,有利于农业的发展,苏南早已成为著名的"鱼米之乡"。雄厚的农业基础为城镇的早期发展奠定了良好的基础。农业劳动生产率和生产水平的提高,使土地资源的人口承载能力不断提高,也为非农产业的发展提供了必要的基础。

改革开放以来,苏南地区由于非农产业的发展,大量耕地转为非农建设用地,江苏省商品粮基地逐步由苏南向苏中、苏北转移,但苏南地区的农业生产水平仍高于全省平均水平。快速的工业化进程虽然使农业在苏南地区的地位逐渐下降，但农业生产仍保持着精耕细作的传统，单产水平依然非常高（表4-3）。

表4-3　江苏省分区水稻生产基本情况（2008年）

	全省	苏北	苏中	苏南
面积/（万亩）	3 348.8	1 801.2	883.9	667.8
总产/（10⁴ t）	1 868.6	991.7	503.9	373.0
单产/（kg·亩⁻¹）	557.3	550.6	570.1	558.6

数据来源：根据江苏省农业厅公布的2008年江苏省各市稻谷面积与产量数据整理。

（三）大城市带特征明显

改革开放以来，在工业化的推动下，苏南地区城市化迅猛发展，城市化率以年均超过1个百分点的速度增长，尤其近10年来，城市化率年平均增长在1.5%～2%，苏南地区的城市化率已超过60%。城镇空间规模不断扩大，特别是五个中心城市以及部分中小城市，如昆山、张家港、常熟、江阴等。乡镇企业的迅速崛起成为乡村经济的主体，劳动力非农化快速推进，也促进了小城镇的大量涌现。中心城市及其间的小城镇已经呈现出初步的连片化发展趋势，形成较为明显的产业、人口密集分布地带。在江苏的三大都市圈中，苏南地区拥有两个。

南京大都市圈，以南京为核心，包括南京、镇江和扬州3个中心城市和丹阳、扬中、句容、高邮、江都、仪征6个县级市。该都市圈是沿长江水道、沪宁、宁通、宁连、宁杭、宁马等高速公路和京沪高速铁路、京沪铁路、宁芜铁路等对外交通干线扩展的城市群，以宁通高速公路、京沪高速铁路、沪宁高速公路、沪宁铁路、312国道等交通干线为聚合轴，是长江三角洲向长江中游地区经济辐射和带动城镇发展的传递区。南京都市圈正处在发育期，从发展的眼光看，都市圈范围将涉及安徽的马鞍山和滁州等地区。南京都市圈的进一步延伸，将促进长江三角洲多核心巨型城市网络向更大地域范围拓展。

苏锡常都市圈，以苏州、无锡为中心，由苏州、无锡、常州3个大城市，吴江、昆山、太仓、常熟、张家港、宜兴、溧阳等中等城市以及金坛等小城市和若干小城镇组成。苏锡常都市圈是以苏州、无锡、常州三大都市区首尾相连而形成，以沪宁交通走廊、苏南沿江高速公路为主要发展轴，以新长铁路、盐靖锡高速公路为次级发展轴的城镇群。从发展的趋势看，苏州都市区正在发展成为跨上海大都市圈和苏锡常都市圈的都市区，而且与上海大都市圈的关系日趋密切，在不远的将来将会融入上海大都市圈。

(四) 县域经济、外向型经济发达

县域经济发达一直是苏南地区的重要特色。2005 年，苏南就有 14 个县市进入全国百强县行列，在前 10 位中苏南占了 6 位，即昆山(1)、江阴(3)、张家港(4)、常熟(5)、武进(8)、太仓(10)，前 5 位中仅第二名为广东顺德。2008 年，全国百强县前 10 位苏南又占 6 席，分别为江阴(1)、昆山(2)、张家港(3)、常熟(4)、吴江(6)和宜兴(9)，前 4 位均在苏南地区。

苏南地区县域经济高度发达的原因很多，其中 20 世纪 90 年代以来积极吸引外资，通过外向型经济来带动区域经济发展是最为重要的原因。2007 年，平均每个县市吸引外来直接投资达 4.16 亿美元，其中吸引外资最多的昆山市，达到 13.77 亿美元。另外，每个县市平均出口额高达 48.78 亿美元，其中吸引外资最多的昆山市同时也是出口最多的县市，达到了 323.17 亿美元。

三、存在的主要问题

(一) 尚未形成经济一体化的发展格局

虽然苏南地区总体经济水平在江苏省名列前茅，但迄今未形成经济一体化格局，而经济一体化格局是推动区域工业化、城市化水平的必要条件之一。原因是地方利益使苏南地区大多数城镇仍呈各自为政的状态，出现产业雷同、基础设施重复、竞争无序等弊病。

另外，城镇结构不够合理。主要表现为：一是空间分布不尽合理，重点城镇不够明确，因此，人气集聚不够，难以形成规模经济；二是基础设施投资分散，服务功能不够齐全，难以聚集经济能量，从而影响了城镇功能。

(二) 快速城市化背景下的环境生态问题

工业化城市化的迅速发展，为苏南地区率先实现小康社会与基本现代化提供了有力保证，但同时，也给生态安全造成极大威胁。

1. 农田生态支持系统薄弱

苏南地区是我国人地矛盾较为突出的区域之一。由于人口密度高，经济活动强度大，农田资源弥足珍贵。20 世纪 80 年代以来，一方面，城市化的推进占用了许多农田；另一方面，人为的冒进，使部分土地得不到有效利用，土地浪费现象较严重。目前苏南地区人均耕地已不足 1 亩，其中无锡市不少乡镇人均耕地甚至低于 0.7 亩，已经低于人均 0.75 亩的国际警戒线。

2. 能源与资源消耗大，能源严重短缺

在高速城市化背景下，苏南地区资源与能源消耗数量大、密度高，在全国名列前茅。尤其用电量更为惊人。近年来，苏南五个城市不同程度地遇到"电荒"。2006 年江苏省缺电总量高达 806×10^4 kW，在全国排名第一，其中

缺口主要在苏南地区。2007 年夏季高峰期间，江苏省最大可用电力资源为 $5\,050\times10^4$ kW，电力供应富余 500×10^4 kW 左右，但由于苏南地区经济发展迅猛，仍出现个别时段电力供应紧张的局面。能源供应短缺与能源需求增长的矛盾日趋尖锐，能源短缺已经是苏南地区可持续发展面临的一大难题与挑战。

3. 环境污染问题严重

突出表现在：其一，水污染严重。苏南地区主要湖泊——太湖水质每隔 10 年降低一个等级，目前富营养化十分严重。随着经济的发展，苏南地区已陷入严重的水质性缺水的局面。其二，土壤污染严重。苏南地区的土壤中已经发现多种重金属。其三，大气污染严重。苏南地区是我国酸雨的重灾区之一。

(三)现有体制和政策等存在一定障碍

主要表现为：一是行政体制不协调。城市各自为政的体制壁垒制约着苏南地区紧密产业链的形成，环保问题、各城市在招商引资中的恶性竞争问题、重复建设问题等均为行政体制不协调的具体表现。二是用地政策不合理。现有的用地政策，特别是一些地方以牺牲土地换经济增长的做法，已危及了 GDP 增长所需的空间支持。目前苏南部分地区已出现"无地可供"的危机。三是农耕文化的制约。苏南地区民营企业多，且多诞生于农村。中华民族农耕文化形成的自给自足的思维习惯，在民营企业早期的自主创业中帮助其完成了原始阶段的资本积累，但在加快工业化和城市化发展中却成为民营企业继续发展的障碍，表现为在企业发展中不愿突破原有模式，在产权关系和决策控制上患得患失等。

第二节　外商投资与苏南地区产业升级

苏南地区的发展变化为全世界关心中国的人所瞩目，瞩目的焦点从乡镇企业到外商投资。据科尔尼管理顾问有限公司调查显示，中国自 2003 年起已连续多年超过美国，成为全球外商直接投资(FDI)的首选地，而中国大多数的 FDI 都集中在上海及其周边地区，苏南是中国吸引 FDI 的主要地区。

一、外商投资对苏南地区产业升级的积极作用

(一)外商投资是苏南地区经济发展的重要资金来源

苏南地区自 20 世纪 90 年代中期大规模吸引外资以来，实际利用外资在不断增加(图 4-2)。外资占全社会固定资产投资总额中的比重也一直很高。

业群，张家港市的江苏扬子江化学工业园已具雏形。以"七地五园"为代表的信息产业高地形成，"七地"，即苏州高新区、苏州工业园区、南京江宁开发区、无锡高新区、昆山开发区、江阴开发区、南京珠江科技园区 7 个省级电子信息产业基地，销售收入超亿元的 IT 企业有 100 多家；"五园"，即国家认可的南京、常州、无锡、苏州四市的软件园及江苏软件园等，集中了江苏全省 60％的软件企业，创造了 70％以上的软件销售收入，成为聚集地。

二、外商投资对苏南地区产业发展的消极影响

（一）外商投资对苏南地区产业发展的隐忧

1. 外商投资是否会成为"飞地经济"

苏南地区外资导向的产业成长模式特征十分明显，电子、信息、精密机械等产业的成长都依赖于跨国公司的投资和全球网络，外资提供了技术、资金和国际市场，基本属于外资控制下的加工贸易。这种模式是发展中国家参与全球分工的捷径，但这种产业成长有一个最大的隐患——外资企业可能出现的"飞地效应"，即随着当地劳动力成本优势的丧失外商投资会发生迁徙，就如目前马来西亚制造业出现的移空现象。

判断外资经济是否会真正成为"飞地经济"，主要依据有三个方面：一是跨国公司在当地的沉淀成本是否高。沉淀成本包括外资的投资规模、投资质量、技术转移水平等；二是当地配套产业的自主创新能力和技术进步能否跟上跨国公司技术进步的需要；三是当地的区位条件、制度条件、政府效率等产业发展环境是否能始终具有优势。

苏南外商投资的沉淀成本不高。虽然苏南吸引外资的规模和质量都在提升，但是与这些企业在全球的规模相比外商在苏南投资量还很小。外资的沉淀成本不高与苏南地区的引资战略有关，各个开发区主要是依靠优惠政策的土地经营战略，对外资企业采取低价甚至免费送地，有的还代建厂房，外资企业可以买也可以租，大大节约了成本，同时也降低了退出成本。

苏南地区的产业配套能力较强。20 世纪 80 年代的乡镇工业基础以及近年来民营企业的发展，使苏南地区配套产业发展具有了组织、人才、技术、制度的基础，配套产业能够对跨国公司转移技术进行吸收、消化，并具备了一定的自主研发创新的能力。

从产业发展的综合环境看，苏南地区的区位优势在近阶段是能够保持的，长三角经济圈将是今后 20 年世界上最具活力的经济中心之一。苏南地区的制度条件和政府效率，与国内其他区域比已处于领先水平，但是跨国公司是在世界范围内配置资源，选择的范围更广，这意味着苏南的竞争对手更多，而

建立规范、公平的市场制度，进一步转变政府职能，进一步改善苏南的产业发展环境，苏南地区的综合优势就能保持得更长久。

因此，苏南地区的外商投资是否会浩浩荡荡地走，是否会成为"飞地经济"，关键是苏南能否紧紧围绕这三个方面来制定外资发展策略和开展工作。

2. 外资经济主导下老百姓的收入是否真正增加

外商投资是近10年苏南经济发展的强大动力，这种外向型经济为主的经济结构下苏南地区的人均收入水平如何？2007年苏南地区城镇居民人均可支配收入为20 077元，比以民营经济为主导的浙江要低，外资拿走了利润的大部分，当地居民分享到的经济增长收益比较有限。在外资主导的收益分配格局下，苏南地区的人均收入增长低于GDP增长。从这个意义上讲，苏南地区要使老百姓的收入真正增加，必须把促进民营经济的发展当作一个战略问题，这与吸引外资、留住外资一样重要。借助外资带来的经济起飞的动力，在一个较高起点上发展民营企业，对苏南地区来讲迫在眉睫。

(二)苏南地区制造业发展的"软肋"

苏南地区制造业发展水平不仅在江苏具有优势，在长江三角洲乃至全国也是较高的，但缺少核心技术和拥有自主知识产权的强势产业和企业仍然是苏南制造业的致命弱点。具体表现在以下两个方面。

1. 技术创新能力薄弱，高附加值产品不多

多年来制造业领域引进了大量的先进技术和设备，但关键技术仍主要依靠国外。一方面对国外先进技术的消化、吸收不够；另一方面自主开发能力薄弱，缺少具有自主知识产权的高新技术，依附于国外企业的组装业比重大。特别是高新技术产品如通信设备、计算机和办公设备，由于缺少自己的核心技术，赢利能力受到限制和挤压。如苏州信息通信制造业从2003年才开始赢利，其核心技术仍然掌握在外商手中。即使是一些具有自主知识产权的中、高技术产品，也大都属于低端产品，在质量、性能、外观设计等方面无法与发达国家相提并论；多数低技术含量的制造产品大量积压、生产能力过剩。如钢铁制造业中，苏州沙钢、无锡兴澄钢铁和常州的中天钢铁、大众钢铁在中、低档产品方面占有相对优势，但在这些产业的高端产品领域，如特种钢和不锈钢，国外产品仍然占据主导地位。机械工业中高端的数控机床产品的生产也都为国外厂家所控制，地产机床由于精密度、准确度等方面不足，只能用来干"粗活"。

2. 生产经营规模小，产业集中度不高

苏锡常目前还没有主要以全球市场配置资源、进行跨国经营的企业。企业组织结构呈两头小、中间大的格局，即：既缺乏产业集中度高、核心竞争

力强的大企业，又缺乏能够有效缓解社会就业压力、吸收民间投资、促进体制创新和技术进步的足够数量的规模以下企业，对整体经济的促进作用不够明显。制造业小型企业由于投资分散和规模小，设备更新和技术改造能力较弱，经营管理水平不高，发展也不够充分。

第三节　由苏南模式走向新苏南模式

所谓发展模式，是指在一定地区，一定历史条件下，具有特色的经济发展路径，也就是对特定时空经济发展特点的概括。改革开放以来，苏南始终是中国经济的热点地区，形成了独具特色的发展模式。

20世纪七八十年代，苏南人突破计划经济体制束缚，开中国农村工业化先河，推动经济实现由农向工的转变，以吴（江）常（熟）江（阴）为代表的乡镇企业独领风骚二十年，形成了举世瞩目的苏南模式，被小平同志称为"中国农民的伟大创造"。90年代初，苏南人得浦东开发开放的风气之先，以昆山自费创办国家级经济开发区、张家港获批全国第一个内河港型保税区为代表，各级各类开发区应运而生，使苏南搭乘上经济国际化的"早班车"，推动经济实现由内向外的转变，迅速登上了又一个大台阶。进入新世纪，在新一轮沿江开发战略下，苏南在基本完成乡镇集体企业改制的基础上，加大对外招商引资、招才引智力度，依靠先进制造业和现代服务业"双轮驱动"，新型工业化、城市现代化和经济国际化"三化互动"，吸引国际先进产业资本向沿江聚集，带动投资结构优化和产业技术升级，推动苏南经济开始由低向高转变。每一次机遇的成功把握，都给苏南的发展带来新的重大突破和持久的后续效应，由此实现了苏南模式的历史性嬗变。

一、苏南模式

苏南模式通常是指苏州、无锡和常州等地区通过发展乡镇企业实现非农化发展的方式。其主要特征是：农民依靠自己的力量发展乡镇企业；乡镇企业的所有制结构以集体经济为主；乡镇政府主导乡镇企业的发展。

（一）苏南模式的产生缘由

苏南地区通过发展乡镇企业，走的是一条先工业化、再市场化的发展路径，与温州模式通过发展个体私营企业、以市场化促进工业化有很大区别。这种发展模式的形成有其主、客观原因。

苏南地区位于太湖之滨、长江三角洲中部，人多地少，但农业生产条件得天独厚；苏南地区水陆交通便利，农村与大中城市的产业工人有密切的联系，接受经济、技术辐射能力较强；同时，苏南地区又是近代中国民族资本主义工商业的发祥地，在计划经济时期，就有搞集体经济的传统和基础，为发展乡镇企业积累了宝贵的经验和必要的资金。

早在1958年人民公社化时期，苏南各地在集体副业基础上办起了一批社队企业，主要为本地农民提供简单的生产资料和生活资料。到20世纪70年代，这些小型社队企业逐渐发展成为农机具厂，为集体制造一些农机具。党的十一届三中全会对社队企业发展的明确支持，促使社队企业步入了一个大发展阶段。改革开放初期，上海大量技术工人节假日到苏州、无锡等地，给苏南带来了信息、技术和管理经验。因此，历史上的积累和接受上海的辐射为苏南地区工业化的起步创造了良好的条件。而当时的短缺经济，以及一些偶然因素，如80年代中期的信用扩张，对工业化的发展也起了推动作用。至1989年，苏南乡镇企业创造的价值在农村社会总产值中已经占到了60％。

苏南地区采取以乡镇政府为主组织资源的方式。政府出面组织土地、资本和劳动力等生产资料，出资办企业，并由政府指派所谓的能人来担任企业负责人。这种组织方式将能人（企业家）和社会闲散资本结合起来，很快跨越了资本原始积累阶段，实现了苏南乡镇企业在全国的领先发展。不可否认，在计划经济向市场经济转轨初期，政府直接干涉企业，动员和组织生产活动，具有速度快、成本低等优势，因而成为首选形式。

（二）苏南模式的优缺点

当时产生的苏南模式有很多优点，主要表现为：第一，乡镇企业可以从不多的社区积累中获取原始资本，并可以依靠"政府信用"从银行取得贷款，还可以无偿或低成本占用社区内的土地资源，廉价使用社区内的劳动力，从而带来创业成本的节约。第二，地方政府可以利用其身份和信誉，为企业取得计划外的原料，促进产品销售和处理商务纠纷，并帮助管理人员规避来自于财产转移和国家政策歧视方面的风险，这也是许多私营企业宁愿放弃部分财产控制权和收益权，争当集体企业的一个主要原因。第三，政府组织资源，企业规模一般比较大，可以生产一些资本密集型的产品。第四，在乡镇企业发展初期，人们的产权意识、竞争观念比较淡薄，平均主义思想严重。此时兴办社区成员名义所有、地方政府实际控制的集体所有制企业，社会比较容易接受。

当然，苏南模式也存在一些内在缺陷，主要表现为：一是以社区为特征的集体所有制形式，带来了政企不分、政资不分的弊端；二是产权关系不明晰，企业内部活力不断减弱；三是投资主体单一，不可避免地带来企业高负债；四是受块块分割的利益和权力的驱动，形成了低水平的重复建设和过度竞争，浪费了大量资源；五是城乡分割的管理体制，影响了城乡一体化发展的进程；六是在卖方市场条件下乡镇企业"船小好调头"的优势，变成了买方市场条件下"船小经不起风浪"的劣势；七是对集体经济主体地位的片面认识，影响和抑制了非公有制经济的发展。

二、新苏南模式

20 世纪 80 年代初期发端于苏南的乡镇企业，成为江苏经济的半壁江山；90 年代初期因浦东开发带动的外资涌入，使这里的外向型经济独领风骚。20 世纪末乡镇企业的民营化改制，为苏南经济注入了新鲜血液。由此，苏南地区由原来的"苏南模式"演化为"新苏南模式"。该模式是在经济全球化背景下，苏南地区所形成的以工业园区和开发区为载体，工业化与城市化互动，外资与民资并举，富民与强市兼顾的新型多元化的区域经济发展模式。

（一）新苏南模式的总体特征

1. 以工业园区和开发区为载体，工业化与城市化互动

随着经济全球化浪潮的不断推进，以上海为龙头的长江三角洲地区已经成为世界制造业生产基地，苏南地区凭借其独特的区位优势和良好的工业基础，以工业园区和开发区为载体，吸引国际产业资本大规模地向这一地区转移，并形成了产业集聚的规模效应。这种以工业园区和开发区为载体招商引资的发展模式，也加速了工业向园区和开发区集中，人口向城市集中，住宅向社区集中的"三集中"趋势，大大加快了苏南地区的城市化进程。2007 年，苏南的城市化水平达到 67.5%，其中，南京、镇江、苏州、无锡、常州的城市化水平分别为 76.8%、59.6%、65.6%、67.4%、60.9%，均超过全省平均 53.2% 的水平。苏南地区已总体形成包括大、中、小城市和小城镇的多层次城镇体系。

2. 民营经济方兴未艾，经济增长呈现外资、民资并举格局

经济全球化使外资经济飞速发展的同时，也为苏南民营企业的发展带来了机遇。与此同时，经过多年的体制改革，市场机制对资源配置的基础性作用也明显增强。因此，苏南地区所有制结构不断得到调整，经济增长呈现外资、民资并举的格局。2007 年年末，苏州市私营企业登记注册户数 12.12 万家，注册资金 2 802 亿元，分别比上年增长 18.01% 和 43.99%；苏州全市共有规模以上民营工业企业 4 709 家，占规模以上工业企业数的 54.55%；完成工业总产值 5 003 亿元，占工业总产值的 26.25%。常熟 2007 年规模以上企业中民营企业数量达到 1 307 家，占总数的 80.93%，民营企业 2007 年工业总产值达 121.7 亿元，占工业总产值的 60.43，民营品牌经济亮点纷呈，波司

登、隆力奇、梦兰民企品牌入选首届全国民营企业品牌竞争力 50 强。无锡尚德太阳能电力有限公司在纽约证券交易所上市，成为中国内地首家在该交易所挂牌上市的民营高科技企业，成为江苏第一家在美国上市的企业。

3. 富民与强市兼顾，县域经济独具特色

经济发展的根本宗旨是富民，使人民享受改革发展成果。苏南 5 市在经济快速发展的基础上，"两个率先"进程明显加快，尤其是苏南的县域经济，独具活力和特色。根据《江苏省全面建设小康社会主要指标》测算结果，昆山、张家港、常熟、吴江、太仓和江阴市成为全省首批全面小康达标的 6 个县级市。2007 年，昆山、张家港、常熟、吴江、太仓和江阴的地区生产总值分别达到 1 151.80 亿元、1 050.02 亿元、971.83 亿元、618.00 亿元、440.27 亿元和 1 190.56 亿元，人均地区生产总值（按常住人口计算）分别达到 171 068 元、117 927 元、91 847 元、78 149 元、95 173 元、99 541 元，分别超过全面小康目标值 24 000 元的 7.13 倍、4.91 倍、3.83 倍、3.23 倍、3.97 倍、4.15 倍。根据世界银行 2000/2001 年世界发展报告的划分标准，这 6 个县级市已经达到上中等收入国家水平。

（二）新苏南模式的地域特征

1. 苏州模式——外生式

苏州模式是典型的引进发展型，通过建立工业园区，以强势政府和有效政府为基础，以招商引资为手段，以土地换资金，以空间求发展。

以苏州工业园区、苏州新区、昆山经济开发区、吴江开发区为代表的园区经济，构成了苏州经济的新亮点。苏州拥有的 4 个国家级经济开发区和 9 个省级开发区，基本上是在 20 世纪 90 年代初开始建设的，在基础设施上投入了巨大的资金。如今，苏州工业园区几乎与苏州园林一样有名。10 多年来，苏州工业园区坚持以高新技术为先导、现代工业为主体、第三产业和社会公益事业相配套，成为中国引进外资的高地，以不到苏州 3% 的土地、3.5% 的人口和 5% 的工业用电量，创造了全市 14% 的地方一般预算收入、16% 的工业总产值、17% 的固定资产投资、20% 的实际利用外资、31% 的外贸总额。同时，每万元 GDP 耗水 5.9 t、耗能 0.22 tce，每度电产生 GDP 相当于 24.3 元、工业产值 78 元，达到 20 世纪 90 年代世界先进水平，初步开辟了一条高产出、低能耗的新型工业化发展之路，成为国内开发速度较快、协调发展较好、竞争力较强的开发区之一。这个中新两国政府的重要合作项目，经过 10 多年开发，各项主要经济指标基本达到苏州市 1993 年水平，相当于再造了一个新苏州。

外"长"内"短"是苏州经济的特点，强大的外向型经济一方面客观需要大量的配套企业；另一方面为民企带来了先进的技术、管理经验，同时搭建起一个国际化运作平台和竞争环境。有了这样的土壤，民企就有了发展和壮大的空间。

政府在这种外生式区域经济发展模式的形成中扮演着重要作用。地方政府以经营城市的理念进行类公司化运作，这个公司以土地、税收优惠、城市品牌为资源，以外资为客户，以增加投资为拉动增长的主要手段，以 GDP 为自己的营业额，以地方财政收入为利润。

但苏州模式也有不足之处，发展的主要是来料加工，产业链条短，对外资依赖程度大；大部分利润都被外资转移，老百姓并不十分富裕；苏州的外商在国际产业分工中处于加工制造的配角地位，而苏州为之配套的民营企业又沦为配角的配角。

2. 江阴模式——内生增长式

旧苏南模式时代的江阴，已有全国最著名的行政村——华西村，已形成了全国最大的精毛纺企业——阳光集团和三毛集团，毛纺织工业总量占全国的四分之一，另外还有全国最大的软塑包装基地——申达集团，全国最大的磷化工生产企业——澄星集团，全国最大的模具塑料生产企业——江阴模塑集团，全国最大的金属制品企业——法尔胜集团。在旧"苏南模式"时期，乡镇企业进行资本运营是不可想象的，而这恰恰是"江阴模式"最典型之处。乡镇企业＋传统产业，似乎是注定走向衰败的公式，然而江阴作出了新的解答。随着发展条件的变化，江阴乡镇企业在深化产权制度和经营机制变革的"二次创业"基础上，搞起了资本经营工程。

在国内证券市场上，"江阴板块"是股市中的一个新亮点。作为一个县级市，江阴拥有华西村、江苏阳光、法尔胜、四环生物、模塑科技、澄星股份、凯诺科技、中国化建等 15 家上市公司，从股市募集资金 80 多亿元。"江阴模式"这种内生式的经济增长模式爆发出极大的潜力。

有人把"江阴模式"概括为"科技创新＋资本经营＋上市公司"的发展方式。"江阴模式"的成功之处在于以资本为纽带，实现了资源要素的最佳组合：资本经营作保证，科技创新为先导，提升了产业层次，为企业发展注入了新的动力，带动了区域经济的快速发展。

其实江阴的矿产资源非常贫乏，并不具备"村村点火，家家冒烟"的条件，并没有将乡镇企业做大的物质基础。江阴没有任何铁矿，却生产出了优质钢材；江阴也没有石油资源，但照样培育出高新化工产业。当地人可以最大限度地减少对物质资源的依赖，而能够充分积聚和培育其他资源优势，比如社会资本。

第五章 苏中地区

章前语

苏中地区区位条件与资源优势比较突出，经济社会发展水平在江苏三大区域中具有"居中"特征。随着区域共同发展战略的实施，苏中地区发展速度加快，一批优势特色产业初步确立，形成了跨江联动、江海联动的新格局，但目前还存在错位竞争、特色发展尚未形成、发展效益和经济开放程度不高等问题。区域发展水平的提高，促进了苏中城市化进程的加速，但城市化内生动力还较为薄弱，应提升中心城市发展水平，以便在传递苏南经济发达地区向苏北等次发达地区的辐射中发挥重要的战略作用。对江苏全省而言，苏中经济的尽快崛起对省域整体实力的提升和区域协调发展起到关键作用，新一轮加快沿江开发和沿海大开发战略，为苏中崛起提供机遇，未来苏中崛起具有强劲动力。

关键词

长三角北翼；江海联动；城市化发展；苏中崛起

第一节 地区发展概况

苏中地区地处江苏中部、江淮之间，包括扬州、泰州、南通 3 个省辖市和 10 个县级市、3 个县。土地面积 20 432 km²，约占全省土地总面积的 20%，人口 1 726.08 万人(2007 年)，为全省的 23.5%，人口密度 845 人/km²，居全省第一。

一、地区发展条件

(一)区位优势明显

历史上，苏中地区由于处在京杭大运河与长江交会的"黄金十字通道"地位，盐运、漕运的兴起造就了苏中曾经的繁盛，使该地区在江苏乃至全国具有重要地位。在时代的发展逐步面向世界的今天，苏中的区位优势依然比较明显：滨江临海，处在我国东部沿海开放带和沿江产业密集带两大经济带的结合部，是全国经济发展的高地，腹地广阔，市场巨大；在长三角经济区中，苏中居于北翼，具有接纳上海和苏南经济辐射并向苏北腹地传递的功能，在江苏区域共同发展战略中起着承南接北的作用。随着过江交通通道的陆续建成，苏中的区位优势将更加凸显。

（二）资源比较优势突出

苏中地区气候适宜，土地肥沃，农业生产比较发达，农副产品较为丰富，是全国重要的商品粮、商品棉生产基地。本区海岸线长 210 km，海岸带面积约 13 240 km²，有利于发展海洋产业。沿海滩涂面积 $0.21×10^4$ km²，可开发余地较大，具有一定的耕地后备资源，对保持生态平衡，促进经济发展起着越来越重要的作用。拥有海洋、海岸线以及长江岸线的优势（表 5-1），江苏省的部分沿江产业带和大部分沿海产业带分布于该地区。

本区淡水资源丰富，南濒长江、西临运河，里下河地区更是水网纵横。苏中地区不仅水资源丰富，而且水质好，污染程度低。此外，苏中的石油、天然气、地热等矿产资源对资源短缺的江苏具有重要的开采价值。

表 5-1　苏中地区长江岸线资源概况　　　　　　　　　（单位：km）

地区	长江主江自然岸线长度			
	一级	二级	三级	小计
扬州市	23.33	25.73	20.72	69.78
泰州市	35.44	18.02	41.27	94.73
南通市	8.94	24.86	126.52	160.32

资料来源：秦丽云．长江江苏段岸线及岸线资源综合评价．中国农村水利水电，2007，（3）。

（三）交通基础设施日臻完善

由于长江天堑的屏障，苏中和苏南两地形成经济发展的较大差异。特别是上海的辐射作用带动了苏南经济发展，对苏中的辐射影响却因交通不便而显得十分微弱。因此，交通基础设施的日臻完善成为苏中地区发展的重要前提条件。

1. 长江过江快速通道

一直以来，长江北岸过江通道偏少，阻隔了生产要素的跨江流动。根据江苏城市发展和交通建设等规划，至 2020 年长江江苏段将拥有 11 条快速过江通道，其中 8 条直接与苏中地区有关，按长江江苏段从上游至下游顺序分别是润扬长江公路大桥、五峰山通道、泰州长江大桥、江阴长江公路大桥、锡通通道、苏通长江公路大桥、崇海通道、崇启通道，通道平均横向间距40 km（表5-2）。

表5-2　苏中地区过江通道概况

过江通道	连接端点	建成/建设时间
江阴长江公路大桥	江阴—靖江	1999
润扬长江公路大桥	镇江—世业洲—邗江	2005
苏通长江公路大桥	常熟—南通	2007
泰州长江大桥	常州—丹徒—扬中—泰兴	2011
崇启通道	崇明—启东	2012
崇海通道	崇明—海门	"十一五"期间
锡通通道	张家港—通州	"十二五"期间
五峰山通道	丹徒—江都	规划中

资料来源：江苏省高速公路规划.2006。

2. 铁路交通

在过去很长一段时期里，江苏境内仅有京沪、陇海和宁芜三条铁路。自21世纪初开始，苏中地区铁路建设陆续被纳入发展规划，不仅结束了长期没有铁路的历史，而且路网布局不断完善，有力地支持和促进了地区经济社会的发展。目前已有和在建铁路共三条。

新长铁路：全长635 km。1998年开工建设，2005年全线正式贯通，是国家规划"八纵八横"路网中连接东北、环渤海和长江三角洲三大经济区域的沿海大通道的重要组成部分，为国家Ⅰ级铁路干线。由东陇海线的新沂站引出，途经淮安、盐城、海安、泰兴，于靖江轮渡过江到江阴、无锡、武进、宜兴等市（县），于太湖西岸进入浙江省与宣杭线长兴站接轨。新长线北与陇海线、胶新线相通，南与沪宁线、宣杭线相连，在海安与宁启线相接，成为贯穿江苏南北的一条运输大通道，对改善长江三角洲和华东地区路网布局，促进江苏、浙江、山东的物资交流和沿江、沿海地区的经济发展具有重要意义。

宁启铁路：全长约351 km。2002年正式开工建设，2005年全线开通运营，是国家"八纵八横"路网中西安—南京—启东的重要组成部分，也是苏中第一条城际铁路，国家Ⅰ级铁路干线。自南京途经仪征、扬州、江都、泰州、姜堰、海安、南通、海门至启东，与京沪铁路、新长铁路相连，成为与京沪铁路沪宁段平行的大通道，对促进江苏沿江开发战略的实施、增强东部地区和沿海港口的辐射能力具有重要意义。

海洋铁路：全长 76.5 km，将于 2011 年竣工。自新长线海安站引出、经海安、如皋、如东 3 个县市，东至洋口港人工岛，是省内实施"海铁联运"的一条重要出海铁路通道，对于提高新长和宁启铁路的运量，扩大市场份额影响深远。

"十一五"期间新建的在苏中地区经过的铁路干线有两条。

沪通铁路：自上海安亭站引出，由太仓越长江，经海门至南通，全长 225 km，江苏境内 107 km，从南通到上海只需半小时，将成为苏中、苏北地区与上海连接的以客运为主、兼顾货运的最便捷通道。该线路向北通过宁启、新长铁路沟通京沪线、沪汉蓉通道以及陇海铁路，向南经沪杭铁路、浦东铁路，沟通浙赣铁路，起着沟通南北沿海大通道的桥梁作用，也改变了上海长期以来只有向西、向南的路网格局。

淮扬镇铁路：北起淮安，沿京杭运河南下经扬州过江至镇江，与沪宁铁路连接，全长 173 km，是沟通苏北、苏中、苏南的便捷通道。

3. 公路交通

苏中地区公路发展逐渐走向网络化、系统化。国道 328 横贯整个苏中，国道 204 和安大、淮江、兴泰、海防、如泰等多条地方公路贯穿腹地。在江苏省"四纵四横四联"的高速公路网中，苏中地区拥有沿海高速、京沪高速、宁通高速、宁靖盐高速和扬溧高速等。

4. 港航交通

苏中地区水网密布，通江达海，发展江海运输比其他地区更具有明显优势。内河航运尤其是干线航道网在沟通地级以上城市、重要工矿基地和主要港口，发展能源、原材料、集装箱运输等方面发挥着较大的作用。苏中干线航段网呈"两纵两横"格局："两纵"分别是京杭运河里运河（沟通淮安、宝应、高邮、扬州）和连申线（含盐宝线、盐邵线，兴东线、泰东线）；"两横"分别由通扬线（含姜十线）和长江干线（一级）构成。

长江沿线的南通港、高港（泰州）、扬州港的货物吞吐量占江苏沿江港口的 1/3 以上。运河沿线的宝应、高邮、江都、扬州港也伴随着经济的发展，发挥越来越大的作用。南通港长江口江面宽达 8 km，航道水深 -10 m 的宽度在 1 500 m 以上，水深 -20 m 的宽度在 800 m 以上，沿海洋口、吕四港区水深均在 -16 m 以下。南通港是国家一类对外开放口岸、国家主枢纽港、上海国际航运中心组合的重要成员。特别是洋口港是江苏唯一可建 10×10^4 t 至 30×10^4 t 级国际性深水大港的理想港址。

随着南通兴东机场改造升级、苏中机场和西气东输管道等重大项目的建成，苏中地区更将凸显"江河海沟通、水公铁联运"的立体格局和"承启南北、呼应东西"的区域节点地位。

二、地区发展特点

(一)发展水平中等，发展速度加快

从全省来看，苏中经济社会发展水平虽落后于苏南，但普遍超过苏北，在三大区域中具有"居中"特征(表5-3)。

表5-3　江苏三大区域及苏中地区经济社会基本情况(2007年)

	苏南	苏中				苏北
		苏中合计	南通	扬州	泰州	
土地面积/km²	28 090	20 432	8 001	6 634	5 797	54 357
耕地面积/km²	9 681.9	10 918.8	4 699.2	3 047.3	3 172.4	26 704.0
年末户籍人口/(万人)	2 329.5	1 726.1	766.1	459.3	500.7	3 298.5
人口自然增长率/‰	1.1	−1.9	−1.8	−0.9	−3.0	1.4
城镇化率/%	67.5	48.8	48.6	50.2	47.6	41.7
地区生产总值/(亿元)	15 931.1	4 625.6	2 111.9	1 311.9	1 201.8	4 976.2
第一产业	349.5	377.8	173.9	100.9	102.9	807.7
第二产业	9 339.9	2 645.1	1 197.0	748.1	700.0	2 432.9
工业	8 690.9	2 283.8	1 010.2	666.07	607.7	2 055.2
第三产业	6 241.6	1 602.8	741.0	462.9	398.9	1 735.9
人均地区生产总值/元	54 952	28 411	29 273	29 419	26 085	16 263
规模以上工业利税总额/(亿元)	2 874.4	804.7	377.2	227.9	199.7	657.1
进出口总额/(亿美元)	3 186.7	211.9	127.8	44.6	39.6	98.1
出口	1 823.8	152.3	90.2	32.5	29.6	61.2
城市居民人均可支配收入/元	20 077	15 526	16 451	15 057	14 940	13 655
农村居民人均纯收入/元	9 293	6 698	6 905	6 586	6 469	5 352
恩格尔系数(城市)/%	36.8	39.9	38.5	37.9	43.1	37.3
恩格尔系数(农村)/%	37.3	38.2	37.9	38.9	38.1	42.1

资料来源：江苏统计年鉴(2008)。

改革开放前，苏中第一、二产业大致相当，1978年以后，第一产业稳步

增长,第二产业快速增长,第三产业于 20 世纪 90 年代后期飞速增长。目前,已形成第二、三产业都超出第一产业的局面,处于工业化中期(图 5-1)。

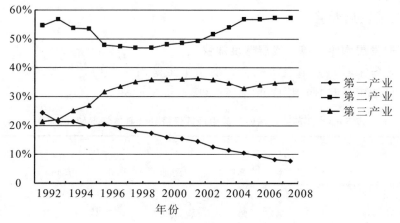

图 5-1　苏中地区三次产业比重变化

(资料来源:历年江苏统计年鉴)

　　1979~2007 年,苏中地区 GDP 年均增长 12%,基本保持快速、协调发展的态势。进入 21 世纪后,随着全省全力实施区域共同发展战略,大力促进苏北振兴和苏中崛起,苏中经济增长开始提速。2005 年苏中 GDP 增长率达 15.2%,快于全省 0.7 个百分点,并与苏南持平。2006~2007 年苏中经济增长强势跃升,GDP 增长率达 15.4% 和 15.9%,分别高出全省 0.5 和 1 个百分点,快于苏南 0.1 和 0.2 个百分点,苏中快速崛起端倪初现。苏中三市 GDP 增长情况见表 5-4。

表 5-4　苏中三市与全省 GDP 增长比较

年份	全省		南通		扬州		泰州	
	总量/(亿元)	增幅/%	总量/(亿元)	增幅/%	总量/(亿元)	增幅/%	总量/(亿元)	增幅/%
2002	10 636.3	11.6	887.33	9.6	558.93	11.1	504.60	11.6
2003	12 451.8	13.5	1 006.65	13.4	647.22	13.4	580.04	13.4
2004	15 512.35	14.9	1 226.06	15.6	788.13	14.7	705.20	14.7
2005	18 272.12	14.5	1 472.08	15.4	922.02	15.0	819.60	15.0
2006	21 645.08	13.2	1 758.34	15.7	1 100.16	15.2	1 002.28	15.3
2007	25 741.2	14.9	2 111.88	16.2	1 311.89	15.7	1 201.82	15.7

资料来源:历年江苏统计年鉴。

(二)优势特色产业初步确立

苏中地区的优势产业主要集中在建筑、纺织、汽车、船舶、电子元器件、精细化工等传统产业和电子信息、新医药、新材料等新兴产业,苏中的产业特色还体现在规模企业集团龙头地位突出、经济开发区制造业产业集群集中,以及围绕特色产品形成专业化市场等方面。

1. 实力雄厚的企业集团

苏中形成一批大型企业集团,如以南通熔盛造船、靖江新世纪造船等为代表的南通、泰州、扬州船舶制造产业集群,船舶生成能力约占全国的1/5;以泰州扬子江药业为代表的医药产业,以泰州春兰为代表的电器产业,以上汽仪征基地、扬州亚星为代表的汽车产业,以仪征化纤、南通家纺企业群为代表的化纤纺织产业,以扬州三笑、宝应宝胜电缆为代表的特色制造业已发展为苏中的支柱产业。其中,苏中的建筑业、船舶产业和医药产业具有全国性的优势。仅南通一市就拥有400多家建筑企业,其中15家具备建筑施工总承包特级资质(占全省一半),企业组织结构呈现大企业、集团化趋势,经营领域转向多元,在全国各地享有较高声誉,市场竞争力较强。扬子江药业集团为全国最大的医药生产企业。船舶产业发展情况见表5-5。

表5-5　苏中地区船舶产业主要指标(2008年)

指标	造船完工量			新承接船舶订单		
单位	艘	万载重吨	占全省比例	艘	万载重吨	占全省比例
南通	196	309	35.0%	112	1 168	60.6%
泰州	142	375	42.5%	141	556	28.9%
扬州	52	92	10.4%	63	119	6.1%
苏中三市合计	390	776	87.9%	316	1 843	95.6%
全省总计		882	30.6% (占全国比例)		1 925	32.2% (占全国比例)

指标	手持船舶订单			船舶出口	
单位	艘	万载重吨	占全省比例	亿美元	占全省比例
南通	338	3 069	40.2%		
泰州	418	2 815	36.9%	11.48	26.5%
扬州	324	1 099	14.4%		
苏中三市合计	1 080	6 983	91.5%		
全省总计		7 621	37.1% (占全国比例)	43.33	22.7% (占全国比例)

资料来源:根据江苏省对外贸易经济合作厅的2008年江苏省船舶产业主要指标均列全国首位数据整理。

2. 蓬勃发展的开发园区

苏中优势产业发展总体表现出以规模企业为龙头、开发园区为载体的特征。全区现有 2 个国家级开发区，28 个省级开发区，每个地级市、区、县（市）都建设了省级以上的经济开发区（产业园），成为当地的企业集群基地。其中南通经济技术开发区是全省首批国家级经济开发区，泰州医药高新技术产业开发区在 2009 年升格为国家级产业开发区，是迄今为止全国唯一的国家级医药高新区。苏中地区还形成一批省级和国家级特色产业基地（表 5 - 6）。

表 5 - 6　苏中地区省级、国家级特色产业基地

	南通	泰州	扬州	合计占省内数量比例
省级特色产业基地	南通市船舶及海洋工程特色产业基地（主要包括如皋市、南通开发区、启东市）	泰州医药高新区生物医药高技术特色产业基地	扬州经济开发区光电高技术特色产业基地	7/30
		泰州市船舶及配套特色产业基地（主要包括靖江市、高港区）		
	海门市家纺特色产业基地	兴化市不锈钢制品特色产业基地	宝应县电线电缆特色产业基地	
国家级高新技术特色产业基地	海门新材料产业基地	姜堰汽车关键零部件产业基地	邗江数控金属板材加工设备产业基地	13/56
	南通化工新材料产业基地	靖江特种电机及控制产业基地		
	通州电子元器件及材料产业基地	泰州医药产业基地	扬州汽车及零部件产业基地	
	启东生物医药产业基地	泰兴精细与专用化学品产业基地	扬州国家半导体照明产业基地	
	海安电梯设备产业基地	兴化特种合金材料及制品产业基地		

资料来源：根据相关资料整理。

多数开发园区及时注意到了经济与生态环境协调发展的问题，从规划建设之初就确立了走新型工业化道路的思路，新材料、新能源、生物医药等产业是很多园区重点扶持的项目，并由此诞生了诸如扬州国家半导体照明产业化基地等一批在省内及全国有重要影响的产业集群项目。

为了更好地接受长三角先进地区的辐射，泰州、靖江、南通、海门、启

东等沿江开发区还主动与江南的苏州、上海的开发区联合兴办开发区或达成项目合作开发的协议，创造出江苏独有的新型开发区建设模式。江阴经济开发区靖江园区是跨江联动开发的先导区和示范区，一方面将苏南开发区的成功经验推广到苏中；另一方面苏中地区发挥资源和空间优势为苏南和上海开发区提供进一步发展的条件，促进两岸之间资源与信息共享。此后，苏中陆续有主要从事高端机械、电子产业的上海外高桥集团（启东）产业园、张江海门高科技园、中新苏通科技产业园等结对双赢的开发园区开建。

3. 产销互动的特色市场

围绕优势产业，苏中各地以市场为导向，培育出一批独具一格的地方特色专业市场，如扬州汽车、玩具、洗漱产品市场，泰州医药城、华东五金城，南通启东电动工具专业市场、如皋花木大世界等在华东甚至全国都享有一定的知名度。这些专门市场的出现，主要得益于便利的交通物流和当地规模产业的支撑，形成前店后厂、生产与商贸良性互动的整体效应。以华东五金城为例，以泰州姜堰市为中心，方圆达 100 km 的范围内就有汽车零部件生产基地姜堰、不锈钢之镇戴南、车件之乡九龙、五金重镇大新镇、电动工具之乡启东、工具之乡丹阳等 40 多个五金重镇错落分布，200 多种五金产品产销居全国同行前列，在类似产业体系已经环绕着姜堰自然形成的情况下，姜堰五金专业大市场的建立又带动周边新设了三个五金产业园，通过以商促工、贸工联动，构筑起产销链条衔接紧密、高度社会化分工和专业化协作的产业体系。

（三）跨江联动、江海联动格局初步形成

濒临长江是苏中地区最大的区位优势，随着交通基础设施的不断完善和沿江开发政策的导向，苏中地区积极推进跨江南北联动，主动融入苏南，以实现互动发展。

苏中在沿江开发实施过程中积极探索创新体制，形成以联动建设基础设施为基础，联动开发产业园区为载体，联动发展沿江产业为核心，"以南带北、南北共建共兴"的新的开发模式。跨江联动开发既使苏南企业在转移过程中扩大了发展空间，提升了产业层次，增强了竞争实力；又为苏中获得了前所未有的引资契机，为经济快速增长提供了动力，为加快南北产业转移搭建了良好的平台。

在跨江联动的同时，据江海之会的南通还把江海联动一并作为提升经济国际化水平的最大机遇和最大优势，把沿江开发和沿海开发的战略上升到区域协调发展的高度上。通过沿江、沿海地区政策、产业、企业的支持呼应，整合各种资源，发挥各自比较优势，寻求开发战略的"联动"，从而巩固沿江经济领先的地位，同时推动沿海成为经济前沿。

一方面，从沿江到沿海，在产业的延伸与联动上寻求战略联合。新一轮沿江开发中的产业发展重点是装备制造、化工、冶金、钢铁、电力、修造船等产业。由于沿海土地后备资源更足、环境自净能力更强，会吸引一些在环保上不宜在沿江而可以在沿海布点的项目、一些劳动密集型项目向沿海地区转移、延伸。同时，装备制造、石化、冶金等产业的产业链条比较长、规模比较大，因而紧靠沿江的沿海地区将首先获得发展关联度大的加工配套工业和生产、生活服务业的机会，实现从沿江到沿海的产业延伸与连接。

另一方面，从沿海到沿江，在产业的技术更新与开放度提高上寻求战略联合。"海上苏东"战略提出"利用高新技术，发展海水化学工业和海洋生物产品"的目标，如果南通沿海真正发展成为具有全国性意义的海洋产业基地，这对江苏沿江地区产业发展更具重要意义。海洋产业中的生物医药、海洋化工、海水利用、海洋食品加工、海洋能源开发等部门，代表着当代产业技术的高端，产业开放度高，与沿江产业部门有着极强的互补性。从沿海到沿江，通过新技术的输出、流动、合作，将不断实现产业技术的更新与开放度的提高。

三、存在的主要问题

（一）错位竞争、特色发展尚未形成

2007 年，苏中地区三次产业结构之比为 8.2：57.3：34.5，其多年来的发展符合产业结构变动规律，但第三产业发展不够快，比重仍较低。目前，苏中发展较成熟的产业均为传统产业，以劳动密集型为主，包括纺织服装、造船、机械制造、化学纤维制造、化学原料及化学制品制造等，高新技术产业的比重较低，与制造业相配套的生产性服务业发展滞后。

从长江两岸产业布局来看，长江北岸只有仪征化纤、扬州二电厂、华新水泥、丁苯橡胶等少数几个大型重化和原材料工业企业，北岸线已利用 82 km，约占 18％。长江北岸开发严重不足与长江南岸港口建设、大工业布点趋于饱和形成很大反差。

不论是传统产业还是高新技术产业，苏中与苏南地区、苏中内部不同地区间同质竞争、同构发展的现象较普遍，错位竞争、特色发展尚未形成。例如，仪征、扬州、江都、泰兴、靖江、南通、海门、启东沿江都有造船厂，不仅相互间存在同业竞争，也与江南的南京、镇江、江阴、张家港造船业在定位上区分不够鲜明。高新技术产业中，几乎都把电子、生化医药作为着力发展的对象。在苏中 29 个国家级、省级开发区中，大多以电子、纺织服装、医药产业为主。因此，苏中的发展有必要整合现有资源，在打造完整产业链

的同时，努力实现产业链的有序衔接和合理配套，形成不同地区产业集聚和分工为主线的合作关系，在差异化竞争中进行集群产业的运作。

（二）发展效益不高

苏中地区发展效益不高是指近期其经济发展的轨迹还没有完全脱离粗放发展、低质增长的套路，与先发地区同业竞争、同构发展的熟路以及以浪费资源和牺牲环境为代价的弯路。主要体现在：（1）传统产业层次不高。如纺织业虽具备一定优势，但与苏南相比差距还较明显。（2）高新技术产业力量薄弱。江苏高新技术产业主要分布在苏南及沿江地区，2008 年苏南五市高新技术产业产值 14 213.22 亿元，占全省的 77.24%。苏中三市高新技术产业产值 3 124.59 亿元，占全省的 16.98%。苏中现有的高新技术企业中，具有自主知识产权和自主品牌的产品出口额较低，品牌的附加值较低，这已成为影响地区开放型经济发展的最大障碍。（3）沿海规模工业多数处于起步阶段，虽有洋口港、如皋等一批经济开发区以特色产业开发建设取得长足进步，但目前还没有形成高效的拉动点。

（三）经济开放程度不高

苏中地区对外贸易规模还偏小，与苏南相比差距较大（表 5-7）。如 2007 年苏中地区进出口总额只占 6.2%，实际外商直接投资也只占 24.3%。商品贸易虽取得长足发展但市场占有率还较低，出口商品技术含量不高。出口商品集中度偏高，主要集中在纺织原料、机电及其零配件以及化学工业，多数属于劳动和资源密集型行业。虽然利用外资规模不断扩大，但引资方式单一，境外投资尚处于起步阶段，利用外资的结构还有待于优化。制造业投资相对集中，而且主要集中在生产环节，没有形成研发、生产、销售全方位的经营，产业链条仍处在附加值最低的加工贸易环节，技术水平低。

表 5-7　苏中和苏南在江苏沿江地区开放型经济的地位

年份		2002	2003	2004	2005	2006	2007
进出口总额 /%	苏南	91.2	92.7	93.7	94.0	94.2	93.8
	苏中	8.8	7.3	6.3	6.0	5.8	6.2
出口/%	苏南	89.9	91.2	92.2	92.5	92.5	92.2
	苏中	10.1	8.8	7.8	7.5	7.5	7.7
实际外商直接投资/%	苏南	93.1	89.8	81.0	79.4	75.6	75.7
	苏中	6.9	10.2	19.0	20.6	24.4	24.3

资料来源：根据历年江苏统计年鉴数据计算。

第二节　苏中城市化发展对策

城市化是经济社会发展的必然趋势，也是现代化的重要标志。改革开放以来，经济的持续快速增长、产业结构的调整以及劳动生产率的不断提高，不仅带动了苏中地区乡村人口大量转移到城镇，也促进了苏中城市规模的扩大和城市化水平的提高。但苏中城市化进程与苏南相比，仍然表现出明显的区域差异。

一、苏中城市化发展战略地位

苏中地区城市化发展对江苏整体城市化进程具有特定的重要意义。一方面，由于其处于江苏中部，在苏南经济发达地区向苏北等次发达地区的辐射中具有重要的战略传递作用；而且随着现代交通框架的构建，这一区位特点更加凸显，中心城市在全省经济梯度发展中的"放大器"功能将进一步强化；另一方面，苏中地区的城市化内生动力还较薄弱，特别是中心城市的发展水平不够，缺少大城市甚至特大城市的支撑和带动。统计资料显示，苏中地区的城市化发展明显存在"三个滞后"：一是城市化滞后于工业化。2007年，苏中城市化水平只有48.8%，比苏南低18个百分点。非农人口占总人口的比重低于非农产业产值占GDP的比重43个百分点，低于非农就业人口占就业人口的比重29.9个百分点。城市化滞后，影响了产业结构和就业结构的升级。二是中心城市的发展滞后于县城经济的发展。"小马拉大车"是苏中三市的共同特点。三是城市功能的培育滞后于经济发展。如集中反映城市功能的金融、证券、信息、市场等服务业，苏中三市的绝对额及其所占份额都明显偏低。可以说，加快苏中地区城市化进程不但是区域经济发展的内在要求，也是江苏实施城市化战略和区域共同发展战略的重要内容。

二、苏中城市化发展现状特征

（一）城市化速度显著加快，城市化水平有较大提升空间

2000年以前，苏中地区城市化水平与苏南的差距呈扩大趋势。但2000～2007年间，苏中的城市化发展进入快速增长阶段，城市化进程明显快于苏南地区，差距逐步缩小。8年间，苏中地区城镇人口比重增加了11.06个百分点，高出苏南地区3.19个百分点。苏中城镇人口比重有了大幅提高，虽然2007年还处在全省平均水平以下，但随着苏中经济的崛起，城镇人口比重将能很快达到全省平均水平(表5-8)。

表5-8　苏中地区城镇人口分布(2007年)

地　区	城镇人口数/(万人)			城镇人口比重/%		
	2000年	2007年	年均增长/%	2000年	2007年	增加百分点
全　省	3 086.24	4 056.23	4.49	42.3	53.20	10.9
苏南地区	1 466.74	1 996.99	5.16	59.6	67.47	7.87
苏中地区	636.49	790.81	3.46	37.7	48.76	11.06
南通市	251.98	348.92	5.50	33.5	48.60	15.1
泰州市	188.61	218.02	2.23	39.4	47.60	8.2
扬州市	195.9	223.88	2.04	42.7	50.20	7.5
苏北地区	983.01	1 268.42	4.15	31.2	41.69	10.49

资料来源：江苏统计年鉴(2008)。

(二)中心城市均衡发展，区域性经济增长中心尚未形成

苏中的中心城市属于典型的均衡型中心城市群结构。南通、泰州、扬州三个地级市与所辖县(市)共同在区域经济发展中发挥着重要作用，经济高速增长并未集中在中心城市周围，而是表现出较为匀质的发展形态。近年来，苏中地区开始承接苏南地区的部分产业和资金转移，中心城市的拓展速度加快，区域城镇空间由原先低水平下的均衡开始走向极化，但整个区域尚缺乏功能强大的核心城市带动。与苏南城市相比，无论是土地面积、城市人口，还是地区生产总值，三个地级市市区所占比重远远低于苏南城市市区。也就是说，苏中城市在区域中的集中、示范效应还较弱。

(三)城市化是在特定的政策和体制下发展的

苏中城市化进程有一个显著特点，即城市化空间发展多不是中心城市能量释放的自然结果，而是在特定的政策和体制背景下形成的。扬州、泰州、南通原先的城市面积非常有限，后随着地区经济发展和处于苏中的良好区位，为使苏南辐射势能向北延伸增加连接点和中继站，得到了必要的政策支持，通过市域行政区划调整加快城市发展。例如，泰州市区面积在短短几年内迅速扩大，人口迅速增长，一个直接动因是扬泰分设后行政区划的调整，以及将周边姜堰、泰兴部分村、镇并入泰州。同样，南通市也于2009年将通州市(县)合并入内。因此，大量的县改市、乡改镇是推动苏中地区城市化的一个重要体制因素，不仅意味着城市行政级别的提升，更意味着城市战略规划层级的提升，城市发展的动力和迫切性也会因之大大增强。

(四)城市化的推进没有伴生大量外来人口的迁移

2000~2007年，在全省总人口增加的背景下，苏中地区总人口减少了

66.8 万人，城镇人口则增加了 154.3 万人，说明城市人口增长主要是本地市区扩大的结果，而非外来移民。这与我国南方特区和苏南一些城市的发展有着很大差别，反映出苏中城市对外部吸引力尚不够，城市经济社会的发展还需跃上更高的台阶。

2005 年后苏中流动人口增量继续放大，2006 年和 2007 年分别达 57.87 万人和 57.56 万人，人口流动增长占人口总量增长的份额分别达到 77.2% 和 76.8%，人口自然增长所占比重仅为 22.8% 和 23.2%，人口流动因素对人口总量增长的影响度和作用程度在加大。

三、苏中城市化发展对策

（一）中心城市优先发展，规模扩大和功能完善并举

中心城市规模小、实力弱是苏中地区经济发展的一个重要制约因素。若以人口规模划分城市等级，除南通为大城市（市区非农业人口 50 万～100 万）外，扬州刚刚达到大城市的指标，泰州则为中等城市。而目前泰州、扬州市区的人口密度已与苏南基本持平，南通市区人口密度则居于全省第一。因此，在城市化过程中必须把做大做强中心城市放在优先发展的战略地位。同时，城市化发展不仅是数量规模的增长，更重要的是质量的提升。在苏中城市化进程中，要着力克服单纯追求城市化衡量指标、盲目扩张城镇区域规模的做法，在现有城市化水平的基础上，更加突出城市内涵和功能的现代化，实现"量"的增长与"质"的提高的统一。在城市化内涵发展上，通过加大城市基础设施建设，完善城市功能，改善投资环境，提高城市运作效能，保护城市生态环境，提高城市人居环境的质量，积极推进先进生产要素和服务业向城市集聚；在城市化的外延发展上，更多地通过城市现代化进程，扩大城市市场、产业、文化等要素向周边地区和广大农村扩散、辐射范围，使各类城市都得到合理、健康发展。

由于中心城市对外职能主要体现在服务业上，所以虽然苏中中心城市的制造业仍是今后相当长时期内城市发展的重要支柱，但为了增强区域经济的辐射和带动，必须进一步发展、优化中心城市的第三产业，努力形成和强化各具特色的城市功能。以扬州为例，建设"现代工业城、旅游城和大学科技城"是扬州中心城市的功能特色。扬州旅游城建设应围绕生态园林城市目标，强化历史文化旅游、自然风光旅游、鉴赏美食旅游和休闲度假旅游 4 个主题，着力形成鲜明的个性特征；发挥现有高等教育和科技研发力量较为集中的优势，健全技术创新服务体系，是扬州中心城市完善服务功能的主要方向。泰州市应将第三产业量的扩张放在强化城市服务功能的首位，同时根据制造业

强市的特点，发展关联度高、带动力强的优势产业，增强对周边县（市）的辐射能力。与扬、泰两市相比，南通最大的优势在于通江达海和"海上苏东"南部要地的地理区位。在成为全国沿海第 10 个亿吨大港和综合交通体系逐步健全的条件下，南通可望形成长江中下游乃至全国较大的物资运输中转基地，建成上海国际航运中心的北翼组合港口城市，成为长三角经济发达地区的又一重要门户。

（二）重组城镇空间结构，完善城镇空间体系

江苏省城镇规划体系把南通、泰州、扬州规划为二级 Ⅰ 类中心城市；扬州被纳入南京都市圈范围，是宁通城镇聚合轴和新宜城镇聚合轴的节点城市；泰州是宁通城镇聚合轴的节点城市；南通是宁通城镇聚合轴和连通城镇聚合轴的节点城市；通、泰、扬连同苏南 5 市共同形成沿江城市带。

在加快苏中城市化进程中，城镇空间结构的打造应根据地区条件而有不同的侧重。对于扬州来说，加快城市化进程必须主动接纳南京都市圈的辐射带动，在适度扩大中心城市规模的同时，重视重组周边城镇，构筑主辅城结构，形成主城与辅城之间以开敞式生态区相连、组团式城市发展的新格局，成为南京都市圈的重要增长极。具体的发展思路是"一体两翼、三沿展开"：即以扬州市区为主体，以江都、仪征为两翼的组团式城市；把江都、仪征城区纳入扬州中心城市统一规划，围绕这一中心城市组团，沿（长）江、沿运（河）、沿交通干线展开城镇布局，形成层次分明、功能各异、布局合理的市域城镇体系。南通市可在更高的定位（一级 Ⅱ 类）上规划中心城市的发展，以融入苏南、接轨上海为目标，加快开发区建设，统筹规划通州、海门城市的发展，形成合理的中心城市空间结构。泰州市在继续加快市区特别是高港区建设的同时，应考虑对姜堰和泰兴城区的统一规划，整体发展。

完善城镇空间体系，作为节点的中心城镇建设也尤为重要。要择优扶持一批条件好、综合实力较强的重点中心镇，使其成为农村区域性的经济文化中心，形成合理的城镇梯度结构，逐步发展成为带动力更强的小城市，与中心城市一起共同形成苏中完善的城镇空间体系结构。

（三）培植新经济增长极，推进长江两岸城市一体化发展

目前，苏南的城市化已形成一个强势的多中心开放结构。对苏中来说，只有积极响应和全面融入苏南城市群，并实现一体化发展，苏中地区的城市化才能有大的突破。苏中与苏南城市一体化发展，包含经济发展一体化和空间发展一体化。其中，基础设施一体化是前提，产业发展一体化是关键。实现产业发展的一体化，客观上要求长江两岸形成优势互补的产业分工和合理的产业布局，克服由主导产业趋同而带来的地区产业同构现象。对苏中来说，以构建沿江一体化经济区来促进沿江城市带开发，以此带动苏中地区城市发展是一条可行的捷径。目前以江阴—靖江工业园区、苏通科技产业园、扬州临港新区等为代表的开发区具有起点高、配套完善、经济活跃的特点，培植为新的经济增长极，使之成为中心城市的新城区，可以为推进长江两岸城市一体化作出特殊的贡献。

（四）突破体制和政策障碍，推动苏中人口城市化进程

城市化的过程本质上是人口向城市集聚的过程。加快城市化必须着力推进人口特别是高素质人口向城市集聚。对苏中地区来说，制约人口向城市流动的体制和政策障碍主要有：①户籍制度缺少足够的弹性，农民进城入镇的门槛和成本仍然偏高；②适合于苏中本地区的农村土地流转机制尚未真正形成，农民承包土地经营权的转让受到种种限制，相当一部分已转移就业的农村劳动力处于"兼业"和"两栖"状态，稳定性不高；③城市社会保障体制不健全，对农村剩余劳动力接纳进城的能力薄弱。④吸引外来高素质人口在苏中落户的政策措施还未完善。因此，有效的体制和政策支持是推动苏中人口城市化进程的重要制度保证。

第三节　苏中崛起发展战略

长期以来长江把江苏省自然地分割为南北两个部分，位于江北的苏中地区经济发展严重滞后于江南。2001 年，苏中经济出现大幅滑坡，经济增长速度位列三大区域之末。2003 年 6 月，江苏省启动"沿江大开发"战略，随后"沿江、沿沪宁线、沿东陇海线、沿海"发展的"四沿战略"也都将苏中整体纳入全省区域发展的重要框架，苏中崛起呈现良好的发展势头。

一、苏中崛起的意义

苏南、苏中、苏北不仅是地理区位的划分，更是经济发展水平的划分。苏中处于全省经济梯度的第二层次，但与苏南相比还是相距甚远。实现苏中经济的尽快崛起对于江苏整体实力的提升和区域协调发展起到关键作用。

苏中崛起有助于推动全省沿江、沿海开发战略的实施。在沿江开发和江海联动开发的历史性机遇面前，加快发展苏中的制造业与基础产业，做大做强地区优势产业，将为苏中发展注入新动力，也是加快长三角经济一体化的现实要求。

苏中崛起有助于推动苏南经济活动辐射至广大的苏北地区。随着过江通道的陆续建设，苏中在南北互动发展中的纽带作用将更加凸显。通过要素的

流动和集聚，加强了南北交流，促进了苏北和边缘地区的发展，缩小了地区差距，进而全面实现全省经济和社会的和谐发展。

苏中崛起有助于全面提升苏南发展层次，促成全省形成新的整体优势。长江"黄金水道"的优势已在沿江两岸同时得到体现，沿江开发扩大了苏南的经济发展空间。苏中崛起客观上通过地区产业转移等方式促动苏南的产业结构升级，推动沿江地带尽快成为具有国际竞争力的制造业"走廊"。

二、苏中崛起的动力

（一）沿江、沿海开发为苏中崛起提供发展机遇

江苏新一轮的加快沿江开发和沿海大开发战略，为苏中的崛起提供了发展机遇。一方面，沿江开发战略催生了苏中软硬环境的巨大变化。苏中在新一轮沿江开发中迅速成为国际资本和民间资本的集聚地，众多的国际资本提升了苏中的产业层次，推动了地区产业结构调整，更缩短了苏中与苏南的经济发展差距。沿江开发还带来了苏南的创业精神、经营理念和管理模式，促使苏中加速建立起现代市场经济观念、竞争观念、效益观念和人才观念等。另一方面，沿海大开发使苏中依托港口资源和节点城市，在发展临海港产业上取得突破，逐步形成江海联动发展的局面。在政府推动、市场运作双效作用下，凭借沿江、沿海两大经济起飞平台，加快了苏南资源相对紧缺的产业向苏中有规划、有梯度地转移。

（二）交通格局的改变为苏中崛起构建发展通道

从"十五"开始，江苏省加大财政投入力度，重点打造苏中地区的交通基础设施建设。苏中地区交通建设以提高综合运输能力为目标，以高速化、立体化、网络化为重点，集中力量进行运输主干线、重点港站主枢纽建设，初步形成以高速公路、干线铁路、长江和内河主航道为骨架，沿海、沿江主要港口为依托，中心城市为枢纽的水陆空管并举的综合交通体系。承东启西、沟通南北、通江达海、快捷方便的港口，配以高标准、大规模的高速公路网、铁路和过江通道，使苏中的交通格局发生了根本性的变化。连接南北、横贯东西的立体式交通的全面贯通，把苏中与苏南和上海紧密联系在一起，使上海和苏南的龙头辐射作用迅速抵达苏中，形成了人员、物资、资金和信息等各种资源和生产要素的大规模流动，带动了苏中经济的快速发展。

（三）经济、资源基础为苏中崛起孕育发展空间

苏中地区工业经济起步较早，纺织、机电、医药、汽车、建筑等传统产业具有明显优势，是支撑苏中经济增长的特色产业，也是提高区域竞争力的重要基础；苏中土地、耕地面积数量充足，丰富的后备土地资源潜力巨大，

对保持生态平衡，促进经济发展起着越来越重要的作用；苏中地区还具有丰富的石油资源、矿产资源和海洋资源比较优势，对于资源短缺的江苏和华东地区具有重要的价值；苏中地区农副产品较为丰富，是全国重要的商品粮、商品棉基地，这些都为促进苏中向苏南和上海开放，促进苏中经济发展打下坚实的基础。

(四)劳动力相对廉价为苏中崛起提供发展条件

2007 年，苏南、苏中、苏北的职工年平均工资分别为 32 583 元、24 289元、20 725 元。若以苏中职工平均工资为 100，苏南为 134.15％，苏北为85.33％，比较得到，苏南劳动力价格超出苏中 1/3 水平以上，苏中、苏北劳动力价格差距则相对较小，可见，苏中地区的劳动力能够提供一个较低的生产成本和交易成本。同时苏中在经济发展水平、交通条件、其他要素配置和接受上海辐射方面明显优于苏北，从而更易受到中外投资者的青睐。劳动力质量不仅是带动科技进步的研究与开发中的关键投入品，而且也决定了吸收新产品和新思想的能力与速度，从而对经济增长具有至关重要的作用。随着苏中软环境的优化，苏中具有了较好的人才优势，吸引了大量的资金、人才、技术等生产要素注入苏中经济建设中，使苏中发展呈加速趋势。

三、苏中崛起的策略

(一)加强与苏南和上海区域合作，提升在长三角的地位

抓住沿江、沿海开发的大好时机，配合省委省政府提出的"加强分类指导，下更大工夫促进区域共同发展"，因地制宜，继续优化投资和经济发展环境，完善基础设施，规范经济秩序，充分调动和保护社会各方面的创造活力，积极争取更多政府的战略支持、政策支持和项目支持，提升各方对苏中发展的预期，充分接收上海和苏南的辐射，加快引资步伐，扩大动力源，积极参与长三角经济一体化进程，吸引更多支柱产业落户苏中。

(二)优化产业结构，加快新型工业化步伐

苏中尚处于工业化中期，在经济发展新阶段，要抓住产业转移和重大基础设施条件改善的机遇，积极建立跨江经济联合体，加快工业化进程。一方面，继续加强基础产业，如重化工、电力、冶金、造修船、汽车及零部件、新材料等产业；另一方面，走新型工业化道路，从现代服务业切入，建立以市场为导向的高水平、高附加值现代装备制造业基地，利用沿江沿海港口、岸线的天然优势，发展医药和现代物流业等新技术产业，不断培育主导产业，提升产业结构，推动企业由低成本竞争向先进技术竞争转变，形成经济规模大、产业链长、就业面广的产业集群，壮大苏中经济实力。同时，建立苏中

经济增长内生机制，大力发展苏中的私营经济，改善融资环境，多方位激发生产力发展动力。

（三）加强分类指导，打造支柱产业

苏中三市的发展条件各具特色。南通有上海一小时都市圈、沿海交通枢纽、大港口、淡水丰富、腹地广阔等潜在优势，应加快江港海港建设，在全球范围内承接造船、精细化工等产业转移，发展临港大工业；泰州是全国首批医药出口基地之一，国家火炬计划医药产业基地，有扬子江药业等5家企业入围全国医药百强，医药产业总量连续5年、经济效益连续9年在全省和全国地级市中名列第一，应加快新型工业化步伐，重点发展医药产业集群；扬州作为重要的历史文化古城，旅游业发达，应积极投资城市建设，重点发展现代服务业和现代物流业。

（四）调整产业布局，扩大地区优势

通过调整，使苏中重大产业的布局依托交通干线，如沿江港口、沿江高等级公路，发展港口工业、沿江基础工业、开发区高新技术产业，使之脉络清晰，有利于增加产业协作，充分扩大地区产业优势。仪征开发区在生产石化原材料产品的基础上，发展高附加值的石化后道产品，与南京化学工业园区共同建成全国著名的石油化工产业密集区。发挥南通滨江临海的区位优势，在江海交汇区域培育石油化工产业的发展。精细化工产业布局宜充分发挥泰兴、南通现有优势，注重与张家港、常熟、太仓等苏南地区的产品品种错位，积极发展绿色环保型、附加值高、市场需求量大的产品，共同形成沿江精细化工产业密集区。加快江阴—靖江特色冶金产业密集区的形成。积极推进扬州客车产业规模的扩大和水平的提升，加快形成以扬州为重点的国内重要的客车生产基地，围绕汽车整车，鼓励苏中中部地区大力发展汽车零部件生产，形成汽车零部件产业带。根据比较效益原则和资源禀赋条件，船舶产业应布局在苏中沿江地区。重点加快南通造船业的建设和发展，整合扬州、仪征、江都、靖江等地区的造船业，促进企业规模集聚和产品升级，把南通建成亚洲第一、世界著名的修造船基地，把扬泰地区建成国内知名的船舶修造基地。沿江地区具有发展新材料产业的良好条件，依托沿江基础产业，重点加快泰州纳米材料、金属新材料和化工新材料产业的发展，扩大产业规模，形成新材料产业基地；加快江阴和南通等地区新材料产业的发展，注重向基础产业渗透，促进基础产业升级。

（五）全面推进经济国际化进程，提高对外开放的水平和层次

国际贸易量的80%以上都是通过海运完成，大港口是形成物流中心的重要条件，大物流促进形成大型港口城市，而大的港口城市的崛起，又往往会激活一座座内陆城市而带动起一个区域的经济发展，今后苏中要把沿江开发、江海联动作为提升经济国际化水平的最大机遇和最大优势，将沿海深水大港和沿江大港作为外向型经济的支撑。随着沿海开发战略的全面启动，苏中要以打造大载体推进发展功能的国际化，即大力推进基础设施建设，加快建设大港口、大通道、大园区；以构筑大基地推进产业发展的国际化，即进行大规模临港产业开发，重点推进船舶修造基地、现代纺织基地、精细化工、石油化工基地、物流基地的建设；以实施大招商推进资本、市场的国际化，即以域外资源的参与提升江海开发的能力和水平，实现内外要素优势的叠加，打造长江北翼先进制造业和临港产业走廊。

第六章　苏北地区

章前语

苏北地区自然条件较为优越，表现为以平原为主的地貌适宜各种经济活动，过渡性的自然景观蕴涵丰富物种，绵长的海岸线孕育了丰富的海岸带资源，矿产、滩涂和旅游资源十分丰富。区内旱作为主的农业和能源与重工为主的工业有一定基础，交通运输网络十分发达，中心城市发展初具规模，淮海文化特色鲜明。综观苏北地区的发展现状，具有人口规模基本稳定，素质不断提高；海岸带开发成效显著，海洋资源得到高效利用；经济发展速度较快，产业结构调整成效显著；交通运输业发展迅速，基础设施条件明显改善；旅游业起步较晚，特色旅游得到快速发展；城市化水平明显提高，城市体系初步形成等特点，但是也存在资源与环境问题较为突出；人口老龄化现象初显，性别结构失衡；经济基础较为薄弱，产业结构仍欠合理；城市化水平较低，城市体系尚不完善等问题。为促进全省区域协调发展，振兴苏北地区，江苏省先后提出了沿东陇海产业带建设、徐州都市圈建设、沿海开发和加快振兴徐州老工业基地等区域经济发展战略，为苏北地区快速发展提供了新的强劲动力。

关键词

平原地貌；过渡性自然景观；交通枢纽；沿东陇海产业带；徐州都市圈；淮海文化

第一节　地区发展概况

自然地理上的苏北地区通常是指苏北灌溉总渠以北的江苏境域以及江苏北部沿海地区，行政区划上指江苏北部的徐州、连云港、盐城、淮安、宿迁5市及其所辖的16个市辖区，4个县级市及20个县。面积和人口分别占江苏省的50.94%和42.62%，在苏南、苏中和苏北3个地区中均居首位（表6-1）。

表 6-1　苏北地区基本情况(2007 年)

	徐州	连云港	淮安	盐城	宿迁	苏北地区
面积/km²	11 258	7 500	10 072	16 972	8 555	54 357
人口/(万人)	940.95	482.23	534.00	809.79	531.53	3 298.50

资料来源：江苏统计年鉴(2008)。

一、地区发展条件

(一)以平原为主的过渡性自然景观

苏北地区的地貌以平原为主，北部及西南部分布有规模和高度不大的低山丘陵。整个地区地势低平，海拔高度均在 45 m 以下，东部滨海平原更在 5 m 以下。平坦辽阔的平原为苏北地区经济发展提供了良好的用地条件。苏北地区现有土地面积 54 357 km²，其中耕地面积 26 704 km²，分别占全省土地和耕地面积的 53% 和 56.5%(表 6-2)。

表 6-2　江苏各区域土地和耕地面积比较(2007 年)

地区	土地		耕地	
	面积/km²	占全省比例/%	面积/km²	占全省比例/%
苏北	54 357	53	26 704.0	56.5
苏中	20 432	20	10 918.8	23.0
苏南	28 090	27	9 681.9	20.5

资料来源：江苏统计年鉴(2008)。

我国重要的南北自然地理分界线淮河—苏北灌溉总渠自西向东穿行苏北，特殊的地理位置，决定了苏北地区的气候条件和自然景观具有明显的过渡性特征。

苏北地区四季分明，具有春温、夏热、秋暖、冬寒的气温特征。太阳总辐射介于 462.0～529.2 kJ/cm²，是全省光能资源最为丰富的地区。热量资源较为丰富，≥0℃ 活动积温 5 045.2～5 428.0℃，≥10℃ 活动积温 4 200.0～5 280.7℃，年平均气温介于 13.1～14.5℃ 之间，无霜期 200～225 d，能够满足一年两熟耕作制度的热量需要。年降水量介于 869.9～1 115.4 mm，属全省降水量最少的区域，季节分配较为不均(表 6-3)。

表6-3　苏北地区降水量及其季节分配

	全年	春季	夏季	秋季	冬季
降水量/mm	869.9～1 115.4	126.0～215.7	531.0～579.5	159.1～254.7	45.4～91.7
占比例/%	100.0	13.0～19.3	50.0～61.6	18.3～24.0	5.0～8.3

资料来源：江苏省气象局历年观测数据统计资料。

与南北过渡性的气候条件相适应，苏北地区的自然景观也表现出明显的南北过渡性特征。以苏北灌溉总渠为界，以北的暖温带气候区内，中运河以东属于落叶阔叶林—棕壤景观，其间分布有大面积的赤松林，为我国分布最南的赤松林。中运河以西属于落叶阔叶林—淋溶褐土景观，平原上已不见原生自然植被，人工栽培植物多是耐旱的落叶阔叶树种，如国槐、刺槐、苦楝、臭椿、香椿、杨柳、旱柳等，果树有苹果、梨、葡萄、桃、李等。苏北灌溉总渠以南为北亚热带气候区，属于落叶阔叶与常绿阔叶混交林—黄棕壤景观。常绿阔叶树种较少，多是人工栽培的耐寒品种，如石楠、女贞、小叶女贞、黄杨、茶树等。马尾松林是主要的针叶树林，在低山丘陵分布广泛，且多为纯林，或与落叶栎类构成松栎混交林。

（二）较为发达的水系

1128年黄河夺淮夺泗入海以前，苏北地区基本属淮河及其支流泗水流域，之后受黄河泥沙淤积和三角洲迅速向海推进的影响，1855年（清咸丰五年）黄河北徙后，形成今日的水系格局。苏北地区水系较为发达，河湖较多，河网密度较大。较大河流有淮河、沂河、沭河、废黄河、灌河、盐河、苏北灌溉总渠、射阳河等。东部地区的河流大多常年有水，水量较为丰富；西部地区的河流多为季节性河流，冬春季经常断流。

苏北地区湖泊众多，有洪泽湖、骆马湖、白马湖、高邮湖等，以洪泽湖和骆马湖为最大（表6-4）。南部运河以东地势低洼，水网密布，是著名的水网圩区。

表6-4　洪泽湖和骆马湖主要特征指标

	面积 /km²	容积 /(10⁸ m²)	平均水深 /m	最大水深 /m	湖底高程 /m	含沙量 /(kg·m⁻³)
洪泽湖	1 960	6.4	1.35	4.75	7.5～11.0	0.25
骆马湖	296	8.1	2.03	3.53	18.0～21.0	2.11

资料来源：中国科学院地理研究所湖泊室．江苏湖泊志．江苏科学技术出版社，1982。

（三）独具特色的自然资源

1.煤炭为主的矿产资源

苏北地区是江苏重要的矿产地，资源种类较为齐全，能源、金属和非金属矿产均有分布，并有一些储量较大、在全省国民经济发展中占有重要地位的矿种。

能源矿产是苏北地区的主要矿产资源，已经发现的矿种有煤炭、石油、泥炭、铀、地下热水等，其中煤炭资源蕴藏量较大，石油资源前景意义重大。苏北煤田以徐州为中心，包括附近的铜山县、丰县、沛县，成煤期为石炭纪中、上统和二叠纪，探明储量 38.2×10^8 t，可开采储量 15.62×10^8 t，在全省占据首位，具有层次多、煤层厚、质量好、分布稳定而有规律等特点，部分矿体中还伴有铜、金、银等有色和稀贵金属，具有较高的综合开发利用价值，但是也具有埋深大、含硫高等不足。苏北煤田与鲁南煤田、两淮煤田连为一体，共同组成了我国华东地区最大的煤炭工业基地。徐州煤田的开采始于19世纪80年代，20世纪70年代扩展至丰、沛二县，逐步发展为华东地区重要的大型能源基地，目前开采已愈中晚期。处于苏北断陷的江淮平原和黄海大陆架地区的白垩系和老第三系较为发育，是良好的油气储存构造区，近年来的勘探工作已经发现具有工业意义的油气储藏，石油储量达 $4\,000 \times 10^4$ t，天然气储量达 271 m^3。

金属矿产主要是铁矿和铜矿。铁矿地质储量 11×10^8 t，探明储量 $8\,300 \times 10^4$ t，主要分布于徐州市利国镇，属于接触交代型内生铁矿，主要以磁铁矿、赤铁矿为主，矿石品位高，多为大于50%的富矿。利国铁矿的开发历史悠久，汉、唐时期就已驰名全国，近年来又有新矿点发现，其中利国附近的吴庄、磨山二矿点的储量较大。铜矿储量约 40×10^4 t，矿点主要有两个，一是利国铁矿的伴生铜矿，可以开发利用；二是徐州市铜山县斑井的小型矿点。其他金属矿产资源储量亦属可观，黄金 30 t，金刚石 900 克拉。

非金属矿产种类较多，如磷、水晶、钾、页岩、石灰岩、蛇纹岩、蓝晶石、盐矿金刚石、石英、凹凸棒黏土等，其中不乏一些在全国占有重要地位的矿种。磷矿是苏北的重要矿产，在全国占有重要地位，主要分布于连云港市的海州锦屏磷矿和新浦磷矿，均为太古界锦屏含磷岩系的磷酸盐矿，其中锦屏矿床储量较为丰富，探明储量为 $2\,200 \times 10^4$ t，为我国 6 大磷矿之一，开采历史悠久。铜山县磨石坑磷矿是蕴藏于寒武、奥陶系灰岩地层中的洞穴淋滤沉积型磷矿，品位较高，可以直接用于生产。水晶蕴藏量丰富，东海、赣榆、新沂、沭阳等地都有分布，东海水晶全国闻名，素有"中国水晶之乡"之称。淮北盐场是全国四大海盐生产基地之一，淮阴、徐州的钠岩盐储量 $4\,000 \times 10^8$ t。其他重要的非金属矿产储量亦较丰富，石灰石 400×10^8 t、石英石 7.4×10^8 t。

  2. 丰饶的海岸带资源

  苏北地区拥有绵长的海岸带。海岸线北起赣榆县北界的绣针河口，南至东台市南界的北凌河口，长 499 km，约占全省海岸线总长的 80%；海岸带面积 72.5 km²，滩涂 180.9 km²，二者合计 253.4 km²，分别占全省和全国总面积的 72.63% 和 17.3%。苏北地区的海岸类型多样。绣针河口至兴庄河口为缓慢蚀退的沙质海岸，长约 27 km，潮间带滩涂宽约 1 km，其中九里七和海头是著名的渔场分布区。兴庄河口至连云港西墅为缓慢淤涨的淤泥质海岸，长约 26 km，滩涂宽度在 3～4 km，临洪河口段可达 5～6 km，是淮北盐场的主要盐田分布区。西墅至连云港烧香河为冲淤基本平衡的岩质港湾海岸，长约 44 km，岸外有多个岛屿分布，最大的是连云港的东西连岛，岸段建有连云港。烧香河至射阳大喇叭口为蚀退泥质平原海岸，长约 144 km，潮间带宽度约 0.5～1 km，个别地段可达 2.0～2.5 km，盐田分布较广。大喇叭口至东台北凌河口（老坝港）为岸外辐射沙洲群掩护下的淤涨型泥质海岸，长约 258 km，有多个渔港分布，岸段内建有大丰港。

  苏北地区是江苏省沿海滩涂集中分布区域，面积达 1 809 km²。这里水热条件良好，适宜发展种植、林果、水产养殖、晒盐等多种产业。沿岸有 40 余条河流入海，年入海径流量达 100×10^8 m³，既为滩涂开发提供了充足的水源，又为海洋生物的大量繁殖提供了有利条件，还形成了众多的河汊渔港，为近海养殖、捕捞提供了良好的基础条件。江苏省共有海洲、大沙、吕四和长江口 4 大渔场，其中前二者分布于苏北海区，拥有鱼、虾、贝类等经济水产类生物 100 余种，每年的海洋捕捞量近 20×10^4 t。在人工海水养殖方面，海带、紫菜、对虾、梭子蟹以及一些贝类均有大的发展，养殖面积超过 100 km²，其中海带和对虾的养殖面积较大，主要分布于连云港、赣榆等近岸海面，近年来大丰、东台等县的近岸海面也有较大发展。

  苏北沿海滩涂自古就是我国著名的海盐产地，分布于此的淮北盐场目前仍是我国四大盐场之一。秦汉以来，淮南煮盐业曾是国家重要利源。明清以来，淮南因东部平原迅速淤涨而海远卤淡，渐不宜盐，1905 年废盐兴垦，代之以淮北晒盐业的兴起和发展。目前江苏省的盐场遍及沿海各县、市，主要分布于苏北灌溉总渠以北的苏北沿海。苏北地区现有盐场生产面积 653.84 km²，占全省总生产面积的 96.47%，生产面积占全省总生产面积 77% 的淮北盐务局所属 8 个国营盐场全部位于苏北沿海地区。目前，苏北海盐年产量约为 274×10^4 t，约占全省海盐年总产量的 97%。

3. 种类齐全的旅游资源

苏北地区的旅游资源种类较为齐全，并且有着较好的空间组合关系。区内旅游资源的特色较为鲜明，自然与人文旅游资源相互交融，形成了楚汉文化、沿海胜景、大运河沿线风光等多个旅游资源集聚组合。

徐州历史悠久，是彭祖故里，刘邦故乡，向被称为"千年龙飞地，一代帝王乡"，为历代兵家必争之地，体现两汉文化的汉兵马俑、汉墓、汉画像石"汉代三绝"灿烂夺目，云龙山、云龙湖组成的云龙山水秀比江南，淮海战役纪念馆、汉代古战场组成的军事文化底蕴深厚，美食、养生为主要内涵的彭祖文化源远流长。连云港市风景名胜众多，历史文化浓厚，体现"海、古、神、幽、奇、泉"六大特色的著名旅游资源丰富，花果山、连岛、孔望山、渔湾为国家4A级旅游区，桃花涧、石棚山、大伊山为国家3A级旅游区，海洋沿岸有大沙湾、苏马湾、黄窝、西墅、墟沟5处海滨浴场和全省仅有的13个基岩海岛。盐城市沿海滩涂是太平海岸生态环境保护最完好的一块原始湿地，分布有丹顶鹤、麋鹿2个国家级自然保护区，世界野生鹤和麋鹿种群分别有60％和25％在此繁衍，素有"丹顶鹤的家园、麋鹿的故乡"之称，是开发以湿地生态为主题的生态旅游理想目的地。淮安市是已故总理周恩来的故乡，有洪泽湖自然风光，为淮扬菜的发源地，一向被称为"伟人故里、美食之乡"。宿迁市是项羽故里，著名酒乡，具有苏北水乡田园和良好的生态环境，可通过楚汉文化、酒文化和落马湖等旅游资源的开发，发展展现"西楚雄风、河清湖秀"为特色的旅游事业。

(四)发达的交通运输网络

苏北地区具备"临港、沿线，依桥、托海"的优越地理区位，历来是我国东部地区重要的交通要地。近年来，苏北地区的交通事业更是得到快速发展，由铁路、公路、海洋和内河航线、航空航线组成的现代化综合交通网络初具规模，铁路、公路、水运、航空、管道"五通汇流"的立体交通格局已形成。

陇海铁路、京沪铁路、新(沂)长(兴)铁路和沿海铁路5条铁路干线通过本区，徐州是我国重要的铁路运输交通枢纽。徐州铁路枢纽以徐州北编组站、徐州客站为中心，共有14个车站、3个线路所，衔接陇海、京沪2条主要干线及徐沛、符夹线2条支线。由高速公路、国道、省道、高速公路和县、乡级公路及农村道路所构成的公路运输网已经基本形成。通过苏北地区的国道有104(北京—福州)、204(烟台—上海)、206(烟台—汕头)、310(连云港—天水)、311(徐州—西峡)、327(菏泽—连云港)等6条。近年来，苏北地区的高速公路建设发展迅猛，京沪、宁连、宁宿徐、宁靖盐、沿海、同(江)三(亚)、宿淮盐、连徐、盐徐等多条高速公路贯穿苏北，2007年年底通车里程达1 443 km，高速公路网密度为 2.05 km/km²，居于全国先进行列。

　　苏北地区的水运事业有较大发展，京杭运河、连云港、大丰港、规划建设的苏北入海航道组成的苏北航运网络日趋完善。京杭运河是国家北煤南运的主通道，苏北段是其中航道标准最高、航行条件最好的河段，2007 年货运量达 1.55×10^8 t。连云港为陇海—兰新铁路的东部终点港、新亚欧大陆桥东桥头堡和我国中西部地区最经济便捷的出海口，也是江苏省最大海港和国家主枢纽港口之一，跨入全国前 10 强和世界百强港口行列。连云港以腹地内集装箱运输为主，是集商贸、仓储、保税、信息等服务于一体的综合性大型沿海商港，有泊位 41 个，其中生产性泊位 35 个，非生产性泊位 6 个，万吨级以上生产性泊位 30 个，与 160 多个国家和地区的港口建立通航关系，2007 年港口货物吞吐量超过 $8\,500 \times 10^4$ t，集装箱吞吐量达到 130 万标箱，承担了大陆桥过境集装箱运量的 90% 以上。新建的大丰港地处江苏省海岸线港口空白带的中心位置，是国家交通部规划填补沿海港口空白带的项目，也是江苏省沿海重点建设的三大港口之一。大丰港现已建成通航 2 座万吨级泊位，"十一五"期末还将建成万吨级以上泊位 8 个，年吞吐能力将达 $1\,500 \times 10^4$ t 散杂货、30 万标箱；到 2020 年，建成万吨级以上泊位 34 个，年吞吐能力达 $5\,000 \times 10^4$ t 散杂货、100 万标箱，成为江苏中部最大的对外开放的综合性商港；远期建设成为亿吨大港。

　　苏北有徐州观音机场、连云港白塔埠机场、盐城南洋机场和淮安民用机场。观音机场位于徐州睢宁县双沟镇附近，是目前淮海经济区内规模最大、设施最先进的大型航空港，占地 2.5 km²，建筑面积 5.7×10^4 m²，其中航站楼建筑面积为 2.3×10^4 m²，可满足年旅客吞吐量 100 万人次和各类大中型飞机全重起降要求，具备"全天候"开放条件。白塔埠机场位于连云港东海县境内，占地 5 km²，候机楼 3 500 m²，为军民合用机场，1985 年 3 月 26 日开通第一条民用航线。盐城南洋机场位于盐城市亭湖区南洋镇境内，2000 年 3 月 29 日正式通航，设计年旅客吞吐量 30 万人次，目前为国家一类航空开放口岸，已开通盐城至北京、广州、韩国等地航班。淮安民用机场位于淮安市涟水县陈师镇境内，于 2008 年 10 月 22 日开工，2010 年通航，按照近期满足 40 万人次的客流量设计。

二、地区发展特点

（一）经济发展速度较快，产业结构调整初显成效

　　近年来，苏北地区的经济得到快速发展，地区生产总值逐年上升，在 1978～2007 年 30 年间，增长 67 倍（图 6-1），人均国内生产总值达到 1.5 万

元以上，上升到了较高水平。

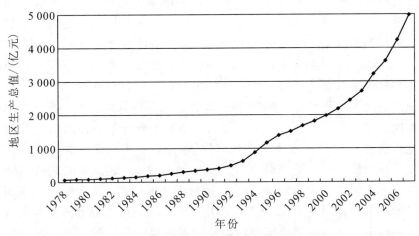

图 6 - 1 苏北地区生产总值变化

（资料来源：历年江苏统计年鉴）

苏北地区经济结构调整成效显著，产业结构有了明显变化。20 世纪 90 年代以前，三次产业结构的位序是"一二三"，1993 年首次变成"二一三"，第二产业份额开始位居 GDP 结构中的首位，标志着苏北地区开始进入工业化的初期阶段。从产值结构上看，第一产业的比重不断下降，第二产业的比重逐年上升，第三产业比重也呈现出缓慢上升的趋势，三次产业的产值比重已形成了"二三一"的格局。从就业结构来看，第一产业就业比重迅速下降，由 2000 年的 56.1% 下降为 2007 年的 35.4%，这说明苏北地区随着工业化进程的加快，农业现代化程度和劳动生产率的提高，第一产业对劳动力的需求不断下降，劳动力将逐渐向第二和第三产业转移，第二产业和第三产业就业比重平稳上升，劳动力就业结构已呈现了"一三二"格局（表 6 - 5）。

表 6 - 5 苏北地区三次产业结构变化　　　　　　　　（单位:%）

	第一产业		第二产业		第三产业	
	产值结构	就业结构	产值结构	就业结构	产值结构	就业结构
2000	26.4	56.1	41.4	19.4	32.2	24.5
2007	16.2	35.4	48.9	30.1	34.9	34.7

资料来源：江苏统计年鉴(2001、2008)。

1. 旱作为主的农业

受气候条件的影响，苏北地区的农业过渡性较为明显，许多温带和亚热带的作物、树木在这里均有种植，但以温带作物、果树和林木以主。一年两熟制的旱作是苏北地区的主要耕作制度，作物品种以小麦、玉米、大豆、棉花等为主，高粱、甘薯、谷子、花生、芝麻、烟叶等也有较大发展。

小麦是苏北地区种植最为普遍、面积最大的作物，多与玉米轮作。苏北是全省主要的小麦产区，产量占到全省总产量的50%以上。玉米种植面积也较大，几乎集中了全省全部的玉米种植面积，其中徐淮地区多与大豆间作，而盐城多与棉花间作。1956年以来，水稻生产在苏北得到发展，种植面积逐渐扩大，主要集中于徐淮地区，面积变化于3 500～5 500 km²之间，约占全省的15%～20%。棉花生产主要集中于沿海和西北部，产量占全省的50%以上。此外，东海、赣榆、泗洪、新沂等市、县是我国的主要花生产区之一，徐淮地区集中了全省85%的花生产量。

苏北地区果树种植较为普遍，近年来发展尤快，主要品种有苹果、梨、葡萄、银杏等。苹果的种植面积在140 km²以上，占据了全省50%以上的产量，集中于黄河故道区，尤以丰县大沙河一带最多。梨和葡萄的栽培历史较为悠久，徐州、宿迁为我国10大葡萄酒用葡萄生产基地之一，丰县、泗阳梨的种植面积最大，丰县借此每年举行盛大的"梨花节"，促进了旅游事业的发展。苏北是我国著名的乳制品、海水产品和淡水产品生产地，产量大，品质优。徐州维维集团发展了跨区域的畜牧业生产，在天山之麓建有奶牛饲养基地，为其奶制品原料基地，使徐州成为我国最大的奶制品生产城市之一。凭借宽广的近海、面积较大的内陆河湖和较为丰富的水产资源，苏北地区发展了规模较大的水产养殖业。连云港、盐城及其所属沿海各县是我国著名的海水养殖基地之一，对虾、海带、紫菜、贝类等均是著名产品。盱眙龙虾、洪泽湖鸭和鸭蛋是我国著名的淡水产品。

苏北地区是我国农业开发历史最早的地区之一，但是历史时期由于长期受到洪涝、干旱、盐碱等多种自然灾害的困扰，农业生产水平低而不稳。新中国成立后，随着大规模水利建设和以治水改碱为重点的基本农田建设的开展，农业生产条件大为改善，复种指数达到170%以上，农业产量也得到大幅度提高。

近年来农业内部结构也在不断调整，稻麦面积稳中有降，蔬菜面积逐步回升扩大，养殖业呈规模化、工厂化发展。农业投入不断加大，科技含量贡献份额加大，高效、高施农业被重视。现代农业建设取得一定的成效，农产品加工业进一步得到发展，品牌农业、"基地＋龙头"企业得到强化，形成了优质稻米、蔬果、水产、畜禽、林业、中药材、食用菌等主导产业，创建和整合了一定数量的出口基地、绿色食品基地、现代农业高新技术示范园，创立了一系列品牌和名牌。

2. 能源与重工为主的工业

苏北地区的工业发展历史悠久，是江苏省的老工业基地，能源工业和机械制造业在全省乃至全国占有重要地位。然而，苏北地区的工业基础薄弱，长期处于较为落后的局面。近年来，得益于积极承接产业转移、以交通为主的基础设施的日趋完善和省级财政的大力支持，苏北地区的工业得到振兴。

目前苏北地区有一定地方特色、一定生产能力和一定技术水平的工业体系已经形成，纺织、烟草、化工、通用设备、煤炭、农副食品加工、饮料、电力、非金属矿物制品、木材加工等行业的产量在全省具有一定地位。能源工业和以机械制造为主的重工业是苏北地区的传统优势产业，目前依然保持着强劲发展势头，机械制造、煤炭、电力等仍保持着支柱产业的地位。同时，苏北地区积极调整工业结构，推动产业高级化、适度重型化，轻工业和重工业的比重由 2002 年的 51.1∶48.9 调整为 2007 年的 38.5∶61.5。积极培育壮大新医药、新材料、新能源等新兴产业，工业经济集中度有所提高。通过积极培育，形成了纺织、烟草、化工、通用设备、煤炭、农副食品加工、饮料、电力、非金属矿物制品、木材加工等十大特色支柱产业。按照节约用地、集约发展原则，推动企业和项目进入开发区和工业集中区，调整空间布局，促进产业集聚，省以上开发区工业产值已占苏北地区工业总量的 50%。

（二）人口规模基本稳定，素质不断提高

苏北地区人口数量较大，2007 年年末达 3 298.50 万人，占全省总人口的42.5%。长期以来苏北各市的人口逐年增加，但近来增长速度有所放缓。尤其是 2000 年后，人口增长率明显下降。2005 年年末常住人口比 2000 年年末增加 68.4 万人，年平均增长率 0.4%，比 1990～2000 年间的 5.5%降低了5.1%（图 6-2）。人口规模已基本稳定，实现了人口再生产类型从"高出生、低死亡、高增长"向"低出生、低死亡、低增长"的转变。然而，苏北地区人口基数庞大，人口总量在相当长的时期内仍将保持增长态势，人口过多仍然是一个突出问题。另外，目前的低生育水平尚不稳定，特别是在农村地区，低生育水平面临着较大的反弹压力，人口对经济增长的影响依然严重。

苏北地区人口的身体素质和文化素质均有明显提高。2000 年以来，苏北各市婴儿和五岁以下婴儿的死亡率分别以 0.75‰～2.17‰和 0.93‰～3.02‰的年递减率下降，其中徐州、盐城和宿迁三市的年平均递减率均高于 1.15‰和 1.21‰的全省平均水平。苏北人口的平均预期寿命女性为 75 岁左右，男性

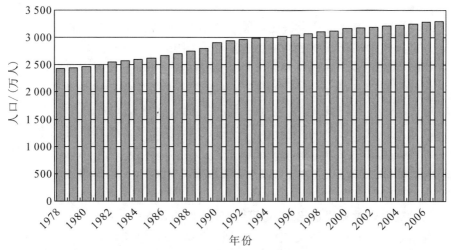

图 6-2　苏北地区人口变化

（资料来源：历年江苏统计年鉴）

为 72 岁左右，也比 20 世纪 90 年代有较大幅度的提高。但是，新生婴儿缺陷发生率有所上升，年递增率在 2.80‰以上，明显高于 0.33‰的全省平均水平。人口文化素质的提高，主要表现是受教育程度显著提高。徐州市 2005 年全市常住人口中，具有大学程度和小学程度的分别为 36 万和 240 万，比 2000 年分别增加 10 万和减少 74 万，接受高层次文化教育的人口逐年增多。苏北地区人口文化素质的区域差异较大，主要表现为城乡人口的受教育程度存在明显差别。2005 年徐州市接受大学以上教育的人口中，城镇占 90.6％，乡村仅占 9.4％；全市人口的平均受教育年限为 7.9 年，其中城市人口为 9.41 年，城镇人口为 8.24 年，乡村人口为 7.01 年；6 岁及以上受教育程度在小学及以下人口占总人口的比例，城市为 19.8％，城镇为 26.0％，乡村为 35.1％。虽然近年来乡村地区小学及以下文化程度人口的减少幅度高于城市和镇，但受教育程度在小学及以下的人口所占比重仍然远高于城镇。

　　苏北地区城市化始于新中国成立以后，起步较晚，水平较低。20 世纪 90 年代以后，苏北地区城市化进入稳步发展阶段。目前苏北各市的城市化水平，徐州为 34.32％，连云港为 47.21％，宿迁为 42.19％，盐城为 36.05％，淮安为 32.44％，虽均低于江苏省 50.5％的平均水平，但是均保持了较高的增长速度。虽然目前苏北城市体系建设还没有改变城乡分离格局，城乡收入差距还在扩大，各地、各类城市发展不平衡现象比较普遍，但是城市体系建设业已取得了显著成效，中心城市发展迅速。五个中心城市中，徐州市是淮海经济区的首位城市。近年来，按照"点线面推进、大项目带动、城市间协调发展"的思路,着力实施"大工业支撑、大项目带动、大商贸流通、大城市建设"四大战略,使全市经济社会快速发展,2006年徐州市实现国内生产总值1 429亿元,首次超过了江苏省平均增长速度;人均国内生产总值16 258元,首次超过全国平均水平,已率先步入了特大城市的行列。连云港市是江苏省唯一的海港城市和全国14个首批沿海开放城市之一,近年来,连云港市充分利用港口城市的优势,积极推进新亚欧大陆桥东桥头堡建设,综合实力显著提升;淮安市是苏北地区的第二大城市,淮安和连云港二市也极有可能在不远的将来成为特大城市。中小城市建设成就巨大,24个县(市)基本形成了具备各自特色的工业体系和城市风格,2007年东台市、大丰市、新沂市、邳州市4市跨入全国百强县(市)之列。

(三)交通运输业发展迅速,基础设施条件明显改善

近年来,苏北地区的交通事业得到快速发展,由铁路、公路、海洋和内河航线、航空航线组成的现代化综合交通网络初具规模,铁路、公路、水运、航空、管道"五通汇流"的立体交通格局基本形成。

"十五"以来,苏北的高速公路建设发展迅猛,建成宿淮、盐通、淮盐、连盐、宁淮淮安段、宁宿、京福高速公路徐州绕城西段等多条高速公路,总通车里程超过1 000 km,高速公路密度每100平方千米超过2.0 km,达到国内先进水平。干线公路和地方一般公路项目建设步伐也在加快,高等级高标准新建和扩建了310国道、242省道青口至杨集段、323省道徐州段和连云港段。农村公路建设取得巨大成就,其中2003~2005年就完成农村公路建设19 422.5 km,完成投资68.1亿元。

港口建设方面成就显著,完成了连云港庙岭港区三期工程和墟沟港区67#泊位、淮安新港和大丰港的建设。其中连云港庙岭三期顺岸泊位的竣工,新增吞吐能力50万标箱;墟沟港区67#工程竣工,新增吞吐能力100×10^4 t。在河道航运建设方面,完成了皂河三线船闸、刘集东船闸、泗阳三线船闸、刘老涧三线船闸、京杭运河徐扬段续建二期航道整治工程,大大提高了航运能力,改善了航运条件。

(四)海岸带开发成效显著,海洋资源得到高效利用

苏北地区海岸带开发的重点是沿海滩涂,其开发历史较早,新中国成立前主要是进行海盐生产。20世纪50年代,苏北沿海兴建了一批大中型国营农场,主要是发展了种植业,但效益不高。80年代以后,以对虾、紫菜等为主要产品的海水养殖业的兴起,使苏北沿海滩涂开发形成了两次高潮,即"七五"期间以对虾养殖为主的滩涂开发热潮和"八五"期间以紫菜生产为主的滩涂开发热潮,连云港也因此成为全国对虾和紫菜最大的生产、加工、出口基地。

90 年代以来，以对虾、海蟹、贝类、紫菜、海带等为主要产品的海水养殖业大发展，并迅速成长为当地经济的支柱产业，同时以农产品新品种推广种植为主的种植业也得到加强，使苏北沿海滩涂开发进入了全面快速的发展阶段。目前苏北沿海滩涂开发已经达到较高水平，并带动了多种相关产业的发展。此外，海岸带特色旅游事业也得到发展，形成了东西连岛海滨浴场、苏马湾海滨浴场、大丰麋鹿自然保护区、盐城丹顶鹤自然保护区等著名旅游景点。

受海岸带性质的影响，苏北海岸带开发的方式存在一定的区域差异。连云港市域以水产养殖为主，为全省最大的对虾、鱼、紫菜、河蟹等水产苗种繁育基地。目前在潮上带辟有耕地 160 km²，发展林地和牧草地 13 km²，盐田 350 km²，海水养殖面积 49 km²，淡水养殖面积 58 km²；在潮间带发展紫菜养殖场 22.5 km²，护养和围养贝类养殖场 66.2 km²，护养沙蚕 1.3 km²。同时，海水养殖向浅海发展，养殖海带和裙带菜约 7 km²，网箱养鱼 2 000 多箱，扇贝、牡蛎吊养已取得成功并在积极推广之中。盐城市域以农作物种植和水产养殖相结合的种养结构模式为主，建有以大丰和射阳 270 km² 大蒜、东台 130 km² 优质西瓜、射阳 70 km² 中药材为主的特种经济作物产业带，发展了以鱼、虾、贝、蟹、藻立体混养为主的特种海珍品养殖，种植了 2.0×10^4 hm² 纸浆用速生杨树林业，开辟了以两个国家级自然保护区建设为重点、以沿海自然风光和人文景观为特色的海滨旅游景点，年接待中外游客超过 20 万人次。海洋经济年产值已超 110 亿元，约占全市经济总量的 17%，成为盐城经济的重要组成部分。

三、存在的主要问题

(一)经济基础较为薄弱，产业结构仍欠合理

历史上苏北地区长期是经济落后地区，农业粗放，工业落后，服务行业不发达，效益较低。虽然近年来经济得到了快速发展，但是经济基础依然较为薄弱。工业基础比较薄弱表现在多个方面，首先是大型骨干企业较少。苏北地区企业的总体规模偏小，以中、小型为主，在全国、全省有突出地位的大企业不多，具有国际竞争力的企业更少，工业集中度偏低。即便是在工业中占重要地位的重工业，大型企业数量少、产值低的问题也较为突出，产业联带作用不大，扩张能力不强。其次表现为优势产业效益较差。纺织业是苏北地区十大工业行业的龙头，在整个经济中占有极重要的地位，但是在结构上存在许多问题，经济效益较差。这些企业的产品单一、产业链条很短，许多企业有纺无织，有棉、化纤印染精加工的企业数量很少，后道工序印染业的规模也很小。农副食品加工业也是如此。苏北地区的农副食品加工企业数

量多，其增加值在整个工业经济中占有相当重要的地位，但其中多数以碾米加工、磨粉加工、饲料加工为主，产品的附加值很低。

经过多年的努力，苏北地区工业结构调整取得了明显成效，但是产业结构的层次仍然较低。规模以上工业十大行业中，纺织、煤炭、农副食品加工、非金属矿物制品、木材加工等均为资源型、劳动密集型产业，技术创新能力不强、产品附加值不高，尤其是私营工业中的小化工、小纺织、小水泥、小塑料、小五金等污染环境、浪费资源、高耗能源等行业还占有相当比重。高新技术产业产值仅占规模以上工业的 5.1％，低于全省的平均水平 16.1％；销售收入仅占 9.5％，利润总额仅占 10.8％；作为高新技术产业代表的通信电子设备制造业增加值的比重只占 0.4％，均与苏南地区有巨大差距。

（二）城市化水平较低，城市体系尚不完善

苏北地区的城市化起步较晚，起始水平较低，近期发展速度虽有提高，但发育缓慢，目前仍然是全省城市化水平最低的区域，仅为 30.49％，比全省平均水平低 9.3 个百分点。苏北地区中心城市的主导产业创新、组织能力较低，市区与郊区、郊县之间经济发展失衡，融合度低，城乡之间还处于一种半封闭状态，导致城乡之间要素流通渠道不畅，生产资料、资金、劳动力等生产要素得不到优化组合，严重制约了城市功能的发挥，阻碍了城市体系的发展。苏北地区的城市规模结构不尽合理，非农业人口规模较小。除徐州为特大城市外，其余均为中小城市。这种偏小的城镇规模和结构，一方面使大部分城市不易获得城市经济应有的规模效益和集聚效益；另一方面由于在城市与广大乡村之间缺乏过渡层，城市的辐射作用得不到充分发挥。苏北地区城市体系的不完善，使得区域内缺乏良好的地区产业分工与协作机制，缺少内部大城市的直接带动与辐射影响，在一段时间内长期处于低水平相对均衡的发展状态，地区社会经济发展缓慢。

（三）人口老龄化现象初显，性别结构失衡

2007 年，苏北各市的常住人口中，65 岁以上人口均已占相当大的比例，人口年龄构成类型已经完成了从年轻型、成年型到老年型的转变，人口老龄化现象已经出现（表 6-6）。人口老龄化现象有南重北轻的分布趋势，65 岁以上人口占总人口的比例南部的盐城市和淮安市均在 10％以上，而北部的徐州市为 9.5％，连云港市和宿迁市更是在 8％以下。人口老龄化的城乡差别较为明显，农村明显重于城市，而且这种现象还在进一步加剧，其主要原因是乡村劳动力年龄人口向城镇大量迁移和流动的结果。苏北的一些经济欠发达地区，由于外出劳力较少，使得人口普查资料显示的老年人的比例较低，其实这些地区的人口老龄化问题也已经十分突出。

表 6-6　苏北地区人口年龄和性别结构(2007 年)

	徐州	连云港	淮安	盐城	宿迁	苏北地区
0～10 岁/%	18.6	26.2	20.1	20.0	26.3	21.5
15～64 岁/%	71.9	66.3	69.7	68.8	66.3	69.0
≥65 岁/%	9.5	7.5	10.2	11.2	7.7	9.4
性别比(女＝100)	106.2	107.9	105.4	106.0	106.0	106.2

资料来源：江苏统计年鉴(2008)。

苏北地区各市常住人口的性别比介于 100.0～108.0 之间，基本上处于平衡状态，并呈逐年下降趋势。例如，盐城市 2001～2005 年间的性别比由 118 降至 106。但是，由于 20～54 岁年龄段外出务工的男性劳动力人口逐年增多，而该年龄段人口的性别比因男性外出而变得很小，所以不能因此而说当地人口的性别结构处于合理状态。另外，苏北地区少儿人口的性别比严重偏高，如淮安市 0～14 岁人口的性别比均明显偏高，其中出生人口为 124，1～4 岁段为 130，最低的 10～14 岁段也达 117，高于无人为干预的人类自然生育 103～107 的正常值。这充分说明苏北地区人口在性别结构上男女比例失衡的问题仍十分严重。

第二节　促进苏北加快发展的区域发展战略

20 世纪 90 年代以来，为了促进区域协调发展，江苏省先后提出了多项区域经济发展战略，其中旨在发展苏北的有沿东陇海产业带建设、徐州都市圈建设、沿海开发战略和加快振兴徐州老工业基地等。这些区域发展战略的实施，对促进苏北地区的快速发展起到了积极作用。沿海开发战略将在第八章专述。

一、沿东陇海产业带建设

(一)沿东陇海产业带建设的意义

21 世纪初，江苏省提出了沿东陇海产业带建设的区域发展战略，其目的在于依托本区独特的综合交通条件，推进工业化进程，提高经济发展水平，进而推动苏北地区的振兴，促进全省区域共同发展。这也是响应国家西部大开发、建设陇兰经济带的重要内容。

沿东陇海线产业带建设区域为东陇海铁路沿线地区，包括徐州、连云港二市区和铜山、邳州、新沂、东海四县、市，沿线全长超过 210 km，面积

9 844.23 km²，2007 年总人口 761.21 万。沿东陇海线产业带处于新亚欧大陆桥东部的龙头地带，其建设与发展具有重要意义。首先，可以进一步提升东陇海沿线双向开放、强化服务的区域功能，有效吸纳和传递物流、人流、信息流和资金流，促进自身乃至陇兰经济带的崛起；其次，可使江苏省在沿海、沿江开放的基础上，增加沿线开放的新形式，为全省开放拓展新领域、开辟新空间；最后，徐州是区域性中心城市，具有立体交通枢纽优势。连云港是江苏省唯一的沿海大港，全国十大港口之一。实施沿东陇海线产业带建设，可以积极推进二市区位、交通、资源、基础产业等比较优势转化为经济优势，在苏北地区发展建设起一个现代化的国际海港、一个新型工业化的产业带和一个新兴的都市圈和城市群，促进苏北地区的快速发展。

（二）沿东陇海产业带建设的战略定位与目标

1. 战略定位

（1）苏北发展的重要增长极。通过建设沿东陇海线产业带，促进经济总量的扩大，资源开发效率的提高，产业结构的优化，产业竞争力的提升，带动苏北地区发展，使之成为苏北地区的重要增长极，推动苏北地区走新型工业化道路。

（2）江苏新兴的产业密集带。通过大力发展劳动密集型和资源加工型产业，注重发展资本密集型和技术密集型产业，形成富有特色的产业集群，促进生产要素集聚，成为全省快速崛起的新兴的产业密集带。

（3）苏北地区对外开放的先导区。依托区位优势和开放先机，加快利用外资和出口创汇的步伐，注重提高对外开放水平，在创新管理体制、引进消化吸收先进技术、建立规范服务体系等方面，引领苏北地区对外开放步伐，以沿线产业带建设辐射带动腹地，促进苏北地区整体发展。

2. 建设目标

沿东陇海线产业带建设的目标，是通过发挥综合交通运输体系的优势，广泛吸纳国内外资本，充分释放内在发展的动力和潜力，加快形成东陇海产业密集带、东陇海城镇发展轴、区域现代物流网和绿色生态走廊的"带、轴、网、廊"的空间格局。

（1）东陇海产业密集带。依托重点产业集中区，促进产业集聚，形成资源型加工、机械、化工、医药四大产业集群，使四大产业集群的工业总产值在工业产值中所占比重提高到 65%左右。

（2）东陇海城镇发展轴。做大做强徐州和连云港两个中心城市，培育壮大特色产业，振兴铜山、邳州、新沂、东海四县（市）经济，使两个中心城市的生产总值占全区的比重提高到 68%，全区城市化水平达到 53%。

（3）区域现代物流网。依托连云港港口和机场发展国际物流，依托徐州交通枢纽发展面向苏北和淮海地区的区域物流，形成沟通海外、辐射中西部、连接华东的快速、高效、便捷的区域现代物流网。

（4）绿色生态走廊。积极提高资源利用效率，努力降低物质消耗，加大污染治理和生态建设力度，探索和建立"资源—产品—再生资源—再生产品"的循环经济发展模式，徐州和连云港两市的大气环境和水环境质量明显改善，森林覆盖率达到25%。

（三）沿东陇海线产业带建设的条件

1. 沿东陇海线产业带建设的优势

（1）区位优势

本区位于江苏省最北端，地处长江三角洲地区与环渤海地区的中间地带，交通大动脉陇海铁路和连霍高速公路横贯东西，京沪铁路和京沪高速公路纵贯南北，使本区西连广阔的中原和西部地区，北通我国政治文化中心北京，南与经济中心上海相连，东与日本、韩国隔海相望，区位优势明显，战略地位重要。

（2）发展条件

本区自然环境优良，人居条件较好；土地、淡水、非金属矿产和海洋资源较为丰富，特别是非农用地资源独特，开发条件较好；教育基础扎实，文化底蕴较深，劳动力资源丰富，在矿业、机械、海洋、农业等领域拥有较强的科研力量。特别是改革开放以来，本区经济发展步伐不断加快，人民生活水平不断提高，形成了较好的农业基础、一定的工业优势和产业规模，商贸流通较为发达，交通、通信、电力、水利等基础设施条件较为完备，基本形成了支撑本区产业发展的基础设施体系。

（3）机遇和动力

进入新世纪，为谋求新发展，江苏省适时作出了加快沿东陇海线产业带建设的重大决策，为本区的加快发展提供了最直接、最现实的机遇。国家西部大开发战略的实施，发达国家和国内长江三角洲地区、环渤海地区的产业结构调整，为本区产业发展提供了市场空间。经济全球化进程的加快、国际资本和国际产业转移步伐的增速、市场化取向改革的深入推进以及国际化和城市化进程的不断深化等，为本区发展提供了动力。

2. 沿东陇海产业带建设存在的问题

沿东陇海产业带建设区域内，存在着诸多限制因素，对产业带建设形成了不利影响。第一，产业带位于沿海低谷，又处在苏北地区，存在着产业基础较差、经济外向度较低等不足。第二，产业带仍处于工业化中期的初始阶段，自我发展能力较弱。第三，社会固定资产投资规模小，地方财政可利用资金少，对经济增长的支持能力不足。第四，城市化进程落后，目前仅有徐州1个特大城市，连云港1个大城市，而中等城市缺失，小城市也仅有4个，综合经济实力不强。第五，面临周边地区发展竞争和政策挤压的困境。

（四）沿东陇海产业带建设的重点内容

产业发展是沿东陇海线产业带建设的核心内容。遵循产业发展的一般规律，充分考虑产业的发展趋势和方向、产业的市场需求和市场空间、本区的发展阶段、科技力量和劳动者文化教育水平等因素，确定资源型加工业、机械、化工、医药等为本区重点发展的产业。坚持信息化带动工业化，积极利用高新技术提升产业发展水平，通过产业的上下游和前后向链接，促进产业集聚，延伸产业链，加快培育形成具有本地特色的四大产业集群。

（1）资源型加工产业集群

以本区具有比较优势的农副产品资源和非金属矿产资源为基础，形成"资源—初加工—制造"的资源型加工产业链。加快农产品加工产业发展，积极发展奶制品、棉制品、果蔬深加工、粮油加工、肉类加工和特种海产品加工等，努力提高加工能力和水平，成为江苏省农产品加工出口的重要基地。以板材加工为重点，积极推进林木一体化，整合板材加工资源，优化产品结构，提高加工水平，发展家具等板材终端产品。充分利用水泥灰岩、辉绿岩、石英砂、石膏矿等储量大、品质优的资源优势，用先进工艺发展大型水泥生产，积极发展玻璃、玻璃钢纤维、石膏制品等新型建筑材料，加大硅资源的开发力度，积极发展硅材料及其应用产品等。

（2）机械产业集群

以工程机械、重型汽车为重点，形成"优质基础件—关键零部件—高水平辅机—整机组装"的机械产业链。大力发展装备制造业，加快发展压路机、起重机、挖掘机、非开挖钻机、摊铺机、装载机等工程机械类产品，创造条件发展重型牵引车，积极发展与食品制造业相配套的食品机械，注重发展建材机械、集装箱制造、纺织后整理设备、压力机械和农业机械，加快与之配套的零部件产品生产。强化产业配套和行业合作，注重拉长和加粗产业链，扩大产业规模和产品门类，增强产业发展的竞争力，形成一批专业化的特色机械产品群。

（3）化工产业集群

以盐化工和农用化工为重点，形成"基础化工原料—化学中间体—精细化工"的化工产业链。根据市场需求，整合化工资源和加工优势，加快化工产业规模化步伐。做大做强盐化工，积极扩大规模，努力提高产品竞争力，注重向后道产品延伸，加快发展高附加值的精细化工产品。重点发展高效低毒的农用化工产品，提高市场占有率。创造条件发展煤化工和石油化工。化工产业要大力发展循环经济，积极推广清洁生产，减少污染排放。

(4)医药产业集群

以拥有自主知识产权的医药研发和生产为重点，形成"基础原料—中间体—制成品—药品包装"的医药产业链。围绕现代生物技术和中药现代化，发展特色、品牌医药，加快实施 GMP 标准认证，积极推广中草药标准化种植，提高产业规模，增强自主创新能力。加大对纯天然植物类药物的研究开发，形成银杏、牛蒡、大蒜等独具地方特色的医药保健品系列。注重发展医药包装材料和医疗器械，提高产品档次和规模。

在总体规划的指导下，沿东陇海线产业带建设得到迅速开展，取得了显著成就，正日益成为江苏省经济发展新的增长点。2007 年，沿东陇海线产业带实现地区生产总值达到 1 775.02 亿元，其中徐州市区和连云港市区分别占全区总量的 50.57% 和 15.47%（表 6 - 7）；地区生产总值增长速度有所加快，达到 14.9%。沿东陇海线产业带的制造业水平逐年提高，规模以上工业经济所占比重达 35.8%，在经济中占据了重要地位。县域工业增长速度较快，有四个县、市的工业增加值增幅在 26% 以上，最快的东海县增速达到 35.0%。

表 6 - 7   沿东陇海产业带 GDP 与产业构成（2007 年）

	GDP/亿元	人均 GDP/元	第一产业/%	第二产业/%	第三产业/%
徐州	897.60	49 247	1.6	58.1	40.3
铜山	206.00	17 082	12.9	55.5	31.6
新沂	106.30	10 728	22.4	43.6	34.0
邳州	176.42	10 560	23.6	43.9	32.5
连云港	274.64	38 541	5.3	53.9	40.8
东海	114.06	9 674	25.2	42.7	32.1
合计	1 775.02	23 412	8.4	53.9	37.7

资料来源：江苏统计年鉴(2008)。

（五）沿东陇海线产业带建设的对策

1. 坚持依港沿线开发

依托连云港港口、徐州交通枢纽和沿线综合运输体系的功能，加快产业发展，促进产业集聚，推进工业化进程。

2. 坚持跨区联合开发

统筹徐州和连云港的各类资源，强化协作开发，统筹配置并共享优势资源；加强与苏北地区的优势互补，推进联动开发；注重与周边省、市的联系，寻求联手开发，吸引生产要素，真正实现优势互补、互利共赢。

3. 坚持统筹协调开发

统筹城乡发展，实行工业化与城市化的互动并进，以城带乡，以工带农，城乡互动，工农互促。统筹考虑园区建设、城镇建设和生态建设，实行产业开发与生态建设同步推进，在优化产业发展环境的同时优化人居环境。

4. 坚持多层次产业开发

以扩大经济总量为目标，大力吸引民资、外资等各类资金的投入，鼓励各种规模的企业发展，加强产业之间的配套；在加快发展传统工业的同时，大力发展高新技术产业，积极提高农业发展水平，促进服务业快速发展，形成三次产业和制造业内部不同产业的多层次开发，实现传统产业和现代产业、低端环节和高端环节的合理配置。

二、徐州都市圈建设

(一)徐州都市圈建设意义

徐州都市圈建设是江苏省城市化发展战略和城镇空间布局的重要组成部分，其任务是构筑完善的城镇体系，增强城市综合实力，建立强大的经济支撑体系，强化都市圈内大中城市的城市功能建设。从本质上讲，徐州都市圈建设是该区域范围内城市充分发挥后发优势、共谋繁荣的要求。徐州都市圈所在的淮海经济区地处我国经济东西结合和南北交流的枢纽地带，是我国东部沿海地区"经济低谷"。强化徐州都市圈建设有利于"低谷"地区经济崛起，可与东部沿海业已形成的珠江三角洲、长江三角洲、山东半岛、辽宁中部、京津唐地区五大都市圈连为一体，促进我国东部沿海地区黄金海岸的连贯和完整。徐州都市圈因其位于长三角和环渤海地区之间的特殊位置，可能会成为沿海发达地区的产业转移接受地以及外资转移输入投资的地区。通过建设发展，徐州经济圈将会成为圈内城市接轨长三角的起跳板和突破口。

(二)徐州都市圈建设内容

2002 年 12 月 30 日江苏省批准了《徐州都市圈规划》，提出了徐州都市圈建设与发展的初步设想。徐州都市圈的范围设定为包括江苏省的徐州市、宿迁市、连云港市及其所辖县、市，安徽省的宿州市、淮北市及其所辖县，山东省的枣庄市及其所辖县、市和济宁市的微山县，河南省商丘市的永城市，共涉及 8 个地级市。

1. 徐州都市圈的建设思路

建设目标是以农业为坚实基础，以基础产业和制造业为重要支撑，商贸、旅游、现代服务业全面发展的快速增长的新兴工业化地区。

建设重点是突出对产业、劳动力、政策环境等发展要素的有序培育、择优培育和重点培育，加强对产业发展的规划与引导，深化对城镇布局、交通网络、区域基础设施和公共设施、旅游资源、生态环境等重大问题的协调。

空间发展思路是大力培育核心城市，加强轴线集聚发展，引导通道点状布局，实现核心腹地互动。

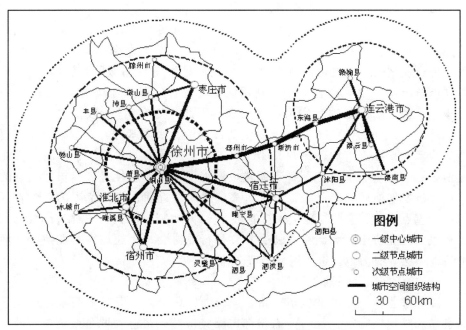

图 6-3　徐州都市圈城市空间组织示意图①

2. 徐州都市圈建设的空间组织

在空间组织结构上，徐州都市圈以江苏境内为主体，分为 2 个层次：核心层以 50 km 为半径，包括徐州市区和铜山、邳州、沛县 3 县（市）；紧密层以 100 km 为半径，包括徐州市睢宁、丰县、新沂，宿迁市，商丘市的永城市，安徽的宿州市和淮北市，山东的枣庄市和济宁市的微山县。

在空间格局形式上，形成"单核心放射状"，即以核心城市为中心，以两条城镇发展轴、一条城镇联系通道为依托，形成放射状发展结构。单核心为

---

① 资料来源：边美婷，马晓冬，赵洁，等. 徐州都市圈城市体系结构分析. 城市问题，2008，（8）。

徐州市。两条城镇发展轴为徐州—连云港东陇海铁路沿线城镇发展轴和枣庄—徐州—宿州京沪铁路沿线城镇发展轴，其中前者包括连云港、东海、新沂、邳州、徐州、萧县、砀山等城市，后者包括枣庄、徐州、淮北、宿州等城市。一条城镇联系通道是宿迁—徐州—丰（县）沛（县）城镇联系通道，包括泗阳、宿迁、睢宁、丰县、沛县等城市。

3. 徐州都市圈的发展重点

依据点轴开发理论，结合区域优势，以徐州为核心，重点发展沿陇海线、京沪线两条放射状轴线，培育"点轴"结合的产业轴和城镇带。

（1）培养徐州中心城市增长极

徐州作为淮海经济区中心城市，在徐州都市圈建设规划期内将培育成制造加工中心、商贸中心、物流中心、信息中心、公共服务中心。依托徐工、维维等企业集团，发展建设制造加工中心；以"淮海食品城"为基础，进一步扩展商贸范围，发展商贸中心；利用区位优势，发展物流中心、信息中心。由于徐州都市圈的基础和实力相对较弱，因此规划突出"阶段推进、扬长避短、重点突破"的建设思想，将其确定为以农业为坚实基础，以基础产业和制造业为重要支撑，商贸、旅游、现代服务业全面发展的快速增长的新兴工业化地区。2000年以来，徐州都市圈建设取得了诸多实质性进展。根据现有的城市经济发展格局和产业分工，徐州都市圈建设近期在规划范围的江苏省区域内，重点组建了主要组建7大行业协会，即港口行业协会、旅游行业协会、工程机械行业协会、烟酒行业协会、食品行业协会、交通运输行业协会、渔业行业协会，有力地促进了区域经济合作的发展。

（2）建设两条发展轴

陇海产业轴和城镇带包括徐州、连云港、邳州、新沂等重要城市以及东海县城和其他建制镇，是目前徐州都市圈经济基础最好、城镇最集中、城市化水平最高的区域。要借助连云港港口和新欧亚大陆桥桥头堡的优势，积极发展临海工业、重化工业、创汇农业和旅游业等外向型为主导的产业，同时以省级以上经济技术开发区为重点，大力发展高新技术产业。

京沪产业轴和城镇带纵贯徐州都市圈煤炭资源最丰富的"煤带"，包括徐州，枣庄，滕州，萧县，淮北，宿州等，城镇密集，应凭借能源、区位、交通和原有基础等优势，促进产业集聚，逐渐形成以机电仪一体化工业、煤化工、精细化工、新型建材、电子工业等附加值和技术含量高的工业为主的产业带。

（3）培育都市圈产业集群

形成完整的产业体系。鼓励圈内城市上、中、下游产业通过资产重组等形式构建 7 条产业链：机械电子、新型建材、食品产业、生物医药、石油化工、新能源产业和冶金产业。围绕产业链进行产业重构，形成三大重点产业集群：机械电子和化工产业，现代农业和食品制造，新型建材产业集群。

（4）完善城镇等级规模

明确城镇职能，推动人口、产业向都市圈核心、节点和发展轴聚集，形成 1 个特大城市（徐州），4 个大城市（宿州、淮北、枣庄、宿迁）和一批中小城市、小城镇的等级规模结构。抓住国际化机遇，加速城市化进程。徐州近期内要与跨国公司的组织活动紧密联系起来，不断吸引跨国公司在徐州落户，争取成为跨国公司在陇兰带的管理中心，成为淮海经济区交通、信息和技术中心。

（三）徐州都市圈建设存在的主要问题

1. 经济基础薄弱

目前徐州市都市圈的经济基础弱于我国沿海发达地带绝大多数省份的平均水平。农业结构比较单一，以种植业为主，产值占农业总产值的 50% 以上。种植业以粮食作物为主，经济作物中以传统的棉花、油菜为主。工业结构以资源开采、初级加工为主，深加工能力较弱。第三产业以传统服务业为主，交通运输、批发零售和餐饮服务业所占比重较高。

2. 徐州市的中心地位不强

徐州市目前的经济实力不强，对周边城市和地区的辐射与服务能力较弱。尽管徐州国内生产总值占到圈内的 39%，但是让它带动约占全国 1/40 人口的地区的经济发展，难度很大，产业结构处于二、三、一阶段，农业从业人员的比重一直比较大。工业支柱产业以电力、机械、煤炭、化工等重工业为主，又多为资源开采型、加工型，乃至深加工能力较弱，产业空间的协作薄弱，关联度低，技术水平落后，缺乏大企业率先进行改革和创新。

3. 行政区划限制较大

苏、鲁、豫、皖交界地区的行政区位，造成徐州都市圈建设深受行政区划的限制。苏、鲁省间边界矛盾较为突出，并且山东省正在着手构建济宁—兖州—曲阜—邹城特大都市区，这对徐州都市圈的发展将是一个离心因素。

（四）徐州都市圈建设的主要对策

1. 培养徐州中心城市增长极，尽快形成区域经济中心

依托已有优势产业和业已形成的工业基础，积极发展建设制造加工中心、商贸中心、物流中心、信息中心，大力发展高新技术产业，促进产业集聚，逐渐形成以机电仪一体化工业、煤化工、精细化工、新型建材、电子工业等附加值和技术含量高的工业为主的产业带。

2. 加速城市化进程，完善城镇等级规模

加强与外部经济实体组织的联系，不断吸纳各种经济成份，壮大经济实力，集聚人口，加速城市化进程。积极推动人口、产业向都市圈核心、节点和发展轴的聚集，尽快形成 1 个特大城市（徐州），4 个大城市（宿州、淮北、枣庄、宿迁）和一批中小城市、小城镇的等级规模结构。各中心城市应积极建立与区外经济组织的紧密联系，不断吸引区外经济组织的项目和投资，尽快建成区外经济组织在陇兰带的管理中心和淮海经济区的交通、信息、技术中心。争取使徐州成为跨国公司在陇兰带的管理中心，成为淮海经济区交通、信息和技术中心。

3. 优化产业结构，努力实现区域产业结构合理化和高度化的统一

徐州都市圈属于欠发达地区，因此，首先应进一步巩固、扩大机电、化工主导产业部门，增强其竞争能力。其次应围绕上述主导产业发展前向、后向和旁侧关联产业，形成结构效益良好的产业体系，特别重视后向加工环节的发展，提高产品附加值。最后，应重视贸易、科技等第三产业的发展。培育都市圈产业集群，形成完整的产业体系。鼓励圈内城市上、中、下游产业通过资产重组等形式构建机械电子、新型建材、食品产业、生物医药、石油化工、新能源产业和冶金产业等 7 条产业链。围绕产业链进行产业重构，形成机械电子和化工、现代农业和食品制造、新型建材 3 大重点产业集群。

4. 充分发挥交通优势，积极构建现代化交通体系

立足都市圈经济社会协调发展，突破行政区划限制，提高基础设施发展水平，整合基础设施与城镇空间关系，形成各种运输方式结构合理、布局协调、能力充分、衔接顺畅、运行高效、安全环保的现代综合交通体系，满足都市圈内部各城市之间以及与外部其他城市之间经济合作与竞争的要求。通过建设，近期使交通基础设施能力、结构、质量、效率得到明显改善和提高，基本形成 1 h 交通圈；到 2020 年，交通基础设施基本实现现代化，建成覆盖徐州都市圈、辐射苏鲁豫皖四省、沟通国内主要经济区的快捷、安全的交通体系。采取"规划联动、建设联动、市场联动、政策联动"的办法，重点推进"四纵三横二联"的高速公路网络，形成以 1 h 交通圈为标志的圈域城际快速通道，实现圈域县以及县以上节点 10 min 上高速；建设"两纵两横"航道网，提升通江达海能力；建设徐宿枣港口群，促进同连云港对接互动；配合参与京沪、郑徐高速铁路和徐菏铁路建设，强化徐州发展性枢纽功能，并在省际间完善 23 个交通接口，在运输服务一体化方面推进一系列措施的实施。

三、加快振兴徐州老工业基地

（一）加快振兴徐州老工业基地的意义

新中国成立以来，徐州作为重要的资源型城市和老工业基地，为江苏乃至全国的发展作出了重大贡献。但随着改革开放的不断深入，徐州老工业基地的体制性、结构性矛盾日益显现，进一步发展面临许多困难和问题，如煤炭资源逐渐枯竭，亟须发展接续替代产业；生态环境欠账较多，采煤塌陷地修复治理任务艰巨；矿区失地农民数量众多，关闭破产矿区职工生活困难；产业层次偏低，调整转型难度较大；经济实力较弱，中心城市功能提升和县域经济发展任务十分繁重。因此，江苏省于 2008 年提出了加快振兴徐州老工业基地的区域发展战略，这既是江苏省全面建设更高水平小康社会的重要决策，也是促进全省区域共同发展的必然要求。当前徐州正处在改革发展的关键时期，加快振兴徐州老工业基地，对于进一步提升徐州区域性中心城市地位，带动沿东陇海线产业带发展，促进苏北全面振兴，培育江苏新的经济增长点，推动全省区域经济协调发展，加快推进江苏"两个率先"，具有重要的战略意义。

（二）加快振兴徐州老工业基地的目标定位

加快振兴徐州老工业基地的目标，是紧紧围绕"加快振兴"这一核心问题，着力建设"两大中心"、"三大基地"和"四大产业"。

建设"两大中心"，就是全力构筑"大商贸、大交通、大物流、大市场、大旅游"五位一体的发展格局，努力把徐州建成淮海经济区的中心城市和商贸物流旅游中心。"三大基地"即建成以工程机械为主的装备制造业基地、能源工业基地和现代农业基地。发展"四大产业"，即加快发展装备制造业、食品及农副产品加工业、能源产业和商贸物流旅游业，使徐州成为充满活力的中国工程机械第一城、"亚洲新硅都"，成为在全国颇具影响的食品产业基地，成为淮海经济区功能完善、规模最大、水平一流的商贸物流集聚区和区域性旅游城市。

（三）加快振兴徐州老工业基地的主要内容

1. 尽快做强做大主导产业

坚定不移地走新型工业化道路，集中优势发展资源，调优调高产业结构，推动产业转型升级，着力打造装备制造业、食品及农副产品加工业、能源产业、商贸物流和旅游业等四个集聚效应明显、竞争力较强的产业。

2. 大力发展高效特色农业

按照统筹城乡经济社会协调发展的要求，把巩固农业基础地位、建设现代农业基地作为振兴徐州老工业基地的重要任务，实现工业与农业、城市与农村发展的良性互动。加强农田水利建设，改善农业生产条件，稳定发展粮食生产，巩固徐州国家重要商品粮基地的地位。加大农业结构调整力度，重点发展特色蔬菜、优质果品、畜禽养殖等优势产业，加快实施一批高效设施农业工程，着力培育一批品牌农产品，推进现代高效农业示范基地建设，提高农业产业化和现代化水平。加快发展外向型农业，扩大农产品出口。大力发展农民专业合作组织，推进农业规模化、产业化、标准化、国际化和服务社会化，促进农业增效、农民增收。

3. 进一步扩大对外对内开放

抓住苏北融入长三角区域发展和沿海开发上升为国家战略的机遇，进一步扩大开放领域，吸引国内外资本参与老工业基地调整改造，努力提高利用外资的质量和水平。以资源优势为依托，围绕主导产业发展方向，更大规模地承接国际和国内发达地区的产业转移，着力引进技术水平高、辐射面广、带动性强的龙头型、基地型大项目。以省级开发区、南北共建开发区为载体，推动苏南工商企业与徐州工矿企业合作开发建设接续替代产业。以空港、河港建设为支撑，加快把观音机场建成国家一类开放口岸、徐州港建成国家二类开放口岸。把对外开放和对内开放更好地结合起来，不断拓展与经济腹地特别是中西部地区的经济联系，积极加强同陆桥沿线地区的合作交流，实现优势互补，资源共享。

4. 加快提高城市化和城市现代化水平

围绕加快形成区域性中心城市的目标，促进工业化与城市化互动并进，提升城市综合服务功能，提升城市管理水平，提升城市辐射带动能力。按照统筹城乡、布局合理、节约土地、功能完善、以大带小的原则，认真落实徐州都市圈规划。加强与淮海经济区各城市间的经济协作与文化交流，更大范围地集聚人流、物流、资金流、信息流。创新城市管理方式，综合运用行政、法律、市场、信息等多种手段，推进城市管理现代化。

5. 加大基础设施建设力度

将加强交通等基础设施建设作为振兴徐州老工业基地的重要支撑，完善规划布局，加快建设进度，重点推进京沪高铁新徐州站、丰沛铁路建设和徐州火车站改造，加快推进徐淮铁路、观音机场改造的前期研究。加快高速公路建设和国省道干线公路改造升级。按照建设国家内河主要港口的定位，抓紧编制徐州港总体规划，整合市、县港口资源，提高港口运输能力。

第三节　淮海文化与苏北文化产业发展

淮海文化是以徐州、宿迁、淮安等城市为代表的地域文化，主要是指分布于淮河至海洋之间广大区域的文化形态的形成、发展以及表现出的文化模式，属于中原文化和两淮文化的范畴。淮海文化以徐州为中心，以苏、鲁、豫、皖四省相邻地区的古文化为基础，辐射至鲁南、豫东南及皖北等地区，曾被一些学者称为海岱文化、淮夷文化、淮海文化、徐汉文化和楚汉文化等。从现代经济和区域发展的角度，可以称之为"淮海文化"或"徐汉文化"，是苏北的主要文化流派，并和鲁文化、齐文化有着广泛的交流。

一、淮海文化溯源

淮海文化起源甚早，早在夏禹时期，全国先后被划为 12 州和 9 州，徐州位列其一。古代中国地分九州时期，淮海地区土著人因淮海地区地处中原之东而被称为"东夷"，包括有许多氏族部落，在其部落居住的黄淮下游和江淮下游建立起自己的方国，创立了自己的文化，并对中国文化产生了深远而持久的影响。"淮海"这一区域名称起源久远，至今沿用。淮海地区的淮河流域也是中国古文明的发祥地之一，淮海文化发轫于先秦时期，源始于徐国、古淮泗等国，并以此为中心，直至秦末和两汉时期，开始奠定基础并得到明显发展。

(一)史前时代的文明

淮海地区气温适宜、草木茂盛，土壤肥沃，自古就是人类理想的栖息地。旧石器时代的人类文化遗址，在整个淮海地区有多处发现，其中距今约三万至两万年前的旧石器时代中晚期文化遗址在苏北有 10 余处。距今约一万年前后，淮海先民进入细石器时代(又称中石器时代)，1983 年在新沂和郯城交界处的马陵山南端，发现细石器地点 40 处。距今九千至八千年，淮海地区进入新石器时代，依次形成北辛文化、大汶口文化、龙山文化和岳石文化，已发现人类文化遗址逾百处。北辛文化约出现于公元前 5400 年～公元前 4300 年，当时人类已能制造精美陶器，使用石质、骨质工具，有较发达的农业，开始饲养猪、鸡等畜禽，实行仰身直肢葬。大汶口文化约出现于公元前 4300 年～公元前 2400 年，当时已进入彩陶文化阶段，彩陶和手工艺品已具有较高的艺术价值，人类的聚落布局更趋合理，墓葬规模已可见贫富差距，有学者认为大汶口文化的居民是"东夷"民族的祖先。龙山文化约出现于公元前 2400 年～公元前 1900 年，又称"黑陶文化"，这时的"东夷人"已掌握了炼铜技术，有了城堡建筑,陶器上的刻画符号被学者视为早期文字,贫富差距十分明显,有了原始宗教信仰。岳石文化约出现于公元前1900年~公元前1600年,这时有了卜骨和青铜器,陶器和石器明显进步。

(二)先秦时期的文化

经过旧、新石器时代,农业部落东夷族在此发祥,并与苏北等地的徐夷、淮夷等部落较早发展了东方文明。东夷先民在淮海地区建立了众多的文明古国,如彭、徐、邳、薛、莒、钟吾、郑、萧、郯、奄、滕等,它们对中华民族的融合、淮海文化的发展都起着至关重要的作用,其中以彭国和徐国的影响为最大。帝尧时期,东夷一支彭氏部落的首领彭祖在徐州地区建立了大彭氏国;夏朝时是东方比较强大、政治关系比较密切的属国;商朝前期也比较强大,称为大彭;商王武丁在位时,彭国被商朝所灭,存世800余年。彭国灭亡后,遗族繁衍和散布于全国各地。徐国的历史可上溯到夏代以前的涂山氏。涂山氏即为夏代以前的徐夷,是淮夷的祖先,其首领皋陶所活动的区域与涂山氏地望相合。皋陶后裔居淮北者出于其长子伯益。伯益让位于其小儿子若木,受封于徐,建立徐国,其中心是今徐州一带。徐国历经夏、商、周各代,周代时曾相当强大,至春秋末年,在东吴、西楚的挤压下,国势渐弱,最后为吴所灭,历44代国君、1649年。邳是先秦时期的一个小方邦国,在今之邳州市西北的邳城镇一带,立国于夏或夏以前,兴盛于商、周,战国时为楚所灭,历经2 000 a之久。钟吾为周朝一子爵诸侯国,位于今新沂市王庄镇司吾村东。春秋时期,战争连年,钟吾小国受尽欺凌,随宗主国战绩而先后隶属于鲁、宋、吴、楚,秦时改设司吾县。

(三)秦汉时期的文化

公元前221年,秦始皇灭六国,建立统一的封建帝国。由于其统治历史较短,这种统一并未完全实现,秦文化并没有和东方六国文化融为一体,其作为全国主导文化的地位也没有完全确立,原东方六国的区域文化继续保持着各自的特色和活力。汉文化是取代秦文化而在全国占主导地位的文化形态,是在西汉皇朝政治统治在全国确立的过程中初步形成、随着两汉(公元前206年~公元220年)的历史进程而逐步发展起来的。西汉在政治上取代了秦代,在文化上吸收了楚文化,并对秦文化也有继承和改造。当时楚国东界达到徐泗邹鲁一线,这里的民众开始自称为楚人。汉初盛行的黄老学说,无为之道,便是楚文化中道家的学说。汉文化吸收了楚文化的龙凤观念和无为而治的思想,并把它演变成中华民族的精神支柱。汉武帝时,发生了从推崇黄老学说到独尊儒术的转变。董仲舒将儒家学说深入到道家思想中,而形成了新儒学。同时,汉武帝时扩大了中原以外的疆土,拓展了汉民族的生存空间,将西域纳入版图，沟通了东、西方经济、文化的交流和往来，促进了民族的融合，为汉文化的产生提供了丰富的元素成分。自此，中国有史以来第一次形成了一元化的国家文化，即汉文化。由此可见，汉文化始于徐州，成于神州统一，是大中华文化的重要组成部分。汉代徐州人和徐州汉文化对中华文明乃至世界文明有着不可磨灭的贡献。

二、淮海文化特征

淮海地区南屏江淮，西控中原，历来是交通要道和兵家必争之地，古时行政隶属频繁更迭，本土文化受外来文化影响很大，具有显著的兼容性和开放性。淮海地区夏、商时期先后建有大彭国、徐国，春秋时期曾隶属于楚，同时又受北部齐鲁文化的影响，历史上出现了本土文化与荆楚文化、齐鲁文化、中原文化、燕赵文化的融合，形成了以徐州文化为代表的、特征鲜明的区域文化。

(一)尊礼重教，质朴正统

淮海文化的主要贡献之一，就是孕育了先秦最主要的几个思想流派——儒、道、墨，为中华民族文化的形成奠定了重要基础。先秦时期的诸子百家中，道、儒、墨等的创始人及主要代表人物老子、孔子、墨子及孟子、庄子的出生地和主要学术活动地区，大都在以淮海地区为中心的方圆不到 200 km 的区域内。春秋战国至先秦时期，徐州主流文化是黄河文化中的齐鲁文化，儒家思想和道家思想是淮海文化形成的源泉。儒学倡导向义忘利，倡仁政而弃暴政；强调伦理意识，忠孝为本；提倡顾全大局，天下兴亡，匹夫有责，使人懂得群体和社会的重要性。道家提倡无为而治、吃亏是富、难得糊涂、不为人先，使人懂得个体和个人的价值。崇德尚礼、重义轻利的儒家思想和道家思想，在淮海地区得到继承和发扬。

(二)刚毅强悍，尚武大气

徐淮地区地处淮、泗、沂、沭诸河下游，素有"洪水走廊"之称，历史时期受黄水之害时期很长，徐州城城垣数度被黄河之水淹没，现在的徐州地下约 11 m 处，考古发现 6 层文化层相叠，形成城摞城的奇观，为明、宋、唐、南北朝、汉和战国等时期的古城遗址，说明徐州城在原址屡毁屡建。徐淮人民以其雄伟的气魄与洪水顽强搏斗，表现出不屈不挠的精神。重要的政治和军事地理位置，决定了淮海地区历来为兵家必经之地，历史时期一直战事不断。历代战火的熏染，锤炼出了徐淮人质直、剽悍、刚毅、豪爽的性格、尚武的习性和好勇轻死的精神，徐淮人在徐淮这片大地上谱写了充分体现"楚汉雄风"的特殊"英雄文化"。

(三)南北交融，开放豁达

淮海地区地处我国南北要冲的特殊区位，为这里多元文化的融合提供了便利条件。历史上淮海地区南部属于荆楚文化区，北部属于齐鲁文化区，西部属于中原文化区。徐汉文化并非直接来源于某一单一文化，而是继承上述多种文化而形成的全新的综合性文化，较之上述文化更具开放性和兼容性，内容更为丰富，气魄更为宏大。战国末年，徐夷建立的徐国先后被吴国、越国和楚国所占领，楚国于公元前306年灭越，于公元前256年灭鲁，东界拓展至徐泗邹鲁一带，楚文化也随之扩散至淮海地区。徐汉文化从齐鲁文化中汲取了丰富的政治文化营养，同时又是在浓厚的楚文化的氛围中形成的，其文化特征既有齐鲁文化的好儒厚礼，又有荆楚文化的粗犷雄浑、浪漫主义情调和神话色彩。因此，徐汉文化是以荆楚文化的道家学说和齐鲁文化的儒家学说为基础、融汇了中原文化、关中文化、北方文化等亚文化单元而形成的，更具开放性，更善吸纳，也更有兼容性的气度和能量。

三、苏北地区文化产业发展

(一)苏北地区的文化资源

苏北地区的文化资源较为丰富，人文和自然文化资源兼有并且特色鲜明，具有很高的开发价值。

1. 神话传说与历史

在文字记载出现之前，人类就开始用语言叙述神话传说和历史了。神话传说包含有自然的、人文的和历史的因素于内，具有深厚的文化内涵和很高的科学价值，是宝贵的文化资源。文字出现之后，历史的传承更为准确和详细，其文化资源意义更大。苏北地区历史悠久，是许多古老神话传说的发源地，也是许多著名历史事件的发生地，有着丰富的神话传说和历史文化资源传世。当地人民创造了灿烂的人类文明，历代帝王贵胄、文人骚客纷纷来此访古探幽，留下大量瑰丽的赞美诗篇。

2. 信仰与风俗

苏北的远古居民，在遥远的古代，就有了自己的信仰。东夷人以"鸟"作为自己氏族部落的图腾，并以此命名部落、官职和方国。大汶口文化时期，当地先民有拔牙、凿齿的习惯，有手握獐牙钩型器的嗜好，有陪葬龟甲和硃粉涂染器物的风俗，这些都表明当时这里的先民中就有巫术和信仰的存在。彭祖在中国古文化中源远流长，他以美食与长寿而著称，被尊为中华烹饪之祖，并是气功的始祖。彭祖的养生术内容丰富，流传久远，后来成为道教仙学的内容。当地风俗有许多传统节日和颇具地方特色的婚嫁风俗，其繁文缛节喜庆而隆重，烦琐而庄严，蔚为壮观。在度过众多中华传统节日上，当地的内容也有着独特之处。当地一年四季有众多的庙会，均有宗教、贸易、集会、娱乐等丰富的内容，构成了一个个当地的"狂欢节"。

3. 文学与艺术

苏北地区自古物华天宝，人杰地灵，在漫漫的历史长河中，涌现出众多文学和艺术大家，创造了大量的光辉灿烂的传世作品。家喻户晓的文学大家及其代表作品有：西汉枚乘的《七发》，西汉刘安的《淮南子》，西汉刘向的《战国策》《列女传》，西汉刘歆的《七略》，南朝宋刘义庆的《世说新语》，唐刘知几的《史通》，五代十国南唐李煜的《虞美人·春花秋月何时了》，北宋沈括的《梦溪笔谈》，元末明初施耐庵的《水浒传》，明吴承恩的《西游记》，清刘鹗的《老残游记》，民国朱自清的《背影》等。古代的著名艺术作品有：连云港将军崖岩画，连云港孔望山摩崖造像，徐州汉画像石，徐州汉兵马俑。现代的艺术大师有国画大师李可染、音乐家马可等。

（二）苏北地区文化产业发展基本思路

苏北地区在经济实力较弱的条件下，选择发展文化产业作为振兴经济的途径之一。苏北地区的文化资源特点和文化产业发展基础，决定了苏北文化产业发展的基本思路。第一，进一步增强徐州、盐城、淮安、连云港、宿迁等中心城市的综合实力，强化文化中心功能，形成强大的文化产业中心和有利于文化产业要素快速积聚的环境。第二，以古文化、古遗址和历史名人等丰富的人文资源为重点，以汉代文化古迹和遗址等区域性典型特色资源为依托，开发历史文化产品。第三，充分发掘楚汉相争、淮海战役等军事文化资源，开发军事文化及军事旅游产品，发展战争、军事文化和旅游产业。第四，以连云港、盐城的海滨、海岛、海港、海盐为基础，发展海洋、海岸、盐都文化产业和滨海旅游产业。第五，以花果山、马陵山、洪泽湖、骆马湖等名山大湖和盐城等地的自然保护区为基础，以神话传说、历史典故为依托，发展神话故事、自然景观文化产业。

苏北地区文化产业发展的途径与措施：第一，更新观念，树立文化经济的新理念。学习借鉴文化产业发达国家和地区文化产业发展的经验，加强发展战略研究，推动文化产业发展。第二，突出重点，培育以文化旅游业为龙头的产业体系。将文化产业发展战略列入国民经济整体发展战略并成为其重要组成部分，制定科学的文化产业发展规划，整合当地优势文化资源，合理布局，建设有本地特色的文化产业体系。第三，积极创新，打造具有地方特色的文化品牌。以文化产业发展创新为核心，瞄准市场需求，开发适销对路的文化产品，充分挖掘苏北地区的文化资源，通过文化资源整合和整体策划，打造能叫响全国乃至世界的文化品牌。同时，要注重运用高科技，提升和挖掘传统文化资源的价值含量，提高苏北文化产业的竞争力。第四，改善环境，促进文化产业人才的产出。目前苏北文化产业各领域高端人才较为匮乏，包括策划人才、经纪人才、发明人才等。特别是缺少具有国际文化视野的高端创意人才和既懂文化规律又懂文化经营的管理人才。各地应制定吸引人才、培养人才的政策，完善人才管理系统，营造有利于发挥各类人才智能的生存环境。第五，政策引导，培育文化产业市场主体。通过制定相关的扶持政策，充分运用政策杠杆和市场杠杆，营造发展平台。面向市场，吸引更多民间资本进入，建立和谐的文化市场准入机制和公平、公开、自由竞争的文化产业环境，加快苏北文化产业管理体制改革，积极探索国有文化企事业单位资产改革。第六，优化环境，健全文化产业发展的政策和法规体系。

第三篇 专 论

第七章　长三角经济圈与沿江开发

章前语

　　长三角是我国现代城市发育最早、城市化水平最高、城市体系最完善的地区之一。长三角经济圈以上海为中心，不同层次、不同结构和不同功能的城市通过交通网络、商品网络、技术网络、资金网络、人才网络和信息网络等紧密联系在一起。作为长三角核心区域的江苏沿江地区，位于我国沿海与沿江生产力布局主轴线的结合部，区位优势明显，开发条件优越，是江苏生产力布局的重要组成部分，在全省经济社会发展中具有承南启北的重要作用。随着国际资本和产业转移，市场机遇和区域发展的内生需要，江苏沿江地区将成为国际制造业基地、新型工业化道路的先行区、长江流域对外开放的重要门户和缩小江苏南北差距的传导纽带。

关键词

　　长三角经济圈；国际制造业基地；空间结构重构；沿江开发

　　对于长三角经济圈区域范围有多种不同的定义。最初的长三角，由上海，江苏沿江的南京、镇江、苏州、无锡、常州、扬州、泰州、南通8市，浙江杭州湾的杭州、嘉兴、湖州、绍兴、宁波、舟山6市，共15市组成。2003年8月，浙江省台州市成为第16个长三角会员城市，长三角成为"15＋1"模式。此后，苏北、浙西、皖东等地城市加入"长三角"的呼声越加强烈，有人提出了长三角"15＋n"模式。2007年，国务院批准由三省市联合主办的"长江三角洲发展国际论坛"在上海举行。其间，各方就长三角新的地理空间范围达成共识，即由原"16市"扩充为江苏省、浙江省、上海市"两省一市"。2008年9月7日，《国务院关于进一步推进长江三角洲地区改革开放和经济社会发展的指导意见》中，长三角区域范围扩至"两省一市"全境得以明确。本书中的长三角经济圈，主要指最初的"15市"（图7-1），也是长三角的核心区，土地面积为10.06×10^4 km^2。2007年该区人口为8 383万人，占全国总人口的6.3％；GDP为46 676.8亿元，占全国的18.7％，是我国最为发达的城市经济区。江苏沿江地区在长三角经济圈中占有重要的地位。

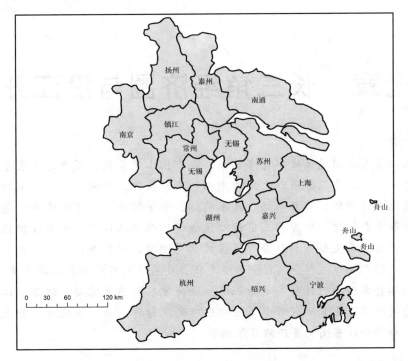

图 7-1　长三角经济圈区域范围(最初 15 市)

第一节　长三角经济圈发展与特点

　　长三角是我国现代城市发育最早、城市化水平最高、城市体系最完善的地区之一。从城市数量来看，本区有大、中、小城市 54 个，1 396 个建制镇，平均每 1 800 km² 就有一座城市，不足 70 km² 就有一座建制镇；特别是在总长不超过 660 km 的沪宁、沪杭、杭甬三条铁路线上，密布着 20 座城市，平均每 30 km² 一座城市。

一、长三角经济圈发展过程

　　长三角处于我国沿海的中部，区位优越，经济发达。特别是 20 世纪 90 年代初，以浦东开发开放为龙头，全区发展更为迅猛，成为我国继深圳与珠江三角洲后又一发展最快的地区。

　　新中国成立以后，长三角经济圈的发展经历了一个递进式的城市发展进程，城市建设由粗放式逐步转向集约式。这一转变过程大致分为四个阶段。

1. 小城镇建设阶段

长三角的小城镇有历史基础，20世纪80～90年代的城镇建设更改善了农村居民的生存环境，使农村面貌大大改观。但小城镇不可避免地存在基础设施落后、规模效益和聚集效应差、土地浪费、三产不发达等弊端。以自然经济和手工业为依托的"镇"显然不能满足社会化大工业和农业产业化的进一步发展。

2. 中小城市建设阶段

以县治所在镇为基础的中小城市发展受两大趋势的推动。第一个趋势是住宅建设，市区的房源质量好，居住条件优越，配套设施全，吸引富裕的农民进城居住。第二个趋势是产业集中发展的加快。一般在苏南县级市的市区拥有一个省级开发区和一个民营开发区，这些开发区从20世纪90年代的早期开始开发建设，基础设施基本上完成，优惠措施、管理制度、服务水平都比较规范，因而成为这些市的投资建设熟土，外资企业和本地大型技改项目都安排在开发区，在城市整治过程中，一些市中心的企业通过与房地产公司的土地置换也纷纷搬到开发区。住宅建设和开发区建设的两大趋势使县级市市区形成内圈是商业区、中圈是生活办公区、外圈是工业区的城市布局，小城市日益丰满。20世纪90年代中期苏南"县县有城，城城无市"的城市空壳化问题已有所好转。

3. 大城市和特大城市建设阶段

由于中心城市的作用不可代替，故由分散化走向集中化是城市化的一般规律。一般来讲，大城市的经济效益是小城市的2倍以上，大城市在科技发展、第三产业、知识经济、生活方式、产业聚集、产业转移、世界经济一体化等方面也都存在明显的优越性。如上海一市占全国GDP近5%，而上海人均接受的信息量是全国人均量的10倍。从20世纪90年代中期开始，长三角进入了以中心城市为主导的大城市和特大城市的快速发展阶段。

4. 都市圈建设阶段

都市圈的实质是由集中化再走向一体化，谋求区域经济的协调和共同发展。传统的小城镇以步行为半径，小城市（县城）以自行车为半径，大城市、特大城市以汽车为半径，而都市圈则以高速公路、轻轨、地铁为半径，以现代通信技术为信息联络的主要手段。例如，上海提出以"三港"（信息港、海港、航空港）"两网"（轨道交通网和高速公路网）为重点进行城市大交通建设，实现15 min上网、30 min互通、60 min抵达的"15、30、60"目标。即重要工业区和集镇、交通枢纽、旅游（货物）主要集散地可在15 min内上高速公路网；中心城与任一新城（县城）在30 min可以互通；市域高速公路网上任一点都可在 60 min 抵达。

二、长三角经济圈总体特点

长三角经济圈以上海为中心,不同层次、不同结构和不同功能的大中小城市通过交通网络、商品网络、技术网络、资金网络、人才网络和信息网络等紧密联系在一起。城市间分工、互补、交流和竞争,成为中国规模最大、实力最强、密度最高的经济圈。其总体特征主要表现为以下三个方面。

1. 轴线特征

长三角城市主要分布在沪宁、沪杭、杭甬 3 条交通轴线上,形成"Z"字形空间结构(图 7-2)。沪、宁、杭是三大节点城市,联结这三大节点城市的京沪铁路、沪宁城际铁路、京沪高速铁路、沪昆铁路、萧甬铁路,沪宁、沿江、沪杭甬等高速公路以及长江和京杭运河沿线是产业集中和城市分布的主要轴

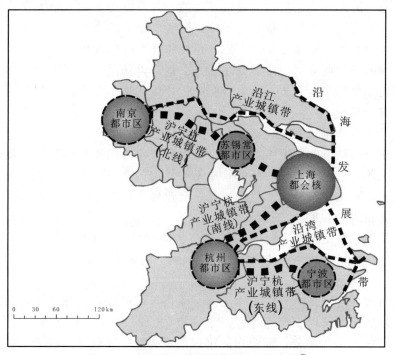

图 7-2　长三角经济圈"Z"字形空间结构[①]

---

① 资料来源:段学军,虞孝感,刘新.长江三角洲地区 30 年来区域发展特征初析.经济地理,2009,(2)。

线。沿线城镇稠密且分布均匀，平均每 30 km² 一座城市，基本形成了大中小城市梯度发展的城市连绵带。尤其在苏锡常地区，城市工业区与小城镇几乎是沿着铁路、运河和高速公路发展，形成"交通走廊式"的城市分布格局。从城市之间的联系和扩散效应来看，以上海为增长极的城市空间结构形成了 3 条基本传导方向和运动路径，即：

北线：上海—苏州—无锡—常州—镇江—扬州—南京。

南线：上海—嘉兴—湖州—杭州。

东线：杭州—绍兴—宁波—舟山。

2. 圈层特征

按照经济关联度的大小，围绕着上海经济增长极，长三角经济圈可分为 3 个圈层，联系紧密度从里向外逐渐减弱。第一圈层包括苏州、无锡、杭州和宁波。这一圈层的第三产业所占比重达到 40% 左右，第一产业的比重在 10% 以下，民营企业发达且成为当地经济支柱和财税来源，人均 GDP 在 4 000 美元以上，开始向发达阶段迈进。第二圈层是南京、嘉兴、绍兴、常州和南通。这一圈层产业结构处于"二、三、一"阶段，人均国内生产总值在 3 000 美元左右，工业发展迅速，主要集中在机械、汽车、电子等行业。第三圈层包括扬州、泰州、镇江、湖州和舟山。该圈层的民营企业发展较晚，第一产业所占比重相对较大，产业结构水平较低，城市规模较小，但发展潜力较大。按照交通经济的一般规律，边际流量成本是运输空间距离的增函数，距离中心城市越远的地区边际流量成本就越高，而距离中心城市越近的地区边际流量成本则越低。因此，与上海的空间距离越大，接受上海辐射的程度就越低，并呈现出梯度递减的趋势。

3. 网络特征

随着基础建设的加强和经济交往程度的加深，长三角城市带的网络特征已显雏形。以沪、宁、杭、甬等中心城市为核心，周围散布着 11 个地级中心城市和众多的小城镇，形成相互交错、联系紧密的网络复合型空间结构。一个城市的延伸部分往往又是另一个城市的发展部分，以高速公路、铁路、航运、远洋运输和航空信息系统为基础，形成了纵横交错的网络，成为城市之间联系的动脉。随着洋山深水港一期、浦东国际机场二期、市域铁路网（沪杭磁悬浮列车项目）、崇明岛跨江通道、杭州湾大桥等大型交通设施的建设，未来长三角经济圈中城市之间的时空距离将大大缩短，经济圈空间网络结构特征将更加明显，城市之间的联系将更加密切。特别是随着高速公路网、银行同城结算系统、移动通信区域互惠系统的相继建成，长三角经济圈的距离将进一步拉近，上海到宁波、杭州、南京等长三角城市的陆上行程将控制在 3 h

以内。

三、长三角经济圈功能定位

1. 中国最主要的人口集聚区

经济全球化时代，在参与全球竞争时，国家仍然是基本单位；另外，经济全球化要求生产力冲破国民国家的界限。因此，今后的国际竞争基本单位应该定位在城市。因为只有城市特别是大城市才有产业集聚，只有城市才有国际竞争所需要的产业基础设施和人力资源。例如，20世纪60年代日本重工业化鼎盛时期，仅占国土面积12％的"四大工业圈"东京、大阪、名古屋、福冈独占日本工业生产总值的70％；而这"四大工业圈"中的"四大临海工业地带"虽然只占国土面积的2％，但其工业产值却占日本全国的30％。从中可以看出工业化区位的大城市取向。在我国各经济圈中，长三角成为最主要的人口流入区和最主要的人口集聚区之一。

2. 中国内外向经济发展最为均衡的经济圈

长三角经济圈临靠东海、黄海和长江，集"黄金海岸"和"黄金水道"于一身。20世纪90年代以来，以东部沿海地区和长江流域为两条轴线的"T"字形开发模式受到国家的重视，成为我国国土开发纲要的重要指导思想，而长三角正处于这一交接点的核心位置。因此，无论从地理位置，还是从我国对外开放总体战略的高度和国际经济格局的演变趋势来看，作为沟通长江流域腹地和海外国际市场的长三角都具有明显的区位优势，这为长三角经济圈形成内外向均衡型的发展模式奠定了良好的基础。

3. 全球城市区域

20世纪50年代，法国地理学家戈特曼在美国东北部沿海城市考察时，注意到阿巴拉契亚山脉以东一个个大城市迅速发展，并和周围一些中小城镇组成城市集团，如波士顿、纽约、费城、华盛顿等城市集团。1957年他再次到此地考察，注意到一个新情况：从新罕布什尔州到弗吉尼亚州，沿主要交通干线大中小城市连绵不断，城市与城市界限不清，仿佛已连成一体，形成了巨大城市带，北至波士顿南至华盛顿的这个城市带便被称为"波士华城市带"，为世界城市带之首。中国长三角地区被戈特曼列为六大世界城市带之一（表7-1）。

经济全球化使城市在全球经济中所扮演的角色日益重要，城市之间的经济网络开始主宰全球经济命脉，并涌现出若干在空间权力上跨越国家范围，在全球经济中发挥指挥和控制作用的全球性城市。衡量一个经济圈的地位，关键是其首位城市是否是全球城市，是否能被纳入全球城市体系中。

表 7-1　世界六大城市带

所在国家或地区	面积/(10^4 km²)	人口/(10^4 人)	城市化水平	主轴线	大致形状
美国东北部大西洋沿岸	13.8	4 200(1970)	74	波士顿—华盛顿	沿海岸带状延伸
日本东海道太平洋沿岸	2.5	4 000(1970)	77	东京—大阪	沿海岸带状延伸
欧洲西北部		3 000(1970)	80	巴黎—鹿特丹—科隆	略呈环形
英格兰		3 000(1970)	92	伦敦—利物浦	带状延伸
美国五大湖沿岸	16	2 800(1970)	74	芝加哥—底特律	沿湖带状延伸
中国长三角	9.93	7 500(2003)	40	南京—上海—宁波	略呈"Z"字形

资料来源：Gottman J. Megaloplis. New York：The Twentieth Century Fund, 1961。

4. 国际制造业基地

以完整的产品生产分工为标志的世界经济史上的第一代和第二代"世界制造中心"分别形成于第一次、第二次工业革命之后的英国、德国和美国，当时"世界制造中心"的主要特点之一是产品的生产过程集中于一国之内，制造业的竞争力表现为某种产业或产品生产的综合竞争力。之二是产业间分工是各国参与国际经济分工的主要形式，一国要成为"世界制造中心"，其主导产业或支柱产业的生产技术和能力必须居当时的世界领先水平。20 世纪 40 年代后期，具有要素分工特点的第三代"世界制造中心"在日本出现，以产品零部件外包式生产的产业内分工代替了产业间分工，使企业的成本达到最小化。但由于日本国内缺少像美国那样强大的技术支撑，随着日元的升值，产业资本逐渐外移，形成所谓"产业空洞化"，使日本的"世界制造中心"地位逐步丧失。

随着经济全球化的发展，跨国公司越来越专注于技术开发、产品设计、品牌经营和营销网络的建设，而尽可能将产品生产的不同环节按成本最小化原则在全球范围内配置，产业内要素分工逐步取代产业间产品分工成为国际经济分工的主要形式，产业内贸易取代产业间贸易成为国际贸易发展的新动力。"世界制造中心"已失去了传统意义上的内涵，即各国不一定再生产完整意义上的产品，而是利用自己的要素优势参与产品生产过程的一部分，实行专业化生产的国际分工。国际产业资本的这种以要素分工组织生产方式不仅降低了生产成本，同时也使产品开发和创新能力较弱的发展中国家和地区也有成为新一代"世界制造中心"的可能。

长三角不仅有沿海良好的国际国内航运条件，同时还拥有陆路、内河、航空、管道运输设施，这些都大大降低了原材料和制品的物流成本。作为我国最早实行改革开放的地区之一，长三角优惠的外贸政策也加速了国际产业资本和国内产业资本向该地区的集中，为该地区成为"世界制造中心"重要生产基地创造了政策环境。长三角较强的科技和人才优势，也是国际资本钟情的主要因素。改革开放以来，长三角从简单商品的来料加工开始，逐步发展到今天的汽车、电子、化工等高级产品的生产和出口，并且实现了加工贸易产业链的延伸，中间品生产能力大大提高，已成为世界跨国公司的重要配套生产基地。

第二节　江苏在长三角经济圈的地位和功能

一、长三角经济圈的人口集聚区

在长三角经济圈的 15 市中，2007 年江苏沿江 8 市面积占 48.18％，人口占 48.55％，无论从面积和人口比例来看都大于浙江北部 6 市和上海市，是长三角经济圈的重要组成部分和人口集聚区。从人口的非农化比例来看，2007 年江苏沿江 8 市也达到 51％，与长三角经济圈 52.2％的比例基本相当，江苏已成为推进长三角经济圈城市化进程的重要来源（表 7-2）。

表 7-2　江苏面积和人口在长三角经济圈中的地位（2007 年）

地区	面积		人口		非农化比例/％
	总量/(10^4 km²)	比例/％	总量/（万人）	比例/％	
江苏 8 市	4.85	48.18	4 070.3	48.55	51
浙北 6 市	4.58	45.52	2 933.8	35.00	37.6
上海市	0.63	6.3	1 378.9	16.45	86.8
长三角经济圈	10.06	100	8 383	100	52.2

资料来源：江苏统计年鉴(2008)、上海统计年鉴(2008)、浙江统计年鉴(2008)、中国城市统计年鉴(2008)。

二、长三角经济圈的经济助推力

改革开放以来，江苏沿江 8 市 GDP 总量在长三角经济圈中的比例逐步提高，已经从 1980 年占长三角经济圈 GDP 总量的 34.46％增长到 2007 年的 48.81％，在长三角经济圈中的经济地位更加突出(表 7 - 3)。与此同时，2007 年江苏沿江 8 市的全社会固定资产投资总额、社会消费品零售总额和居民储蓄存款余额分别占长三角经济圈总量的 50.4％ 、47.95％和 38.14％，居长三角经济圈首位，地方财政收入占长三角经济圈总量的 38.71％，仅次于上海市(占 39.57％)。江苏沿江 8 市已成为推动长三角经济圈经济持续增长的重要动力(表 7 - 4)。

表 7 - 3　江苏 GDP 在长三角经济圈中的地位变化

年份	地区	GDP（当年价，亿元）	所占比例/％	年份	地区	GDP（当年价，亿元）	所占比例/％
1980	上海市	311.89	47.15	2000	上海市	4 771.17	30.95
	江苏 8 市	227.96	34.46		江苏 8 市	6 428.65	41.70
	浙江 6 市	121.65	18.39		浙江 6 市	4 214.80	27.34
1990	上海市	781.66	33.22	2007	上海市	12 188.85	24.81
	江苏 8 市	996.79	42.37		江苏 8 市	23 983.8	48.81
	浙江 6 市	574.29	24.41		浙江 6 市	12 962.31	26.38

资料来源：江苏五十年编委会．江苏五十年．中国统计出版社，1999，以及相关省、市 2008 年统计年鉴。

表 7 - 4　江苏其他经济指标在长三角经济圈中的地位(2007 年)

地区	全社会固定资产投资总额		社会消费品零售总额		居民储蓄存款余额		地方财政收入	
	总量/(亿元)	比例/％	总量/(亿元)	比例/％	总量/(亿元)	比例/％	总量/(亿元)	比例/％
江苏 8 市	10 388.14	50.4	7 595.3	47.95	10 677.67	38.14	2 057.25	38.71
上海市	4 458.61	21.63	3 847.79	24.29	9 326.45	33.31	2 102.63	39.57
浙江 6 市	5 763.03	27.96	4 396.23	27.76	7 992.48	28.55	1 154	21.72

资料来源：中国城市统计年鉴(2008)以及相关省、市 2008 年统计年鉴。

三、长三角经济圈外向型经济活跃发展区

改革开放以来，长三角经济圈外向型经济快速发展。其中，江苏沿江 8

市 2007 年外贸进出口总额、外贸出口额和实际外商投资额分别占长三角经济圈总量的 46.43％、47.59％和 56.31％，不仅成为长三角经济圈中外向型经济发展最活跃地区，而且推进了长三角和江苏省外向型经济的发展（表 7－5）。

表 7－5　江苏外贸和实际外商投资在长三角经济圈中的地位（2007 年）

地区	外贸进出口总额		外贸出口额		实际外商投资额	
	总量/（亿美元）	比例/％	总量/（亿美元）	比例/％	总量/（亿美元）	比例/％
江苏 8 市	3 793.29	46.43	2 297.76	47.59	222.03	56.31
上海市	2 829.73	34.63	1 439.28	29.81	79.20	20.09
浙江 6 市	1 547.17	18.94	1 091.34	22.60	93.04	23.60

资料来源：江苏统计年鉴（2008）、上海统计年鉴（2008）、浙江统计年鉴（2008）。

四、长三角经济圈国际制造业转移基地

长三角不仅有沿海良好的国际国内航运条件，还拥有陆路、内河、航空、管道运输设施，这些都大大降低了原材料和制成品的物流成本；作为我国最早实行改革开放的地区之一，长三角优惠的外贸政策也加速了国际产业资本和国内产业资本向该地区的集中，为该地区成为世界制造中心重要生产基地创造了政策环境；改革开放以来，长三角从简单商品的来料加工开始，逐步发展到汽车、电子、化工等高级产品的生产和出口，并且实现了加工贸易产业链的延伸，中间品生产能力大大提高，已成为世界跨国公司的重要配套生产基地。2007 年长三角经济圈 15 市的三次产业比例为 3.24：54.18：42.58，呈现"二、三、一"的关系，其中长三角核心区上海的三次产业比例为 0.84：46.59：52.58，为"三、二、一"的特点，长三角的两翼，即江苏沿江 8 市和浙江 6 市的三次产业比例分别为 3.54：58.30：38.16 和 5.09：54.81：40.09，呈现"二、三、一"的格局，江苏的第二产业比重尤为突出（表 7－6）。

表 7－6　长三角经济圈各区域产业结构比较（2007 年）

	江苏 8 市	上海市	浙江 6 市	长三角经济圈
第一产业/％	3.54	0.84	5.09	3.24
第二产业/％	58.30	46.59	54.81	54.18
第三产业/％	38.16	52.58	40.09	42.58

资料来源：根据江苏统计年鉴（2008）、上海统计年鉴（2008）、浙江统计年鉴（2008）计算。

从制造业内部结构看，2007 年上海市工业产值占前 3 位的分别是通信设

备、计算机及其他电子设备制造业，交通运输设备制造业，通用设备制造业；江苏沿江 8 市为通信设备、计算机及其他电子设备制造业，黑色金属冶炼及压延加工业，化学原料及化学制品制造业；浙江则在积极提升纺织、服装等传统产业的同时，努力发展临港工业和高科技产业；浙江北部为纺织业，电气机械及器材制造业，通用设备制造业，呈明显的"沪高、苏中、浙低"的态势(表 7 - 7)。

表 7 - 7　长三角经济圈各区域十大制造业比较(2007 年)

江苏 8 市			上海市			浙江 6 市		
产业名称	工业产值/(亿元)	占工业总产值比例/%	产业名称	工业产值/(亿元)	占工业总产值比例/%	产业名称	工业产值/(亿元)	占工业总产值比例/%
通信设备、计算机及其他电子设备制造业	8 156.69	17.80	通信设备、计算机及其他电子设备制造业	4 976.89	22.65	纺织业	3 756.12	14.24
黑色金属冶炼及压延加工业	4 797.03	10.47	交通运输设备制造业	2 358.92	10.73	电气机械及器材制造业	2 036.45	7.72
化学原料及化学制品制造业	4 588.71	10.01	通用设备制造业	1 890.42	8.60	通用设备制造业	1 776.61	6.74
电气机械及器材制造业	3 816.22	8.33	化学原料及化学制品制造业	1 623.23	7.39	化学原料及化学制品制造业	1 646.98	6.25
纺织业	3 695.61	8.07	黑色金属冶炼及压延加工业	1 609.98	7.33	通信设备、计算机及其他电子设备制造业	1 622.12	6.15
通用设备制造业	2 662.96	5.81	电气机械及器材制造业	1 573.37	7.16	电力、热力的生产和供应业	1 591.14	6.03
交通运输设备制造业	2 205.89	4.81	石油加工、炼焦及核燃料加工业	973.74	4.43	化学纤维制造业	1 479.55	5.61

江苏 8 市			上海市			浙江 6 市		
产业名称	工业产值/(亿元)	占工业总产值比例/%	产业名称	工业产值/(亿元)	占工业总产值比例/%	产业名称	工业产值/(亿元)	占工业总产值比例/%
金属制品业	1 869.97	4.08	金属制品业	831.70	3.78	交通运输设备制造业	1 346.07	5.10
有色金属冶炼及压延加工业	1 645.23	3.59	电力、热力的生产和供应业	724.32	3.30	纺织服装、鞋、帽制品业	997.82	3.78
纺织服装、鞋、帽制品业	1 567.37	3.42	专用设备制造业	600.57	2.73	有色金属冶炼及压延加工业	993.88	3.77

资料来源：根据长三角各市 2008 年统计年鉴中规模以上工业产值计算所得。

五、长三角经济圈空间结构重构的核心轴带

改革开放初期，长三角沿铁路地区依托良好的工业基础和优越的交通条件，率先崛起，形成了沿宁—沪—杭—甬铁路"Z"字形经济轴线。但随着工业化程度的提高和交通网络化的提升，加上沿路地区工业、城市的快速集聚带来的资源过度消耗和对环境的超重负荷，沿路地区资源环境约束越来越大；随着我国经济全球化进程的加快，对外经贸交流的门户功能越来越突出，沿江、沿海地区发展优势越来越明显。沿江和沿海地区可以依托优越的岸线资源条件，通过发展港口物流业与重化工业等临港产业，建设强大的基础产业带，并通过廉价的水运方式，直接参与全球经济体系的分工；另外，沿海地区还拥有丰富的滩涂资源，土地资源约束相对较小。因此进入 21 世纪以来，沿江和沿海地区，充分利用自身优越条件和竞争优势，吸引经济资源和要素快速集聚，正在迅速成长为发达的沿江沿海经济带，长三角地区正在由沿路经济向江海经济转变。随着江苏沿海开发战略的实施、杭州湾大桥、苏通大桥的开通以及沪崇启通道的规划建设，长三角沿海区域发展加快，并且正在形成一个新的经济轴带，即沿海经济带，从而使长三角原来的"Z"字形空间结构逐步转化为反"K"字形发展格局(图 7 - 3)。

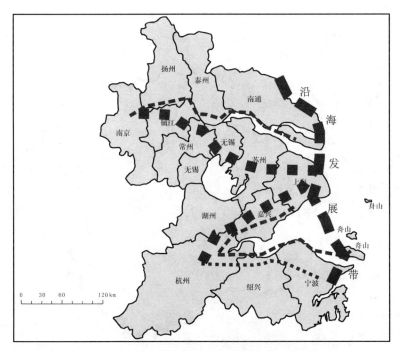

图 7-3　长三角经济圈反 "K" 字形空间结构①

第三节　江苏沿江开发

　　江苏拥有长江岸线的地区是沿江开发的核心区域。江苏沿江地区包括南京、镇江、常州、扬州、泰州、南通 6 个市区和句容、扬中、丹阳、江阴、张家港、常熟、太仓、仪征、江都、泰兴、靖江、如皋、通州、海门、启东 15 个县(市)(图 7-4)。2007 年人口 2 497.75 万人，面积 2.47×10^4 km²，国内生产总值 12 810.62 亿元，分别占全省的 34%、24% 和 49.8%，人均国内生产总值 51 415 元，是全省平均水平的 1.5 倍，是江苏经济社会发展较为发达的地区。

　　沿江地区是江苏生产力布局的重要组成部分，在全省经济社会发展中具有承南启北的重要作用。沿江开发既能促进沪宁沿线高新技术产业的提升，又能带动苏北地区的发展，是江苏经济社会发展新的增长极。

---

　　① 资料来源：段学军，虞孝感，刘新．长江三角洲地区 30 年来区域发展特征初析．经济地理，2009，(2)。

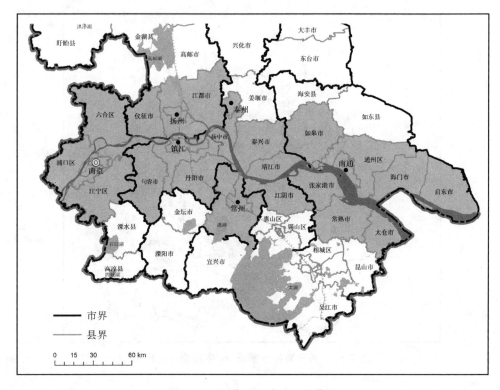

图 7-4　江苏沿江地区区域范围

一、开发基础与发展机遇

(一)开发基础

该区位于我国沿海与沿江生产力布局主轴线的结合部,区位优势明显,开发条件优越,特别是改革开放以来,发展步伐不断加快,综合实力显著增强,为加快沿江开发奠定了良好的基础。

1. 区位优越

该区是以上海为龙头的长江三角洲的重要组成部分,东接上海,西连长江中上游诸省,既有长江"黄金水道"为依托,又有苏北乃至中原广大地区为腹地,辐射势能强劲,消费市场巨大,是经济社会发展的上乘区域和贴近市场的理想投资区域。

2. 资源丰富

该区淡水资源丰沛,长江过境江苏多年平均径流量为 $9\,730 \times 10^8 \ \mathrm{m^3}$;岸线资源优势明显,拥有 1 175 km 长江岸线,-10 m 以下深水岸线 302 km,其中可建深水港口泊位的一级岸线 142.3 km,随着长江口综合整治工程的开展，该区岸线资源在全国更显独特；教育发达，劳动力充足且素质较高，科技资源丰富，人才广聚。

3. 环境优良

该区自然条件优越，四季分明，气候宜人，有山、有水、有大海，十分适宜人居；开发历史较早，人杰地灵，历史遗存多，文化底蕴深厚，社会安定，人文环境优良；亲商、安商、富商的服务意识较强，涌现出一批外商满意的城市。

4. 体制灵活

改革创新意识较强，开放程度较高。20 世纪 80 年代创造了全国闻名的"苏南模式"，90 年代以来又开创了团结拼搏、负重奋进、自加压力、敢于争先的"张家港精神"，率先创新、自强实干的"昆山之路"，开拓资本市场的"江阴板块"。

5. 配套能力强

该区是我国民族工业的发祥地，工业基础好，经过几十年的发展，已经成为我国机械装备、化工、冶金、轻纺等产业的集聚地。企业间分工协作由来已久，能在较短的时间内提供各类配套产品，形成较强的产业供应链。

6. 基础设施较为完备

该区交通条件优良，铁、公、水、空、管纵横交错，四通八达，上可溯至整个长江流域及更广阔的区域，下可通过河口直接连接四大洋；能源供应较为充足，水利设施较为先进；人流、物流、信息流交相汇合，已基本形成支撑该区经济社会发展需要的基础设施体系。

应该指出，江苏沿江开发存在着一些不容忽视的问题。如缺乏统筹规划，开发布点无序，开发方式雷同，产业同构较为突出，没有形成特色；南北差距明显，长江南岸沿江经济带初步形成，而长江北岸沿江经济带尚未形成；过江通道偏少，阻隔了生产要素的跨江流动；对资源环境重视不够，土地和岸线资源缺乏高效利用，发展的可持续性受到挑战，等等。

(二)发展机遇

1. 国际资本和产业转移

随着经济全球化的深入，全球制造业向我国转移的规模和速度不断扩大和加快，中国已成为全球吸引外商直接投资最多的国家。长江三角洲又是我国吸引外资的最佳地区，自 2002 年起协议利用外资总量超过了珠江三角洲。

2. 不可多得的市场机遇

总体上看，全球的重化工业产品供大于求，我国大部分商品已进入买方市场。但是我国许多基础原材料产品短缺，层次低，需要大量进口，为沿江开发提供了产业发展的市场空间。同时，上海成功举办了 2010 年世博会，为该区提供了更多的发展商机。

3. 区域发展的内生需要

该区已进入工业化中期，发展重化工业是这一时期的重要特征。苏南地区，由于沪宁沿线产业密集，迫切需要向沿江地区拓展发展空间，同时，苏南高新技术产业的加快发展也需要重化工业的支撑。濒临长江是苏中地区的最大优势，随着交通基础设施不断完善，苏中接受国内外资本转移的潜能将得到充分释放。开发沿江是苏中快速崛起之所在，是缩小苏南与苏中差距的有效途径，也是加快长江三角洲地区经济一体化的现实要求。

总体上看，沿江开发具备极佳的发展机遇，但同时也面临着挑战和竞争。国际上中东和东南亚等地区重化工业发展势头迅猛，具有相对比较优势。国内沿海部分地区明确提出重点发展先进制造业和重化工业，纷纷布局和建设重化工业区等。为此，在沿江开发中，要扬长补短，变挑战为机遇，变竞争为动力，全面推进沿江开发进程。

二、战略定位与产业发展

(一)战略定位

1. 国际制造业基地

紧紧抓住国际制造业转移的历史性机遇，依托沿江地区的区位、机制、科技和人才优势，加快建立能够参与国际产业水平分工的生产体系、面向国际的市场营销体系和与国际惯例接轨的生产服务体系，形成长江三角洲地区具有全球影响的资本技术密集型制造业基地之一。

2. 走新型工业化道路的先行区

以信息化带动工业化，以工业化促进信息化，在全国率先走出一条科技含量高、经济效益好、资源消耗低、环境污染少、人力资源优势得到充分发挥的新型工业化路子。

3. 长江流域对外开放的重要门户

依托长江"黄金水道"和快捷的交通通讯网络，建设面向国际市场的区域性进出口商品集散枢纽。以国际化为龙头，构建面向长江流域及更广区域的经济腹地，向东接轨上海，向南汲取沪宁杭甬产业密集带的能量，向西辐射长江中上游地区，向北带动苏北和影响中原地区。

4. 缩小江苏南北差距的传导纽带

通过大规模的开发开放，增强沿江地区的综合实力和集聚辐射功能，使沿江经济带成为承接上海、辐射苏北、缩小江苏南北差距、促进区域经济共同发展的重要纽带。

(二)产业发展与空间布局

1. 重点产业发展

以建设国际制造业基地为目标，充分发挥临江适宜布局大运输量、大吞吐量、大进大出产业的资源优势，在沿江地区重点发展基础产业。通过产业的上下游、前后向及旁侧链接，延伸产业链，形成装备制造、化工、冶金、物流四大产业集群。

(1)装备制造产业集群。以汽车、船舶、机床和成套设备等为重点，发展机电一体化装备，形成机械基础件、关键零部件—先进重大技术装备的装备制造产业链。加大汽车企业与国际跨国汽车集团的合资合作，壮大汽车产业规模，提高汽车产品档次，积极发展汽车零部件，加快形成与整车相配套的零部件生产基地；船舶工业要走规模化和专业化并重的道路，提高设计开发水平，发展大吨位高等级船舶及配套装备，逐步形成具有较强综合竞争力的船舶修造业；巩固提高现有机械加工和装备的产业优势，强化专业化分工，大力提高技术装备水平和创新能力，积极发展大型机械和整机装备。

(2)化工产业集群。以石油化工为龙头，形成基础石化原料—精细化工、合成材料的化工产业链。注重提高化工产业的技术含量，积极发展大型化和规模化的化工企业，推进清洁生产，发展循环经济。巩固基础化工原料产业的特色优势，根据市场需求，大力发展合成树脂、合成橡胶、合成纤维聚合物及有机化工原料；加快新材料的开发和应用，积极发展新型纳米材料、氟化产品、高分子材料产品等；注重新产品开发和后道延伸，着重发展高层次、高附加值的精细化工产品，提高产品档次、技术含量和市场占有率。

(3)冶金产业集群。以特种钢为重点，形成钢冶炼—特种钢材—金属制品的冶金产业链。通过合资合作引进资金、技术和管理，切实提高特种钢材的产品质量，扩大企业规模，重点发展高质量冷轧薄板、冷轧不锈钢薄板、镀锌板、涂镀层板等优特钢产品，为建筑、汽车、船舶、家电等生产提供急需的特种钢材；积极发展金属制品业，延伸产业链。

(4)物流产业集群。以第三方物流为重点，形成市场—第三方物流—生产企业—用户的供应链。充分利用交通枢纽、港口、机场等基础设施载体平台，加快建设物流公共信息平台，培育和发展具有国际竞争力的链主企业和具有综合服务功能的第三方物流企业，形成物流的企业平台，构建若干个物流枢纽城市和一批专业物流中心。

2. 重点产业布局

沿江产业布局以临江城市和开发区为载体，围绕四大产业集群，延伸产业链，促进相关产业集聚，形成各具特色的产业密集区和产业基地。

(1)石油化工产业布局。发挥宁波大榭岛—南京和鲁宁输油管道的原油供应优势，依托南京的大型石化企业，以南京化学工业园区为主体，联合仪征等邻近开发区，在石化原材料产品的基础上，发展高附加值的石化后道产品，建成全国著名的石油化工产业密集区。发挥南通滨江临海的区位优势，在江海交汇区域培育石油化工产业的发展。限制石油化工产业在沿江其他区域布局。

(2)精细化工产业布局。根据流域产业布局原则，将精细化工重点布局在沿江下游地区。充分发挥张家港、常熟、太仓、泰兴、南通等现有优势，注重产品品种错位，积极发展绿色环保型、附加值高、市场需求量大的产品，共同形成沿江精细化工产业密集区。禁止高污染的化工企业和小化工企业在临江地区布局。

(3)特种冶金产业布局。以促进产业集聚为目标，依托南京、张家港和江阴等现有优势企业，重点发展特、精、优产品，限制炼铁等冶金前道产业在沿江地区的布局。南京地区要注重冶金下游产品发展和吸引关联性强的企业集聚，优化产品结构；张家港、江阴要注重与靖江的联动开发，促进冶金产业向江北扩散，共同发展特种冶金产业，加快南京和张家港、江阴、靖江两大特色冶金产业密集区的形成。

(4)汽车产业布局。沿江地区适合汽车产业的布局与发展，但应把规模集聚作为汽车产业布局的首要条件。积极发展汽车整车，通过整车行业联合和产品分工，提高产品竞争力；重点加快南京轿车产业的发展，同时与上海合作发展仪征地区的轿车生产，形成国内规模较大的轿车生产基地之一；积极推进扬州客车产业规模的扩大和水平的提升，加快形成以扬州为重点的国内重要的客车生产基地；围绕汽车整车，鼓励沿江地区大力发展汽车零部件生产，形成沿江汽车零部件产业带。

(5)船舶产业布局。根据比较效益原则和资源禀赋条件，船舶产业应集中布局在苏中沿江地区。重点加快南通造船业的建设和发展，鼓励长江南岸的修造船产业向长江北岸转移，通过企业联合与兼并，整合扬州、仪征、江都、靖江等地区的造船业，促进企业规模集聚和产品升级，把南通建成亚洲第一、世界著名的修造船基地，把扬泰地区建成国内知名的船舶修造基地。

(6)新材料产业布局。沿江地区具有发展新材料产业的良好条件，依托沿江基础产业，重点加快泰州纳米材料、金属新材料和化工新材料产业的发展，扩大产业规模，形成新材料产业基地；加快江阴和南通等地区新材料产业的发展，注重向基础产业渗透，促进基础产业升级。

（7）物流产业布局。以地区产业基础和经济腹地为条件，发挥铁路、公路、空港、港口枢纽功能，加快南京、无锡、苏州三大物流枢纽城市和扬州、泰州、南通、镇江、常州等专业物流中心的建设，形成南京长江流域综合物流中心、无锡区域性物流中心和苏州区域性国际物流中心，把沿江地区建成服务长江三角洲乃至长江流域的现代物流网。

三、基础设施建设与布局

1. 综合交通建设与布局

该区已基本形成综合交通运输网。目前存在的问题是：综合运输功能不强，各种运输方式协调不够，南北过江通道偏少，交通设施依然滞后于经济发展。在该区形成快速、便捷的现代综合交通运输体系已迫在眉睫。为此，在加快高等级公路网建设的同时，要加快过江通道、水运和铁路的建设，同时兼顾航空业的发展，形成与该区经济社会发展相适应的综合交通运输网络。

2. 港口建设与布局

该区的南京港、镇江港、南通港、苏州港、常州港、江阴港、扬州港、泰州港等组成的沿江港口群，是上海国际航运中心北翼的组合港。港口总泊位数 493 个，其中公用码头 264 个，货主码头 229 个，万吨及万吨级以上泊位 134 个，集装箱泊位 19 个；2006 年港口吞吐量近 4×10^8 t，其中集装箱吞吐量为 618 万标箱。结构不合理，分工不明确，竞争激烈等问题制约了沿江港口的发展，使得作为上海国际航运中心北翼组合港的功能没能得到充分发挥。

随着沿江开发，特别是大吞吐量工业项目的进入，该区对港口运输的需求将与日俱增。为此，要充分发挥现有港口能力，调整沿江港口结构，积极发展集装箱码头，适当发展公用码头和专业码头，根据运输量和货种控制货主码头的建设。重点建设苏州港太仓港区的集装箱码头和南京、镇江、南通、苏州等主枢纽港，配套建设江阴、扬州、泰州、常州等地方性港口，形成专业化分工合理的沿江港口群，积极开辟近洋航线，加强挂港合作，成为长江中上游大宗散杂货的中转港和上海国际航运中心北翼的组合港。

第八章 "海上苏东"战略与沿海开发

章前语

　　20世纪90年代，江苏省为改变沿海经济落后状况实施"海上苏东"战略，但成效并不显著。江苏沿海无论在全省，还是与全国沿海城市相比都存在较大差距，这其中既有自然、历史和社会经济原因，也有主观原因。沿海开发将有助于实现江苏经济社会在区域上的协调发展，发挥沿海地区后发优势推动江苏经济继续保持领先态势。江苏沿海开发既有得天独厚的资源优势、日益凸显的区位优势、正在形成的产业优势、潜力巨大的后发优势，但也存在经济基础薄弱、开发与保护矛盾突出、产业机构层次较低、基础设施尚不完善、中心城市的带动作用不强等制约因素。因此，在沿海开发中应坚持产业、港口、城镇联动，政府、企业、社会联动，产业、资源、环境联动，江、海、陆联动，整体规划、有序开发与重点开发联动的基本思路；将沿海建设为区域性国际航运中心、新能源和临港产业基地、农业和海洋特色产业基地和重要的旅游和生态功能区。江苏沿海开发的战略重点是以产业发展为核心，建设沿海新兴工业基地；以港口崛起为引擎，带动沿海地区经济全面提速；以城镇建设为龙头，建设沿海新兴城市带；以环境保护和生态建设为抓手，促进沿海可持续发展。为此，在沿海开发中应坚持改革开放、积极融入长三角都市圈、加强生态环境保护、加快工业化步伐、优化产业空间布局和实施错位与联动的区域协同发展战略。

关键词

　　"海上苏东"战略；沿海"经济洼地"；沿海开发；战略定位；战略重点

第一节 "海上苏东"战略与沿海经济带发展

改革开放以后，沿海经济的发展成为热点。江苏沿海地区由原来的海防前哨转变为对外开放的窗口。特别是 1984 年，国家宣布开放 14 个沿海港口城市，江苏的连云港和南通位列其中，成为带动江苏沿海开发开放、促进沿海经济起飞的南北"翅膀"。

20 世纪 90 年代，江苏高度重视对沿海的发展，先后提出了"海上南通"、"海上盐城"、"海上连云港"等地区开发战略。但是，从总体上看，江苏沿海至今一直处于"各自为政"的发展状态，相互间缺乏应有的协作。江苏沿海经济落后的面貌本质上没有改变，在东部沿海各省市中，江苏沿海地带仍是明显的经济低谷区。

一、"海上苏东"战略的实施

(一)"海上苏东"战略

为了根本改变江苏沿海经济的落后状态，早在 1995 年，江苏省委省政府就提出了建设"海上苏东"的发展战略，并将之列为江苏"九五"计划和 2010 年远景目标中一项跨世纪发展工程。所谓"海上苏东"工程，即"经过 10～15 年的开发，使江苏东部沿海三市(连云港、盐城、南通)的海洋经济达到陆地经济的水平，实现全省经济发展战略从陆地向海洋延伸"。1996 年 4 月，江苏省委省政府又专门召开了全省海洋经济工作会议，具体研究、部署和落实"海上苏东"工程。"海上苏东"的提出，旨在培育新的经济增长点，为"全省全面实现小康，部分地区初步实现现代化，为 2010 年全省实现现代化打下良好的物质技术和经济体制基础"这一目标的实现寻求新的突破；"海上苏东"也是江苏经济发展战略在空间布局上的转移，开发海洋国土，使"蓝土地的产值＝黄土地的产值"；"海上苏东"更是经济增长方式在主观上的一个转变，目的在于改变沿海地带的"粗放式、分散式"开发方式，转向科技指导下的集中开发方式，使沿海经济走上集约型增长道路。

(二)"海上苏东"战略实施成效

虽然"海上苏东"战略的实施在一定程度上推动了江苏沿海地区经济的发展，但是，"海上苏东"战略实施的效果不十分显著。

1. 沿海经济总量不高、结构层次偏低

多年来，虽然江苏在沿海开发方面取得了不少进展和成绩，也积累了一些经验，交通、水利、能源等基础设施初步完善，滩涂开发取得可喜成果，

结构调整步伐加快,沿海湿地得到有效保护,但总体来看,江苏沿海开发还处在起步阶段。2007 年,江苏沿海地区实现国内生产总值 3 639.16 亿元,其中第一产业 460.46 亿元,第二产业 1 904.47 亿元,第三产业 1 274.23 亿元,分别只占全省总量的 14.14%、25.35%、13.3% 和 13.2%。江苏的两个沿海开放城市在全国 14 个沿海开放城市排名中名次靠后,南通列第 9 名,连云港列第 13 名(表 8-1)。与其他沿海省份相比,江苏沿海经济的发展规模和水平还有明显的差距(表 8-2)。

表 8-1 我国 14 个沿海开放城市 GDP 比较(2007 年)

序列	1	2	3	4	5	6	7
城市	上海	广州	天津	青岛	宁波	大连	烟台
GDP/(万元)	12 188.85	7 109.18	5 050.40	3 786.52	3 435.00	3 130.68	2 879.95
序列	8	9	10	11	12	13	14
城市	温州	南通	福州	湛江	秦皇岛	连云港	北海
GDP/(万元)	2 158.91	2 111.88	1 974.58	892.56	683.58	618.18	246.58

资料来源:中国城市统计年鉴(2008)。

表 8-2 江苏、广东、山东、浙江沿海经济比较(2007 年)

省份	江苏	广东	山东	浙江
GDP/(亿元)	3 639	25 841	13 631	15 382
单位面积产值/(万元·km^{-2})	1 282	3 068	1 978	2 513

资料来源:根据中国城市统计年鉴(2008)计算。

"海上苏东"战略主要围绕百万亩滩涂大开发、大量围垦土地、改造耕地、集中全力发展海水养殖等方面展开。沿海开发以传统的海洋养殖和海洋捕捞为主,而其他产业特别是海洋工业和旅游业发展缓慢,开发程度低,比重不高。

2. 海洋优势没有得到充分开发

"海上苏东"走的仅是一种"滩涂经济",资源利用率较低,海洋经济总体规模明显偏小,经济效益不高,对地区经济的拉动作用有限。2006 年江苏沿海地区海洋产业总产值只有 1 287 亿元,只相当于广东省、山东省的不到 1/3

（图 8-1）。沿海地区经济总量的比重不到 1/10。

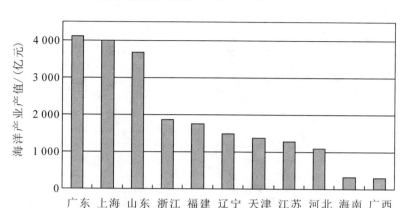

图 8-1 沿海省市海洋产业产值比较(2006 年)
（资料来源：中国海洋统计年鉴(2008)）

3. 经济地位下降、战略地位边缘化

江苏沿海地带不仅在全省相对落后，而且在中国东部沿海中的经济地位也落后，与较发达的山东沿海、浙江沿海、辽宁沿海、广东沿海、福建沿海地带相比，发展严重滞后，江苏沿海被称为全国沿海中的"经济断裂带"、"低谷区"。由于发展后劲不足，与苏南和其他东部省份沿海地区的投入差距越拉越大，就连前几年有较多投资的滩涂开发，也有减弱的趋势。同时，沿海优势的海水水产品的发展速度也大幅下滑。优势产业的发展停滞不前，没有较快、较大的资金投入。从某种意义上说，沿海地区被边缘化了。

过去的发展思路，多是开发沿海滩涂，发展种养殖业、特种经济作物等，虽然取得了一定成效，但开发层次低、产业结构层次低，产值和效益也低。在实践过程中，也过于突出行政区划，而忽视了经济区划，较少考虑到经济区域的问题。南通被列入"沿江"，连云港被划入"东陇海沿线"，具有区域特色的"沿海"被"肢解"了，"三沿战略"事实上变成了沿江、沿东陇海线的"二沿战略"。在沿江战略紧锣密鼓地实施时，沿海还是不紧不慢地走着自己的路。

二、沿海经济带发展现状

江苏沿海经济带的区域范围，既要求是濒临海洋的地区，又考虑自然条件和区情的相近性，同时兼顾行政区划以及中心城市，范围包括连云港、盐城和南通 3 市市区以及赣榆、东海、灌云、灌南、响水、滨海、射阳、大丰、东台、海安、如东、通州、海门、启东 14 个县市(图 8-2)。

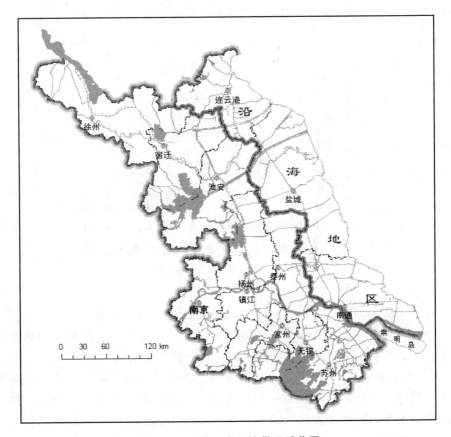

图 8 - 2　江苏沿海经济带区域范围

(一)沿海经济带基本概况

江苏沿海经济带土地面积 28 382 km²，占全省的 27.7%。2007 年年末，人口 1 728.53 万，占全省的 22.7%；地区生产总值 3 639.16 亿元，占全省的 14.1%；人均 GDP 21 082 元，为全省平均的 62.1%（表 8 - 3）。目前江苏沿海经济带的经济发展水平不仅低于全省平均水平，而且低于中国东部沿海地区的平均水平，成为经济发达地区中的"经济洼地"。

(二)江苏沿海与全国沿海经济比较

1. 沿海城市 GDP 比较

沿海城市 GDP 是各省份 GDP 的重要组成部分。通过沿海各省（市）2007 年的数据进行比较可以看出，江苏沿海城市的 GDP 总量无法与杭州、福州、大连、厦门、宁波、深圳等沿海省会或副省级城市相比，即使与沿海其他省份的主要城市相比也有一定差距，沿海城市泉州、唐山等市 GDP 均占本

表8-3　江苏沿海城市基本概况

年份	南通			盐城			连云港		
	人口/(万人)	GDP/(亿元)	人均GDP/元	人口/(万人)	GDP/(亿元)	人均GDP/元	人口/(万人)	GDP/(亿元)	人均GDP/元
1978	722.71	29.386 1	408	688.3	18.568 3	274	323.2	10.446 3	321
1985	744.72	67.242 9	904	725.63	45.623 6	631	358.24	29.638 9	833
1990	776.01	134.25	1 736	771.93	104.41	1 369	405.05	55.19	1 393
1995	784.24	466.53	5 956	783.53	324.07	4 136	427.78	168.39	3 955
2000	784.53	736.44	9 378	795.57	548.59	6 904	455.6	291.13	6 443
2007	717.95	2 111.88	29 273	757.92	1 371.26	17 964	446.98	618.18	13 776

注：(1)GDP、人均GDP为当年价格　(2)2007年为年末常住人口数

资料来源：江苏五十年编委会.江苏五十年.中国统计出版社,1999；江苏统计年鉴(2001、2008)。

省GDP的20%以上,温州、东莞、沧州、烟台等市GDP均占本省GDP的10%以上,而江苏的三个沿海城市GDP所占比重均不到本省的10%,最高的南通只占全省GDP的8.2%,盐城和连云港则更低(表8-4)。

表8-4　沿海城市地区GDP占全省GDP比重(2007年)

省份	城市	地区GDP/(亿元)	地区占全省GDP/%
辽宁	营口	570.11	5.17
辽宁	锦州	551.09	5.00
福建	泉州	2 283.70	24.69
福建	漳州	854.81	9.24
浙江	台州	1 721.84	9.17
浙江	温州	2 158.91	11.50
广东	东莞	3 151.91	10.14
河北	唐山	2 779.42	20.27
河北	沧州	1 465.38	10.69
山东	烟台	2 879.95	11.09
江苏	南通	2 111.88	8.20
江苏	盐城	1 371.26	5.33
江苏	连云港	618.18	2.40

资料来源：根据中国城市统计年鉴(2008)、中国统计年鉴(2008)计算。

除此之外，在地区 GDP 总量上，唐山、青岛、杭州、泉州分别位于本省第一，大连、烟台、宁波、福州、深圳分别位于本省第二，温州、厦门位于本省第三。而江苏是唯一没有沿海城市 GDP 居于本省前三甲的省份。

2. 沿海城市人均 GDP 比较

从人均 GDP 来看，2007 年，东营、厦门、唐山、大连、宁波、深圳分别位居山东、福建、河北、辽宁、浙江、广东第一，泉州、杭州、威海分别位居福建、浙江、山东省第二，福州、秦皇岛、青岛、珠海分别位居福建、河北、山东、广东省第三。山东的前三城市则均为沿海城市。而江苏也是我国沿海唯一一个沿海城市人均 GDP 没有一个位于全省前三位的省份，南通市以人均 GDP 29 273 元位于江苏省第 7 位，盐城和连云港分别以 17 964 元和 13 776 元位于江苏省第 10 位和第 12 位。

3. 沿海城市产业结构比较

产业结构通常是衡量地区经济发展和潜力的重要指标。通常认为，一、二、三产业的比例达到 1∶3∶6 是比较合理的。据 2007 年统计数据，江苏沿海的产业结构很不合理，南通、盐城、连云港的三产业比重分别为 9.6∶56.0∶34.4，20.9∶45.7∶33.4，18.2∶45.9∶35.9。盐城和连云港的农业比重明显偏重，均为 20% 左右。其中，盐城更是高至 20.9%，是沿海城市中农业比重超过 20% 的为数不多的城市之一。在人均 GDP 超过 15 000 元的沿海城市中，无一农业比重超过 20%；在人均 GDP 超过 26 000 元的沿海城市中，农业比重均不超过 10%。在服务业方面，江苏沿海城市发展比较均衡，达到 35%。江苏沿海的产业结构明显不合理，农业所占比例过重，这是江苏沿海经济"凹地"的外在表现。

产业结构方面，尽管江苏沿海经济的产业结构不够合理，但江苏沿海仍然处于沿海城市中游水平。将农业比重低于 10% 的城市划为第一阵营，处于 10% 到 20% 的城市划为第二阵营，高于 20% 者为第三阵营。南通为第一阵营，连云港为第二阵营，盐城为第三阵营。

(三) 江苏沿海与省内其他市经济比较

1. 区域经济比较

江苏省可分为四个经济区域：宁镇扬泰经济区、淮北经济区、苏锡常经济圈和沿海经济带。根据江苏省 2007 年统计年鉴，四大区域人口总数差异不大，宁镇扬泰经济区、淮北经济区以及沿海经济带人口总数分别占总人口的 25.12%，27.29% 和 28.07%，苏锡常经济圈人口为江苏省的 19.52%。然而，在区域生产总值上，苏锡常经济圈以 9 690.31 亿元遥遥领先，宁镇扬泰经济区以 5 897.74 亿元排名次之，沿海经济带以 3 459.98 亿元排名第三。苏锡常经济区 GDP 是沿海经济带的 2.8 倍。人均 GDP 差距更大。苏锡常区以 67 833 元排名榜首，沿海经济带以 16 846 元排名第三，苏锡常区为沿海区的 4.03 倍，宁镇扬泰区也为沿海区的 1.9 倍，沿海经济区明显落后于江苏其他区域，仅好于淮北经济区。

江苏沿海经济区在农林牧渔业方面显示出优势，以 1 050.45 亿元位于四大区域第一；但工业产值以 4 790.92 亿元位于四大区域第三，仅为苏锡常区的 1/5；新增固定资产投资也只是苏锡常区的 1/5；在地方财政和税收方面，也远远落后于苏锡常和宁镇扬泰区。

2. 江苏省各市经济比较

地区生产总值方面，2007 年南通以 1 758.34 亿元位于江苏省第四，盐城以 1 174.26 亿元居于第七，连云港以 532.76 亿元列于倒数第二位。同时，由于沿海各市人口较多，人均 GDP 排名更低。南通、盐城、连云港分别以 22 826 元、14 647 元、11 084 元位于江苏省第七、十、十二位，整体水平较低。

农林牧副渔方面，盐城和南通分别以 553.05 亿元和 310.14 亿元的产值位于江苏省第一和第三位，连云港也以 187.27 亿元位于第六位，均处于比较靠前的位次。

工业产值方面，苏州以 12 538 亿元排名第一，无锡、南京、常州次之。沿海城市南通、盐城、连云港分别以 2 949.53 亿元、1 378.15 亿元和 463.25 亿元列于第五、第十和第十二位，分别相当于苏州市的 23.53%、10.99%、3.69%。

另外，在新增固定资产、地方财政收入、税收及支出等方面，南通与江苏平均水平相接近，盐城和连云港明显低于江苏平均水平。

(四)沿海地区内部经济比较

沿海经济带内部各地区发展程度也不平衡，表现为中南部的启东、海门、通州经济相对发达，这些县市 2007 年的 GDP 总量都超过 250 亿元，人均国内生产总值均超过 2 万元，最高的海门市超过 3 万元；而北部经济相对落后，平均每县 GDP 总量不足 100 亿元，人均不到 1 000 元，最低的灌云县仅 6 462 元，不到沿海最高县的 1/4(表 8-5)。

以苏北灌溉总渠为界，江苏沿海经济带内部经济水平呈现明显的梯度特征：苏北灌溉总渠以北，赣榆、东海、灌云、灌南、响水、滨海 6 县，各项指标都明显偏低；苏北灌溉总渠以南，射阳、大丰、东台、海安、如东、通州、海门、启东 8 县(市)，各项指标都明显偏高，尤其是通州、海门 2 市。

表 8-5　江苏沿海经济带内部经济差异(2007 年)

县(市)	GDP /(亿元)	人均 GDP /元	工业总产值/(亿元)	进出口总额/(亿美元)	实际外商直接投资/(亿美元)	社会消费品零售总额/(亿元)	地方财政一般预算收入/(亿元)
连云港市区	274.64	38 541	411.35	29.56	3.47	101.51	32.69
赣榆	113.34	10 439	85.95	0.57	1.11	47.68	13.81
东海	114.06	9 674	85.22	1.22	0.84	43.52	13.28
灌云	69.98	6 462	47.23	0.82	0.83	35.04	10.14
灌南	62.53	8 360	65.83	0.36	1.13	21.34	10.75
盐城市区	387.89	24 922	630.70	14.53	2.40	142.99	33.77
响水	62.80	10 454	92.59	1.41	0.27	16.37	7.55
滨海	107.90	9 554	116.11	0.57	0.25	29.77	11.61
射阳	153.04	14 992	178.11	0.71	0.73	47.88	12.19
大丰	173.80	23 864	189.93	1.88	1.84	45.74	11.77
东台	224.30	19 455	262.67	2.09	1.16	69.07	15.61
南通市区	551.94	63 485	958.58	79.16	5.35	170.91	52.06
海安	213.56	22 573	439.30	5.50	3.34	76.74	14.30
如东	212.26	19 889	400.95	6.18	3.82	86.18	15.59
通州	323.33	25 811	724.16	13.51	3.35	102.83	17.22
海门	310.74	30 812	632.05	7.30	3.96	102.45	14.79
启东	283.05	25 241	425.68	7.77	4.37	98.83	16.17

资料来源：江苏统计年鉴(2008)。

三、沿海"经济洼地"的成因

江苏沿海经济带落后的原因是多方面的，既有历史原因，也有当代开发不足的因素；既有客观条件的限制，也有主观因素的制约，同时还有政策上的滞后。

1. 自然灾害的影响

从 1194～1855 年，黄河长期夺淮达 661 年。在宋朝统治的 83 年间(1195～1278 年)，主流东夺汴泗，短期内尚较稳定。在元朝统治的 88 年间(1279～1367 年)，黄河向南决口增多，淮河水系受到扰乱，水灾日益频繁。在明朝统治的 275 年间(1368～1643 年),为了维持大运河漕运,尽力避免黄河向北溃决,明政府采取遏制北流、分流入淮的策略。后黄河主流由向南转向东,经徐州夺泗夺淮,江苏以北成为重灾区。清代,黄河夺淮共计 211 年(1644～1855 年),黄河已不再向涡河、颍河分流,而是全部经徐州南下夺泗夺淮,灾区转至徐州以下直至海口,仍以江苏省苏北地区受灾最重。长期的黄河夺淮之灾,虽然在苏北沿海通过泥沙的冲积使海岸线东移,扩展了苏北沿海的土地,但对农业发展的影响却是毁灭性的。

据历史记载,从 1400～1900 年的 500 年中,淮河流域共发生 350 次较大水灾。沂、沭、泗流域从 1368～1948 年的 580 年中,发生 340 多次较大水灾。洪水所到之处,淹没农田,吞噬村庄。今灌南、涟水等临海县份,有时平地水深竟达一丈多,连街市都能行船。淮河以南的里下河平原地区,自明中叶以来,仅 1804～1824 年的 20 年中,就遭受洪泽湖决溢之灾 17 次。洪水的到处漫流,不仅使农业连年失收,广大人民生活贫困,而且破坏了这一地区原先优越的自然条件。很多水产资源丰富的湖泊和可资排灌的河流被淤为平陆,大片沃野被流沙礓砾掩盖下去。涟水境内,有的地方流沙淤积竟达两丈多深。由于黄河夺淮造成许多河流排水不畅,还使大片土地盐碱化,成为沙卤赤地。同时,黄河夺淮给京杭运河的漕运带来种种不利影响,并成为导致两淮商埠衰落的重要因素之一。许多学者认为,黄河夺淮,是江苏沿海地区在经济发展史上由盛转衰的重要转折点。

2. 沿海自然条件的缺陷

江苏沿海海岸除北部连云港一段以外,大部分属于淤泥质海岸,且岸外大陆架水深较浅,辐射沙洲纵横交错,被专家称为黄海的"海底迷宫"。与山东、浙江的基岩型海岸相比,一是海岸水流不易与深海水流产生对流,泥沙多,有机质含量高。这样,养殖业生产过程中水体的富氧化非常严重,不利于养殖业发展,甚至会导致养殖生物的死亡或减产。二是海洋生态环境脆弱,对污染的自净能力较差,容易因海水污染而产生生态的破坏。而环境的破坏直接威胁养殖业和捕捞业的生产,这在江苏沿海处处可见。三是缺乏深水航道,除了小庙洪、烂沙洋等水道以外,能够建设深水型海港的港址不多,像青岛港、宁波港那样的建港条件在江苏很难找到。

3. 社会经济条件的限制

现代沿海经济非常注重对腹地经济的研究,腹地经济的发展水平往往直接影响沿海地带的发展。江苏沿海地带的腹地区域,在地形上,包括苏北滨海平原、徐淮黄泛平原、里下河浅洼平原以及沂沭低山丘陵平原区,大部分属于历史上黄河夺淮的重灾区;在行政区上,包括徐、连、淮、宿、盐以及扬、泰、通的部分地区，这一地区在江苏区域经济格局中属于低梯度的欠发达地区，经济长期落后于长江以南地区。

(1)整体水平较低，无法起到沿海城市的带动作用

江苏沿海城市无论在本省还是在沿海城市带中，均处于中等地位，沿海总体水平不高，无法起到沿海城市带头作用。

江苏沿海地带中心城市弱小。南通、盐城、连云港3市虽然是区域性的中心城市，但城市辐射力不足。而盐城、连云港2市，不论是人口规模、经济总量、人均产值、城市交通、贸易，还是科技教育，在全省主要地级市中都处于较落后的地位。从全国沿海城市来看，南通、盐城、连云港城市发展水平低且缺乏核心竞争力，尚不具有与大连、青岛、宁波等城市竞争的能力。

(2)产业结构不合理，难以构建现代产业体系

在沿海城市产业经济比较中，江苏沿海城市产业结构显示出极大的不合理，严重阻碍现代产业体系的构建。长期以来，江苏沿海从事着传统而简单的海洋渔业、盐业以及种植业生产，与其他地区特别是其他省份沿海地区相比，产业结构中第一产业比重高，而第二、第三产业比重相对较低。产值比重，第一产业高出全国平均近6个百分点，高出全省平均10个百分点以上。第二产业则比全国平均低近6个百分点，比全省平均低近7个百分点。第三产业比全省平均低近4个百分点。由于工业产值比重偏小、水平低、规模小，且沿海地区缺少相互间的配套体系，在工业布局上，沿海工业点呈零星分布，还没有形成大规模的有特色的工业产业集群，更没有形成沿海工业地带。

4. 主观因素的制约

主观上，在经济发展战略上，江苏向沿江地带、沿沪宁线地带投入了更多的关注，近来沿东陇海地区成为战略研究的"热点"。由于江苏长期关注于对三大区域的经济差异，沿海地区只是苏北、苏中发展中的一个"配角"。近年来，江苏加强了"海上苏东"战略的研究，但是，与"海上苏东"相关的配套政策以及发展措施还不到位。"海上苏东"的战略地位，需要进一步提升。

第二节　沿海开发条件与构想

江苏人多地少，资源紧缺，环境压力较大。相对于全省其他地区，沿海具有明显的比较优势。江苏沿海地区多种资源同时富集，加快产业发展有着良好的资源条件。

一、沿海开发条件

（一）沿海开发的优势

1. 得天独厚的资源优势

（1）土地资源丰富

江苏沿海 3 市总人口不到全省的 1/3，其海域和陆地面积超过全省国土面积的一半。沿海地区人均土地面积 2.31 亩，高于沿江地区和沿东陇海产业带地区，比全省平均水平多 0.23 亩；沿海地区人均耕地 1.18 亩，是苏南地区的 2.8 倍。尤其是土地后备资源得天独厚，沿海的滩涂面积 1 031 万亩，占全国滩涂总面积的 1/4 以上，而且大部分滩涂为淤长型，每年以 2 万多亩的成陆速度向大海淤长，使滩涂面积不断增加。沿海还有近百万亩的低效盐田可供开发利用。这些土地后备资源，既可以解决江苏全省耕地占补平衡的难题，又能为发展临海产业提供依托。在江苏人多地少的情况下，特别是随着经济的发展对土地资源的需求迫切增加的情况下，这一部分资源更显得珍贵。

（2）海洋能源丰富

江苏海洋资源比较丰富，拥有 954 km 的海岸线，沿海拥有 5 100 km² 的潮间带滩涂和 2.44×10^4 km² 的水深在 15 m 以内的浅海。全省管辖的海域面积共有 3.75×10^4 km²，海域内蕴藏着丰富的动植物资源，具有重大开发价值的海水化学资源、海底矿产资源、再生型能源资源以及旅游资源。其中，江苏沿海地区拥有中国东部沿海地区陆上最大的油气田，已探明石油天然气蕴藏量达 800×10^8 m³，预计总储量达 $2 000 \times 10^8$ m³。沿海和近海还有一块面积约为 10×10^4 km² 的黄海储油沉积盆地，面积居全国海洋油气沉积盆地第二位，有着广泛的勘探开发前景。同时，风能资源尤其是浅海风能资源丰富。近千千米长的海岸线大多位于风能丰富区，年平均有效风能功率密度大于 200 W/m²，3～20 m/s 风速的年累积时数大于 5 000 h，可以安装上亿千瓦的风电。目前，如东、东台各 20×10^4 kW 风电项目已陆续投产，另有 7 个风电场获批或在建，沿海风电场走廊即将形成。加上连云港田湾核电站投产运营，沿海清洁能源基地已初具规模，可为沿海工业的发展提供充足能源保障。

（3）滩涂物产资源丰富

江苏海洋资源综合指数居全国第四位，是全国海洋资源富集区域之一。海洋尤其是近海滩涂生物资源种类多、数量大。据统计，海岸带有木本植物230 种，中草药、芦苇、牧草等经济植物 300 多种，陆生脊椎动物 146 种，其中被列为国家一、二级保护动物近 30 种。潮间带动物 198 种，其中文蛤等 5 种经济贝类总生物量达 15×10^4 t。同时还有丰富的盐业、矿产等资源，老海堤两侧分布着灌东、灌西、射阳、海安等八大盐场。连云港境内的非金属矿产水晶数量、质量均居全国之首，硅资源储量达到 3×10^8 t，具有较高的开采价值。

(4)旅游资源丰富

江苏沿海滩涂海天相接，草木茂盛，鹤舞鹿鸣，一派原始生态风光，是太平洋西岸生态环境保护最完好的原始湿地之一。沿海湿地生物多样性特征显著，自然景观独特，品位较高，拥有以丹顶鹤为主的珍禽和麋鹿两个国家级自然保护区，它们与绵延数百里的沿海防护林一起，形成了具有沿海特色的生态走廊，是极佳的生态旅游资源。沿海三市集名山(花果山、狼山)、名海(黄海)、名岛(东西连岛、开山岛、开沙岛)等于一体，均被列为全国重点旅游城市或优秀旅游城市。境内有 30 多个风景区、200 多个风景点，其中孕育有古典名著《西游记》的花果山，浪漫神奇的江苏面积最大、沙质最好的连岛海滨浴场，有狼山、云台山、孔望山、濠河、喷珠滴翠的渔湾等 6 个国家 4A 级风景区。这些独特的生态资源和风景区为发展沿海旅游业奠定了坚实的基础。

(5)岸线和港口资源丰富

港口是区域经济社会发展的核心战略资源，是产业成长和城市发展的重要依托。岸线是建设港口的特殊资源。江苏大陆海岸线长达 954 km，沿线建有 40 多个中小渔港，其中发展前景和建港条件较好的有 14 个，一类口岸 3 个(连云港港、南通港、大丰港)、二类口岸 5 个(陈家港、滨海港、射阳港、洋口港、吕四港)、三类口岸 6 个(海头港、燕尾港、黄沙港、斗龙港、弓京港、东灶港)，其中以一、二类口岸条件最优越。连云港港现有 30 个生产泊位，其中万吨级以上泊位 25 个，集装箱泊位 2 个。宝贵的岸线和港口资源为发展临港工业和沿海产业奠定了坚实的先决基础条件。此外，大丰港、滨海港、洋口港等均具备建设 10×10^4 t 级以上深水泊位港口的条件(表 8-6)。

表 8-6 江苏沿海主要港口建港条件与开发前景

港口名称	建港条件	开发前景
连云港	基岩海岸、30 km² 港池	综合性大港和国际枢纽港，可建 10×10^4 t 级深水泊位
南通港	长江三角洲北缘的沿江港口	长江主枢纽港和一类开放口岸，可建 $5 \times 10^4 \sim 7 \times 10^4$ t 级深水泊位
大丰港	潮汐水道，岸滩淤长	可建 $5 \times 10^4 \sim 10 \times 10^4$ t 级深水泊位，正在建设

续表

港口名称	建港条件	开发前景
陈家港	灌河潮汐河口，两岸侵蚀后退	整治拦门沙后可通行万吨级海轮
滨海港	废黄河三角洲前缘，侵蚀海岸	深水区离岸最近，可建 $5 \times 10^4 \sim 10 \times 10^4$ t 级泊位
射阳港	建闸河流的河口	可建 3 000 t 级以下泊位
洋口港	潮汐水道，水深 $-20 \sim -30$ m，岸滩微淤	可建 $10 \times 10^4 \sim 20 \times 10^4$ t 级泊位
吕四港	潮汐水道，最大水深 -30 m，岸滩较稳定	可建 5×10^4 t 级以上泊位

资料来源：根据各港口相关资料编制。

2. 日益凸现的区位优势

用全球眼光看，沿海作为陆地与海洋交合的地理区域，是人类生存与发展最有利的精华地带。纵观人类文明史，工业文明和现代文明都是从沿海国家开始的；放眼当今世界，沿海地区往往都是经济发达的区域。由于沿海交通便捷，运价低廉，发展沿海产业的经济效益大大高于内陆产业的经济效益，推动了工业、服务业等产业逐步向沿海聚集。当今全球约 3/4 的大城市、70％的工业资本和人口都集中在沿海地带，全世界经济总量和进出口贸易位居前列的国家（地区），几乎都是沿海国家（地区）。21 世纪是海洋经济世纪，经济全球化进程正在加速推进内陆经济向海洋经济转变。目前，已有 100 多个沿海国家已经或正在制定海洋经济发展战略，把沿海产业发展放在重要地位，从而使沿海的地理区位优势得到进一步放大。

从全国范围看，江苏沿海地区位于我国沿海地区中部，是我国沿海、沿江、陇兰三大经济带的交汇处。南部毗邻我国最大的经济中心上海，是长江三角洲的重要组成部分，有着对接上海、融入长三角的综合区位优势；北部拥有新欧亚大陆桥东桥头堡连云港，是陇海—兰新地区的重要出海门户，并与发展势头强劲的环渤海经济圈紧紧相连；东与日本、韩国隔海相望，距釜山港、长崎港只有 400 多海里。很显然，这一地区在连接南北、沟通东西中，具有非常优越的区位条件和不可替代的战略地位。

3. 正在形成的产业优势

江苏沿海地区农业比较发达，是江苏重要的大宗农产品、水产品和国家粮棉生产基地，已培育出一批品质优良、特色明显、附加值高的优势农产品，农业产业化、标准化发展较快，涌现出一批竞争力、带动力强的龙头企业，现代高效农业已初具规模。近年来，沿海各地普遍实现"以工兴市"战略，工业化进程明显加快，工业已成为经济发展最大的推动力，纺织、机械、汽车、化工等已成为其主导产业。以风力发电、核电和太阳能供热为基础的新能源产业和现代医学产业发展势头良好，建筑业在国内外建筑市场有一定的知名度，旅游业特色明显且发展潜力较大，海洋产业在海洋食品、海洋医学、海洋化工、滨海旅游等领域已具备明显的比较优势。沿海三市形成了有各自特色的产业体系：连云港重点发展电力、石化、冶金、造船、造纸等重大基础工业和海洋资源加工业，盐城的汽车、纺织、食品、造纸、电力、化工等骨干行业已初具规模，南通形成了电子信息、纺织服装、精细化工、船舶修造等支柱产业。

4. 潜力巨大的后发优势

江苏沿海地区的后发优势不仅表现在可以借鉴经验教训、引进先进技术设备、引进外资等方面，还有其独特之处：江苏沿海大部分地区是待开发的处女地，拥有亚洲最大的海岸滩涂湿地，具有调节气候、减缓风暴潮灾害和净化环境等功能，沿海潮流通畅，风速大，水气环境的扩散和自净能力较强，生态环境状况总体良好，环境容量短期内相对较大，这为发展沿海工业提供了较好的环境基础。同时，投资环境也日益改善。区内劳动力资源较为丰富且价格低廉，土地价格也较低，对区内外的投资者均有较强的吸引力。只要充分发挥和放大上述后发优势，就能推动江苏沿海产业又好又快发展，促进沿海这块经济"洼地"迅速崛起。

5. 难得的战略机遇优势

进入 21 世纪以来，江苏沿海的发展环境发生了巨大变化，为沿海产业加快发展提供了前所未有、极为难得的战略机遇。第一，进入 21 世纪后，国际和区域产业转移步伐加快，制造业、服务业和高新技术产业向中国东部沿海转移的态势明显，越来越多的国内外投资者青睐江苏沿海地区。第二，我国综合实力最强的经济中心——长三角的区域发展规划明确把江苏沿海列为长三角北部沿海经济带，为江苏沿海产业发展提供了历史性机遇。连云港的建设和发展已引起中央政府前所未有的重视，把连云港建设上升为国家战略，为连云港乃至整个江苏沿海实现低谷的快速崛起提供了强大的动力。第三，西部大开发的深入推进和中部地区崛起力度的进一步加大，为中西部地区重要出海门户的江苏沿海发展以港口为中心的现代物流业和临港产业联动提供了契机。国家开展的沿海港口功能定位和布局进一步优化，也为江苏沿海产业发展提供了良好的外部条件。

(二)沿海开发制约因素

1. 经济基础薄弱

目前沿海地区的经济基础相对薄弱，资源大多仍处于待开发状态，经济发展水平与江苏作为东部沿海大省的发展要求还不相符，与全国经济大省的战略地位也不相称。区内农业较为发达，而工业化水平较低，产品技术含量较低，市场优势产业少，知名品牌欠缺。产业布局缺乏统一规划，港口、城镇、产业发展互动不够，地区之间、部门之间还存在着一定程度的各自为政现象，无序开发、资源利用率不高等现象普遍存在。

2. 开发与保护的矛盾突出

江苏沿海地区拥有海洋和海岸自然生态保护区、生物物种自然保护区以及自然历史遗迹保护区等各级各类保护区二十余个，覆盖面积近 $3 \times 10^4 \ hm^2$。这些保护区大部分属于禁止开发的区域，严禁不符合区域功能定位的开发建设活动。在部分属于限制开发的区域，也应实行保护优先、适度开发的原则，往往只能发展旅游业。占地较多、分布密集的各类保护区，大大缩小了沿海产业布局的空间。

3. 产业结构层次较低

沿海地区产业结构的突出特征是特色不明显，主导产业的带动作用不突出。在国民经济构成中，农业比重较大，工业经济仍然十分薄弱，第三产业发展不足。工业产业以资源加工型产业为主，临海临港型工业尚未真正起步，产业规模偏小，层次偏低，竞争力不强。沿海各市产业结构极为相似，产业结构趋同现象严重，产业集聚能力较差，区内外竞争激烈，不利于产业做大做强。同时，现有产业规模偏小，层次偏低，关联度不大。一些临海产业布局比较分散，缺少有影响的产业集群，制约了沿海产业规模效益和集聚效应的形成。

4. 基础设施尚不完善

近年来，随着一批水利、公路、港口和电力等重大项目的实施，沿海地区的基础设施条件较之数年前发生了重大改观，但是建设水平仍然较差，总体上还不能适应沿海开发的需要。沿海地区与上海和苏南的快速通道尚未完全形成，阻碍了生产要素的通畅流入。此外，目前上海、浙江和山东等周边省市已处在较高的发展平台上，对外部生产要素吸引和集聚能力进一步增强，也给沿海开发造成了较大的压力。

5. 中心城市的带动作用不强

江苏沿海地区的中心城市规模偏小，经济发展水平和城市化水平不高，对下辖县市和周边区的辐射和带动能力不强，难以有效发挥中心城市的职能。

沿海地区各市的城镇化水平不高，市区城镇人口刚达到中等城市门槛（50 万～100 万人），在江苏所有的省级轴线（沿江、沿沪宁、沿东陇海线、沿海）中，是一条城市等级低的轴线。中心城市规模偏小且偏离沿海，对沿海产业发展的带动力不足，导致区域经济发展的极化效应不强。此外，各城镇在发展中由于相互之间缺乏连接轴线，要素流动少，产业联系少，从而呈现典型的"极点式"发展特点。

6. 特殊类型的海岸加大了港口开发难度

江苏沿海海岸线北起苏鲁交界的绣针河口，南至长江北支河口，标准岸线长 954 km。其中，从绣针口至兴庄河口为沙质海岸，长 30 km；连云港西墅至烧香河北口为基石海岸，长 40 km；其余均为粉沙淤泥质海岸，长 884 km。在淤泥质海岸中，除连云港大板跳至射阳河口、海门东灶港至启东高枝港两岸段（218 km）处于侵蚀状态，侵蚀强烈岸段已有块石护岸工程外，占 3/4 的其他岸段（666 km）属于淤长型岸段。在淤长型岸段通常难以建港，即使能建港口，也须增加较多的建设成本。

二、沿海开发构想

（一）沿海开发基本思路

加快沿海开发，必须立足实际，认真借鉴国内外沿海开发的成功经验，遵循发展规律，坚持统一规划、统筹开发，促进经济社会、城乡区域协调发展，实现经济效益、社会效益和环境效益相统一。

1. 坚持产业、港口、城镇联动

在沿海开发中，产业、港口、城镇建设相辅相成、优势互补。要以产业发展带动港口和城镇建设，以港口和城镇建设促进产业成长，建立产业、港口、城镇互动发展机制。在产业集聚地，高度重视城镇发展，合理规划城镇布局，注重完善城镇功能，提升服务水平，促进产业与港口、城镇良性互动，形成产业集群、企业集聚、土地集约利用的发展格局。

2. 坚持政府、企业、社会联动

既要发挥政府引导开发方向、规范开发行为的重要作用，更要注重发挥市场配置资源的基础性作用。一是强化行政推动。特别是在沿海开发的启动阶段，要充分发挥政府在规划、建设、管理中的主导作用，以强有力的行政手段推动沿海开发。二是吸引企业参与。企业是经济发展的主体，是推动沿海开发的主要力量。要以产业集群促进企业集聚，以企业集聚支撑沿海持续发展。三是形成开发合力。建立、健全沿海开发的组织领导机制，调动全社会参与沿海开发的积极性，吸引更多的生产要素投入沿海开发，努力形成良好的开发氛围。

3. 坚持产业、资源、环境联动

产业发展是沿海开发的核心，节约资源、保护环境和维护生态平衡是沿海开发的重要任务。坚持在开发中保护，在保护中开发，绝不搞破坏性开发，绝不能以牺牲沿海生态为代价换取经济的一时发展。沿海滩涂湿地对维护生态平衡、保护生物多样性具有重大价值，必须依法保护。要十分珍惜沿海土地资源和生态资源，严禁随意占用生态保护岸线和旅游岸线。要在重点开发区域周围建设生态隔离带，在潮间带留有环境调节区，在城镇、产业园区建设污染集中治理区，控制产业开发对环境的污染和对生态的破坏。创造人与自然相和谐的人居环境，走生产发展、生活富裕、生态良好的文明发展道路。

4. 坚持江、海、陆联动

江海交汇是江苏最大的区位优势，推动江海联动开发，有利于延伸、提升和放大沿江开发的带动效应。沿海的大规模开发，需要强大的陆域经济支撑；陆域经济的进一步发展，必须依托蓝色国土，发挥海洋优势。要统筹开发利用各类优势资源，推动沿海陆域经济和江海经济联动发展，实现江、海、陆布局互联、资源互补、产业互动，努力走出一条江、海、陆优势互补、联动发展的路子。

5. 坚持整体规划、有序开发与重点突破联动

沿海开发是一项规模宏大的系统工程，涉及产业发展、港口建设、城镇布局、环境保护等诸多方面，需要综合考虑自然、经济、社会等各方面因素，统筹推进产业发展、城市建设、环境保护等各项工作，努力追求经济效益、社会效益和环境效益的统一。要科学制定江苏沿海开发总体规划，确保规划实施的严肃性、权威性。坚持因地制宜、循序渐进，分阶段、有步骤地推进沿海开发。重点选择最具开发条件的岸线，率先启动，集约开发，防止重复建设、无序竞争，全面提高沿海开发的整体效益。

(二)沿海开发战略定位

未来5～15年，是江苏沿海地区经济社会结构转型升级的关键阶段，也是沿海地区推进富民强省、实现"两个率先"的重要时期。加快沿海开发，要按照"五个统筹"的要求，坚持工业化、城市化、市场化与国际化互动并进，高起点规划、高标准实施沿海开发战略，促进沿海资源优势向产业优势和竞争优势转变，把沿海建设成为区域性国际航运中心，新能源和临港产业基地，农业和海洋特色产业基地，重要的旅游和生态功能区。

1. 区域性国际航运中心

紧紧抓住本区和腹地集装箱生成量和货物需求量不断增长的机遇，以连

云港和南通港等为主体，加快深水泊位建设，完善航空、公路、铁路、内陆水运、油气管网等衔接配套的集疏运体系，建立依托陇海—兰新沿线地区和苏北地区、面向亚洲和其他环太平洋主要国家和地区的腹地型区域性国际航运枢纽。

2. 新能源和临港产业基地

利用沿海丰富的资源条件，大力发展风电、核电、液化天然气发电和生物质能发电，有序布局火力发电。依托沿海港口，大力发展符合国家产业政策的石化、装备制造、物流等产业，形成临港产业基地。

3. 农业和海洋特色产业基地

发挥海洋资源丰富、产业基础良好的优势，大力发展海水增养殖、海洋食品、海洋医药、海洋机械和海洋化工等特色产业，提高产业的规模化水平。积极发展高效、外向、生态、安全农业，提高优质特色农业的附加值。

4. 重要的旅游和生态功能区

利用本区沿海湿地规模较大的优势，发挥调节气候、发展生物多样性、保护珍稀动植物资源、维护水系等重要的生态功能，建设若干个自然保护区，形成具有区际影响的湿地、鸟类迁徙和珍稀动物栖息等生态功能区。充分利用生态资源优势，积极发展海滨、湿地、海岛等特色旅游。

(三)沿海开发总体目标

第一步，到 2010 年，基本形成以能源、化工、机械、海洋、现代物流五大产业为支柱的沿海新兴产业基地，沿海工业增长速度与沿江同步，GDP 增长速度快于全省，工业增加值、规模以上工业销售收入、出口贸易额、实际利用外资占全省比重明显提高，建成一批产值超 100 亿元的特色工业园区，培育一批销售收入超 50 亿元的大型企业集团，拥有一批具有较强国际竞争力的品牌产品，成为全省先进制造业基地的重要板块。

第二步，到 2020 年，沿海地区生产总值、财政收入占全省比重有明显提高，产业结构更加合理，城市功能更加完善，发展活力更加强劲，经济实力更加雄厚，成为全省有较强竞争力的重要经济增长极。

第三节　沿海开发战略重点与对策

加快沿海开发，必须更新观念、创新思路，统筹兼顾，突出重点。要着力从单纯依靠海洋滩涂资源的农业开发向以加快工业化进程为主导的全面综合开发转变，重点在构建战略性的经济增长极上实现重大突破；着力从传统开发向科技开发、生态式开发转变，重点在推进集约型增长核规模化经营上实现重大突破；着力从国内市场开发向国际市场开放转变，重点在提高利用外资质量和外贸增长水平上实现重大突破。

一、沿海开发战略重点

(一)以产业发展为核心，建设沿海新兴工业基地

沿海经济薄弱，关键是产业相对薄弱，加快沿海开发，核心是加快发展产业。沿海地区岸线有近千公里，各地条件差别很大，要立足沿海实际，着眼未来产业竞争需要，充分发挥港口、土地、淡水资源和环境容量较大的综合优势，努力培育有竞争力的优势产业。重点发展五大产业。

1. 新能源产业

目前江苏能源结构中煤电比重较高，环境压力较大，调整能源结构，发展清洁能源，是江苏走新型工业化道路的重要举措。抓住国家能源布局战略调整的机遇，充分利用沿海地区环境资源优势，优先发展核电、风电、太阳能、生物质能、垃圾发电和天然气发电等新能源产业，促进沿海地区新能源经济迅速崛起。能源布局重点向苏北、向沿海有条件的地方倾斜，加快如东、东台大型风能发电项目实施步伐，加快连云港田湾核电建设项目投产和扩能，努力使沿海成为全省重要的新能源基地。

2. 化工产业

国际经验表明，重化工业是工业化不可逾越的发展阶段，几乎所有国家在工业化中后期，都把重化工业作为支柱产业。沿海地广人稀，环境容量大，要搞好规划，合理布局，大力整合化工资源和加工优势。加快发展以石油化工和精细化工为主体，以石油和天然气为原料的石化产业；大力发展海洋盐化工产业，积极开发钾、镍、镁等海洋资源深加工产品。加快建设连云港"磷、钛、钾"化工城。做强沿海化工产业链，争取成为新兴的石化工业基地、海洋盐化工业基地和海洋医药工业基地。

3. 机械产业

沿海地区船舶修造、纺织机械和汽车制造等产业有较好的基础。要围绕船舶和汽车修造、机械装备等行业，积极引进和消化吸收先进技术，重点发展远洋海轮和特种船舶制造及修拆。强化产业配套和行业合作，大力培育船舶、汽车零部件配套产业集群，争取形成国内外有影响的机械装备、船舶和汽车生产基地。

4. 海洋产业

江苏海洋生物资源种类多、数量大，是全国海洋资源富集区域之一，紫菜、文蛤、鱼虾等海产品养殖基础较好。要依托丰富的土地资源、海洋资源

和滩涂资源，大力发展种植业、养殖业，在提高深加工能力和产品附加值上下工夫，努力发展外向高效海洋产业。依托芦苇资源、农田秸秆资源，加快建设速生丰产林，发展林纸产业。充分利用沿海独特的自然景观和国家自然保护区，大力发展生态旅游业。

5. 现代物流产业

现代物流业是港口经济的重要组成部分。加快沿海开发，必须大力发展现代物流业。要充分发挥连云港和南通港港口运输功能，结合铁、公、水路运输设施和仓储设施建设等，努力建成沿海重要物流基地。要以发展国际物流为目标，既注重整合物流资源，又注重培育物流企业，加快建设集货物集散、配送、流通加工、商品检验、物流信息服务和综合商贸于一体的多功能物流园区。同时，积极引导有条件的其他港口，大力发展专业物流，为沿海地区产业发展服务。

（二）以港口崛起为引擎，带动沿海地区经济全面提速

港口建设对于产业、开发区和城市发展，具有牵动全局、举足轻重的作用。世界十大经济中心都是港口城市，世界六大城市群实质上是六大港口城市群。在经济市场化、全球化特征日趋明显的时代，港口的多少、能级的高低，已经成为衡量经济发展动力强弱的重要标志。江苏沿海发展相对滞后，根本原因是港口开发层次不高，港口能级相对较弱，港口型经济形态尚未真正形成。目前，江苏产业发展两头在外，大进大出特征较为明显，国内外贸易大多依赖上海港和宁波港，货物压港现象时有发生，迫切需要江苏沿海港口配套和支撑。因此，加快沿海开发，必须把港口建设放在十分突出的战略位置，充分利用港口资源条件，采取超常规措施，集中财力、物力，加快建设国际性深水大港和配套港口，推动港口建设与产业园区、城市发展互联互动，推动港口型经济快速发展，实现港口资源优势向竞争优势的根本性转变。

江苏沿海岸线条件各异，要坚持因地制宜，扬长避短，各展所长，走出以产业发展带动港口建设、以港口建设促进产业成长的新路子。在沿海北部，大力推进连云港港口深度开发，加快构筑以 100 000 t 级泊位为主体、200 000～300 000 t 级泊位为龙头、中小泊位为基础的码头功能格局，尽快形成超亿吨吞吐规模，使之成为苏北、鲁南乃至沿陇海线的具有较强竞争力和新引力的国际性干线港。在沿海南部，加快南通港建设、重点建设一批万吨级、50 000 t 级以上泊位，发展江海联运，建成以大宗散货中转及集装箱运转为主的多功能综合性港口。以洋口深水港开发建设作为沿海开发的战略重点，抓紧开工建设国际性深水大港，积极争取建设 LNG 专用码头，创造条件建设原油、矿石码头，打通江苏出海大通道，推动江海联运，构建江苏沿海海向与

陆向资源新的集聚中心，形成新的经济增长点，在更高层次上融入长三角，为提高江苏沿海乃至全省竞争力提供持续后劲。在沿海中部，重点建设大丰港，配套建设射阳港、陈家港，开发建设滨海港，逐步使其成为连接高速公路、铁路和水路的重要枢纽，成为苏北腹地贯通陆上与海上运输的通道。

(三)以城镇建设为龙头，建设沿海新兴城市带

城市是生产要素集聚和扩散的中心，是带动区域经济发展的火车头。目前江苏沿海近1 000 km的海岸线上，没有一座有强大集聚和辐射能力的中心城市。沿海地区"群龙无首"，是沿海经济整体实力不强的重要原因。加快沿海开发，必须大力推进城市化进程，完善城市功能，壮大城市规模，提高城市化水平，增强城市对区域发展及农村发展的带动力。

振兴沿海城市，要从实际出发，因势利导，分类指导，以促进生产要素在空间上的优化组合为目的，建立结构合理、层次有序、功能完善、协同发展的城市(镇)体系。振兴沿海城市，重点是以204国道和沿海高速公路为主轴布局产业和城镇，做大做强连云港市、盐城市、南通市这三个中心城市，积极建设县城和临海城镇，促进人口集聚、产业集群，形成特大城市、中等城市和小城市优势互补、协调发展的良好格局。

连云港市要充分发挥港口功能，加强与腹地城市的经济联系，全力推进开发区建设，促进产业向园区集中，密切开发区与港口联系，实现港区、港城联动发展，推进港口地位提升和城市综合实力增强，进一步提升其新亚欧大陆桥东桥头堡地位，积极向区域性大城市迈进。盐城市要以沿海中心城市为目标，高水平规划，大力建设新城区，拓展城市发展空间，增强城市服务功能，提升城市产业层次，加快形成以汽车、纺织两大产业为支柱的新兴工业城市。南通市要以长江三角洲副中心为目标，充分把握苏通大桥等过江通道建设带来的机遇，加快融入上海一小时都市圈步伐，推进港、工、贸三位一体经济格局升级，增强辐射带动功能，提升在全省和沿海中心城市中的地位。

沿海城镇是产业、园区和港口建设的重要依托。要加快建设拥有港口资源的城镇。积极发展启东、通州、如东、大丰、射阳、滨海、响水、灌云、赣榆等城镇，壮大经济实力，通过产业发展带动人口集聚，扩大城镇规模，提升城镇功能，为港口开发和海港发展提供良好服务和有力支撑。

在推进沿海城市化进程中，既要明确南通、盐城、连云港的各自特色和不同定位，又要区别对待，促进三市优势互补，逐步形成紧密联系的城市群，实现城乡、区域协调发展。要重视临海发展向腹地延伸，以建设国际性深水港为契机，建立国内外广泛的市场联盟，吸引国内外更多的资源向江苏沿海

集聚，加快建成一批以港口为中心的现代化港口城市，形成沿海密集的新兴城市带。

(四)以环境保护和生态建设为抓手，促进沿海可持续发展

资源丰富、环境良好是沿海的突出优势，但沿海也面临着产业发展与资源环境不适应、不协调的问题。沿海是"黄金海岸"，丧失生态环境优势，就丧失了发展优势。加快沿海开发，必须十分重视处理好经济发展和环境保护、生态建设的关系，严格执行沿海开发功能区划制度，合理开发和保护资源环境，大力发展生态经济，走资源节约型和环境友好型发展道路，促进经济效益、社会效益和环境效益相统一，实现沿海可持续发展。重点在六个方面做好工作。

1. 加强沿海重要资源保护

切实保护海洋地质地貌资源、海洋水产资源、沿海湿地资源、珍稀动植物等资源，防止造成资源环境破坏和功能退化，加强生态修复，促进自然生态系统良性发展，提高生物生产力。

2. 加强生态环境建设

加快生态林和防护林建设，提高森林覆盖率，推广生态种植、养殖，发展绿色食品、有机食品和无公害农产品，推进生态隔离带或生态廊道建设，降低交叉污染。大力发展循环经济，促进资源循环利用和节约利用，提高资源使用效率。

3. 加大城镇和开发区污染治理

加快污水处理厂建设，提高污水处理能力，保证水质安全。实施二氧化硫总量控制计划，重点抓好电力、化工和建材等行业的二氧化硫污染防治，大气环境质量保持国家二级标准。

4. 强化环境管理

严格实行建设项目的环境影响评价制度、"三同时"制度、限期治理制度、污染物排放总量控制制度等各项环境管理制度。强化环境成本意识，积极推行排污权交易。鼓励发展循环经济，积极推行清洁生产，大力开展资源综合利用，从源头上削减污染排放。积极防治海洋污染，促进海域环境质量改善。加强海洋灾害防治，建立监测、预警、预报和应急处理体系。

5. 加强土地开发和供应管理

实行最严格的耕地保护制度，依法征用土地，严格执行土地补偿标准，维护农民利益。加大滩涂开发和管理力度，充分发挥低价杠杆作用，促进土地集约利用，不断提高资源使用效率。

6. 适度开发生态旅游资源

围绕沿海自然保护区、生态公园和旅游度假区建设，挖掘海洋文化、海滨生态、民风民俗、温泉疗养、休闲度假等旅游资源，积极发展生态旅游，带动现代服务业快速发展，形成沿海旅游发展与城镇建设互动、互促的局面。

二、沿海开发对策

(一)坚持改革开放

开放是沿海开发的基本动力，是决定沿海开发成败的关键。沿海开发投资需求巨大，仅靠沿海自身的力量和江苏省内资源难以实现，应通过营造良好的开放环境，广泛吸纳国内、外各种生产要素，实现沿海开发的目标。充分发挥区位优势，主动承接国际产业和资本转移，主动接轨、服务和依托上海，积极吸引省内各类资本，主动为中西部地区发展提供服务，促进沿海开发。加快改革投融资体制，推进港口等基础设施投资主体多元化。进一步理顺管理体制，努力克服条块分割、多头管理的弊端。创造良好的社会环境和体制环境，吸引和造就一批沿海开发的领军人才。

(二)积极融入长三角都市圈

当前已经进入经济全球化时代，国家之间的竞争更多地表现为"都市圈"或"城市群"之间的竞争。长江三角洲地区以其得天独厚的区位条件、优良的自然禀赋资源、便利的交通联系以及雄厚的经济科教实力，成为我国发展条件最好、发展水平最高的地区之一，并将成为我国最具活力和国际竞争力的世界级城市群。作为正在形成中的全球第六大都市圈，长三角已经显现出强大的整体竞争力和带动周边区域的向心力。接轨上海、合理分工、个性发展已经成为长三角城市一致的战略取向。成为长三角的一员，享受长三角区域经济一体化带来的集群优势，对于一个城市或地区发展的意义重大。江苏沿海地区要借助于交通区位格局改变带来的区位价值提升，紧密接轨上海，积极融入长三角都市圈。要与上海、苏南、浙江等城市建立日益紧密的经济联系，承接长三角特别是上海的能量溢出，享受区域经济一体化带来的集群优势，获取自身发展所需要的各类资源。

(三)加强生态环境保护

坚持保护中开发、开发中保护的原则，实行绿色开发，环保优先，使通过沿海开发而建设起来的是面向国际的先进制造业集聚带、现代沿海城市带和生态旅游风光带。坚守环境准入门槛，加强工业项目的环保审批，拒绝会对生态环境产生严重污染和破坏的工业项目。坚决贯彻落实环保设施同步设计与建设、污染物排放总量控制等管理制度，坚持把最严格的环境保护制度贯穿于沿海开发的整个过程和各个环节中。沿海城镇、临港城镇、产业园区要建设污水集中收集处理设施,临港化工园区污水要全部实现集中处理。全面整顿"四小企业",通过关、停、并、转,防止他们对沿海地区的生态环境产生污染和破坏。按照营造绿色海岸、绿色城镇、绿色园区和绿色企业的要求,以植树造林为重点,开展大规模的生态建设,积极构建沿城镇、产业密集区主要交通干道的生态屏障,加强沿海湿地和珍稀动植物资源的保护,实施一批沿海生态保护重点工程,推动沿海地区走生产发展、生活富裕、生态良好的文明发展道路。

(四)加快工业化步伐

沿海经济开发的核心和载体是产业发展,而产业发展的实质是加快工业化。沿海地区目前仍处于相对落后的发展阶段,工业化仍然是首要任务。工业先行国家的发展经验表明,临港工业是世界港口城市经济发展的首选产业。因此,沿海地区要充分发挥土地、劳动力等要素资源优势和后发优势,积极发展临港大工业和新能源产业,以新型工业化带动城市化,以规模扩张带动产业级别的提升。港口城市要以海港为依托,大力扶持能源、化工、机械、造纸等工业的发展。充分发挥海洋资源丰富的优势,提高种植和养殖业的附加值和深加工能力,加快海洋特色产业的发展。服务业是工业发展的支撑,沿海地区要积极发展科技咨询、信息服务等服务业,以信息化带动工业化,提升沿海地区的产业层次和发展水平。

以大型海港为依托,以专业化工产业集中区为载体,大力发展临海产业。全力推进重大石化项目建设,将本区建成新兴的石化产业基地。积极发展车船产业,以盐城等地为基础,加快发展轿车、中高档客车和专用车等整车产品,积极发展汽车零部件产业,促进汽车零部件配套本地化,形成汽车零部件产业群;重点建设南通船舶制造集中区,加快连云港和盐城沿海船舶产业布局。

大力发展海洋渔业,加快发展海洋食品加工、海洋医药和滨海旅游等新兴产业,全面提高海洋产业整体实力和竞争力。加快发展高效、外向、生态型现代海洋渔业。着力发展海水养殖业,不断提高海水养殖产量在海洋渔业总量中的份额,注重提高水产品加工和海洋医药发展水平。

(五)积极发展第三产业

发挥连云港港和南通港港口运输功能,加快建设以港口为中心的物流基地;以发展国际物流为目标,发展集装箱多式联运;围绕主要货种,建设货运交易中心。大力发展港口专业物流,为本地发展服务。完善区域集疏运体系,建立各类综合性、专业性物流信息平台,大力发展第三方、第四方物流,形成现代化物流体系。

加快旅游资源整合和深度开发，完善旅游配套设施，形成独特的滨海旅游风光带，把旅游业发展成为沿海地区的亮点和新的经济增长点。连云港应突出"山、海"风光特色和历史文化资源，强化亚欧大陆桥东桥头堡和海滨旅游城市的带动效应，大力发展文化观光和度假休闲旅游，建设我国东部休闲度假中心；盐城应以国家级自然保护区为主体，依托东台湿地生态旅游等资源，综合开发沿海湿地、森林、盐文化和红色旅游，力争建成沿海国家生态旅游区和世界级的湿地生态旅游地；南通应围绕江海自然景观特色，重点建设启东圆陀角自然风景区、吕四渔港风情区和如东南黄海旅游休闲区，打造独具江海情韵的"博物馆之城"品牌形象，逐步发展成为休闲度假胜地。

（六）优化产业空间布局

以连云港、盐城和南通三市的市区为依托，促进要素集聚，加快城市化进程，强化区域性中心城市的地位，提高中心城市的辐射带动能力。以沿海地区主要交通运输通道为纽带，进一步强化腹地产业优势，注重发展特色产业。以临近深水海港的区域为节点，加快布局临港产业，建设临港工业集中区和物流园区，培育和壮大重点城镇，形成"三极一带多节点"的空间开发格局。

"三极"就是重点加快连云港、盐城和南通三个中心城市建设，扩大城市规模，完善城市功能。加强中心城市之间以及与周边城镇的联系，增强辐射带动作用。以开发区为依托，以大产业、大企业、大项目为载体，以先进制造业和现代服务业为抓手，不断提升产业发展层次和水平。

"一带"就是依托沿海高速公路、沿海铁路、通榆河等主要通道，继续完善沿海重大基础设施，重点发展新能源、石化、车船、林纸、纺织、机械、特种装备等优势产业，积极建设高效外向农业和海洋特色产业基地，加快发展现代物流、商贸商务、产品市场等现代服务业，布局建设旅游和生态功能区，形成沿海产业、新型城镇和生态走廊。

"多节点"就是以可建深水海港的区域为重要节点，依托临海重要城镇，集中布局建设临港产业。重点建设连云港主体港区、南通港洋口港区和盐城港大丰港区，适时推进南通港吕四港区、灌河口港口群、盐城港射阳港区和滨海港区等建设，实现港口、产业互动发展的新格局。

（七）实施错位与联动的区域协同发展战略

沿海开发应建立沿海地区"一盘棋"的观念，做好区域内部的统筹协调，形成错位互补、相互支撑、相互促进的合力关系，提高全区域的竞争水平。还要处理好沿海与沿江、沿东陇海、沿沪宁线等的联动关系和与苏南地区的联动关系，着力凸现自身特色和优势，实现沿海与内陆、沿海与沿江、沿海与沿东陇海线等资源整合、错位协调的联动关系，支撑江苏省域经济的统筹发展。在产业发展方面，既要注重产业选择的协同，又要实现产业布局的协同。在港口建设方面，要处理好区内港口之间及其与上海港、苏州港等的关系，科学定位，快速发展。

三、沿海地区承接产业转移的策略

(一)加快发展基础产业，为承接产业转移提供优越条件

为了顺利地承接产业转移，并有利于转移产业的生存和长远发展，江苏沿海地区应在现有基础设施的基础上，继续大力发展基础产业。首先要大力发展公路、铁路、航运、河运、通信和能源等基础设施建设，为产业转移的物质、人员的流动提供方便的渠道。其次应大力发展教育、金融和信息等软件产业，一方面使资金、信息方便输入输出，另一方面培养高科技人才，提高产业转移的接纳和吸收转化能力。

(二)充分发挥比较优势

根据比较优势理论，一个地区只有结合本地生产要素禀赋状况，充分利用自身比较优势，才能提高资源配置的效率，获得最大的经济效益。所以，江苏沿海地区应充分发挥比较优势，即资源、环境、区位交通和劳动力等优势。同时，该地区也不能局限于发挥静态的比较成本优势，而是要通过制定相关的产业政策，积极引导产业链向增加值高的两端延伸，推动产业结构的升级，提升价值链分工地位，获得更大的动态利益。

(三)实施园区、大企业和名牌带动战略

实施园区带动，加快产业园区、专业镇、特色产业基地的基础设施建设，构建完善的创业平台和创新服务平台，建设集约型园区和特色专业镇，提升园区经济和镇级经济的集约化发展水平。实施大企业带动，积极引进和发展产业关联度高、带动力大的产业项目，推动大企业与中小企业的产业配套和产业对接，形成专业化生产、社会化协作的中小企业集群。江苏沿海地区还必须具有长远眼光，实施名牌带动，大力培育和发展名牌企业、名牌产品，强化中国区域品牌，构筑名牌群体优势，吸引优势产业的进入，带动优势产业集约发展。

(四)珍惜机遇，切实推进承接产业转移的进程

江苏省委、省政府对本省沿海地区承接产业转移高度重视，通过分类指导、加强交流与合作、对口帮扶等措施，引导产业、资金和技术由南向北转移，以此来促进该地区经济发展。苏南应积极响应，狠抓落实，遵循市场规

律，调整产业结构，推动产业升级，把处于价值链低端的产业逐步向外转移。外省的沿海发达地区也在努力加强沿海各区域的资源整合和分工协作，早日形成沿海各区域优势互补、协调发展、互利共赢的局面。江苏沿海地区要珍惜这一千载难逢的历史契机，加强与东南沿海各地区的沟通与合作，加快长江北岸、沿海、沿东陇海等产业带建设的步伐，最大限度地发挥后发优势，着力搭建好承接产业转移的平台。

(五)坚定不移地推进深层次的对外开放

江苏沿海地区要尽快融入国际、国内的统一大市场之中，就必须加大改革开放的力度，变被动开放为主动开放，变模仿别人的经验为创新。如可以通过举办与东南沿海发达地区之间的商品交易、技术贸易和投资合作方面的交易会，进而促进区域间产业的有序转移。现在，该地区已经逐渐认识到举办这类交易会的重要性。举办各种形式的交易会，为东南沿海发达地区和欠发达地区(江苏沿海地区)展现各自的优势提供了机会，也扩大了相互之间的交流与合作，进而出现了由单纯的贸易向生产转移。除此以外，该地区更要大胆走出国门，通过举办国际交易会，在国际舞台上积极推介自己，以开放的心态主动承接国际产业转移。

第九章　能源与可持续发展

章前语

江苏省常规能源资源贫乏，但能源消费量大、消费增长快，致使自给率逐年下降，且高耗能行业高位增长加大了节能降耗压力。江苏省能源结构单一，煤炭在能源生产和消费结构中占据主导地位，煤炭调运方式、流向单一，不仅运输压力大，而且以煤为主的能源结构致使环境问题日益突出。为此，充分利用国内、国际两种资源，从省内、国内和国外三个层面，积极探索煤炭供应的多元化渠道，是保障江苏煤炭供给，促进经济社会持续稳定发展的必然要求。同时，加快以风能和太阳能等可再生能源的开发利用，对于优化江苏能源结构，促进能源可持续发展具有重要意义。

关键词

常规能源缺乏；能源结构单一；节能降耗；煤炭供应多元化；风能开发利用；太阳能开发利用

第一节　能源发展现状与问题

江苏是资源小省、经济大省，能源消费量大，消费增长较快，能源消费对环境产生的压力也大。预计今后相当长时间内，能源问题仍是江苏可持续发展的重要制约因素。

一、常规能源资源贫乏，能源生产增长缓慢

江苏省是常规能源资源贫乏的省份。一次能源资源 95％以上是煤炭，但煤炭资源十分有限。煤炭保有储量仅约占全国煤炭保有储量的 0.46％，可采储量约占全国可采储量的 1.2％，按人均占有量计算，仅为全国平均水平的1/5。煤炭资源主要分布在苏北地区，苏中尚无探明储量，苏南曾有少量探明储量，现已无煤炭生产量（表 9－1）。

表 9 - 1　江苏省煤炭储量分布　　　　　　（单位：10^4 t）

矿区或含煤区		徐州矿区	丰沛矿区	宁镇含煤区	常州矿区	宜溧含煤区	锡澄虞含煤区	苏州含煤区	全省
面积/m²		247.74	168.08	114.44	154.50	77.50	349.45	153.57	1 265.28
储量	<300 m	3 307	791	59	26		2 123	3 246	9 552
	300～600 m	5 610	1 469	710	1 008	908	7 768	8 408	25 881
	600～1 000 m	13 474	5 272	7 208	6 145	6 048	14 851	15 436	68 434
	1 000～1 500 m	84 975	66 015	10 618	21 188	4 178	24 130	15 230	226 332
	1 500～2 000 m	90 519	84 110						174 629
合计		197 885	157 657	18 593	28 367	11 134	48 872	42 320	504 828
		355 542		149 286					

资料来源：江苏煤炭资源简介．中煤网．http：//www.sxcoal.com/coal/2548/articlenew.html。

　　江苏石油资源比较缺乏。石油探明地质储量仅占全国的 0.2%。苏北盐城地区有少量天然气资源，其他地区尚未发现含气地质储量。江苏虽然境内河流纵横、湖泊密布，但大部分地势平坦，苏北及西南部丘陵地带海拔只有 200～400 m，仅可在平原河道兴建一些低水头小水电站。水能资源总量仅占全国的 0.034%，约为 $1.36×10^4$ kW。

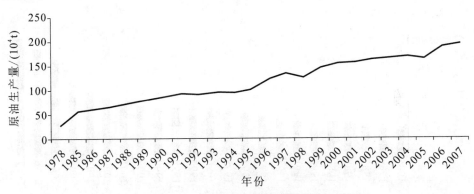

图 9 - 1　江苏省原煤生产量变化
（资料来源：历年江苏统计年鉴）

　　由于江苏资源有限，能源生产增长平缓。"十五"期间随着经济发展，能源需求急剧上升，煤炭供应趋紧，江苏省对煤矿进行扩建和改造，新增煤炭生产能力 $290×10^4$ t，原煤产量呈增长趋势，2006 年产量最高时达到 $3 047.53×10^4$ t。但 2007 年原煤产量呈现较大幅度的下降，为 $2 480.2×10^4$ t，基本回到以往的水平（图 9 - 1）。江苏原油产量稳中有升，但受资源的限制，增长幅度也不是很大(图9-2)。

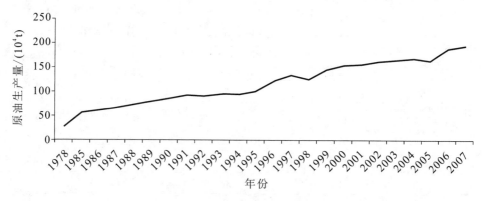

图9-2　江苏省原油生产量变化

(资料来源：历年江苏统计年鉴)

二、能源消费增长快速，自给率逐年下降

经济的迅速发展、重化工业特征的日益凸显和人民生活水平的提高，促使江苏能源消费快速增长。2000年能源消费总量为 $8\,612\times10^4$ tce，2007年则剧增至 $20\,604\times10^4$ tce，8年间增长了1.39倍(图9-3)。

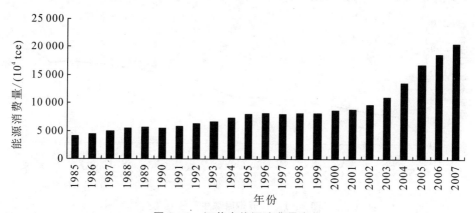

图9-3　江苏省能源消费量变化

(资料来源：历年江苏统计年鉴)

2007年江苏原煤消费量已超过 2×10^8 t，而煤炭产量增加不大，甚至还出现下降，致使江苏煤炭自给率不断下降，2007年仅为12.4%，省外调入迅速增加。2007年原油消费量为 $2\,444.2\times10^4$ t，自给率仅为8.01%，比1995年下降了2.02%，缺口越来越大(表9-2)。

表 9 - 2　江苏省煤炭、石油生产与消费比较

年份	生产量/$(10^4$ t)		消费量/$(10^4$ t)		自给率/%	
	煤炭	石油	煤炭	石油	煤炭	石油
1996	2 607	122.04	8 833	1 045.96	29.51	11.67
1997	2 506.01	135.23	8 491	1 106.91	29.51	12.22
1998	2 378.53	125.82	8 571	1 126.52	27.75	11.17
1999	2 292	145.27	8 714	1 183.92	26.3	12.27
2000	2 479.02	155.02	8 770	1 376.65	27.95	11.26
2001	2 505.14	157.02	8 963	1 317.61	28.03	11.92
2002	2 593.59	162.97	9 663	1 407.68	26.84	11.58
2003	2 760.40	166.35	10 849	1 714.54	25.44	9.7
2004	2 763.13	168.94	13 272	1 875.39	20.82	9.01
2005	2 817.56	164.7	16 779	2 264.76	16.79	7.27
2006	3 047.53	188.49	18 428	2 302.7	16.54	8.19
2007	2 480.2	195.7	20 000.28	2 444.2	12.4	8.01

注：2007 年为规模以上工业企业消费量。资料来源：根据历年中国能源统计年鉴以及江苏省煤炭工业管理办公室资料整理。

三、能源结构单一，电网峰谷差突出

江苏能源消费结构具有以下几个显著特点。

一是煤炭在能源消费结构中占据主导地位。1995 年以前，一次能源产量中煤的比重高达 92% 以上，一次能源消费量中煤的比重也一直占 80% 左右。近年来江苏在能源供应的多样化上作了一定努力，能源消费结构有所改善，但煤炭在能源消费结构中依旧占据主导地位，煤炭的消费比重基本在 70% 左右，高于全国平均水平 66% 近 5 个百分点(表 9 - 3)。

二是石油在能源消费中所占比重不高。1995~2000 年石油消费比重稳步增长，由 1995 年的 17.90% 增加为 2000 年的 22.84%。但 2001 年以后，石油消费比重处于波动下降状态，2007 年降为 16.95%(表 9 - 3)。

三是天然气所占比重太小。虽然天然气所占比重有所上升，但直到 2007 年也只占 2.872%(表 9 - 3)。

表 9 - 3　江苏省一次能源消费构成

年份	煤炭		石油		天然气	
	消费量 /(10⁴ tce)	比重 /%	消费量 /(10⁴ tce)	比重 /%	消费量 /(10⁴ tce)	比重 /%
1995	6 382.98	79.30	1 444.03	17.90	2.53	0.03
1996	6 309.41	77.79	1 494.26	18.42	1.86	0.02
1997	6 065.12	75.90	1 581.33	19.79	1.60	0.02
1998	6 122.27	75.42	1 609.35	19.82	2.26	0.03
1999	6 224.41	76.24	1 691.35	20.72	2.93	0.04
2000	6 264.41	72.74	1 966.68	22.84	3.19	0.04
2001	6 402.27	72.09	1 882.34	21.20	3.06	0.03
2002	6 902.28	71.83	2 011.01	20.93	13.43	0.14
2003	7 749.44	70.07	2 449.39	22.15	8.25	0.08
2004	9 480.19	69.44	2 679.18	19.62	41.76	0.31
2005	11 985.24	70.94	3 235.44	19.15	181.15	1.07
2006	13 163.12	70.23	3 289.64	17.55	416.29	2.22
2007	14 286.20	69.34	3 491.78	16.95	591.85	2.87

资料来源：根据历年江苏省统计年鉴整理。

从电源构成来看，2007 年全省燃煤机组容量 4 728×10⁴ kW，占全省装机容量的 84.5%，天然气、燃油、抽水蓄能、核电机组分别为 366×10⁴ kW，69.9×10⁴ kW，10×10⁴ kW，200×10⁴ kW，分占全省装机容量的 6.5%，1.2%，0.2%，3.6%；还有少量的垃圾发电、生物质发电和风电(图 9 - 4)。

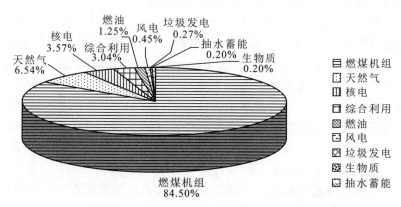

图 9 - 4　江苏省发电电源燃料构成(2007 年)

(资料来源：根据江苏省电力公司资料编绘)

随着国民经济的发展和人民生活水平的提高，江苏电力的需求量迅速增加，用电结构也在发生变化（表 9－4）。特别是居民用电的增加和第三产业的迅速发展，非工业用电大幅度上升，致使电网峰谷差逐渐加大。1986 年峰谷差为 65.72×10^4 kW，1996 年增加到 376.1×10^4 kW，2001 年全省最大的峰谷差已达 660×10^4 kW，据预测 2015 年最大峰谷差为 34 242 MW。由于以燃煤机组为主，调峰难度大，既影响电网安全运行，又造成资源的浪费。

表 9－4　江苏省全社会用电量变化

| 年份 | 第一产业 | | 第二产业 | | 第三产业 | | 居民用电 | |
	消费量 /(10^8 kW·h)	比重 /%	消费量 /(10^8 kW·h)	比重 /%	消费量 /(10^8 kW·h)	比重 /%	消费量 /(10^8 kW·h)	比重 /%
1994	62.9	10.55	435.58	73.06	35.47	5.95	62.25	10.44
1995	57.65	8.25	516.46	73.93	47.78	6.84	76.7	10.98
1996	70.04	9.36	535.39	71.52	53.14	7.10	89.99	12.02
1997	64.5	8.33	557.3	72.00	59.96	7.75	92.28	11.92
1998	66.14	8.42	554.74	70.63	65.26	8.31	99.32	12.64
1999	59	6.95	613.72	72.33	70.4	8.30	105.37	12.42
2000	48.83	5.03	717.84	73.90	79.06	8.14	125.62	12.93
2001	43.53	4.04	813.18	75.40	89.59	8.31	132.14	12.25
2002	34.6	2.78	979.1	78.63	101.52	8.15	129.92	10.43
2003	34.34	2.28	1 201.43	79.82	119.31	7.93	149.49	9.93
2004	34.37	1.89	1 473.72	80.97	140.98	7.75	171.02	9.40
2005	29.12	1.33	1 793.34	81.76	170.27	7.76	200.72	9.15
2006	24.92	0.97	2 110.55	82.13	200	7.78	234.29	9.12
2007	24.47	0.83	2 439.13	82.63	233.06	7.89	255.35	8.65

资料来源：根据历年江苏省统计年鉴整理。

四、高耗能行业高位增长加大节能降耗压力

改革开放以来，江苏国内生产总值和能源消费总量均出现较大幅度的增长。自有能源消费统计的 22 年间（1985～2007 年），以 2005 年价格计算的江苏经济总量增长 13.5 倍，平均每年增长 12.9%；全省能源消费总量增长 4.0 倍，年均增长 7.6%；能源强度（单位 GDP 能耗，按 2005 年价格计算）由 2.478 tce/万元下降到 0.853 tce/万元，累计降低 65.6%，平均每年下降 4.73%，全省能源强度总体上呈下降态势。

江苏省单位 GDP 能耗在全国来看还是比较低的,2007 年单位 GDP 能耗仅高于北京、广东、浙江和上海,在全国居于领先水平(图 9 - 5)。但是与世界水平相比,江苏单位 GDP 能耗不仅远高于世界平均水平,与欧盟、日本相比更有很大差距,即使和发展中国家印度相比,也高于其平均水平。

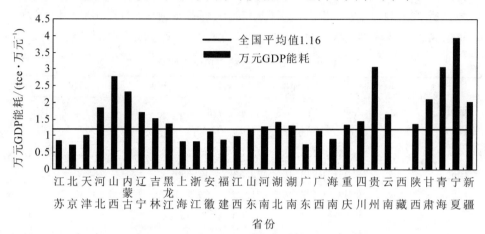

图 9 - 5　万元 GDP 能耗国内比较(2007 年)①

江苏工业结构倚重偏轻,电力、黑色冶金、化学原料、非金属矿物制品、纺织、造纸等高耗能行业占工业主导地位,这些行业的能耗约占工业能耗的 85%(图 9 - 6)。部分高耗能行业高位增长,对全省节能减排工作任务形成较大压力。如 2007 年,产值排名居行业第三位的黑色金属冶炼及压延加工业产值增长 34.5%,高于全省产值平均增幅 8.0 个百分点,增幅同比提高 9.8%;

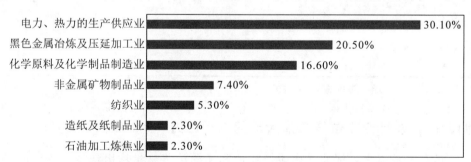

图 9 - 6　江苏省规模以上高耗能行业综合能耗占工业能耗比重(2007 年)②

①　资料来源:国家统计局,国家发展和改革委员会,国家能源局.2007 年各省、自治区、直辖市单位 GDP 能耗等指标公报。

②　资料来源:江苏省统计局.从主要能耗指标变动看当前江苏的节能形势——2007 年江苏能源消费状况分析.http://www.jssb.gov.cn/jstj/fxxx/tjfx/200807/t20080716_105483.htm。

非金属矿物制品业和造纸及纸制品业等行业产值同比分别增长 28.0% 和 27.9%，均高于全省产值增长平均水平。此外，一些新增高耗能项目的投产，使部分地区通过加大技术进步和强化管理所形成的节能量有可能被抵消。

工业用电也是电力消费的主体，其在电力消费结构中的比重由 1995 年的 73.93% 上升到 2007 年的 82.63%，增长量占全省电耗增长的 85.32%。其中，纺织业、化学工业、非金属矿制品业、黑色金属冶炼及压延加工业是最主要的高耗电行业（图 9-7）。

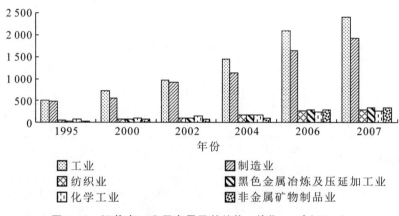

图 9-7　江苏省工业用电量及其结构（单位：10^8 kW · h）

（资料来源：历年江苏统计年鉴）

五、煤炭调运方式、流向单一，运输压力大

江苏煤炭调运方式、流向单一。外省煤炭从江苏省域北部、西部进入，徐州既是主要的煤炭生产基地，又是外来煤炭的主要接口地，承担着国家西煤东输、北煤南运的重任。在江苏煤炭调入通道中，铁路和内河的调运方式占主导地位，内河运输方式主要是京杭大运河与长江，它一般与铁路相链接才能真正形成一条从资源地到消费地的完整运输通道。因此铁路是运输体系中的核心环节。多年来，江苏煤炭主要经京沪线、陇海线两条主线进入，但是京沪线、陇海线都属于超饱和运行。供给的资源构成与运输渠道单一，网络化不发育，不仅影响能源供给的效率，也缺乏抵御风险的能力，使得单一煤电结构的江苏电力工业极易受到煤源紧缺和运力不足的影响。

六、以煤为主的能源结构致使环境问题日益突出

江苏大气污染以煤烟型为主。据测定，江苏省大气污染中的 32%、工业

废气中有害物质的 28% 以及固体废弃物的 20% 来自燃煤电厂。江苏是全国唯一既处于酸雨控制区，又处于二氧化硫污染控制区的省份，目前酸雨带已呈沿江东西轴线分布趋势，以煤为主的能源结构及大电站沿江集中分布的态势，将引起沿江地带酸雨和烟尘污染的进一步恶化。

工业 SO_2 排放量在江苏 SO_2 排放总量中的比重一直很高，各年都在 90% 以上，而煤炭燃烧又是 SO_2 的主要来源(表 9-5)。以煤为主的江苏省一次能源消费中，尤以用于火力发电的比例最大，加之江苏所用煤炭的含硫量较高，因而 SO_2 排放量一直处于高位。其中，2005 年江苏省工业 SO_2 排放量为 131.2×10^4 t，占全国工业 SO_2 排放量的 6.05%；2006 年排放量为 130.38×10^4 t，占全国工业 SO_2 排放量的 7.21%，比重有所上升；2007 年排放量为 114.49×10^4 t，占全国的 5.43%，虽然排放比重有所下降，但排放量仍高居全国第六位。江苏工业 SO_2 控制工作任重而道远。

表 9-5　燃煤电厂与天然气电厂(500 MW)燃烧排放物比较

污染物	燃煤电厂 /$(10^4 \text{ t} \cdot \text{a}^{-1})$	天然气电厂 /$(10^4 \text{ t} \cdot \text{a}^{-1})$	排放百分比 (燃气/燃煤)
SO_2	2.566 8	0.000 7	0.027%
NOx	1.140 8	0.372	32.61%
CO_2	246.84	120.6	48.86%
CO	0.037 1	0	0
TSP	0.057 0	0.014 28	25.04%
灰	15.686	0	0
渣	4.278	0	0

资料来源：周浩，魏学好．天然气发电的环境价值．热力发电，2003，(5)。

鉴于江苏能源发展的现状与问题，江苏实施能源可持续发展战略，应以能源结构的调整和优化为突破口，以降低能源消耗、提高能源利用率为目标，将资源多样化战略作为能源可持续发展的出发点。从世界能源的发展趋势来看，今后能源技术的研究开发将是多种多样的，以形成多种能源互补、初级能源与二次能源共用、新能源技术加速发展的新格局，21 世纪是"复合能源时代"。世界各国尽管资源状况不同，但都在采取"多元化"的能源政策。江苏也应顺应世界能源发展趋势，既要考虑目前的主要能源煤炭的多元化供应，也要加快新能源和可再生能源开发利用，优化能源结构。

第二节　煤炭多元化供应体系构建

江苏作为一个耗煤大省和资源小省，寻求多元、稳定、丰富的煤炭资源来源，保障煤炭的充足供给是促进经济社会持续稳定发展的必然要求。同时，江苏自身的资金、技术等条件以及国内外丰富的煤炭资源，也为其实现多元化供应提供了可能。

一、建立煤炭多元化供应体系的必要性和可行性

1. 自身煤炭资源有限，但需求量大

如前分析，江苏煤炭资源有限，且 93% 集中在徐州地区。按目前年生产能力 $2\,500\times10^4$ t 计算，可服务年限为 30 年。徐州煤炭已开挖了 2/3，现有矿井中部分生产矿井已处于衰老阶段，今后煤炭年产量仅能维持目前水平，已经接近极限。但江苏的煤炭消费量大，虽然煤炭在江苏能源消费中的比重会有所下降，但由于基数庞大，今后江苏煤炭消费总量仍然会继续增长。江苏每年所消费煤炭的 80% 左右须从省外调入。

2. 省外煤炭供应基地较远，运输成本高

目前，从省外调入的煤炭主要来源于山西、陕西、河南、安徽、山东、贵州等省区。其中山西省调入煤炭最多，约占全省调入煤炭总量的 1/3。

从发展来看，距离江苏较近的周边省份由于自身经济的发展，能源需求均在增长，煤炭纯调出已相对变少，如山东、河南等省已由煤炭调出省转变为调入省。从全国煤炭的资源量来看，晋陕蒙三省(区)预测煤炭资源量占全国煤炭资源总量的 83.9%，是 21 世纪我国煤炭开发的重点地区。

煤炭是低价格、大耗量的大宗货物，考虑到运量、运距和运价，从距离太远的省份调运很不经济。而江苏比较稳定的煤炭供应基地都位于我国中西部地区，今后还有西移的可能，运距远、运输路线长、成本高，对江苏经济社会的发展极为不利。因此，建立多元化煤炭供应体系，合理选择煤炭调运的最佳运输方式和调运途径，对保障江苏煤炭供应、降低运输费用，加速江苏经济社会发展均具有重要意义。

3. 我国及周边国家拥有丰富的煤炭资源

我国煤炭资源总量丰富，分布广泛。煤炭资源分布面积约 60×10^4 km²，保有资源量 $10\,201\times10^8$ t。全国煤炭资源总量超过 5×10^{12} t，位居世界第一，可采储量为 $2\,000\times10^8$ t 左右，居世界第三。已探明资源量 1×10^{12} t，含煤面积 60×10^4 km²，分布在全国 31 个省(区、市)。预计剩余可采储量的资源保

证年限在 100 年以上。国内充足的煤炭资源，为江苏省外进煤提供了更多的选择空间，有利于国内源地多元化格局的形成。

世界煤炭储量十分丰富，居各能源之首，约占各种能源总储量的 90%，按目前规模可持续开采 300 年左右。中国周边的越南、印度尼西亚、印度、俄罗斯、朝鲜等国也有着可观的储量。澳大利亚、加拿大、南非等虽然与我国距离较远，但是在海运技术发达的今天，利用它们的煤炭资源已经成为可能。国际煤炭资源，弥补了一定时间内某些地区的煤炭资源供应不足，也可调剂煤种。

4. 江苏具有区位、交通、资金和技术等优势

江苏地处我国沿海开放地带，跨江滨海。经过多年建设，铁路网得到了充实和完善，区内河网纵横交错，河港、海港众多，航运能力强，航道里程和密度均居全国首位。优越的地理位置和完善的交通网为江苏煤炭供应多元化供应提供了保障条件。

江苏经济发达，科学技术水平高，人力资源丰富，为建立煤炭供应体系提供了坚实的物质保障和技术人才支持。江苏省现有徐州矿务集团有限公司、大屯煤电(集团)公司、江苏天能集团公司、连云港市煤炭公司、扬州市煤炭公司和江苏新光集团等煤炭生产大中型企业，其中徐州矿务集团有限公司是国有重点煤矿企业，这些企业在多年的开发经营煤炭过程中，积累了丰富的经验，依靠雄厚的经济实力和先进的科学技术与区外一些地区广泛开展合作，实施异地办矿，煤炭资源获取性得到提高。徐州矿务集团等煤炭企业已经在安徽、河南、陕西、新疆、山西等地办矿。

二、煤炭多元化供应体系的构建思路

根据江苏的现实情况，应充分利用国内、国际两种资源，从省内、国内和国外三个层面，积极探索煤炭供应的多元化渠道。

1. 加大省内煤炭勘探与开发力度，提高资源利用效率

江苏虽然煤炭资源有限，但据煤炭工业协会的预测，全省仍有约 50.5×10^8 t 的煤炭资源尚待勘察。江苏的三下压煤(建筑物下、铁路下、水体下)有 11.2×10^8 t，占现有矿井保有资源储量的 41.9%。此外，江苏煤炭企业资源矿井资源平均利用率较低，矿区回采率和采区回采率约 70%。如 2003 年江苏省煤炭开采损失量为 941.4×10^4 t，即每开采 2.7 t 煤炭就要损失 1t 资源储量。有的矿井的回采率低至 41%，有的矿井的贫化率高达 30%。

江苏煤炭资源有限，要想延长省内煤炭的利用时限，就必须开源节流，使省内资源成为满足自身煤炭消费需求的重要一极。增加勘探力度是未来稳

定江苏煤炭生产规模的重要出发点和着力点。盘活"三下"压煤，解放被困资源，会有利于延长矿区（井）的服务年限，也有利于稳定省内的产煤能力。同时，有限资源的可持续利用，有赖于利用效率的提高，在加大开发力度的同时要加强集约开发，使资源利用效率最大化，稳定并力求提高自身煤炭生产量。

2. 拓展国内煤炭来源地，形成多元化

国内是江苏寻求煤炭资源的主导方向。由于空间距离的影响，我国煤炭资源的开发强度遵循了由东到西逐渐减小的总体趋势，东部很多产煤省份早已变成煤炭净调入省份，导致煤炭资源供应重心逐渐西移。要充分利用国内丰富的煤炭资源，江苏应尽早寻觅新的供应商，建立长期稳定的供应关系，以保障煤炭来源地的多元化，增强调控能力。同时要考虑各省未来的开发潜力，积极应对，保证区外煤炭资源的持续供给。

3. 适度利用国外资源，获得"比较利益"

虽然我国煤炭资源丰富，但我国煤炭资源分布的总体格局是北富南贫、西多东少，煤炭的赋存量与经济发展呈逆向分布。随着我国加入 WTO，应树立经济全球化背景下资源在全球范围内优化配置及国际大市场的观念，发挥江苏位于我国东部沿海的区位优势，适当利用国外煤炭资源，获得"比较利益"。

三、国内煤炭资源供应地的选择

（一）我国煤炭资源分布格局

我国煤炭资源分布既广泛又集中，总体是北方多，南方少，西部多，东部少。按大区分，华北地区占总储量的 65.9%，西北占 13.9%，华东占 5.3%，西南占 8.9%，东北占 3.1%，中南占 2.9%。从大型煤田和现有的重点煤矿分布来看，呈列出"一体三翼"的分布格局，其中一体为"沿黄煤炭资源中心"，三翼是"新疆""蒙黑""西南"。

"沿黄煤炭地带"包括山西、陕西、河南、内蒙古西部和宁夏回族自治区，区内煤炭资源丰富，开采量大，在煤炭开发西移过程中，成为具有全国影响的煤炭基地。其中三西地区（山西、陕西、内蒙古西部）煤炭探明保有储量 $5\ 501 \times 10^8$ t，占全国煤炭探明保有储量的 55%，是我国重要的煤炭产区和供应、出口基地，调出量一般占全国的 60% 以上。

煤炭源地的"三翼"，构成重要的区域级输出中心。新疆煤炭资源丰富，总量居全国各省之首。但由于地理位置偏远，运距大，交通瓶颈制约明显，使得新疆的煤炭出疆后价格竞争力不强，限制了煤炭的输出，因此生产主要

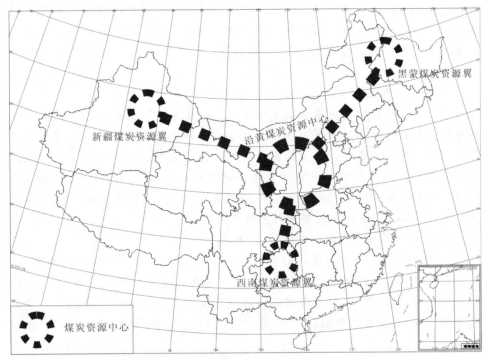

图 9-8　我国煤炭资源分布格局

（资料来源：根据相关资料编绘）

面向区内，区际调出量一般每年在 200 多万吨，且长期以来只能辐射到河西走廊一带。蒙黑一翼是指内蒙古东部和黑龙江东部，拥有霍林河、伊敏河、鸡西、鹤岗、双鸭山、七台河等主要矿区，东北地区绝大部分煤炭资源都分布于此，在全区总储量 707.5×10^8 t 中，两地分别占 30％和 58％。目前，各矿区煤炭产量仍处在上升期。从发展趋势看，黑龙江煤炭增产的潜力不大，今后煤炭产量的增量主要集中在蒙东地区。西南翼位于西南的腹部，是我国南方地区唯一的煤炭输出中心，主要有六盘水、织纳等煤田。其中贵州在储量、产量和输出量上都居第一位，它对于稳定西南及华南地区煤炭供需有着重要的作用。

（二）江苏省煤炭调入地选择

目前江苏来煤源地呈现分散性和集中性并存的特点。从分散性上看，江苏调入的煤炭主要来自山西、山东、安徽、河南、河北、陕西、内蒙古、贵州和重庆等地，同时其他产煤省份如黑龙江、甘肃等地也有少量补给，基本上主要煤炭强省的煤炭资源都有流入江苏的历史。从集中性来看，省外来煤主要来自山西、安徽、陕西、内蒙古、河南和河北等。

但是，从发展来看，20世纪70年代以前，东部地区的煤炭产量一直占全国煤炭产量的65％以上，自70年代中期开始，中西部的晋陕蒙（西）规划区产量比重不断上升，据估算，2020年将达到45％左右。全国煤炭开发重心西移，必然会带来江苏煤炭输入地的变化。

(1)山西一直是江苏煤炭的主要来源地，由于山西煤炭的赋存条件和开采能力，决定了今后仍将是江苏重要的煤炭生产基地和供应基地。陕西省煤炭地质储量2 347×10⁸ t，集中于陕北，一般埋藏较浅（1 500 m以内），地质构造简单，开采条件良好，尤其是榆林、神府地区，煤质好、煤层厚、埋藏浅、层位稳定，宜于大规模开采。如陕西神府煤，开采成本低，煤质好，再加上神华集团公司所特有的矿路港一体化集团优势，是华东市场未来重要的供应源。内蒙古煤炭储量约7 600×10⁸ t，其中东胜煤田6 265.63×10⁸ t，乌兰格尔地区58.96×10⁸ t，准格尔煤田1 275.86×10⁸ t。内蒙古的煤质特优，煤种较齐全，地质构造简单，有利开采。从煤炭资源潜力计算结果来看，内蒙古最大。因此，今后江苏煤炭的来源地以山西、陕西为重点，并将向储量丰富的中西部倾斜。内蒙古将作为江苏未来煤炭供应的新的增长区。

(2)过去作为江苏主要调入地的周边省份如安徽、河南、河北、山东等，因自身经济社会发展对煤炭需求量增大的原因，逐步由煤炭调出省转变为煤炭调入省，煤炭资源潜力势已不是很大，对江苏的影响力会逐渐淡化。

(3)西部的宁夏、新疆拥有非常丰富的煤炭资源，随着交通条件的改善，应逐步纳入江苏的供应地范围。

(4)西南的贵州、四川等地，煤炭资源潜力势也相对较大，加上便利的长江水运，是江苏煤炭供应的补充地。

四、适度利用国外煤炭资源

(一)我国及江苏煤炭进口情况

我国是煤炭出口大国，以往鲜有煤炭进口。2001年以前，煤炭进口量长期维持一二百万吨水平上，然而2002年煤炭进口大增，达到1 081×10⁴ t，比上一年增长了334％。2007年煤炭进口量增加到5 102×10⁴ t（表9-6）。江苏从2002年开始进口煤炭。近年来，煤炭进口量呈较快增加，尤其是2005年达到174.55×10⁴ t，比上一年增长了481.83％。2006年进口量达307.65×10⁴ t。但2007年，江苏口岸累积进口煤炭127.4×10⁴ t，比上年有了较大减少（表9-6）。而2007年广东进口煤炭1 456.1×10⁴ t，广西进口1 404×10⁴ t，山东省的进口量也达到194×10⁴ t。另一方面，2007年江苏省煤炭消费量

20 000.28×10⁴ t，生产量 2 480.2×10⁴ t，自给率仅为 12.4%，煤炭缺口高达 17 520.08×10⁴ t。因此，江苏仍应重视通过进口煤炭来填补市场需求，利用良好的港口条件，大力从国外进口煤炭，满足省内需求。

表 9-6 中国及江苏煤炭进出口情况

年份	中国		江苏
	出口量/(10⁴ t)	进口量/(10⁴ t)	进口量/(10⁴ t)
2003	9 402.9	1 109.8	16
2004	8 666.4	1 861.4	30
2005	7 172.4	2 617.1	174.55
2006	6 327.3	3 810.5	307.65
2007	5 317	5 102	127.4

注：127.4×10⁴ t 为口岸累计进口煤炭。

资料来源：国家信息中心中国经济信息网．CEI 中国行业发展报告（煤炭业）．中国经济出版社，2005；中国能源统计年鉴（2007）；刘增洁．2007 年世界煤炭贸易分析．资源网．2008-05-04．http://www.lrn.cn/zjtg/academicPaper/200805/t20080504_226213.htm。

(二)国外煤炭来源地分析

目前，中国进口的煤炭主要来自越南、印度尼西亚、澳大利亚、朝鲜和蒙古等国家（图 9-9）。在进口煤炭中以动力煤最多，从 2005 年的 500 多万吨提高到 2007 年的 1 300 多万吨，其中从印度尼西亚进口增速最快，从 2005 年的 200 多万吨提高到 2007 年的 1 100×10⁴ t；其次是无烟煤。2007 年，东盟作为广西口岸最大的煤炭进口货源地，进口量高达 1 389×10⁴ t，其中从越南进口 1 333×10⁴ t；越南煤占广东煤炭进口量的 1/3 多；印度尼西亚、越南和澳大利亚是福建省煤炭进口最主要的来源地。这些国家，也是江苏调入煤炭的理想之地。

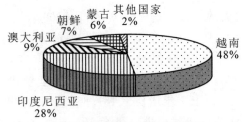

图 9-9 中国煤炭进口国进口量分布（2007 年）

（资料来源：2008 年中国煤炭物流行业分析及市场分析预测报告）

印度尼西亚是亚洲新兴的煤炭出口大国之一。全国共有煤炭资源 365×10^8 t，目前已探明的可采储量 52.2×10^8 t，以褐煤和次烟煤为主（褐煤占 58.68%，次烟煤占 26.60%），达 44.5×10^8 t，占可采储量的 85% 以上。苏门答腊和加利曼丹两岛的煤炭储量约占印尼煤炭资源总量的 94%。印度尼西亚煤炭灰分低，硫分低，有的矿井原煤灰分低至 1% 以下，硫分低达 0.1% 以下，属于特优质的环保煤，加之埋藏浅，开采成本低，而且运输距离较澳大利亚短，外运成本低，出口亚洲各国具有很大的优势。因此近几年，印度尼西亚原煤产量和出口量均出现较快增长。印度尼西亚是江苏重要的进口来源国。

煤炭是越南最重要的能源资源，已探明地质储量为 400 多亿吨。煤炭天然赋存条件较好，以 2.0 m 左右中厚煤层和 6～8 m 厚煤层居多，开采深度一般为 50～200 m，露天煤矿占 60% 以上。由于越南无烟煤的高热值、低灰、低硫、低氮和低磷，得到国际市场认可。2001 年以来越南煤炭出口量增长迅速，2006 年已突破 $2\,300\times10^4$ t，成为国际上重要的煤炭出口国之一。主要出口到中国、日本、韩国、泰国、马来西亚等 20 多个国家和地区。越南与我国接壤，且煤炭产地主要集中在靠近我国的部分，煤炭既可以通过海运也可以通过铁路、公路输入我国，目前陆地通道输入量较少，海运在整个运输系统中占有核心作用。近年，全球水运价格持续大幅上涨，越南由于临近我国广西、广东，再加上越煤一贯有质量好、价格低的特点，已经成为我国进口煤炭的主要来源国。

澳大利亚煤炭资源极其丰富，可采煤炭储量 909.4×10^8 t，占世界可采煤炭总储量的 8.8%，位居美国、中国之后排世界第三位。煤炭一直是澳大利亚最大的出口商品，自 1984 年以来，澳大利亚一直是世界最大的煤炭出口国。澳大利亚煤炭资源具有发热量高，硫分、灰分和氮含量低等特点，在环保要求日益严格的今天，在国际煤炭市场上特别具有竞争优势。过去澳大利亚一直是我国最大的进口国，由于运距较远，近年来被东盟所取代，但澳大利亚丰富而优质的煤炭资源仍是江苏应关注的。

（三）江苏省利用国外煤炭的途径

1. 直接交易

直接交易是利用国外煤炭的重要形式。目前我国进口煤炭的省份主要是广东、广西、福建、浙江和山东等沿海地区。江苏无论在经济实力上，还是在区位、交通等方面，都有着利用国外煤炭资源的独特优势，适当利用国外煤炭资源，对于改善单一的煤炭来源、缓解煤炭供应压力和平衡市场，大有裨益。

2. 联合开发

江苏的煤炭开采有 120 多年历史，行业内有 10 多万训练有素的产业工人和数以万计的技术人员，在全国煤炭行业一直保持着技术领先的位置。但江苏自身煤炭资源有限，生产增长潜力不大，可以考虑走出去，利用自身的技术、资金、人才、管理等方面优势，联合开发，既可以开辟企业新的生存空间，也有利于建立多元化的煤炭供应体系。越南、朝鲜、印度尼西亚等煤炭资源丰富的国家由于经济发展的需求，均在大力发展煤炭工业，但因资金、经济技术等条件的制约，都有强烈的合作意愿，也为江苏联合开发提供了发展平台。

第三节　可再生能源开发利用

江苏省常规能源资源缺乏，可再生能源资源却比较丰富，其中尤以风能、太阳能和生物质能资源比较突出。加快可再生能源开发利用对于优化江苏能源结构，促进能源可持续发展具有重要意义。

一、可再生能源资源条件

1. 风能资源

江苏省风能资源主要分布在东部沿海、沿江、沿河、沿湖及丘陵山区。大部分地区有效风能密度在 $50\sim80$ W/m^2，沿海岸地区可达 100 W/m^2 以上。最高值在海岛上，如达山岛有效风能密度为 381.5 W/m^2，有效风能时数达到 7 962.5 h，有效时数占全年总时数的 90.5%（表 9-7）。

表 9-7　江苏省有效风能分布

地区	有效风能密度/(W·m^{-2})	有效风能时数/h
连云港达山岛	381.5	7 926.5
连云港东西连岛	271.4	6 632.6
连云港燕尾港	167.8	6 295.6
南通吕四	96.1	5 771.0
连云港赣榆	81.7	3 760.8
苏州东山	81.0	5 422.0
盐城大丰	80.05	5 486.0
南通启东	71.8	3 946.8.0
南京	68.7	4 341.0

续表

地区	有效风能密度/(W·m⁻²)	有效风能时数/h
南通海门	63.9	3 404.0
淮安洪泽	58.5	4 308.0
泰州兴化	57.8	4 670.0
宿迁沭阳	36.2	2 500.0

资源来源：张一民，沈才元，刘凤英. 江苏省风能资源的分布和利用. 能源研究与利用，1997，(1)。

张家诚在《中国气候总论》一书中提出了风能区划第一级指标，即有效风能密度和全年 $3 \sim 20$ m/s 的年累计小时数。其具体标准如表 9-8。

表 9-8 风能区划的第一级区划标准

风能区划	代表符号	有效风能密度/(W·m⁻²)	有效风电时数/h
风能丰富区	Ⅰ	＞200	＞5 000
风能较丰富区	Ⅱ	200～150	3 000～5 000
风能可利用区	Ⅲ	150～50	2 000～3 000
风能贫乏区	Ⅳ	＜50	＜2 000

资源来源：张家诚. 中国气候总论. 气象出版社，1991。

按照以上标准，将江苏省划分为四个风能区(图 9-10)。

Ⅰ风能丰富区：沿海岛屿。如达山岛、西连岛。西连岛年平均有效风能密度为 271.4 W/m²，累积时数达 6 295.1 h。

Ⅱ风能较丰富区：沿海岸地区。燕尾港年平均有效风能密度为 167.8 W/m²，累积时数达 6 295.6 h。

Ⅲ风能可利用区：连云港—盐城—南通一线以东至海边。该区域覆盖江苏大部分陆地，其年平均有效风能密度在 50～80W/m²，累积时数在 4 000～5 000 h。

Ⅳ风能贫乏区：淮河以北、沭阳以西地区。年平均有效风能密度在 40～50 W/m²，累积时数在 2 500～3 800 h。

可见，除淮河以北、沭阳以西地区外，江苏广大地区均属风能可利用区、风能较丰富区或风能丰富区。特别是苏东沿海海岸、滩涂和岛屿，风能资源非常丰富。江苏沿海风能的地区变化是自沿岸向近海有一个与海岸线基本平行的剧增地带，越向海上风能越大。江苏沿海还蕴藏着丰富的可供开发的海上风资源。

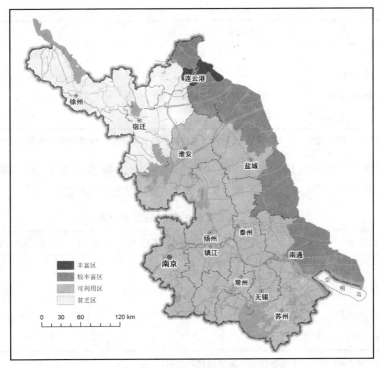

图9-10　江苏省风能资源分布①

2. 太阳能资源

江苏地处我国的中部，又位于东部湿润地区，太阳能资源在全国属于中等水平。根据全省气象台、站长期观察资料，太阳能资源年平均辐射总量约3 300 MJ/m²，苏北多于苏南，沿海多于内陆。苏北属于三类地区、苏南属于四类地区，均为太阳能资源可利用区。

3. 生物质能资源

江苏生物质能资源种类繁多，可供开发利用的有农作物秸秆、芦苇、胡桑条、稻壳、谷壳、花生壳、林木、树皮、锯木屑、畜禽粪便、酒糟、酒厂废水、造纸污泥、城市生活垃圾等。据不完全统计，全省各类农作物秸秆年产量近3 000×10⁴ t，按热值折算约1 300×10⁴～1 400×10⁴ tce；城市垃圾按热值折算约5 000 tce；大型畜禽养殖场畜禽粪便约939×10⁴ t/a(干重)，按热值折算约203×10⁴ tce；还有芦苇、胡桑条、稻壳、谷壳、花生壳、林木、树

---

① 资料来源：Zhao Yuan, Hao Lisha, Wang Yuping. Development strategies for wind power industry in Jiangsu Province, China：Based on the evaluation of resource capacity. Energy Policy, 2009, 37(5)。

皮、锯木屑、大中型酒厂、酒精厂的沼气等。全省生物质能资源按热值折算，总量接近 $2\,000×10^4$ tce。

4. 其他

江苏地热资源在我国各省市中排名第 11 位，远景资源可采量 $259×10^{12}$ kJ。尤其是浅层地热资源较为丰富。江苏省近期可采地热水资源 $12\,757.5×10^4$ m³/a，含热量 $20.576×10^{12}$ kJ，相当于 $70.2×10^4$ tce，与北京市和天津市总量之和相当。

此外，江苏沿海还有比较丰富的海洋能资源，有待统计开发。

二、风能的开发利用

(一)风能开发利用现状

风能是几乎无污染的绿色能源，开发利用风能资源已成为我国能源发展战略的优先领域和发展重点。江苏对大型并网风电场建设非常重视，国家也规划将江苏省沿海建设成为百万千瓦级风电及设备国产化示范基地。沿海地区北从连云港，南至南通，风电开发建设已全面启动，已建设高度为 $10\sim70$ m 的测风塔 20 多座。

在建和已批准的项目主要有如东一期 $10×10^4$ kW、如东二期 $10×10^4$ kW、东台一期 $20×10^4$ kW、大丰风电 $20×10^4$ kW 等。2007 年总装机容量达到 $29×10^4$ kW(表 9-9)。再加上大丰、如东、响水、滨海、射阳风电项目已启动或获准建设，江苏将成为我国最大的风电产业基地。

表 9-9 2007 年中国分省区累计风电装机(按装机容量排序)

序号	省区	风机台数/台	装机容量/kW
1	内蒙古	1 736	1 563 190
2	吉林	624	612 260
3	辽宁	621	515 310
4	河北	514	491 450
5	黑龙江	430	408 250
6	宁夏	384	355 200
7	山东	315	350 200
8	甘肃	428	338 300
9	新疆	418	299 310
10	江苏	188	293 750
11	广东	471	287 390

续表

序号	省区	风机台数/台	装机容量/kW
12	福建	178	237 750
13	北京	33	49 500
14	浙江	69	47 350
15	上海	18	24 400
16	湖北	16	13 600
17	海南	18	8 700
18	山西	4	5 000
19	河南	2	3 000
20	湖南	1	1 650
21	天津	1	1 500
22	香港	1	800
全国(台湾省资料暂缺)		6 469	5 906 360

资料来源:中国风能协会.2007年中国风电场装机容量统计。

(二)风能开发的资源容量

江苏是我国经济最发达的地区之一,电力需求旺盛,但一次能源资源匮乏,受电煤供应和火电装机容量的双重制约,始终存在大约20%的电力缺口,对风电发展具有较大的需求拉动力。另外,风力发电属政府鼓励的电力项目,国家从政策层面上保证了风电上网销售的可行性,因此,江苏风电发展的市场前景广阔,而资源容量则成为影响江苏风电发展规模和速度的主要因素。

资源容量包括风能资源容量、土地资源容量和电网资源容量等。如前分析,江苏风能资源丰富,除淮河以北、沭阳以西外,广大地区均属风能可利用区,特别是苏东沿海海岸、滩涂和岛屿,风能资源非常丰富,此外还蕴藏着丰富的可供开发的海上风能资源。因此,江苏风能资源完全可以满足未来风电发展的需要。

风电场的建设和运行对地形、地质条件及用地面积都有一定的要求。江苏沿海拥有海岸线 954 km,属淤涨型海岸,地势平坦,平均高程-1~5 m。沿海滩涂总面积 6 666.7 km²,占全国滩涂总面积的 1/4,居我国沿海各省、市之首;扣除盐城麋鹿自然保护区 180 km²和丹顶鹤自然保护区核心区 173.3 km²,还有滩涂面积 6 000 km²;并且江苏滩涂资源每年还在以 13 km²以上的速度向外自然增加,沿海滩涂的土地资源面积较大。这些地区地形平坦,开发利用程度低、人口相对较少，风电场建设的干扰因素较少，即使按目前面积的一半，即 3 000 km² 的面积装机，江苏沿海滩涂可承载达 2 400×10⁴ kW 的风电装机容量。

并网风力发电机组所产生的风电最终需通过电网输送到终端用户。随着风电场规模的增大，如果电网没有足够的备用容量，风电将对电网产生极大的冲击。江苏电网虽是目前全国最大的省网之一，受风电波动性以及现有电网运行调度技术水平的限制，江苏现有电网容量仅能负载约 560×10⁴ kW 的风电装机容量，与可利用的风能资源总量和土地资源总量不相匹配，同时目前江苏东部沿海的电网结构薄弱、电力过江通道容量有限，限制了沿海风电向苏南及沿江负荷中心的传输。因此，电网容量将成为制约江苏风电发展规模和速度的"短板"。

(三)风电发展的对策

1. 引进风力发电配额制度(PRS)，促进风电发展

风电成本高一直是阻碍风电市场做大的重要因素之一。江苏可借鉴风电开发利用先进国家的经验，建立风力发电配额制度(PRS)以促进风电发展。所谓风力发电配额制度是政府为培育可再生能源市场、使可再生能源发电量达到一个有保障的最低水平而采用的强制性政策手段，近年来已在许多国家得到广泛应用。如美国已经有 13 个州颁布了风力发电配额制度。欧盟则要求欧盟国家到 2010 年风力发电达到 22% 的目标。建立风力发电配额制度，对江苏的风电发展将起到显著的推动作用。具体表现如下。

(1)PRS 要求有明确和量化的可再生能源发电目标，并且通过强制性手段保障目标的实现，从而为风电发展提供持续可靠的市场保障。

(2)供电企业出于自身经济利益的考虑，总是会寻求最低成本、最高效率的方式来完成配额任务。如可以跟当地可再生能源发电商签订长期购电合同，购买其电量来完成配额任务，也可以自己投资可再生能源项目来实现配额目标，还可以通过绿色证书市场从全国任何可再生能源发电商那里购买绿色证书来实现配额目标。这不仅促进了资源潜力有效开发的过程，而且促进了一种"竞争性活力"，这是单独的、直接的给予可再生能源开发商投资补贴所无法做到的。

(3)PRS 是一个以市场为基础的公正的政策，政府的角色简化为制定目标、监督政策的执行和处罚违规行为等，在管理上比较透明，避免了一些传统优惠政策中政府机构分配资金的过程，可以减少政府分配资金过程中可能有的官僚化、低效率等弊端，降低了交易成本。

(4)在 PRS 基础上建立的风电消费机制是把风电电价中高于平均电价的

部分，按照公平合理的原则分摊给每个电力消费者。这样的电价定制方式能大大提高电力公司购买风电的积极性。

2. 改善投资环境，吸引国内外资金参与风电建设

江苏大力发展风电，需要有良好的硬环境和软环境支持。硬环境主要包括交通基础设施建设和电网建设，软环境则主要是指人才的储备和风电相关产业的配套等。只有硬环境和软环境得到改善，才能真正吸引国内外资金投资江苏的风电产业。

国内外资金特别是外资的引入不仅可解决风电场建设中的融资难问题，而且能引进先进的技术，促进研制，特别是大型风电机组的制造技术。如内蒙古风电公司在引进外资后，十年间已建成 4 个并网风电场，并且已实现自行制造 600 kW 机组塔筒和散件组装。江苏若要成为国内外资金在风电领域投资的高地，对软硬环境，特别是软环境的改善刻不容缓。

3. 采取多种模式，加速风电发展

为了化解电网容量对江苏风电发展的制约，可采取并网与非并网相结合的发展模式，促进江苏风电的快速发展。

其一，发展"如东型"风电并网开发模式，将风电场规划与电网升级规划、并网设施规划等同步进行，增强电网对风电并网运行的调峰应变能力，以提高电网对风电的承载能力，保证风电对苏南、沿江负荷中心的支援。

其二，发展"东台型"非并网开发模式，将风电产量直接应用于高耗能电解行业的生产中，发展由风电—电解铝、风电—盐化工、风电—海水利用等多条产业链组成的绿色重化工产业群；同时，可以利用液流蓄电技术，进行大规模蓄电，与风电非并网开发模式相配合，起到提高非并网风电电流的稳定性，减轻电网谷期的压力，并增加对峰期电网的供电能力，达到提高风电使用价值的目的。发展风电非并网利用与大规模蓄电相结合的风电产业链，可以从降低风电成本、提高风能利用效率、提高风电使用价值方面，促进风电发展规模扩大与产业链的延伸。

三、太阳能的开发利用

(一)太阳能开发利用现状

江苏省太阳能利用在全国处于领先水平。太阳能热利用方面，太阳能热水器行业已形成原材料加工、产品开发制造、工程设计与营销服务的产业体系，并带动了玻璃、隔热材料、电加热、金属加工等相关行业的发展，太阳能热水器面积约 400×10^4 m²。光伏产业总产能已居全国首位，有无锡尚德、中电电气南京光伏有限公司等一批上规模、高水平的骨干企业，太阳能硅片

产能占全国的 70%，占全球总量的 1/4。2007 年江苏光伏产业光伏电池产能 100×10^4 kW·h，其中无锡尚德光伏电池产能达到 40×10^4 kW·h。光伏电站总装机容量已达到 2 400 kW 的规模，每年可以发电 336×10^4 kW·h。

(二)太阳能开发利用战略

1. 以"软技术路线"为主，同时加大"硬技术"的试验开发力度

由于国情不同，世界各国太阳能利用的技术路线也不同。一种是以美国、西欧、日本等发达国家为代表，把太阳能作为替代能源，以减少对进口石油的依赖，故注重大规模的利用，以太阳能发电、太阳能采暖空调、大型能源农场等作为发展重点，称"硬技术路线"。另一种为"软技术路线"，即把太阳能作为一种辅助能源，重点发展投资少、见效快、简单易行的项目。我国太阳能利用一开始就不是以作为替代能源为出发点，而是以小规模分散利用来作为辅助能源，在解决农村生活用能及海岛、高山、边防、边远地区的用能方面取得较大进展。从我国的国情和国力出发，今后的发展应仍以软技术路线为主，但同时必须加速硬技术的试验开发，使两者相辅相成、互相促进。

2. 大力推进太阳能热利用，主要用于居民生活和农业生产

扩大太阳能热水器、太阳能暖房、太阳能暖棚、太阳能暖圈、太阳能聚焦、聚热等太阳能热利用，并进一步向提高效率、规模化推广方向发展。江苏太阳能热水器技术和行业标准还不尽完善。现有的行业标准和规范只涉及太阳能领域一部分，没有标准来规范太阳能热水器的安装和应用市场。江苏全省从事太阳能热水器研制、生产、安装服务的企业有 180 多家，零部件、电加热器、控制器等企业有 100 家，但生产的太阳能热水器 80% 销往外地，太阳能热水器的推广运用以及太阳能热水系统与建筑一体化的发展相对滞后，制约着太阳能在江苏省建筑领域的广泛使用。

3. 积极扶持太阳能光伏产业的发展

扩大硅太阳能电池生产规模，降低生产成本，提高转换效率，研究新一代太阳能发电及储存系统；推进光伏电站建设、屋顶计划和并网发电；开发太阳能 LED 照明系统，推广应用太阳能庭院灯、草坪灯、户用电源等产品。

4. 建设沿江太阳能产业带

南京、无锡、常州是江苏太阳能开发利用的佼佼者。江苏中电电气南京光伏有限公司年产 100 MW 太阳能电池生产线使江苏光伏产业跃居全国第一；我国首座 70 kW 塔式太阳能热发电系统在南京江宁建成。无锡尚德太阳能电力有限公司 2007 年销售收入超过 100 亿元，名列世界光伏行业第二。江阴、南通等地已计划装备一至两条大型太阳能电池生产线。常州则启动了 10×10^4 kW 太阳能发电站计划。而扬州顺大公司单晶硅生产能力全国第四，江苏第一，

扬州正致力于建设"江苏省硅太阳能光伏产业园",打造年产值 150 亿元规模的国家级光伏产业城。因此,可以以这些城市为重点,打造江苏沿江太阳能产业带。加上沿江地区众多高等院校、科研院所科研力量的支撑,在沿江形成国内乃至国际一流的太阳能产业基地,促进沿江产业的优化升级。

思 考 题

1. 简述江苏自然地理位置的基本特征。

2. 论述江苏经济位置对其发展的影响。

3. 了解江苏在"九州"中的区域范围。

4. 了解改革开放以后江苏行政区划变革的主要特点。

5. 熟悉江苏目前的行政区划。

6. 简述江苏主要地貌类型和分布。

7. 论述江苏气候主要特征，以及气候对人类活动的影响。

8. 简述江苏主要水系特点与分布。

9. 列表比较江苏主要土壤—植被类型。

10. 谈谈江苏资源的总体特征。

11. 简述江苏主要的矿产资源及其分布。

12. 简述江苏土地资源特征。

13. 试述江苏土地资源变化特点，并对今后土地利用给出合理化建议。

14. 简述江苏水资源特征、时空分布以及存在的问题。

15. 江苏的主要生物资源有哪些？

16. 简述江苏旅游资源的特征与类型。

17. 论述江苏省生态环境特征和主要问题。

18. 江苏有哪些主要自然灾害？

19. 比较太湖流域和里下河地区洪涝灾害的成因。

20. 试结合江苏具体实际，谈谈生态环境保护的措施。

21. 江苏经济发展的特点是什么？

22. 试述江苏第一产业的发展特点和发展对策。

23. 简述江苏第二产业主要部门的发展条件和特点。

24. 试对江苏的产业结构进行评价。

25. 简述江苏交通运输业的特点。

26. 试对江苏铁路运输的发展给出建议。

27. 江苏零售业的主要特征有哪些？

28. 江苏历年来人口数量增长经历了哪些时期，从中可以发现什么规律？

29. 分析江苏人口结构的基本特点。

30. 简述江苏人口分布的主要特征。

31. 江苏主要有哪些具有地方特色的文化？

32. 江苏丰富文化的形成原因是什么？

33. 分析苏南五市的自然地理地带性和非地带性分异。

34. 分析暖温带落叶阔叶林—棕壤和淋溶褐土地带形成影响因素的综合性和主导性。

35. 简述苏锡常地区人文地理的主要特征。

36. 分析江苏苏南、苏中、苏北三大区域差异产生的原因及区域差异的演变过程。

37. 查阅资料讨论，经济社会的发展以及沿海开发和沿江开发战略的提出，对江苏省区域经济规划和综合地理区划将产生什么影响？

38. 简述苏南地区的发展特点与主要问题。

39. 如何评价外商投资对苏南地区发展的影响？

40. 太湖水污染事件与苏南模式有什么关系？

41. 比较苏南模式与温州模式的异同点。

42. 试述苏南模式与新苏南模式的联系与区别。

43. 从和谐社会构建角度如何看待苏南地区未来的发展前景？

44. 试述苏中地区"居中"的地理特征及其对区域发展的影响。

45. 试述苏中地区港口和铁路建设对区域发展的意义。

46. 简述苏中城市化的发展方向及发展中存在的问题。

47. 分析苏中制造业发展的优势和限制因素。

48. 论述苏中崛起与江苏区域协调发展的关系。

49. 简述苏北地区过渡性自然景观的主要表现。

50. 了解苏北地区自然资源的主要类型和特点。

51. 试述苏北地区农业的基本特征和发展。

52. 简述苏北地区工业发展现状和问题。

53. 简述苏北地区人口发展的基本特征和存在的问题。

54. 分析苏北地区发展的优势和限制因素。

55. 试述沿东陇海产业带建设的目标和内容。

56. 试述徐州都市圈建设的构想和条件。

57. 分析振兴徐州老工业基地的意义和构想。

58. 简述淮海文化的特征和苏北文化产业发展的条件。

59. 试析长三角经济圈成为全国最发达经济圈的主要原因。

60. 阐述长三角经济圈的主要特征。

61. 简述全球化背景下长三角经济圈的功能定位。

62. 简述江苏沿江地区在长三角经济圈中的地位与作用。

63. 分析江苏沿江地区主要产业特点与空间布局特点。

64. 了解江苏沿江地区基础设施建设的新发展。

65. 分析江苏"海上苏东"战略成效不显著的原因。

66. 分析江苏沿海在全国的地位及其沿海开发的迫切性。

67. 分析江苏沿海开发的优势和制约因素。

68. 简述江苏沿海开发的基本思路和战略定位。

69. 理解江苏沿海开发战略重点选择的原因。

70. 分析江苏沿海地区产业发展的对策。

71. 简述江苏能源发展存在的主要问题。

72. 比较分析近 20 年来江苏能源消费结构的变化。

73. 试述目前江苏能源消费结构的特点以及带来的问题。

74. 分析江苏能源利用效率特点及其与经济结构的关系。

75. 试述江苏建立煤炭多元化供应体系的可行性。

76. 分析江苏国内煤炭资源供应地的选择。

77. 简述影响江苏风能开发的主要因素。

78. 试述江苏太阳能开发利用战略。

主要参考文献

［1］Gottman J. Megaloplis［M］. New York：The Twentieth Century Fund，1961.

［2］Stutz F P. The world economy resources，location，trade，and development［M］. Third edition. Englewood Cliffs，NJ：Prentice Hall，1998.

［3］Vance J E. The merchant′s world：the geography of whole soling［M］. Englewood Cliffs，NJ：Prentice Hall，1970.

［4］Zhao Yuan，Hao Lisha，Wang Yuping. Development strategies for wind power industry in Jiangsu Province，China：based on the evaluation of resource capacity［J］. Energy Policy，2009，37（5）：1736～1744.

［5］阿·德芒戎. 人文地理学问题［M］. 北京：商务印书馆，1999.

［6］安宇，沈山. 江苏省区域文化与文化发展的空间组织［J］. 经济地理，2006，26（5）：892～895.

［7］安宇. 淮海文化及其形成的地理环境［J］. 人文地理，2001，（4）：89～92.

［8］边美婷，马晓冬，赵洁，等. 徐州都市圈城市体系结构分析［J］. 城市问题，2008，（8）：40～45.

［9］常建坤，李时椿. 论江苏乡镇企业的科学发展和可持续发展［J］. 当代经济，2006，（12）：14～16.

［10］陈斌. 华东六省可持续发展水平的综合评价［J］. 环境科学与管理，2008，（11）：172～175.

［11］陈代光. 中国历史地理［M］. 广州：广东高等教育出版社，1997.

［12］陈光敏. 定位上海国际航运中心北翼强港的南通港［J］. 港口研究，2007，（5）：32～34.

［13］陈书禄. 江苏文化概观［M］. 南京：南京师范大学出版社，1998.

［14］陈苏广. 苏北地区加强文化产业的策略研究［J］. 价值工程，2009，（6）：36～37.

［15］陈修颖，章旭健. 演化与重组——长江三角洲经济空间结构研究［M］. 南京：东南大学出版社，2007.

［16］陈永华. 国际、国内产业转移与江苏沿海经济发展［J］. 江苏商论，2007，（9）：3～5.

［17］陈振千. 欧洲各国风力发电发展情况及有关政策的考察和几点建议［J］. 能源技术，2004，25（1）：14～16.

［18］成善灿. 略论苏北旅游资源及其开发利用问题［J］. 徐州师范学院学报（自然科学版），1989，（1）：41～45.

［19］程宏如. 开发"黄金海岸"，建造"海上苏东"［J］. 盐城师范专科学校学报（哲学

社会科学版），1996，（3）：76～80.

[20] 池源，汪汉忠. 黄河夺淮与苏北耕作制度的逆变 [J]. 江苏地方志，2002，（3）：28～32.

[21] 单树模，王庭槐，金其铭. 江苏省地理 [M]. 南京：江苏教育出版社，1986.

[22] 单树模，王维屏，王庭槐. 江苏地理 [M]. 南京：江苏人民出版社，1980.

[23] 当代上海研究所. 长江三角洲发展报告（2006）——城市间功能关系的演进 [M]. 上海：上海人民出版社，2006.

[24] 丁建中，彭补拙，濮励杰，等. 试论江苏省国土资源与区域可持续发展 [J]. 长江流域资源与环境，1999，(1)：23～29.

[25] 董晓宇. "苏南模式"的理论和实践30年回顾 [J]. 现代经济探讨，2008，（8）：19～24.

[26] 段学军，虞孝感，刘新. 长江三角洲地区30年来区域发展特征初析 [J]. 经济地理，2009，(2)：185～192.

[27] 范东涛，陶屹. 苏南苏北公路交通和谐发展的探讨 [J]. 交通科技，2008，（6）：101～103.

[28] 方彦. 江苏省国家重点保护野生植物资源初步研究 [J]. 江苏林业科技，2002，(6)：15～18.

[29] 房吉，正平. 江苏沿海经济带经济发展的空间差异定量分析 [J]. 华东经济管理，2007，21 (4)：8～12.

[30] 高峰. 江苏省风能资源的开发与利用 [J]. 水力发电，2000，（9）：59～60.

[31] 高汝熹，张建华. 论大上海都市圈——长江三角洲区域经济发展研究 [M]. 上海：上海社会科学院出版社，2004.

[32] 顾婵，赵媛. 风电场选址的影响因素及我国风电场建设 [J]. 中学地理教学参考，2008，(6)：20～21.

[33] 顾朝林. 中国城镇体系：历史、现状、展望 [M]. 北京：商务印书馆，1996.

[34] 顾朝林. 产业结构重构与转移：长江三角洲地区及主要城市比较研究 [M]. 南京：江苏人民出版社，2003.

[35] 顾朝林，张敏，张成，等. 长江三角洲城市群发展展望 [J]. 地理科学，2007，(1)：1～8.

[36] 顾介康. 改革开放30年：江苏经济发展的道路与特色研究 [M]. 南京：南京大学出版社，2009.

[37] 顾为东. 中国风电产业发展新战略与风电非并网理论 [M]. 北京：化学工业出版社，2006.

[38] 顾为东. 非并网风电对中国风电发展的影响与前景分析 [J]. 上海电力，2007，(1)：11～17.

[39] 顾瑜芳，王斌. 论江苏能源结构调整与优化 [J]. 能源研究与利用，1997，（3）：3～5.

[40] 国家发展改革委员会. 国家风力发电中长期发展规划 [R]. 2006.

[41] "国民经济研究"课题组. 江苏经济进入新世纪若干问题探索 [J]. 现代经济探讨，2001，(5)：3～8.

[42] 郝日明，黄致远，刘兴剑，等. 中国珍稀濒危保护植物在江苏省的自然分布及其特点 [J]. 生物多样性，2000，(2)：153～162.

[43] 侯立松. 江苏零售业态结构和布局的调整与优化 [J]. 商场现代化，2005，(23)：

27～29.

[44] 胡章俊. 江苏区域经济发展差异与协调机制研究 [J]. 江南论坛，2007，（10）：18～22.

[45] 胡兆量. 中国区域发展导论 [M]. 北京：北京大学出版社，2000.

[46] 黄健，谢波. 构建第四增长极——江苏沿海开发研究 [M]. 南京：江苏人民出版社，2006.

[47] 黄健、徐山瀑. 提升苏南竞争力 [M]. 南京：江苏人民出版社，2006.

[48] 黄莉新. 江苏省水资源承载能力评价 [J]. 水科学进展，2007，（6）：879～883.

[49] 黄李花. 江苏省纺织产业集群实证研究 [J]. 价值工程，2008，（1）：41～42.

[50] 简晓彬，沈正平，刘宁宁. 苏北与苏中、苏南经济发展差异的演变及成因探析 [J]. 经济问题探索，2007，（2）：53～59.

[51] 江浩，张金明. 21世纪初期江苏一次能源供应浅析 [C]. 江苏能源与社会经济、环境可持续发展战略研究论文集，1997.

[52] 江苏省地方志编纂委员会. 江苏省志环境保护志 [M]. 南京：江苏古籍出版社，2001.

[53] 江苏省地方志编纂委员会. 江苏省志·生物志·动物篇 [M]. 南京：凤凰出版社，2005.

[54] 江苏省发展改革委员会，江苏省交通厅. 江苏省民航"十一五"至2020年发展规划 [R]. 2008.

[55] 江苏省防汛防旱指挥部. 江苏省水旱灾害 [R]. 2007.

[56] 江苏省国土资源厅. 2000～2010年江苏省矿产资源总体规划（摘要）（上）[J]. 江苏国土资源，2003，（2）：32～36.

[57] 江苏省国土资源厅. 2000～2010年江苏省矿产资源总体规划（摘要）（下）[J]. 江苏国土资源，2003，（3）：30～31.

[58] 江苏省环保局. 江苏省生态环境状况评价 [R]. 2005.

[59] 江苏省基础地理信息中心. 江苏省地图集 [M]. 北京：中国地图出版社，2004.

[60] 江苏省交通厅. 江苏干线航道网规划 [R]. 2005.

[61] 江苏省交通厅. 江苏省高速公路网规划 [R]. 2006.

[62] 江苏省经济和贸易委员会. 江苏省"十一五"医药行业发展规划纲要 [R]，2008.

[63] 江苏省丘陵山区农业综合开发"十一五"规划 [J]. 农业开发与装备. 2007，13（1）：4～10.

[64] 江苏省人民政府. 江苏省海洋功能区划（2006～2010年）[R]. 2006.

[65] 江苏省人民政府. 江苏省沿海开发总体规划 [R]. 2007.

[66] 江苏省社科院"结构调整"课题组. 关于江苏工业结构的调整 [J]. 江苏经济探讨 [J]，1997，（7）：7～11.

[67] 江苏省水文与水资源勘测局. 江苏省水资源调查与评价 [R]. 2003.

[68] 江苏省信息化工作领导小组办公室，江苏省统计局. 江苏省地区信息化水平总指数报告（2008）[R]. 2009.

[69] 江苏地理 [M]. 北京：中国地图出版社，2005.

[70] 蒋寿建，陈扬，刘晓明，等. 苏中地区中心城市发展战略研究——兼论扬州城市发展的战略选择 [J]. 扬州教育学院学报，2000，（2）：1～6.

[71] 靳静，艾芊. 我国风电场建设及运行现状评估与发展前景研究 [J]. 华东电力，

2007，35（8）：44～49.

[72] 李富阁. 五十年光辉历程——江苏经济发展五十年回顾及启示 [J]. 学海，1999，
（5）：8～13.

[73] 李如海，黄贤金，吕亚生. 江苏省土地利用战略研究 [M]. 南京：东南大学出版
社，2008.

[74] 李文娟，夏永祥. 论苏南地区主体功能区建设 [J]. 南通大学学报（社会科学版），
2008，（6）：28～34.

[75] 李小建. 经济地理学 [M]. 第二版. 北京：高等教育出版社，2006.

[76] 李源潮. 加快培育江苏发展的沿海增长极 [J]. 群众，2007，（4）：4～8.

[77] 李振，朱传耿. 沿东陇海线产业带城市化研究 [J]. 山西经济管理干部学院学报，
2006，（3）：36～47.

[78] 廖启林，范迪富，金洋，等. 江苏农田土壤生态环境调查与评价 [J]. 江苏地质，
2006，（1）：32～40.

[79] 刘爱军，张臻，丁振强. 试论江苏现代农业发展战略 [J]. 江西农业学报，2008，
（6）：119～121.

[80] 刘怀玉，吴祖民. 苏北腹地都市圈快速崛起的战略突破口 [J]. 淮阴师范学院学报
（哲学社会科学版），2007，（2）：186～189.

[81] 刘君德，靳润成，周克瑜. 中国政区地理 [M]. 北京：科学出版社，2005.

[82] 刘连玉. 对可再生能源配额制的考察与思考 [J]. 中国电力，2002，35（9）：74～77.

[83] 刘南威，郭有立. 综合自然地理 [M]. 北京：科学出版社，1993.

[84] 刘少丽，王颖，陆玉麒. 江苏省沿海地区城镇空间布局研究 [J]. 南京师大学报
（自然科学版），2008，31（1）：135～138.

[85] 刘伟. 江苏海洋资源特点及开发现状 [J]. 海洋信息，1997，（4）：7～8.

[86] 刘毅. 沿海地区能源供需保障与解决途径研究 [J]. 地理学报，1999，54（6）：509～517.

[87] 刘兆凤，吴士良. 江苏地下水资源概况 [J]. 江苏地质，1998，（12）：26～29.

[88] 龙斯玉. 江苏省农业气候资源生产潜力及区划的研究 [J]. 地理科学，1985，（3）：
218～226.

[89] 娄峥嵘. 苏北产业结构协调分析 [J]. 徐州师范大学学报（哲学社会科学版），
2002，（2）：147～151.

[90] 陆玉麒、董平. 论长江三角洲城市群的功能定位 [J]. 现代经济探讨，2007，（1）：
70～73.

[91] 吕振霖. 江苏水资源管理与保护的对策思考 [J]. 水资源保护，2008，（4）：78～82.

[92] 罗震东、张京祥. 全球城市区域视角下的长江三角洲演化特征与趋势 [J]. 城市发
展研究，2009，（9）：65～72.

[93] 罗正英，韩坚. 区域经济：双圈联动发展战略分析——兼论江苏省区域经济发展
[M]. 上海：上海交通大学出版社，2006.

[94] 马海情. 江苏沿海地区崛起的战略思路 [J]. 南通大学学报（社会科学版），2007，
（3）：15～20.

[95] 马倩. 江苏省地表水资源评价与利用研究 [J]. 中国农村水利水电，2007，（11）：74～76.

[96] 梅德银. 试析江苏沿海产业发展的条件和机遇 [J]. 唯实，2008，（2）：57～61.

[97] 南京师范学院地理系江苏地理研究室. 江苏城市历史地理 [M]. 南京：江苏科学技
术出版社，1982.

[98] 欧向军，朱传耿. 江苏省区域经济差异与发展战略演变初探 [J]. 人文地理. 2005，(2)：25～29.

[99] 潘杰. 江苏地区水污染状况分析与对策研究 [J]. 人民长江，2007，(8)：48～50.

[100] 彭安玉. 试论黄河夺淮及其对苏北的负面影响 [J]. 江苏社会科学，1997，(1)：121～126.

[101] 彭飞. 江苏沿海城镇发展的空间构想 [J]. 当代经济，2007，(11)：114～115.

[102] 彭飞. 新经济地理学论纲：原理、方法及应用 [M]. 北京：中国言实出版社，2007.

[103] 乔嘉赓，徐飞，鲁宗相，等. 基于相关机会规划的风电并网容量优化分析 [J]. 电力系统自动化，2008，33 (2)：84～87.

[104] 秦伯强，吴庆农，高俊峰. 太湖地区的水资源与水环境——问题、原因与管理. 自然资源学报 [J]，2002，(3)：221～228.

[105] 秦兴方，谢科进. 苏中崛起的发展战略与制度安排 [J]. 扬州大学学报（人文社会科学版），2003，(2)：29～35.

[106] 邱新法，张喜亮，曾燕，等. 1961～2005 年江苏省降水变化趋势 [J]. 气象，2006，(5)：82～88.

[107] 全国农业区划委员会《中国自然区划概要》编写组. 中国自然区划概要 [M]. 北京：科学出版社，1984.

[108] 石高俊，沙润. 江苏省名山旅游资源特征与开发 [J]. 地理学与国土研究，1998，(2)：48～51.

[109] 宋和景. 苏北地区城市化问题的思考 [J]. 城市发展研究，2002，9 (4)：49～53.

[110] 宋林飞. 江苏经济社会形势分析与预测 [M]. 北京：社会科学文献出版社，2007.

[111] 孙振清，张喜良，赵振军. 对可再生能源发电实行长期保护性电价制度的问题 [J]. 可再生能源，2005，(1)：57～59.

[112] 谈健，陆燕. 江苏风电接入系统的若干问题 [J]. 华东电力，2006，34 (7)：32～34.

[113] 汤茂林. 苏中城市化发展条件与特征 [J]. 城乡建设，2002，(11)：45～47.

[114] 唐为首. 苏南模式的演进及其对创新发展模式的启示 [J]. 经济丛刊，2007，(4)：47～48.

[115] 唐晓峰. 九州第三辑. 北京：商务印书馆，2000.

[116] 唐学文，刘思峰，党耀国. 江苏省地区间产业结构趋同性研究 [J]. 集团经济研究，2005，(4)：70～71.

[117] 陶玫，许遐桢，项瑛，等. 江苏秋季干旱趋势成因分析 [C] //浙江省气象学会. 第四届长三角科技论坛论文集. 上册. 2007，100～104.

[118] "提高江苏新一轮经济发展平台对策研究"课题组. 江苏经济发展的阶段演进与平台升级 [J]. 现代经济探讨，2001，(9)：7～8.

[119] 田锋，董增川，秦丽. 江苏省水资源严峻性与对策 [J]. 地质论评，2009，(1)：143～146.

[120] 田建明，徐徐，谢华章，等. 江苏及南黄海地区历史地震类型分布特征 [J]. 地震学报，2006，(4)：432～439.

[121] 田立新，邓祥周，杨宏林. 江苏资源总体态势分析及战略对策 [J]. 能源研究与利用，2006，(4)：1～6.

[122] 汪小洋，周欣. 江苏地域文化导论 [M]. 南京：东南大学出版社，2008.

［123］ 王白羽. 可再生能源配额制在中国应用探讨［J］. 中国能源，2004，26（4）：24～28.

［124］ 王当龄，朱健. 江苏能源利用的现状与问题分析［J］. 能源研究与利用，2005，（1）：4～6.

［125］ 王树华. 苏南工业化进程的评估与分析［J］. 苏南科技开发. 2007，（10）：12～15.

［126］ 王小静，周冬子. 苏州市过量开采地下水导致的地面沉降问题［J］. 水资源研究，2008，（2）：11～13.

［127］ 王杨，赵言文. 江苏省野生动物资源现状及可持续发展战略与对策［J］. 江西农业学报，2008，（1）：98～100.

［128］ 王玉萍、赵媛. 世界风电发展的促进政策及其对我国的启示［J］. 太阳能，2007，（5）：14～17.

［129］ 魏启东. 对发展江苏可再生能源的一点看法［J］. 能源研究与利用，2004，（增刊）：10～13.

［130］ 吴必虎. 中国文化区的形成与划分［J］. 学术月刊，1996，（3）：10～15.

［131］ 吴芙蓉. 江苏水文化旅游资源开发初探［J］. 江苏商论，2006，（12）：56～58.

［132］ 吴威，曹有挥，曹卫东，等. 长江三角洲公路网络的可达性空间格局及其演化［J］. 地理学报，2006，（10）：1065～1074.

［133］ 谢敏明. 沿海经济带在江苏经济发展中的作用［J］. 科技致富向导，2008，（5）：90.

［134］ 谢瑞征，丁政，李瑞璐. 江苏宿迁发现古地震遗迹［J］. 地震地质，1990，（4）：378～379.

［135］ 谢天成，朱晓华. 1978年以来长江三角洲地区经济格局动态变化研究［J］. 中国人口·资源与环境，2008，（5）：7～11.

［136］ 徐从才. 江苏产业发展报告2006［M］. 北京：社会科学文献出版社，2006.

［137］ 徐从才. 江苏产业发展报告2008——江苏经济改革开放30年［M］. 北京：中国经济出版社，2008.

［138］ 徐琪. 江苏沿海地区产业选择与发展对策研究［J］. 南京晓庄学院学报，2005，21（4）：73～77.

［139］ 许明. 长三角产业结构趋同化问题的研究［J］. 现代商业，2008，（8）：220～221.

［140］ 颜银根. 江苏沿海经济发展历史及现状研究［J］. 江苏工业学院学报，2008，9（3）：37～41.

［141］ 杨家栋. 苏中区位优势新论［J］. 扬州大学学报（人文社会科学版），2001，（1）：12～17.

［142］ 姚志刚，陈玉清，陈昕. 国家重点保护野生动物在江苏的资源分布及保护探讨［J］. 江苏林业科技，2006，（3）：36～41.

［143］ 叶兆言. 江苏读本［M］. 南京：江苏人民出版社，2009.

［144］ 于鹏，赵媛. 我国石油管网建设的发展［J］. 中学地理教学参考，2008，（11）：124～125.

［145］ 岳文浙，奎元，谢家莹，等. 江苏十大地质遗迹评述［J］. 资源调查与环境，2004，25（3）：218～223.

［146］ 张锋. 加快推进苏北城市化进程［J］. 现代经济探讨，2003，（4）：31～34.

［147］ 张颢瀚. 长江三角洲一体化进程研究［M］. 北京：社会科学文献出版社，2007.

［148］ 张家诚. 中国气候总论［M］. 北京：气象出版社，1991.

［149］ 张静，吕军，项瑛，等. 江苏省四季变化的分析［J］. 气象科学，2008，（5）：568～572.

[150] 张可远，沈正平．江苏省沿东陇海线产业带开发建设的比较研究 [J]．经济地理，2005，(2)：173～184．

[151] 张喜亮．江苏省近 45 年气候变化的时空特征分析 [D]．南京：南京信息工程大学，2008．

[152] 张一民，沈才元，刘凤英．江苏省风能资源的分布和利用 [J]．能源研究与利用，1997，(1)：33～36．

[153] 张云，张严娟．江苏省沿海区域经济发展战略研究 [J]．淮阴师范学院学报（自然科学版）．2008，(4)：340～344．

[154] 张兆同，魏瑜．江苏苏北地区工业现状分析及发展思路探讨 [J]．江苏商论，2006，(11)：8～10．

[155] 张正敏，李京京，李俊峰．中美可再生能源政策比较与分析及其建议 [J]．中国能源，1999，(7)：22～25．

[156] 张正敏，谢宏文，王白羽．风电电价分析与政策建议 [J]．中国电力，2001，34 (9)：44～48．

[157] 张正敏．中国风力发电经济激励政策研究 [M]．北京：中国环境科学出版社，2001．

[158] 赵媛．世界能源系统发展战略及其对江苏的启示 [J]．经济地理，2000，20 (1)：13～17．

[159] 赵媛．可持续能源发展战略 [M]．北京：社会科学文献出版社，2001．

[160] 郑度，葛全胜，张雪芹．中国区划工作的回顾与展望 [J]．地理研究，2005，25 (4)：330～344．

[161] 中国环境监测总站，生态环境质量技术规定 [M]．北京：中国环境科学出版社，2004．

[162] 中国科学院地理研究所湖泊室．江苏湖泊志 [M]．南京：江苏科学技术出版社，1982．

[163] 中国自然区划委员会．中国综合自然区划（初稿）[M]．北京：科学出版社，1959．

[164] 周鹏飞．我国实施可再生能源配额制政策的必要性 [J]．农村能源，2001，(4)：3～5．

[165] 周蜀秦，徐琴．苏北城市化发展的基本特征和趋势 [J]．现代城市研究，2004，(8)：69～72．

[166] 周晓丹，赵剑畏，赵永忠，等．江苏省地质遗迹纵观 [J]．江苏地质，2001，(4)：238～245．

[167] 周晓兰，高庆九，邓自旺，等．江苏气温长期变化趋势及年代际变化空间差异分析 [J]．南京气象学院学报，2006，(2)：196～202．

[168] 周一星．城市地理学 [M]．北京：商务印书馆，1999．

[169] 《走遍中国》编辑部．走遍中国：江苏 [M]．北京：中国旅游出版社，2007．

[170] 朱存明，安宇，等．淮海文化研究 [M]．北京：西苑出版社，2000．

[171] 朱骊，盛龙寿．禁采以来无锡地下水位变化分析 [J]．江苏水利，2008，(10)：39～40．

[172] 朱瑞兆．中国太阳能风能资源及其利用 [M]．北京：气象出版社，1988．

[173] 卓勇良．走向后长三角时代——长三角发展趋势与主要特征分析 [J]．浙江树人大学学报，2005，(3)：32～37．

[174] 邹厚本．江苏考古五十年 [M]．南京：南京出版社，2000．